汽车电气维修技能**进阶丛书**

刘春晖 刘光晓 主编

汽车车载网络技术详解
（第3版）

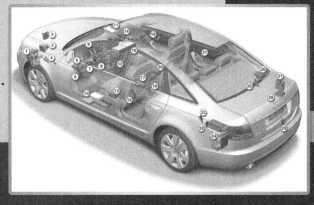
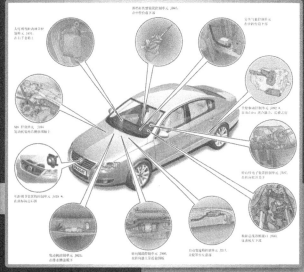
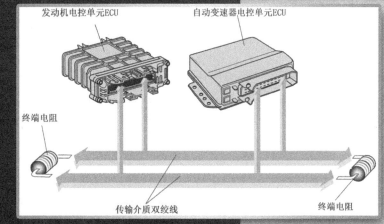

机械工业出版社
CHINA MACHINE PRESS

汽车车载网络系统已成为汽车电子领域内的最大热点，本书主要介绍车载网络系统基础知识、CAN总线传输系统、子总线系统、网关与诊断总线、光学总线系统、以太网与FlexRay总线方面的基础知识。以此为基础，重点介绍了大众奥迪车系车载网络系统、丰田汽车多路传输系统、通用车系车载网络系统三大常见车型的车载网络系统，以及汽车车载网络系统的检修知识，最后一章介绍了车联网方面的相关知识。

本书的内容简明实用、通俗易懂、易学实用，是汽车维修人员和各级各类汽车专业学生所必须掌握的基础知识和基础维修技能。

本书主要供汽车维修电工、汽车机电维修人员、汽车维修一线管理人员使用，也可供职业院校汽车运用与维修、汽车检测与维修技术、汽车电子技术、汽车维修专业的师生学习、参考。

图书在版编目（CIP）数据

汽车车载网络技术详解/刘春晖，刘光晓主编．—3版．—北京：机械工业出版社，2019.6（2024.9重印）

（汽车电气维修技能进阶丛书）

ISBN 978-7-111-62540-7

Ⅰ.①汽… Ⅱ.①刘…②刘… Ⅲ.①汽车-计算机网络 Ⅳ.①U463.67

中国版本图书馆CIP数据核字（2019）第072560号

机械工业出版社（北京市百万庄大街22号　邮政编码100037）
策划编辑：杜凡如　　责任编辑：杜凡如　刘　煊
责任校对：刘志文　　责任印制：单爱军
北京虎彩文化传播有限公司印刷
2024年9月第3版第15次印刷
184mm×260mm·21.5印张·4插页·537千字
标准书号：ISBN 978-7-111-62540-7
定价：59.90元

凡购本书，如有缺页、倒页、脱页，由本社发行部调换

电话服务　　　　　　　　　　　网络服务
服务咨询热线：010-88361066　　机 工 官 网：www.cmpbook.com
读者购书热线：010-68326294　　机 工 官 博：weibo.com/cmp1952
　　　　　　　　　　　　　　　　金　书　网：www.golden-book.com
封底无防伪标均为盗版　　　　教育服务网：www.cmpedu.com

前言

随着汽车工业的发展，现代汽车上使用了大量的电子控制装置，许多中高档轿车上采用了几十个甚至上百个电控单元，而每一个电控单元连接着多个传感器和执行器，同时各电控单元间也需要进行信息交换，如果每项信息都通过各自独立的线路进行传输，这样不仅会导致整个电控系统的线束和插接件的数量增加，也会使各个电控单元的针脚数量增加，最终导致整车的故障率增加。

为了减少电气节点的数量和导线用量，简化布线，提高各电控单元之间的通信速度，降低故障发生频率和成本，实现信息共享，提高可靠性和可维护性，汽车车载网络技术应运而生。

汽车车载网络系统已成为汽车电子领域内的最大热点，CAN、LIN、VAN、LAN、MOST、Bluetooth™、byte flight、FlexRay 等网络传输协议已成为现代汽车车载网络系统传输的关键技术。车载网络系统是汽车的一个重要组成部分，不了解车载网络技术，就不可能对现代汽车车载网络系统进行全面的诊断和检修。车载网络系统有其自身的特点，网络线路布置在汽车的隐蔽位置，线路不易损坏，车载网络系统一旦出现故障，可导致汽车电控单元之间不能相互通信，从而引发汽车多方面的故障。因此，作为现代汽车维修技术人员，必须尽快全面掌握车载网络技术，才能更好地从事现代汽车的维修。

车载网络系统的发展越来越广泛，车载无线电通信、车载视频音频系统、车载 GPS 定位与电子地图导航系统已使车载网络系统与社会网络和管理网络相连接。未来的车载网络系统将与驾驶人、道路、交通管理和汽车技术服务联合并入"物联网"。物联网是在互联网的基础上，通过无线电射频识别、红外感应器、全球定位系统、激光扫描器等信息传感设备，按约定的协议，可以让静止和运动的物体与互联网相连接，进行信息的交换和通信，实现智能化识别、定位、跟踪、监控、管理和服务的一种网络概念。现代汽车已进入车载网络时代，正在向物联网时代迈进。

本书共分十一章，前六章主要介绍车载网络系统基础知识、CAN 总线传输系统、子总线系统、网关与诊断总线、光学总线系统、以太网与 FlexRay 总线方面的基础知识。以此为基础，七至九章重点介绍了大众奥迪车系车载网络系统、丰田汽车多路传输系统、通用车系车载网络系统三大常见车型的车载网络系统，第十章介绍了汽车车载网络系统的检修，最后一章介绍了车联网方面的相关知识。

本书由刘春晖、刘光晓主编，参加本书编写工作的还有李晓娜、李祖深、冷玉冰、顾雅青、曹金静、肖媛媛、张文志、王学军、葛宾、张学忠。

本书在编写过程中借鉴和参考了大量国内外的汽车技术资料、维修资料和相关书籍，在此向维修资料的作者及编者深表感谢！由于编者水平所限，书中难免有错误和不当之处，恳请广大读者批评指正。

编 者

目 录

前言
第一章 车载网络系统基础知识 ... 1
第一节 车载网络系统简介 ... 1
一、车载网络的应用背景 ... 1
二、车载网络系统的功能 ... 6
三、车载网络系统的常用术语 ... 7
第二节 数据信号的类别及传输方式 ... 11
一、数据信号的类别 ... 11
二、数据传输方式 ... 14
第三节 车载网络的通信协议 ... 17
一、通信协议概述 ... 17
二、总线与接口 ... 17
三、协议要素及其功能 ... 19
四、协议的类型 ... 20
第四节 车载网络分类和协议标准 ... 21
一、A 类网络标准 ... 21
二、B 类网络标准 ... 23
三、C 类网络标准 ... 24
四、D 类网络标准（多媒体系统总线标准、协议） ... 25
五、E 类网络标准（安全总线标准） ... 26
六、诊断系统总线标准、协议 ... 26
七、汽车网络的发展趋向 ... 26
第五节 数据通信基本知识 ... 27
一、数据在总线导线上生成信号 ... 27
二、数据在总线的传输 ... 29
三、数据总线的终端电阻 ... 33
第六节 汽车对通信网络的要求及应用 ... 34
一、汽车多个 ECU 之间的典型网络布局 ... 34
二、汽车对通信网络的要求 ... 35
三、车载网络系统在汽车上的应用 ... 36
复习思考题 ... 38

第二章 CAN 总线传输系统 ... 41

第一节 CAN 总线的工作原理 …… 41
一、CAN 总线的发展历史 …… 41
二、CAN 总线的特点 …… 42
三、CAN 总线传输速率及自诊断功能 …… 43
四、CAN 总线系统的组成 …… 43
五、CAN 总线的数据传输 …… 46
六、CAN 总线的数据类型 …… 49

第二节 CAN 总线系统元件功能和数据传输过程 …… 53
一、CAN 总线系统元件的功能 …… 53
二、CAN 总线的数据传输过程 …… 55
三、内部故障管理 …… 60

第三节 CAN 总线的应用 …… 61
一、CAN 总线的分类及特征 …… 61
二、驱动 CAN 总线 …… 63
三、舒适/信息 CAN 总线 …… 67

第四节 CAN 总线系统的检测 …… 70
一、CAN 总线检测插座 …… 70
二、CAN 总线系统检测盒 …… 72
复习思考题 …… 74

第三章 子总线系统 …… 77

第一节 LIN 总线系统 …… 77
一、LIN 总线系统的应用 …… 77
二、LIN 总线特点 …… 77
三、LIN 总线系统结构 …… 80
四、LIN 总线的数据传输 …… 83
五、LIN 总线的自诊断 …… 87

第二节 VAN 总线系统 …… 89
一、VAN 总线系统概述 …… 89
二、VAN 总线系统的组成 …… 89
三、VAN 总线的物理层 …… 92
四、VAN 总线在汽车上的应用 …… 97

第三节 LAN 总线系统 …… 98
一、LAN 总线系统概述 …… 98
二、LAN 总线在汽车上的应用 …… 100

第四节 BSD 总线 …… 100
一、BSD 总线简介 …… 100
二、BSD 总线的应用 …… 100

第五节 车载蓝牙系统 …… 106
一、蓝牙名称起源 …… 106

二、蓝牙的无线连接 ·· 108
三、车载蓝牙系统的组成与原理 ·· 109
四、蓝牙技术在汽车上的应用 ··· 111
复习思考题 ··· 113

第四章　网关与诊断总线 115

第一节　网关 115
一、网关的作用原理 ·· 115
二、网关的安装位置及其电路 ··· 118

第二节　诊断总线 119
一、K 诊断总线 ·· 119
二、大众车系的诊断 CAN 总线 ··· 120
三、宝马车系的诊断 CAN 总线 ··· 124
复习思考题 ··· 126

第五章　光学总线系统 127

第一节　光学总线的结构及信息传输 127
一、光学传输简介 ··· 127
二、光学传输系统的结构 ··· 128
三、光导纤维的结构及光波的传输 ·· 130

第二节　MOST 总线系统 133
一、MOST 总线的定义与应用 ·· 133
二、MOST 总线的组成与系统状态 ··· 135
三、MOST 总线数据传输 ·· 138
四、MOST 总线的诊断 ··· 143

第三节　byte flight 总线 147
一、byte flight 总线简介 ··· 147
二、byte flight 系统的数据传输 ·· 149

第四节　光纤信号的衰减及光纤使用维修 153
一、光波传输信号衰减及原因 ··· 153
二、光导纤维的使用 ·· 154
三、光导纤维的维修 ·· 157
复习思考题 ··· 160

第六章　以太网与 FlexRay 总线 163

第一节　以太网 163
一、以太网及其标准 ·· 163
二、以太网在汽车上的应用 ·· 163

第二节　FlexRay 总线 165
一、FlexRay 总线简介 ··· 165
二、FlexRay 总线的特性 ··· 167

三、FlexRay 总线系统的检修 …………………………………………………… 170
第三节 FlexRay 总线在宝马车系中的应用 ………………………………………… 171
　一、FlexRay 总线的应用 …………………………………………………… 171
　二、FlexRay 总线的故障处理与检测 ……………………………………… 173
第四节 FlexRay 总线在奥迪 A8 中的应用 ………………………………………… 174
　一、FlexRay 总线的特征和基本原理 ……………………………………… 174
　二、FlexRay 总线协议 ……………………………………………………… 175
　三、FlexRay 总线的结构 …………………………………………………… 176
　四、功能流程 ………………………………………………………………… 176
　五、FlexRay 总线诊断 ……………………………………………………… 177
复习思考题 …………………………………………………………………………… 178

第七章 大众奥迪车系车载网络系统 …………………………………………… 180

第一节 奥迪 A6 轿车车载网络系统 ………………………………………………… 180
　一、概述 ……………………………………………………………………… 180
　二、奥迪 A6 轿车 CAN 总线 ……………………………………………… 181
　三、舒适系统 LIN 总线 …………………………………………………… 184
　四、MOST 总线和蓝牙技术 ……………………………………………… 185
　五、奥迪 A6 轿车网络控制电气系统 ……………………………………… 187
第二节 迈腾轿车车载网络系统检修 ………………………………………………… 195
　一、迈腾轿车 CAN 总线系统网络 ………………………………………… 195
　二、子总线系统 ……………………………………………………………… 199
　三、迈腾轿车总线系统控制单元的功能及执行元件 …………………… 201
　四、防盗锁止系统 …………………………………………………………… 206
　五、无钥匙起动装置 ………………………………………………………… 208
复习思考题 …………………………………………………………………………… 209

第八章 丰田车系多路通信系统 …………………………………………………… 211

第一节 丰田车系多路通信系统概述 ………………………………………………… 211
　一、MPX 的基本工作原理 ………………………………………………… 212
　二、BEAN 总线系统 ……………………………………………………… 213
　三、CAN 通信系统 ………………………………………………………… 217
　四、AVC-LAN 音响视听局域网络 ……………………………………… 219
　五、CAN、BEAN 和 AVC-LAN 的差别及网关 ……………………… 224
第二节 丰田车系多路通信系统故障诊断 …………………………………………… 226
　一、故障诊断流程 …………………………………………………………… 226
　二、DLC3 诊断连接器 ……………………………………………………… 226
　三、故障码的读取 …………………………………………………………… 226
　四、使用仪器对各系统设定 ………………………………………………… 227
　五、通信线路诊断思路 ……………………………………………………… 229

复习思考题 231

第九章 通用车系车载网络系统 233

第一节 概述 233
一、J1850 通信协议标准概述 233
二、UART 串行通信系统 234
三、Class 2 串行通信网络 234
四、GM LAN 串行通信网络 235

第二节 别克荣御轿车车载网络系统 236
一、串行数据总线的布局 236
二、元件的位置及功能 237
三、别克荣御轿车局域网电路 242
四、故障诊断方法 244
五、车身控制模块故障自诊断 249

第三节 通用其他车型车载网络系统 264
一、新君威车载网络系统 264
二、别克林荫大道轿车车载网络系统 271
复习思考题 273

第十章 汽车车载网络系统检修 275

第一节 车载网络系统常用检测仪器 275
一、万用表 275
二、示波器 275
三、汽车检测仪 276

第二节 检测仪的使用与波形分析 279
一、VAS 5051 检测仪的使用 279
二、驱动 CAN 总线故障类型及检测分析 287
三、舒适 CAN 和信息 CAN 总线故障类型及检测分析 292

第三节 CAN 总线的故障诊断 301
一、读取测量数据块 301
二、CAN 总线系统故障存储 304

第四节 静态电流的检测与线束维修 306
一、休眠模式及静态电流的检测 306
二、CAN 总线终端电阻的检测 307
三、CAN 总线线束维修 310
复习思考题 312

第十一章 车联网 314

第一节 互联网+与物联网 314
一、互联网+ 314
二、物联网 314

第二节　车联网 ··· 315
　　　一、车联网的概念 ·· 316
　　　二、车联网与物联网的关系 ·· 316
　　　三、车联网的体系结构 ··· 316
　　第三节　车联网感知技术 ··· 317
　　　一、电子车牌 ··· 317
　　　二、车联网的发展现状 ··· 324
　　　三、车联网的应用前景 ··· 324
　　　四、车联网发展趋势 ·· 326
　　　五、车联网面临的挑战 ··· 326
　　第四节　智能公路和智能汽车 ··· 327
　　　一、智能公路 ·· 327
　　　二、智能汽车 ·· 328
　　　三、无人驾驶汽车 ·· 329
　　　复习思考题 ·· 329
参考文献 ·· 331

第一章

车载网络系统基础知识

第一节 车载网络系统简介

一、车载网络的应用背景

1. 线束的变化

在传统的汽车中,各种电子电器设备之间用导线、插接件连接。从发动机控制到传动系统控制,从行驶、制动、转向系统控制到安全保证系统和仪表报警系统,从电源管理到舒适系统,每种功能的控制操作都集中在驾驶室内进行,各个系统都必须用导线和插接件连接到驾驶室的操控台。随着汽车动力驱动系统、舒适系统和信息娱乐系统内各种电子控制系统的不断增加,这些连接所需要的导线和插接件的数量随之急剧增加,从而引发了汽车厂商和设计人员的思考。图1-1列出了近几十年间导线长度及插接件数量的变化情况。

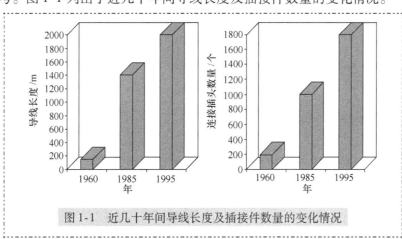

图1-1 近几十年间导线长度及插接件数量的变化情况

导线数量的增加造成的影响如下:

1)整个汽车的布线将十分复杂,显得很凌乱,一根线束包裹着几十根导线的现象很普遍。

2)占用空间更大,使得在有限的汽车空间内布线越来越困难,限制了功能的扩展。

3)故障率随之增加,降低了汽车的可靠性,另外,一般情况下线束都装在纵梁下等看不到的地方,一旦线束中出了问题,查找相当麻烦,增加了维修的难度。

4)电控单元并不是仅仅与负载设备简单地连接,更多的是与外围设备及其他电控单元进行信息交流,并经过复杂的控制运算,发出控制指令,按传统的连接方式,线束成本较高。

导线长度和插接件数量的增加不但占据车内的有效空间、增加装配和维修的难度、提高整车成本，而且妨碍整车可靠性的提高。这在无形中使汽车研发进入了这样一个怪圈：为了提高汽车的性能而增加汽车电器的数量，汽车电器数量的增加导致导线长度的增加，而导线长度的增加又妨碍了汽车可靠性的进一步提高。

为解决以上问题，车载网络（也称数据传输总线）应运而生，使得汽车电控系统发生了巨大的变化。至此，车载电控系统经历了中央电脑集中控制、多电脑分散控制和网络控制三个阶段，如图 1-2 所示。

2. 汽车数据传输总线简介

（1）数据传输总线 所谓数据传输总线，就是指在一条数据线上传递的信号可以被多个系统共享，从而最大限度地提高系统整体效率，充分利用有限的资源。例如，常见的电脑键盘有 104 个键，可以发出一百多个不同的指令，但键盘与主机之间的数据连接线却只有 7 根，键盘正是依靠这 7 根数据连接线上不同的数字电压信号组合（编码信号）来传递按键信息的。如果把这种方式应用在汽车电气系统上，就可以大大简化汽车电路。可以通过不同的编码信号来表示不同的开关动作，信号解码后，根据指令接通或断开对应的用电设备。这样，就能将过去一线一用的专线制改为一线多用制，大大减少了汽车上电线的数目，缩小了线束的直径。同时，加速了汽车智能化的发展。

在汽车上传统的信息传递方式采用并行数据传输方式，每项信息需独立的数据线完成，即有几个信号就要有几条信号传输线。例如，宝来轿车发动机电控单元 J220 与自动变速器电控单元 J217

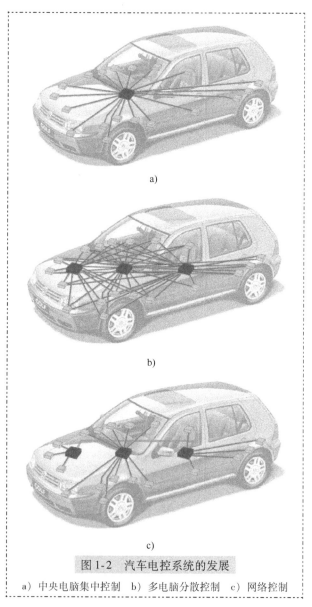

图 1-2 汽车电控系统的发展
a）中央电脑集中控制 b）多电脑分散控制 c）网络控制

之间就需要 5 条信号传输线，如图 1-3 所示。如果传递的信号项目越多，则需要更多的信号传输线。采用传输总线后，只需要 1 根或 2 根传输线即可，如图 1-4 所示。而且实现更好地在各控制系统之间调整通信、交流信息、协调控制、共享资源，完成对汽车性能的精确控制。

如图 1-4 所示，在传统控制电路中，各种控制信号都属于平行关系，互相之间并没有关联，每个信号都有专属的信号线，因此，如果需要传输多个信号的话，就需要多根线进行。而在车载网络系统中采取基于串行数据总线体系结构，能将各种信号按照内部程序转换为各

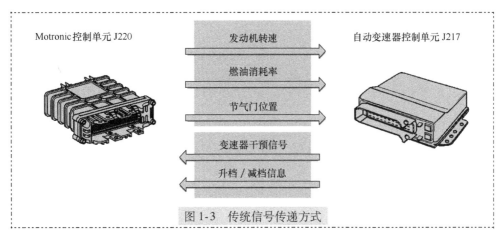

图1-3　传统信号传递方式

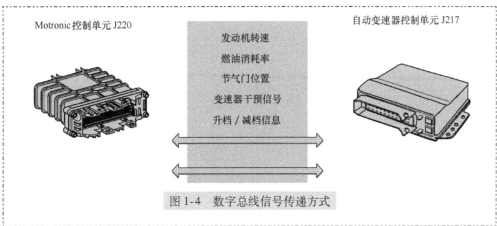

图1-4　数字总线信号传递方式

种数据后，通过1条线或2条线，每个比特的信息一个一个地被传输，进行串行通信，在其通信线上传送的是"0""1"数字信号。如图1-5所示，A电脑读取4个开关信号状态，将其转换为"0110"的数据传送给B电脑，B电脑收到后将其解出，即知现在1、4开关断开，2、3开关接通。

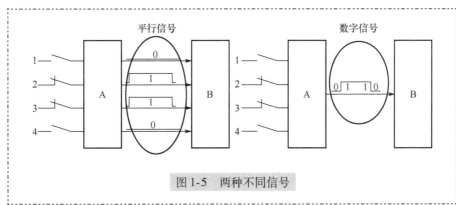

图1-5　两种不同信号

当数据中的字节有多位时，就能表达很多含义，在进行通信时就能通过多位数的不同"0""1"组合变化来传送信息。如表1-1所示，用2位二进制数就可以表达4种意义，如此类推有n位二进制数即可以有2的n次方种数据类型。

表1-1 2位二进制数字代表的含意

第一位数电压/V	第二位数电压/V	数据	温度/℃
0	0	00	20
0	5	01	40
5	5	10	60
5	0	11	80

（2）总线数据传输的要求　总线系统上并联有多个元件。这就要求整个系统满足以下要求。

1）可靠性高。传输故障（无论是由内部还是外部引起的）应能准确识别出来。

2）使用方便。如果某一控制单元出现故障，其余系统应尽可能保持原有功能，以便进行信息交换。

3）数据密度大。所有控制单元在任一瞬时的信息状态均相同，这样就使得两个控制单元之间不会有数据偏差。如果系统的某一处有故障，那么总线上所有连接的元件都会得到通知。

4）数据传输快。连成网络的各元件之间的数据交换速率必须很快，这样才能满足实时要求。

（3）总线数据传输的优点　采用总线数据传输（多路传输）的优点主要表现在以下几个方面。

1）简化线束。减少重量，减少成本，减小尺寸，减少连接器的数量，如图1-6所示，同一款车同等配置下，可以看出采用车载网络可以大大简化汽车线束。

2）可以进行设备之间的通信，丰富了功能。

3）通过信息共享减少传感器信号的重复数量。

3. 车载网络系统的发展史

从1980年起，汽车内开始装用网络，在1983年，丰田公司在世纪牌汽车上最早采用了应用光缆的车门控制系统，实现了多个节点的连接通信。此系统采用了集中控制方法，车身电控单元（ECU）对各车门的门锁、电动玻璃窗进行控制，这是早期在汽车上采用的光缆系统，此后，在较长的一段时间里，其他公司并没有跟进采用光缆系统。

1986年2月，Robert Bosch公司在美国汽车工程师协会（SAE）汽车工程协会大会上介绍了一种新型的串行总线——CAN控制器局域网，那是车载网络系统CAN诞生的时刻。CAN全称为Controller Area Network，即控制器局域网，是国际上应用最广泛的现场总线之一。

接着，美国汽车工程师协会提出了J1850。

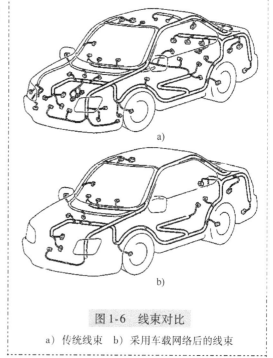

图1-6　线束对比

a）传统线束　b）采用车载网络后的线束

第一章 车载网络系统基础知识

此后，日本也提出了各种各样的网络方案，并且丰田、日产、三菱、本田及马自达公司都已经处于批量生产的阶段，但没有统一为以车身系统为主的控制方式。

而在其他国家，特别是欧洲的厂家则采用 CAN，同时发表文章介绍采用大型 CAN 网络的车型。由于他们在控制系统上都可以采用 CAN，从而充分地证明了 CAN 在此领域内的先进性。

在美国，通过采用 SAE J1850 普及了数据共享系统，在 SAE 中也通过了 CAN 的标准，明确地表示将转向 CAN 协议。

随着汽车技术的发展，欧洲又以与 CAN 协议不同的思路提出了控制系统的新协议 TTP（Time Triggered Protocol），并在 X-by-Wire 系统上开始应用。对飞机的控制系统来说，有 Fly by wire 系统，直译为靠电线飞行的系统，实际上，它表示飞机的控制方式，即将飞行员的操纵、操作命令转换成电信号，利用计算机控制飞行的工作方式。将这种操作方式引入到汽车上，则出现了 Drive-by-Wire 系统，直译为靠电线行驶的系统，在汽车上类似的系统还有 Steering-by-Wire 系统、Brake-by-Wire 系统，将这些系统统称为 X-by-Wire 系统。

与这些网络采用不同思路开发的有信息系统，在开关及显示功能控制用的信号系统的信息设备之间建立网络，下一步是利用显示数据自身用光缆进行转送数据。

为了实现音响系统的数字化，建立了将音频数据与信号系统综合在一起的 AV 网络，因为这种网络需要将大容量的数据连续地输出，因此，在这种网络上将采用光缆。

今后，当对汽车引入智能交通系统（ITS）时，由于要与车外交换数据，所以，在信息系统中将会采用更大容量的网络，例如 D2B 协议、MOST 及 IEEE1394 等。

主要车载网络的基本情况见表 1-2。几种车载网络的开发年份、采用厂家与发表年份见表 1-3。几种网络的成本对比及通信速度如图 1-7 所示。

表 1-2 主要车载网络的基本情况

车载网络的名称	概要	通信速度	组织/推动单位
CAN（Controller Area Network）	车身/动力传动系统控制用 LAN 协议，最有可能成为世界标准的车用 LAN 协议	1Mbit/s	Robert Bosch 公司（开发），ISO
VAN（Vehicle Area Network）	车身系统控制用 LAN 协议，以法国为中心	1Mbit/s	ISO
J1850	车身系统控制用 LAN 协议，以美国为中心	10.4kbit/s 41.6kbit/s	Ford Motor 公司
LIN（Local Interconnect Network）	车身系统控制用 LAN 协议，液压组件专用	20kbit/s	LIN 联合体
IDB-C（ITS Data Bus on CAN）	以 CAN 为基础的控制用 LAN 协议	250kbit/s	IDM 论坛
TTP/C（Time Triggered Protocol by CAN）	重视安全、按用途分类的控制用 LAN 协议 时分多路复用（TDMA）	2Mbit/s 25Mbit/s	TIT 计算机技术公司
TTCAN（Time Triggered CAN）	重视安全、按用途分类的控制用 LAN 协议 时间同步的 CAN	1Mbit/s	Robert Bosch 公司 CIA
Byteflight	重视安全、按用途分类的控制用 LAN 协议 通用时分多路复用（FTDMA）	10Mbit/s	BMW 公司

（续）

车载网络的名称	概要	通信速度	组织/推动单位
FlexRay	重视安全、按用途分类的控制用 LAN 协议	5Mbit/s	BMW 公司 Daimler Chrysler 公司
DDB/Optical（Domestic Digital Bus/Optical）	音频系统通信协议 将 DDB 作为音频系统总线采用光通信	5.6Mbit/s	C&C
MOST（Media Oriented System Transport）	信息系统通信协议 以欧洲为中心，由克莱斯勒与 BMW 公司推动	22.5Mbit/s	MOST 合作组织
IEEE1394	信息系统通信协议 有转化成 IDB1394 的动向	100Mbit/s	1394 工业协会

表 1-3　几种车载网络的开发年份、采用厂家与发表年份

年份	车载网络	厂家	备注
1986	DDB 开发	Philips 公司	1986 年 2 月北美车采用 LAN
	CAN 开发	Bosch 公司	1986 年 12 月欧洲车采用 LAN
	VNP 开发 CCD 开发	北美	1987 年 12 月日本车采用 LAN
1988	MOST 开发 CCD 开发 VAN 开发	美国车采用	
1991	CAN 开发	欧洲车采用	
1992	DDB DDB Octical 开发	日本车采用	
1994	J1850 VAN	SAE 认可 ISO 标准	
1995 ~	DDB	欧洲车采用	以汽车厂为主对新 LAN 进行研究
2000 ~	发表 LIN 发表 TTP 发表 Byteflight 发表 TTCAN		发表了许多新的 LAN

二、车载网络系统的功能

1. 多路传输功能

为了减少车辆电气线束的数量，多路传输通信系统可使部分数字信号通过共用传输线路进行传输。系统工作时，由各个开关发送的输入信号通过中央处理器（CPU）转换成数字信号，该数字信号以串行信号方式从传感器传输给接收装置，发送的信号在接收装置处将被转换为开关信号，再由开关信号对有关元件进行控制。

2. "唤醒"和"休眠"功能

"唤醒"和"休眠"功能用于减少在关闭点火开关时蓄电池的额外能量消耗。当系统处于"休眠"状态时，多路传输通信系统将停止诸如信号传输和 CPU 控制等功能，以节约蓄电

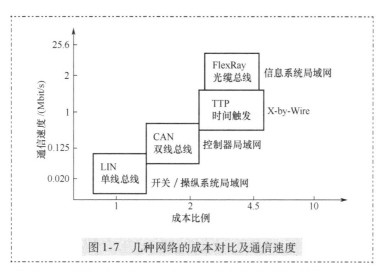

图 1-7　几种网络的成本对比及通信速度

池的电能；当系统有人为操作时，处于"休眠"状态的有关控制装置立即开始工作，同时还将"唤醒"信号通过传输线路发送给其他控制装置。

3. 失效保护功能

失效保护功能包括硬件失效保护功能和软件失效保护功能。当系统的 CPU 发生故障时，硬件失效保护功能使其以固定的信号进行输出，以确保车辆能继续行驶；当系统某控制装置发生故障时，软件失效保护功能将不受来自有故障的控制装置的信号影响，以保证系统能继续工作。

4. 故障自诊断功能

故障自诊断功能包括多路传输通信系统的自诊断模式和各系统输入线路的故障自诊断模式，既能对自身的故障进行自诊断，又能对其他系统进行故障诊断。

三、车载网络系统的常用术语

1. 数据总线

数据总线是模块间运行数据的通道，即所谓的信息高速公路，如图 1-8 所示。

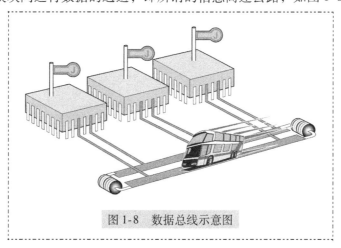

图 1-8　数据总线示意图

数据总线可以实现在一条数据线上传递的信号可以被多个系统（控制单元）共享，从而最大限度地提高系统整体效率，充分利用有限的资源。如果系统可以发送和接收数据，则这样的数据总线就被称为双向数据总线。数据总线实际是一条导线或许是两条导线。两线式的其中一条导线常用作额外的通道。它的作用有点像公路的路肩，上面立有交通标志和信号灯。一旦数据通道出了故障，该"路肩"在有些数据总线中被用来承载"交通"，或者令数据换向通过一条或两条数据总线中未发生故障的部分。为了抗电子干扰，双线制数据总线的两条线是绞在一起的。

各汽车制造商一直在设计各自的数据总线，如果不兼容，就称为专用数据总线。如果是按照某种国际标准设计的，就是非专用的。为使不同厂家生产的零部件能在同一辆汽车上协调工作，必须制定标准。按照 ISO 有关标准，CAN 的拓扑结构为总线式，因此也称为 CAN 总线（CAN-BUS）。

2. 多路传输

多路传输是指在同一通道或线路上同时传输多条信息，如图 1-9b 所示。事实上，数据信息是依次传输的，但速度非常之快，似乎就是同时传输的。对一个人来说，1/10s 算是非常快了，但对一台运算速度即使相对慢的计算机来说，1/10s 却是很长的时间。如果将 1/10s 分成若干段，许多单个的数据都能被传输——每一段传输一段，这就称为分时多路传输。

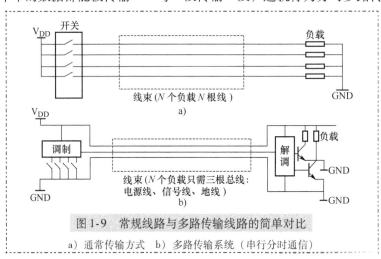

图 1-9　常规线路与多路传输线路的简单对比
a) 通常传输方式　b) 多路传输系统（串行分时通信）

从图 1-9 中可以看出，常规线路要比多路传输线路简单得多，然而多路传输系统 ECU 之间所用导线比常规线路系统所用导线少得多。ECU 可以触发仪表板上的警告灯或故障指示灯等，由于多路传输可以通过一根线（数据总线）执行多个指令，因此可以增加许多功能装置。多路传输的界面如图 1-10 所示。

正如可把无线电广播和移动电话的电波分为不同的频率，人们也可以同时传输不同的数据流。随着现在和未来的汽车装备无线多路传输装置的增加，基于频率、幅值或其他方法的同时数据传输也成为可能。汽车上用的是单线或双线分时多路传输系统。

多路传输的优点：简化线束，减轻重量，降低成本，减小尺寸，减少插接器的数量，可以进行设备之间的通信，丰富了功能，通过信息共享减少传感器的数量。

3. 局域网

局域网（Local Area Network，LAN）是在一个有限区域内连接的计算机网络。一般这个

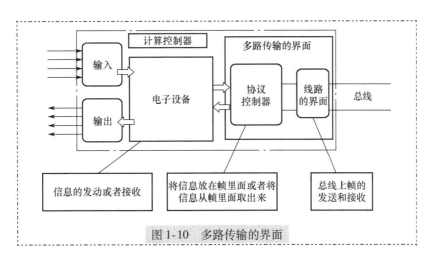

图1-10 多路传输的界面

区域具有特定的职能,通过网络实现这个系统内的资源共享和信息通信。连接到网络上的节点可以是计算机、基于微处理器的应用系统或控制装置。局域网一般的数据传输速度在 105Mbit/s~1Gbit/s 范围内,传输距离在 250m 范围内,误码率低。汽车上的总线传输系统(车载网络)是一种局域网。

4. 模块/节点

模块是一种电子装置,简单的如温度和压力传感器,复杂的如计算机(微处理器)。传感器是一个模块装置,根据温度和压力的不同产生不同的电压信号。这些电压信号在计算机(一种数字装置)的输入接口被转变成数字信号。在计算机多路传输系统中的控制单元模块被称为节点。一般来说,普通传感器是不能作为多路传输系统的节点的,如果传感器要想成为一个模块/节点,则该传感器必须具备支持多路传输功能的电控单元,如大众车系的转角传感器。

5. 链路(传输媒体)

链路指网络信息传输的媒体,分为有线和无线两种类型,目前车上使用的大多数都是有线网络,通常用于局域网的传输媒体有双绞线、同轴电缆和光纤。

(1)双绞线 如图 1-11 所示,双绞线是局域网中最普通的传输媒体,一般用于低速传输,最大传输速率可达几个 Mbit/s;双绞线成本较低,传输距离较近,非常适合汽车网络的情况,也是汽车网络使用最多的传输媒体。

(2)同轴电缆 同轴电缆的基本结构如图 1-12 所示。像双绞线一样,同轴电缆也是由两个导体组成,但其结构不同。

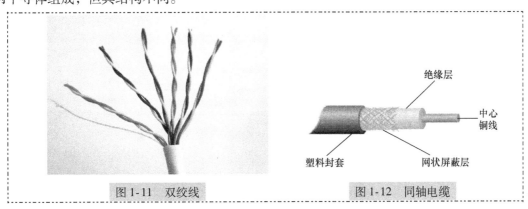

图1-11 双绞线　　图1-12 同轴电缆

同轴电缆由一个空心的外圆柱面导体包着一条内部线形导体组成。外导体可以是整体的或金属编织的，内导体是整体的或多股的。用均匀排列的绝缘环或整体的绝缘材料将内部导体固定在合适的位置，外部导体用绝缘护套覆盖。几个同轴电缆线往往套在一个大的电缆内，有些里面还装有二芯纽绞线或四芯线组，用于传输控制信号。同轴电缆的外导体是接地的，由于它的屏蔽作用，外界噪声很少进入其内。

同轴电缆可以满足较高性能的要求，与双绞线相比，它可以提供较高的吞吐量，连接较多的设备，跨越更大的距离。同轴电缆可以传输模拟和数字信号。同轴电缆比双绞线有着优越的频率特性，因而可以用于较高的频率和数据传输率。由于其屏蔽的同轴心结构，比起双绞线来，它对于干扰和串音就不敏感。影响其性能的主要因素是衰减、热噪声和交调噪声。

（3）光纤　光纤在电磁兼容性等方面有独特的优点，其数据传输速度高，传输距离远；在车载网络上，特别在一些要求传输速度高的车上网络（如车上信息与多媒体网络）上有很好的应用前景。但受到成本和技术的限制，现在使用的并不多。最常用的光纤是塑料光纤和玻璃纤维光纤，在汽车上多用塑料光纤，如图1-13所示。

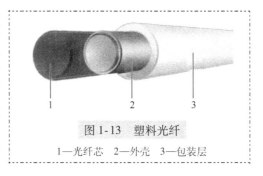

图1-13　塑料光纤

1—光纤芯　2—外壳　3—包装层

与玻璃纤维光纤相比，塑料光纤具有以下优点：

① 光纤横断面较大。因为光纤横断面较大，所以生产时光纤的定位没有太大的技术问题。

② 对灰尘不是很敏感。即使非常小心，灰尘也可能落到光纤表面上并由此改变光束的入射/发射功率。对于塑料光纤，细微的污物不一定会导致传输距离故障。

③ 操作简单。例如，约1mm厚的塑料光纤芯操作起来比约62.5μm厚的玻璃纤维光纤芯要容易一些，因此与玻璃纤维光纤相比，其操作处理要简单得多。而且玻璃纤维易折断，塑料纤维则不易折断。

④ 加工制作简单。与玻璃纤维光纤相比，宝马使用的甲基丙烯酸甲酯PMMA切割、打磨或熔化相对简单，这样在导线束制造以及进行售后服务维修时具有较大的优势。

6. 比特率

比特率是指每秒传送的比特（bit）数。单位为bit/s，也可表示为bps（bit per second）。比特率越高，单位时间传送的数据量（位数）越大。计算机中的信息都用二进制的0和1来表示，其中每一个0或1被称作1个位，即1bit（位）。大写B表示byte，即字节，1个字节=8个位，即1B=8bit。表示文件的大小单位，一般都使用千字节（KB）。

7. 传输协议

传输协议也称通信协议，是控制通信实体间有效完成信息交换的一组约定和规则，如图1-14所示。换句话说，要想交流成功，通信双方必须"说同样的语言"（如相同的语法规则和语速等）。

8. 传输仲裁

当出现数个使用者同时申请利用总线发送信息时，会发生数据传输冲突，好比同时有两个或者多个人想要过一个独木桥一样。传输仲裁就是为了避免数据传输冲突，保证信息按其重要程度来发送。

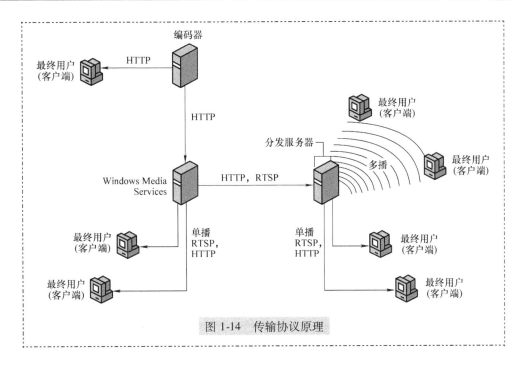

图 1-14 传输协议原理

第二节 数据信号的类别及传输方式

一、数据信号的类别

1. 模拟信号

"模拟"（Analogos）这个概念来源于希腊语，表示"类似于"。模拟显示数据（信息）是指通过直接与数据成比例的连续变化物理量进行表示。

模拟信号（图 1-15）的特点是，它可以采用 0～100% 之间的任意值。因此模拟信号电压（或电流）的变化方式是连续的，如指针式测量仪表、水银温度计、指针式时钟等。

在听音乐时，人的耳朵就会接收到模拟信号（声波连续变化）。汽车电器设备（音响系统、收音机、电话等）以同样的方式通过连续变化的电压表示出声音。

但当这种电信号由某一设备向另一设备传输时，接收装置接收到的信息与发射装置发送的信息并不完全相同。这是由于下列干扰因素造成的：

1) 导线（电缆）长度。
2) 导线的线性电阻。
3) 无线电波。

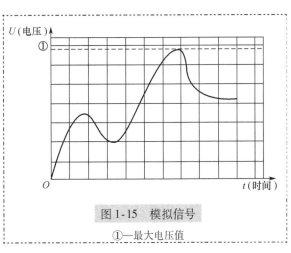

图 1-15 模拟信号
①—最大电压值

4）移动无线电信号。

出于安全技术的原因，在车辆应用方面不会通过模拟方式传输信息。此外，电压变化太小则无法显示出可靠值（ABS、安全气囊、发动机管理系统等）。

2. 数字信号

"数字"这个概念来源于拉丁语"Digitus"，表示手指或脚趾，其本意是指可以用几根手指算清的所有事务，或者更确切地说，"数字"就是可以分解为各自独立的事务。

数字表示方式就是以数字形式表示不断变化的物理量。尤其在计算机内，所有数据都以"0"和"1"的序列形式表示出来（二进制）。因此，"数字"是"模拟"的对立形式。数字信号的变化规律如图1-16所示。

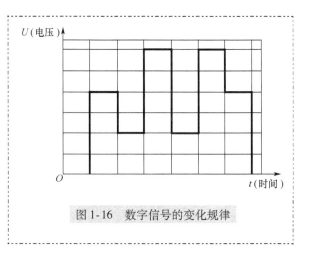

图1-16　数字信号的变化规律

3. 二进制信号

"Bi"一词来源于希腊语，表示"2"。因此，一个二进制信号（图1-17）只能识别两种状态，即0和1，或高和低。如车灯点亮或车灯未亮，继电器触点断开或继电器触点闭合，供电或未供电，车门打开或车门关闭等。

每个符号、图片甚至声音都可由特定顺序的二进制字符来表述，如1001 0110。通过这些二进制编码，计算机或控制单元可以处理信息或将信息发送给其他控制单元。

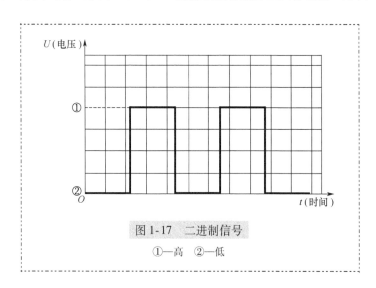

图1-17　二进制信号
①—高　②—低

4. 信号电压

为了能够清楚地区分高电压和低电压这两种状态，在汽车网络技术中对信号电压（图1-18）作了明确的规定，高电压为6~12V，低电压为0~2V，2~6V之间属于禁止范围，只用于识别故障。

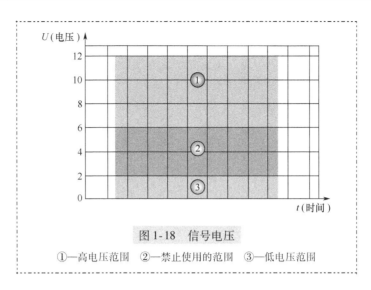

图 1-18　信号电压

①—高电压范围　②—禁止使用的范围　③—低电压范围

5. 代码表示

代码就是一组由字符、符号或信号码元以离散形式表示信息的明确的规则体系。例如，早年间在无线电通信中广泛使用的莫尔斯电报机（图 1-19），其发出的莫尔斯电码就是信息代码。莫尔斯电码的每个字母和数字都是通过不同长度的信号序列进行表达的。

图 1-19　莫尔斯电报机

我们熟悉的求救信号 SOS（Save Our Souls，拯救我们的生命）用莫尔斯电码表示为：

短短短——S；

长长长——O；

短短短——S。

6. 比特和字节

计算机中的所有信息都以位（bit，也称比特，是二进制数字的最小信息单位）为单位进行存储和处理的。因此，必须将所有数据（字母、数字、声音、图片等）转换成二进制代码，以便在计算机中进行处理。

最常用的系统和代码用 8 个位构成 1 个字节。因此，可以对 256 个字节进行设码。

1 千字节（KB）= 2^{10} 字节，即 1 024 字节
1 兆字节（MB）= 2^{20} 字节，即 1 024KB（1 048 576 字节）
1 千兆字节（GB）= 2^{30} 字节，即 1 024MB（1 073 741 824 字节）
注意：换算系数不是 1 000，而是 1 024。

二、数据传输方式

根据发送装置向接收装置传输信息时各字节的传输方式不同，数据传输方式分为并行传输和串行传输两种形式。

1. 并行传输

进行并行传输（图1-20）时，发送装置向接收装置同时（并行）传输 7~8 位数据。以并行形式传输数据时，两个设备之间的电缆必须包括 7 或 8 根平行排列的导线（如接地导线）。

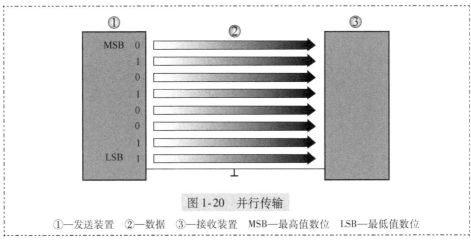

图 1-20　并行传输

①—发送装置　②—数据　③—接收装置　MSB—最高值数位　LSB—最低值数位

由图 1-20 可以看出，采用并行传输方式时，其数据传输如同在具有 8 条车道（车道相当于数据导线）的公路上行车（每辆车的载运量相当于 1 位数据，8 辆车的载运量之和相当于 1 个字节），在同一时间内，可以通过 8 辆车。虽然其通行效率高，但是要构筑 8 条车道，建设成本高昂。

需要较高的传输速度时，通常使用这种传输方式。但是由于插接装置和电缆方面的费用较高，因此只能在传输路径较短时采用并行传输方式。

2. 串行传输

串行传输（图1-21）主要用于在数据处理设备之间进行数据通信。在 1 根导线上以位为单位依次（连续形式）传输所需数据。

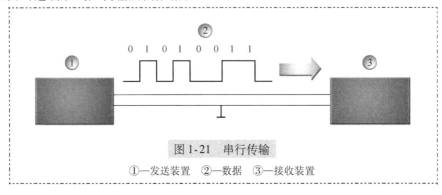

图 1-21　串行传输

①—发送装置　②—数据　③—接收装置

由图 1-21 可以看出，采用串行传输方式时，其数据传输犹如在具有 1 条车道（车道相当于数据导线）的公路上行车（每辆车的载运量相当于 1 位数据，8 辆车的载运量之和相当于 1 个字节），在同一时间内，只能通过 1 辆车。其通行效率低，但只需构筑 1 条车道，建设成本低廉。串行传输方式的优点是降低了布线成本，缺点是延长了数据传输时间。1 个 8 位并行接口可在 1 个时间单位内传输 1 个数据字节，而 1 个串行接口至少需要 8 个单位时间才能传输相同字节的数据。不过，传输距离越长就越能体现出串行传输的优势。

满足下列某个或多个条件时大多使用串行传输方式：

1) 传输距离较长（如在两个或多个距离较远的控制单元之间传输数据）。
2) 出于大量节约导线的考虑。
3) 对抗干扰能力（屏蔽导线）要求较高。
4) 系统需要传输的数据量较小。

目前汽车上并行数据传输方式多在控制单元内部线路中使用，而在控制单元外部传输信息则大都以串行传输方式进行。串行数据传输既可以采用同步传输方式，也可以采用异步传输方式。

3. 同步数据传输

使用 1 个共同的时钟脉冲发生器可保持发送装置和接收装置时间管理的同步性，这种方式就是同步传输方式（图 1-22）。采用同步数据传输时，只需使用发送装置的时钟脉冲发生器即可，但必须通过 1 根单独的导线将其节拍频率传送给接收装置。

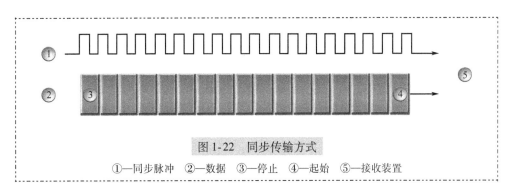

图 1-22 同步传输方式
①—同步脉冲 ②—数据 ③—停止 ④—起始 ⑤—接收装置

进行同步传输时，通常以信息组形式发送数据，且必须使接收装置与信息组传输同步化。因此，在信息组起始处发送 1 个起始符号，在停止处发送 1 个停止识别符号。

4. 异步数据

传输发送和接收装置之间最常用的时间管理方式是异步传输方式。进行异步数据传输时，发送和接收装置之间没有共同的系统节拍。系统通过起始位和停止位识别数据组的开始和结束。只有当接收装置确认已接收到之前的数据后，发送装置才会传输后续的数据。异步传输方式的数据传输速率相对较慢，数据传输速率还取决于总线长度。

进行异步数据传输时，仅针对字符的持续时间建立并保持发送和接收装置之间的同步性，这种方式又称为起止方式。进行异步传输时，每个字符起始处都有 1 个起始位。接收装置可通过该起始位与发送装置的节拍保持同步。随后发送 5~8 位数据位，并可能发送一个检查位（校验位）。在导线上发送数据位时首先发送最低值数位，最后发送最高值数位。此后，还有一个或两个停止位。停止位用于在传输两个字符之间形成一个最小的时间间隔，以便为接收装置接收后续字符留出必要的准备时间。这种由起始位、数据位和停止位构成的单位称为数据帧。进行异步数据传输时数据帧的结构如图 1-23 所示。

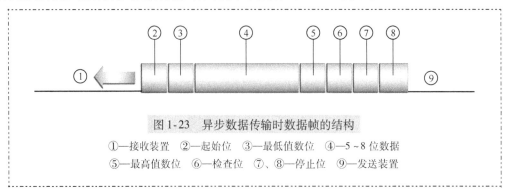

图 1-23　异步数据传输时数据帧的结构
①—接收装置　②—起始位　③—最低值数位　④—5~8 位数据
⑤—最高值数位　⑥—检查位　⑦、⑧—停止位　⑨—发送装置

发送和接收装置的传输形式必须一致。也就是说，两个设备内的下列参数需调节一致：
1) 传输速率。
2) 奇偶校验检查。
3) 数据位的数量。
4) 停止位的数量。

5. 数据总线上的信息流方向

（1）单工通信　如图 1-24 所示，如果在数据总线上，信息流（数据流）只能由一个控制单元传向另一个控制单元，而不能反向传输，则称为单工通信。

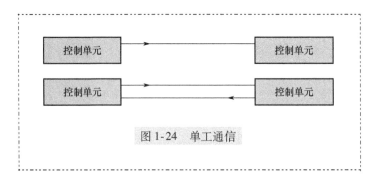

图 1-24　单工通信

（2）双工通信　如图 1-25 所示，如果在数据总线上，信息流（数据流）可以由一个控制单元传向另一个控制单元，而且可以进行反向传输，则称为双工通信。

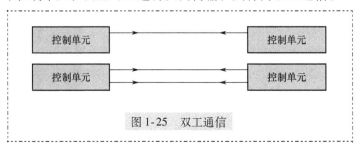

图 1-25　双工通信

第三节　车载网络的通信协议

一、通信协议概述

1. 通信协议

通信协议是指通信双方控制信息交换规则的标准、约定的集合，即指数据在总线上的传输规则。简单地说，两个实体要想成功地通信，它们必须"说同样的语言"，并按既定控制法则来保证相互的配合。在汽车上，要实现车内各电控单元之间的通信，必须制定规则，即通信的方法、时间和内容，以保证通信双方能相互配合，就好像现实生活中的交通规则一样，总统乘坐的车具有绝对的优先通行权，其他具有优先权的依次是政府要员的公车、警车、消防车、救护车等。但只能在执行公务时才能有优先权，驾车旅游、执行公务完毕时就无优先权可言。数据总线的通信协议并不是个简单的问题，但可举例简单说明。例如，当电控单元 A 检测到发动机已接近过热时，相对于其他不太重要的信息（如电控单元 B 发送的最新的大气压力变化数据）有优先权。通信协议的标准蕴涵唤醒访问和握手。唤醒访问就是一个给电控单元的信号（这个电控单元为了节电而处于休眠状态），信号使之进入工作状态。握手就是电控单元间的相互确认、兼容，并处在工作状态。

2. 通信协议的内容

1）在一个简单的通信协议中，模块不分主从，根据规定的优先规则，模块间相互传递信息，并且都知道该接收什么信息。

2）一个模块是主模块，其他则为从属模块，根据优先规则，主模块决定哪个从属模块发信息以及何时发送信息。

3）所有的模块都像旋转木马上的骑马人，一个上面有"免费券"挂环的转圈绕着他们旋转。当一个模块有了有用的信息，它便抓住挂环挂上这条信息，任何一个需要这条信息的模块都可以从挂环上取下这条信息。

4）通信协议中有个仲裁系统，通常这个系统按照每条信息的数字拼法为各数据传输设定优先规则。例如，以 1 结尾的数字信息要比以 0 结尾的有优先权。

二、总线与接口

1. 总线

总线技术最早应用在计算机内部。电信号在计算机系统组件、微处理器、存储器与输入输出器件之间以并行方式传输，为此目的而使用的线路称为总线（bus）。

在计算机系统内部总线分为地址总线、数据总线和控制总线 3 种。计算机系统内部的总线线路示意图如图 1-26 所示。车用计算机（电子控制单元）电路板如图 1-27 所示。

信息并行传输需要带宽较大的线路系统，数据传输速率（速度）较高。信息通过计算机系统外的串行总线线路传输，即在控制单元之间传输。

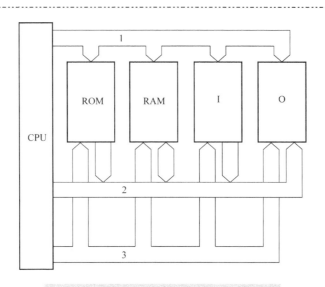

图1-26 计算机系统内部的总线线路示意图
1—地址总线 2—数据总线 3—控制总线
CPU—中央处理器 ROM—只读存储器 RAM—随机存储器 I—输入 O—输出

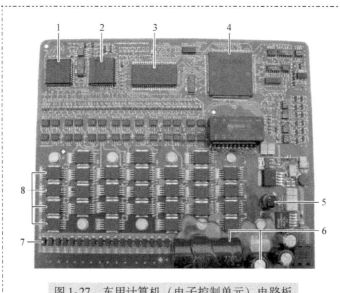

图1-27 车用计算机（电子控制单元）电路板
1—输出模块 2—输入模块 3—存储器模块 4—微处理器
5—线圈 6—电容器 7—二极管 8—特殊模块（特定应用）

2. 接口

接口（图1-28）负责建立计算机与周围环境（其他设备）之间的连接。为了通过接口正确传输数据，所有设备必须使用相同的硬件和软件。如果无法满足这些前提条件，则由一个网关（控制单元）来完成协调工作。

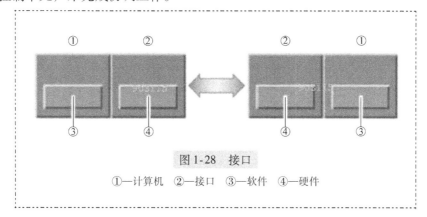

图1-28　接口

①—计算机　②—接口　③—软件　④—硬件

通过接口连接不同设备时有点对点连接和多点连接两种连接方式。

（1）点对点连接　点对点连接仅适用于在一条传输路径上连接两个设备。图1-29所示为两个控制单元通过总线相互连接的点对点连接方式。

图1-29　点对点连接

（2）多点连接　采用多点连接（图1-30）方式时，可在同一传输路径上连接两个以上的设备。为此，必须为各设备分配明确的代码（地址），以便设备能够有针对性地作出响应。

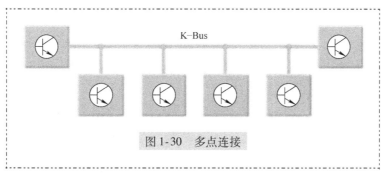

图1-30　多点连接

如果将传输路径的控制功能主要分配给其中一个设备，则该设备就变为主控控制单元，而其他设备仅具有副控功能，因而，具有副控功能的这些设备也称从属控制单元。

三、协议要素及其功能

1. 协议的三要素

协议的三要素见表1-4。

表1-4 协议的三要素

要素	功能
语法	确定通信双方之间"如何讲",由逻辑说明构成,对信息或报文中各字段进行格式化,说明报头(或标题)字段、命令和应答的结构
语义	确定通信双方之间"讲什么",由过程说明构成,对发布请求、执行动作以及返回应答予以解释,并确定用于协调和差错处理的控制信息
定时规则	指出事件的顺序以及速度匹配、排序

2. 协议的功能

协议的功能是控制并指导两个对话实体的对话过程,发现对话过程中出现的差错并确定处理策略。具体来说,每个协议都是具有针对性的,用于特定的目的,所以各协议的功能是不一样的;但是还有一些公共的功能是大多数协议都具有的。协议的功能见表1-5。

表1-5 协议的功能

项目	功能
差错检测和纠正	面向通信传输的协议常使用应答-重发、循环冗余检验、软件检查等机制进行差错的检测和纠正工作;而面向应用的协议常采用重新同步、恢复以及托付等更为高级的方法进行差错的检测和纠正工作。一般来说,协议中对异常情况的处理说明要占很大的比例
分块和重装	用协议控制进行传送的数据长度是有一定限制的,参加交换的数据都要求有一定的格式。为满足这个要求,就需要将实际应用中的数据进行加工处理,使之符合协议交换时的格式要求,只有这样才能应用协议进行数据交换。分块与重装就是这种加工处理操作。分块操作将大的数据划分成若干小块,如将报文划分成几个报文分组;重装操作则是将划分的小块数据重新组合复原,如将报文分组还原成报文
排序	排序就是对发送出的数据进行编号以标识它们的顺序。通过排序,可达到按序传递、信息流控制和差错控制等目的
流量控制	通过限制发送的数据量或速率,以防止在信息通道中出现堵塞现象

四、协议的类型

协议可根据其不同特性进行分类,可分为直接型/间接型、单体型/结构化型、对称型/不对称型、标准型/非标准型等协议的不同类型见表1-6。

表1-6 协议的不同类型

类型	功能
直接型/间接型	两个实体间的通信,可以是直接的或间接的。例如,两个系统若共享一个点-点链路,那么这些系统中的实体就可以直接通信。此时数据和控制信息直接在实体间传递而无任何中间的信息处理装置,所需要的协议属于直接型。如果系统经过转接式通信网或者两个(或两个以上)网络串接的通信网,两个实体要交换数据必须依赖于其他实体的功能,则属于间接通信。此时设计协议时,需要考虑对中间系统了解到怎样程度,因而较为复杂

(续)

类型	功能
单体型/结构化型	在两个实体间通信任务比较简单的情况下，采用单一协议来控制通信，这种协议被称为单体型协议。实际上，计算机网络内实体间的通信任务是很复杂的，以致不可能作为一个单体来处理。面临复杂的情况时，可采用结构化型协议，即以展示为层次或分层结构的协议集合来代替单体型协议。此时，较低层次或较低级别的功能在较低层次的实体上实现，而它们又向较高层次的实体提供服务。换言之，较高层的实体依靠较低层次的实体来交换数据
对称型/不对称型	大部分的协议属于对称型，即它们关联于同等的实体之间通信。不对称的协议可以是交换逻辑的要求（例如，一个用户进程和一个服务进程），或者是为了尽可能使实体或系统保持简单
标准型/非标准型	一个部门或者一个国家都希望制定标准型协议，促进组建计算机网络和分布处理系统。非标准型协议一般都是发展中的产物，或者为特定通信环境所设计

第四节 车载网络分类和协议标准

国际上众多知名汽车公司早在20世纪80年代就积极致力于汽车网络技术的研究及应用，迄今为止，已有多种网络标准。目前存在的多种汽车网络标准，其侧重的功能有所不同。

按照系统的复杂程度、通信速率、必要的动作响应速度、工作可靠性等方面的因素，SAE车辆网络委员会将汽车数据传输网划分为A、B、C、D和E共5类。汽车数据传输网的类型见表1-7。

表1-7 汽车数据传输网的类型

类型	功能
A类	面向传感器/执行器控制的低速网络，数据传输位速率通常小于20kbit/s，主要用于后视镜调整、电动窗、刮水器、空调、照明等车身低速控制
B类	面向独立模块间数据共享的中低速网络，数据传输位速率在10～125kbit/s，主要应用于车身电子舒适性模块、仪表显示等系统
C类	面向实时性控制的中高速多路传输网络，数据传输位速率在125kbit/s～1Mbit/s之间，主要用于牵引控制、发动机控制、自动变速器控制、ABS控制等系统
D类	面向媒体信息的高速传输网络，数据传输位速率一般在1Mbit/s以上，主要应用于车载视频、车载音响、车载电话、导航等信息娱乐系统
E类	面向乘员的安全系统高速、实时网络，位速率在10Mbit/s以上，主要用于车辆被动性安全领域

一、A类网络标准

A类网络是应用在控制模块与智能传感器或智能执行器之间的通信网络（子总线），例如，在大众迈腾轿车上面就运用了几个A类网络用来控制智能刮水器、自动空调等系统，其特点是低传输位速率、低成本。

A类网络标准见表1-8。很多A类总线标准都已淘汰，A类的网络通信大部分采用UART（Universal Asynchronous Receiver Transmitter，通用异步收发器）标准。目前还在应用的主要是 LIN 协议、TTP/A 协议和丰田专用 BEAN 协议等。

表 1-8 A 类网络标准

总线名称	用户	主要使用场合	备注
UART（ALDL）	GM	多种场合	正在淘汰
Sinebus	GM	Audio	应用于无限操纵车轮控制
E&C	GM	娱乐媒体	正在淘汰
12C	Renault	极少使用	
J1708/J1587/J1922	T&B	多种场合	正逐步被淘汰
CCD	Chrysler	传感器总线	正逐步被淘汰
ACP	Ford	娱乐媒体	正在淘汰
BEAN	TOYOTA	控制	
LIN	许多公司	车身控制	由 LIN 协会开发
TTP/A	TTTech	智能传感器	由维也纳工业大学开发

（1）LIN 协议 目前首选的 A 类网络标准是 LIN。目前有大量的车型采用此协议标准为车载 A 类网络。LIN 是用于汽车分布式电控系统的一种新型低成本串行通信系统，它是一种基于 UART 的数据格式、主从结构的单线 12V 的总线通信系统，主要用于智能传感器和执行器的串行通信。

LIN 采用低成本的单线连接，传输速率最高可达 20kbit/s，它的媒体访问采用单主/多从的机制，不需要进行仲裁，在从节点中不需要晶体振荡器而能进行自同步，采用 8 位单片机，这极大地减少了硬件平台的成本，其应用示例如 1-31 所示。

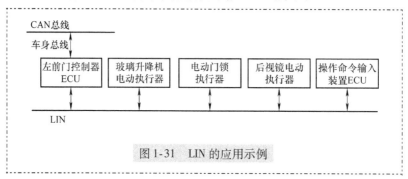

图 1-31 LIN 的应用示例

（2）TTP/A 协议 最初由维也纳工业大学制定，为时间触发类型的网络协议，主要应用于集成了智能变换器的实时现场总线。它具有标准的 UART，能自动识别加入总线的主节点与从节点，节点在某段已知的时间内触发通信但不具备内部容错功能。

（3）BEAN 协议 BEAN（Body Electronic Area Network，车身电子局域网络），是丰田汽车专用的双向通信网络。它是一种多总线车身电子局域网，由仪表板 BEAN 系统、转向柱 BEAN 系统和车门 BEAN 系统等组成。最大传输速率 10kbit/s，采用单线制，数据长度为 1~11 个字节。

二、B类网络标准

B类总线标准见表1-9。从目前来看,主要应用的B类总线标准有三种:低速CAN、J1850和VAN。低速CAN是B类总线的国际标准,以往广泛适用于美国车型的J1850正逐步被基于CAN总线的标准和协议所取代。B类总线性能比较见表1-10。

表1-9 B类总线标准

总线名称	用户	使用场合	备注
J2284	GM、Ford、DC	多种场合	基于ISO11898,500kbit/s
CAN	欧洲	车身系统控制	基于ISO11519,也称为容错CAN
J1939	T&B	多种场合	在载货汽车、大客车应用时为250kbit/s
J1850	GM、Ford、Chrysler	多种场合	主要应用于北美汽车公司
VAN	Renault & PSA	车身控制	基于ISO11519-3,法国

表1-10 B类总线性能比较

比较内容	ISO11898-3	VAN	SAEJ1850	
应用场合	控制、诊断	控制、诊断	通用、诊断	
传输介质	双绞线	双绞线、扁平线	单线	双绞线
位编码方式	NRZ	Manchester	VPN	PWN
介质访问方式	竞争	竞争		
位速率	10kbit/s~1Mbit/s	125kbit/s	10.4kbit/s	41.6kbit/s
数据长度	0~8B	28B	0~8B	
节点成本	中	低	低	

(1) J1850 1994年SAE正式将J1850作为B类网络标准协议。最早,SAEJ1850用在美国Ford、GM以及Chrysler公司的汽车中;现在,J1850协议作为诊断和数据共享被广泛应用在汽车产品中。但是,J1850并不是一个单一标准。Ford采用的J1850标准,其物理层与GM和Chrysler公司使用的不同;而GM和Chrysler公司在相同的物理层上又使用不同的数据帧格式,并且三个公司使用各自的消息协议。现在已停止使用,全部转至CAN总线。

(2) 低速CAN CAN-BUS是德国博世公司从20世纪80年代初,为解决现代汽车中众多的控制单元之间数据交换问题和控制单元与测试仪器之间的数据交换问题而开发的一种串行数据通信协议。

低速CAN是一种多主总线,通信介质可以是双绞线、同轴电缆或光纤,目前主要应用为双绞线,通信速率可达125kbit/s。1991年首次在奔驰S系列汽车中实现。同年,Bosch公司正式颁布了CAN技术规范,版本2.0。该技术规范包括A和B两部分。1993年11月,ISO正式颁布了国际标准ISO11898,为CAN的标准化、规范化铺平了道路。1994年,美国汽车工程师协会货车和大客车控制与通信子协会选择CAN作为SAEJ1939标准的基础。低速CAN具有许多容错功能,一般用在车身电子控制中。综上所述,CAN总线凭借其突出的可靠性、实时性和灵活性已从众多总线中突显出来,成为世界接受的B类总线的主流协议。

（3）VAN　VAN（Vehicle Area Network，车辆局域网），是现场总线的一种，主要在法国车中应用，由法国的雷诺汽车公司和标致集团联合开发。VAN通信介质简单，位传输速率可达1Mbit/s（40m 内），主要用于车身电子控制。

VAN支持分布式实时控制的通信网络，可广泛应用于汽车门锁、电动车窗、空调、自动报警以及娱乐控制等系统。VAN总线作为串行通信网络，与一般总线相比，其数据通信具有突出的可靠性、实时性和灵活性。

三、C 类网络标准

由于高速总线系统主要用于与汽车安全相关，以及实时性要求比较高的地方，如动力系统等，所以其有高传输速率，通常在125kbit/s～1Mbit/s之间，支持实时的周期性的参数传输，高速网络主要用于动力控制系统、电子制动系统等。C类总线标准见表1-11。C类总线性能比较见表1-12。

表1-11　C 类总线标准

名称	主要用户	应用场合
ISO11898-2（高速CAN）	GM，欧洲	实时控制场合
TTP/C	TTTech	实时控制场合（X-by-Wire）
FlexRay	BMW，Motorola，Daimler，Chrysler	实时控制场合（X-by-Wire）

表1-12　C 类总线性能比较

比较内容	ISO11898-2	FlexRay	TTP/C
应用场合	汽车、自动化领域、航空	X-by-Wire	对实时性要求严格的系统（X-by-Wire）
信息传输	异步	异步或同步	同步
位编码方式	NRZ	NRZ	频率控制
介质访问方式	CSMA/CR	TDMA/FTDMA	TDMA
最大位速率	1Mbit/s	10Mbit/s	25Mbit/s
数据长度	0～8B	0～246B	0～236B

（1）TTP/C 协议　TTP/C协议由维也纳工业大学研究，是基于TDMA的访问方式。TTP/C是一个应用于分布式实时控制系统的完整的通信协议。它能够支持多种容错策略，提供容错的时间同步以及广泛的错误检测机制，同时还提供节点的恢复和再整合功能。其采用光纤传输的工程化样品速度将达到25Mbit/s。TTP/C支持时间和事件触发的数据传输。TTP管理组织TTA Group成员包括奥迪、SA、Renault、NEC、TT Chip、Delphi等。

（2）FlexRay　FlexRay是BMW、Daimler-Chrysler、Motorola和Philips等公司制定的功能强大的通信网络协议。它是基于FTDMA的确定性访问方式，具有容错功能及确定的通信消息传输时间，同时支持事件触发与时间触发通信。具备高速率通信能力。FlexRay采用冗余备份的办法，对高速设备可以采用点对点方式与FlexRay总线控制器连接，构成星型结构，对低速网络可以采用类似 CAN 总线的方式连接。

（3）高速 CAN　欧洲的汽车制造商基本上采用总线标准 ISO11898。总线传输速率通常在 125kbit/s～1Mbit/s 之间。据 Strategy Analytics 公司统计，2008 年用在汽车上的 CAN 节点数目超过 7 亿个。已成为事实上的国际标准，目前在高速网络通信系统中，应用得最为广泛。然而，作为一种事件驱动型总线，CAN 无法为下一代线控系统提供所需的容错功能或带宽，因为 X-by-Wire 系统实时性和可靠性要求都很高，必须采用时间触发的通信协议，如 TTP/C 或 FlexRay 等。

CAN 协议仍为 C 类网络协议的主流，但随着汽车中引进 X-by-Wire 系统，TTP/C 和 FlexRay 将显示出优势。它们之间的竞争还要持续一段时间，在未来的线控系统中，到底哪一种标准更具有生命力尚难定论。

TTP/C 和 FlexRay 应用于 X-by-Wire 系统（电传控制），X-by-Wire 最初是用在飞机控制系统中，称为电传控制，现在已经在飞机控制中得到广泛应用。由于目前对汽车容错能力和通信系统的高可靠性的需求日益增长，X-by-Wire 系统开始应用于汽车电子控制领域。X-by-Wire 技术将使传统的汽车机械系统（如制动和驾驶系统）变成通过高速容错通信总线与高性能 CPU 相连的电气系统。

四、D 类网络标准（多媒体系统总线标准、协议）

汽车信息娱乐和远程信息设备，特别是汽车导航系统，需要功能强大的操作系统和连接能力。目前主要应用的几种 D 类总线协议见表 1-13。

表 1-13　D 类总线协议

分类	总线协议		应用场合	传输介质	位速率	备注
低速	IDB-C		通信娱乐	双绞线	250kbit/s	基于 CAN 总线
高速	D2B	Cipper	通信娱乐	双绞线	29.8kbit/s	
		Optical		光纤	12Mbit/s	
	MOST		通信娱乐	光纤	25Mbit/s	
	IDB-1394		PC 设备	屏蔽双绞线	98～393Mbit/s	
无线	蓝牙		PC 通信		2.4GHz	短距离射频技术

汽车多媒体网络和协议分为三种类型，分别是低速、高速和无线，对应 SAE 的分类相应为 IDB-C、IDB-M 和 IDB-W，其传输速率为 250kbit/s～100Mbit/s。

低速用于远程通信、诊断及通用信息传送，IDB-C 按 CAN 总线的格式以 250kbit/s 的位速率进行信息传送。由于其低成本的特性，早期的汽车多媒体网络多采用该模式，但一般不传输媒体信息，主要完成操作指令的传输。

高速主要用于实时的音频和视频通信，如 MP3、DVD 和 CD 等的播放，所使用的传输介质是光纤，这一类里主要有 D2B、MOST 和 IEEE1394。

无线通信方面，采用蓝牙规范。

五、E 类网络标准（安全总线标准）

安全总线主要用于安全气囊系统，以连接气囊控制电脑、加速度计、安全传感器等装置，为被动安全提供最佳保障。

典型的安全总线标准如 BMW 公司的 Byteflight。Byteflight 协议是由 BMW、Motorola、Elmos 和 Infineon 等公司共同开发的，试图用于安全保障系统。此协议基于灵活的时分多路 TDMA 协议，以 10Mbit/s 的速率传送数据，光纤可长达 43m。其结构能够保证以一段固定的等待时间专门用于来自安全元件的高优先级信息，而允许低优先级信息使用其余的时段。这种决定性的措施对安全是至关重要的。

Byteflight 不仅可以用于安全气囊系统的网络通信，还可用于 X-by-Wire 系统的通信和控制。BMW 公司在 2001 年 9 月推出的 BMW7 系列车型中，采用了一套名为 ISIS 的安全气囊控制系统，它是由 14 个传感器构成的网络，利用 Byteflight 来连接和收集前座保护气囊、后座保护气囊以及膝部保护气囊等安全装置的信号。在紧急情况下，中央电脑能够更快、更准确地决定不同位置的安全气囊的施放范围与时机，发挥最佳的保护效果。

六、诊断系统总线标准、协议

故障诊断是现代汽车必不可少的一项功能，使用诊断系统的目的主要是为满足 OBD-II、OBD-III 或 E-OBD 标准。目前，汽车的故障诊断主要是通过一种专用的诊断通信系统来形成一套较为独立的诊断网络。

OBD-II 第二代随车电脑诊断系统，由美国汽车工程学会 1994 年提出。自 1994 年以来，美、日、欧的一些主要汽车生产厂家为了维修方便逐渐使用 OBD-II 随车诊断系统。这一系统集故障自诊断系统软硬件结构、故障码、通信方式系统、自检测试模式为一体，具有监视发动机微机和排放系统部件的能力。

2004 年，美国 GM、Ford、DC 三大汽车公司对乘用车采用基于 CAN 的 J2480 诊断系统通信标准。在欧洲，从 2000 年开始，欧洲汽车厂商就已经能够开始使用一种基于 CAN 总线的诊断系统通信标准 ISO15765。采用了 CAN 总线作为诊断总线后，需要使用 CAN 专用诊断头以连接车载控制单元。目前，除了 CAN 网络，LIN 协议也已经成为汽车诊断的总线标准。目前应用的主要诊断总线见表 1-14。

表 1-14 目前应用的主要诊断总线

协议标准	用户	备注
ISO9141	欧洲	满足 OBD-III
ISO14230	欧洲	又称 Keyword Protocol 2000，满足 OBD-II
J1850	GM、Ford、DC	满足 OBD-II
J2480	GM、Ford、DC	基于 CAN，满足 OBD-III
ISO	欧洲	基于 CAN，满足 E-OBD

七、汽车网络的发展趋向

X-by-Wire，即线控操作，是未来汽车的发展方向。X-by-Wire 在汽车上的实际应用如图 1-32 所示。该技术来源于飞机制造，基本思想就是用电子控制系统代替机械控制系统，减轻重量，提高可靠性，如 Steer-by-Wire 和 Brake-by-Wire 等。由于整个设计思想涉及动力、制动、方向控制等关键功能，对汽车网络也就提出了不同要求。在未来的 5~10 年里，X-by-Wire 技术将使传统的汽车机械系统变成通过高速容错通信总线与高性能 CPU 相连的电气系统。在一辆装备了综合驾驶辅助系统的汽车上，目前存在几种相互竞争的网络技术，包括前文提到的 TTP、Byteflight 和 FlexRay 以及 TTCAN（时间触发的 CAN）。

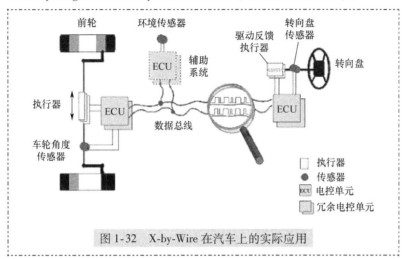

图 1-32　X-by-Wire 在汽车上的实际应用

随着汽车智能化时代的到来，道路运输实况报告、安全行车、停车位管理、高速公路自动计费、旅游向导、社区汽车服务等都可以实现全面的智能化。信息技术给人类生活带来了便利，同时也改变了人类的出行方式。

国际上大型整车制造商掌握着网络总线技术，它们有一整套自己的网络总线标准体系。为了保证所有零部件在网络总线中能够相互通信，供应商都必须按照标准来开发零部件。网络总线的开发大多是 V 模式开发流程，即先定义系统功能，进行成本和可靠性分析，然后按照需求设计拓扑结构、定义 ECU 功能，参考国际标准制定协议、ECU 实现、组建测试、集成测试、ECU 测试等，最终对设计出来的网络总线节点功能及结构进行验证和集成，如图 1-33 所示。

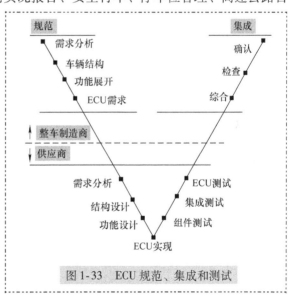

图 1-33　ECU 规范、集成和测试

第五节　数据通信基本知识

一、数据在总线导线上生成信号

总线信息通过数据导线上的电压变化来传输。电平在低数值（低位）与高数值（高位）

之间切换。这两种状态可以通过二进制字符0和1表示，称为比特（二进制数）。电气信号可以通过一个电阻和一个开关或晶体管在数据导线上产生。通过一个开关和一个灯泡（电平指示器）产生数据总线信号。

开关处于打开状态时，电阻R_1与灯泡串联。如果已根据灯泡标称电压（例如2.5V）调整电阻上的电压降，则灯泡亮起。此时数据导线上的电压值约为2.5V。以二进制方式表示时，这种情况为状态1，如图1-34a所示。

如果使开关闭合，则电路从并联电路变为开关电阻为0的"混合电路"。因为灯泡与开关并联，且并联电路电阻值始终小于最小的单个电阻，所以全部电压都作用在电阻R_1上。数据导线上电压为0V且灯泡不亮起。按二进制表示方式这种情况为状态0，如图1-34b所示。

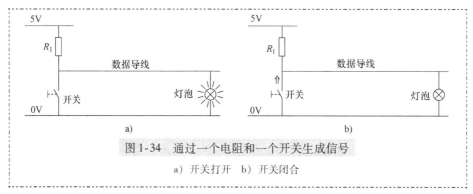

图1-34　通过一个电阻和一个开关生成信号

a）开关打开　b）开关闭合

也可以通过一个晶体管和一个灯泡（电平指示器）产生数据总线信号。

晶体管未受控制时，电阻R_1不与负极直接连接，电阻与灯泡一起构成一个串联电路。相应数值匹配时，灯泡亮起且数据导线上产生二进制状态1，如图1-35a所示。

晶体管受控制时条件发生了变化，因为集电极-发射极导通形成了另一个电路。因此数据导线上的电压值从2.5V降到约0V。灯泡不再亮起且数据导线上形成二进制状态0，如图1-35b所示。

对比结果表明，两个电路对数据导线的作用相同。如果用示波器替代灯泡，则通过观察示波图可以发现二进制状态0或1与数据导线电压电平之间的直接关系。

晶体管未导通状态：晶体管未受控制时电阻R_1不与负极连接，因为R_1和晶体管集电极-发射极段的电路未导通。如果

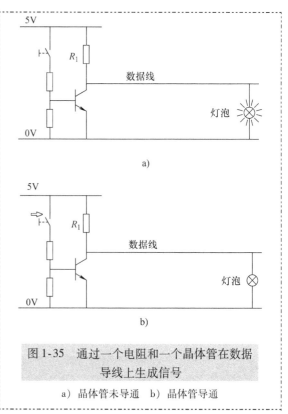

图1-35　通过一个电阻和一个晶体管在数据导线上生成信号

a）晶体管未导通　b）晶体管导通

现在通过示波器观察数据导线上的电压,则可看出电压值为5V。按二进制表示方式这种情况相当于状态1,如图1-36所示。

晶体管导通状态:晶体管受控制时条件发生了变化,因为集电极－发射极导通形成了电路。因此示波图中的电压值从5V降到约0.2V,以二进制表示时,数据导线处于状态0,如图1-37所示。

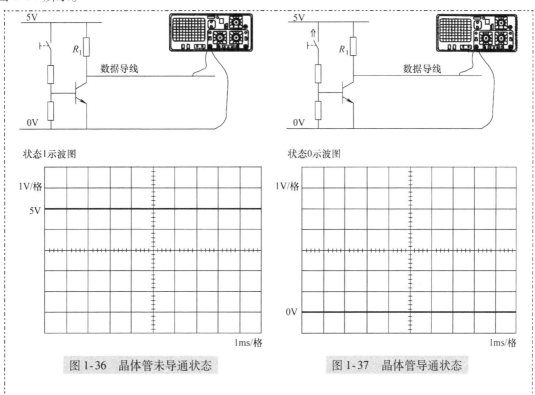

图1-36 晶体管未导通状态　　图1-37 晶体管导通状态

二、数据在总线的传输

如果总线导线上的电压电平以相同的时钟节拍切换,则可以在相同时段内表示二进制代码数据。这些代码称为比特。利用二进制字符0和1可以为十进制数编码。表1-15为十进制0~9的编码,图1-38为十进制数9在总线上的表示。

表1-15 以二进制数方式为十进制数编码

十进制数	二进制数	十进制数	二进制数
0	0000	5	0101
1	0001	6	0110
2	0010	7	0111
3	0011	8	1000
4	0100	9	1001

总线上的比特编码可以通过非归零法(NRZ)、曼彻斯特法和脉冲宽度调制法(PWM)实现。这些方法的区别在于表示一个比特所需要的时段(时间窗)数量不同。

采用NRZ法时用一个时段即可表示一个比特。在整个比特时间内所示比特的电平保持不变。CAN 和 LIN 中使用这种方法。曼彻斯特比特由两个时段构成，PWM 比特由三个时段构成。曼彻斯特和 PWM 编码的优点是，每个比特都包含一次用于总线设备同步的脉冲沿切换，如图 1-39 所示。

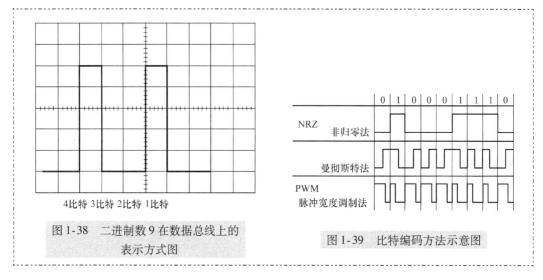

图 1-38　二进制数 9 在数据总线上的表示方式图

图 1-39　比特编码方法示意图

1. 信号传输速度

数据导线上的电压电平按传输二进制数值的规律切换。在此数据接收器必须知道，数据发送器让每个比特在数据总线上停留多长时间（直至下一个数值传到数据导线上为止的时间）。这个循环时间是系统的时钟频率。这个时间越短，信息传输越快，但是数据发送器和接收器的工作速度也必须越快。传输速度按 ISO（国际标准化组织）标准系统分为两组，如图 1-40 所示。

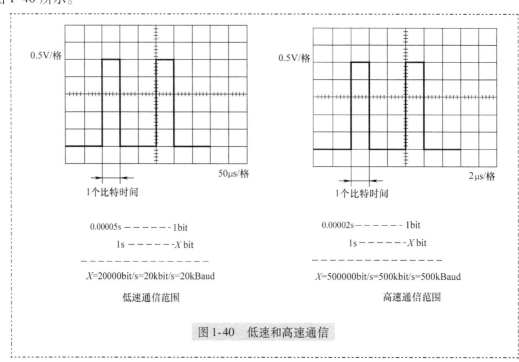

图 1-40　低速和高速通信

低速通信范围：比特率低于125kbit/s。高速通信范围：比特率高于125kbit/s。

2. 显性比特和隐性比特

如果总线上布置了多个发送器，则同时发送时会造成信息重叠。有三个总线设备时，在总线电平方面可能出现以下情况：

如果三个发送器都未起用，则晶体管不受控制，因此没有电流流过电阻，且数据导线上的电压值为5V。作为二进制状态或电平这种情况表示为1，如图1-41所示。如果某个晶体管通电，则有电流流过串联电阻。数据总线上电压值变为0V或电平为0。这意味着，任何处于应用状态的收发点都可以立即用低位覆盖状态1（高位）。因此在这个电路中低位状态称为显性，高位状态称为隐性。这种关系对传输错误信息以及访问总线收发点的同时识别冲突来说十分重要。如果多个控制单元同时发送信息，那么数据总线上就必然会发生数据冲突，为了避免发生这种情况，CAN总线采用了仲裁方法来处理这类冲突。总线传输信息见表1-16。

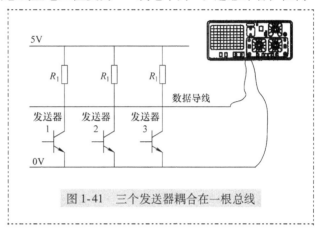

图1-41 三个发送器耦合在一根总线

表1-16 总线传输信息

三个发送器时可能产生的电平			总线导线上的电平
发送器1	发送器2	发送器3	
未受控制	未受控制	未受控制	1
导通	未受控制	未受控制	0
未受控制	导通	未受控制	0
导通	导通	未受控制	0
未受控制	未受控制	导通	0
导通	未受控制	导通	0
未受控制	导通	导通	0
导通	导通	导通	0

3. 优先权的仲裁

要对数据进行实时处理，就必须将数据快速传送，这就要求数据的物理传输通路有较高的速度。在几个站同时需要发送数据时，要求快速地进行总线分配。实时处理通过网络交换的紧急数据有较大的不同。一个快速变化的物理量，如汽车发动机负载，将比类似汽车发动机温度这样变化相对较慢的物理量，更频繁地传送数据并要求更短的延时。CAN总线以报文为单位进行数据传送，报文的优先级结合在11位标识符中，具有最低二进制数的标识符有最高的优先级。这种优先级一旦在系统设计时被确立后就不能再被更改。

总线读取中的冲突可通过位仲裁解决。例如，当3个站同时发送报文时，站1的报文标识符为011111，站2的报文标识符为0100110，站3的报文标识符为0100111。通过比较3

个站的报文标识符，发现所有标识符前面2位相同都为01，直到第3位进行比较时，站1的报文被丢掉，因为它的第3位为高，而其他两个站的报文第3位为低；站2和站3报文的4、5、6位相同，直到第7位时，站3的报文才被丢失。

注意，总线中的信号持续跟踪最后获得总线读取权的站的报文。在此例中，站2的报文被跟踪。这种非破坏性位仲裁方法的优点在于，在网络最终确定哪一个站的报文被传送以前，报文的起始部分已经在网络上传送了。所有未获得总线读取权的站都成为具有最高优先权报文的接收站，并且不会在总线再次空闲前发送报文。CAN具有较高的效率是因为总线仅仅被那些请求总线悬而未决的站利用，这些请求是根据报文在整个系统中的重要性按顺序处理的。这种方法在网络负载较重时有很多优点，因为总线读取的优先级已被按顺序放在每个报文中了，这可以保证在实时系统中较低的个体隐伏时间。对于主站的可靠性，由于CAN协议执行非集中化总线控制，所有主要通信，包括总线读取（许可）控制，在系统中分几次完成。

1）控制单元发送的每个信息都要分配优先权，不同的信息具有不同的优先权（优先权隐含在数据中的"标识符"），优先权高的信息优先发送。

2）所有的控制单元都是通过各自的RX线来跟踪总线上的一举一动，并获知总线的状态。

3）请求发送信息的控制单元，每个发射器将对TX线和RX线的状态一位一位地进行比较，它们可以不一致。

4）CAN是这样来进行调整的：如果某个控制单元向外发送"1"（TX-线为1），但在通过RX-线在总线接到"0"，则该控制单元中控制发送信息，退出对总线的控制，转为接收信息。

故用标识符中位于前部的"0"的个数就可调整信息的重要程度，从而就可保证按重要程度的顺序来发送信息。规则：标识符中的号码越小，表示该信息越重要。这种方法称为仲裁。

比如现在有三个控制单元，发动机控制单元、ABS控制单元、仪表，同时向外发送信息，其中发动机控制单元向外发送信息为"10101010"，ABS向外信息为"10101011"，仪表向外发送的信息为"10111111"。三个控制单元向外发送信息的第1位、第2位、第3位都是一样的，都是"101"，此时不存在冲突，但三个控制单元向外发送第4位，此时仪表的第4位为"1"，其他的两个控制单元的第4位为"0"，根据三个发送器耦合在一根总线的原理（见"图1-41 三个发送器耦合在一根总线"）知道，此时总线的状态应为"0"，对仪表控制单元来说，它向外发送"1"（TX状态1），但接收到是"0"（RX状态0），根据仲裁原则，仪表控制单元停止发送信息，转为接收状态，该信息等待下一次发送周期，再次请求发送。

同理，发动机控制单元和ABS控制单元继续向外发送信息的第5位、第6位、第7位（101），且这三位的信息是一样的，不存在冲突。再发送第8位，发动机控制单元的第8位为"0"，而ABS控制单元的第8位为"1"，根据三个收发器耦合在一根总线的原理，此时总线的状态应为"0"，对ABS控制单元来说，它向外发送"1"（TX状态1），但接收到是"0"（RX状态0），根据仲裁原则，ABS控制单元停止发送信息，转为接收状态，该信息等待下一次发送周期，再次请求发送。

结果，发动机控制单元接管数据总线控制权，继续发送剩余的信息，最终数据总线的信息与发动机控制单元向外发送的信息是一样的，如图1-42所示。

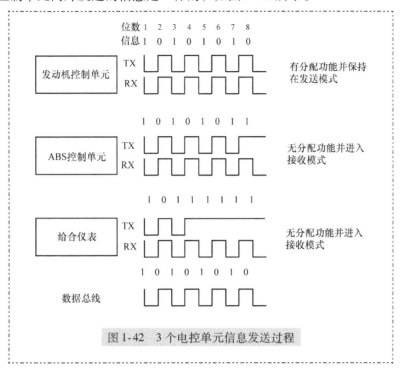

图1-42 3个电控单元信息发送过程

三、数据总线的终端电阻

在高频网络中总线导线端部必须有终止点，否则可能会出现反射。这种情况也适用于至总线设备连接部位的导线端部。对于高频信号来说，总线导线端部的作用相当于独立的发送器。因此导线端部会产生反向运行的信号，这些信号叠加在有效信号上并造成信号失真。例如，各控制单元扫描时不识别为1，而是识别为0，如图1-43所示。

反射过程与撞到堤岸上反射，并与后续波浪叠加的水波类似。如果波浪冲到沙滩上，沙滩就会吸收波浪的能量且不会造成波浪叠加。因为电阻可以吸收信号运行到数据导线端部时的能量，所以只需连接一个电阻即可使数据导线终止，如图1-44所示。

1）按CAN规范布置电阻：CAN规范中规定终端电阻连接在数据总线导线的端部。每个电阻值都为120Ω。

2）电阻在控制单元内的布置：与标准规定在数据总线两端布置终端电阻（为120Ω）不同，在高速总线（CAN）上汽车制造商最常使用的是分布在控制单元上的负载电阻，如图1-45所示。在低速总线（CAN）中终端电阻不连接在CAN_H与CAN_L之间，而是对地或对5V切换，如图1-46所示。

例如，在Golf V中发动机控制单元内有一个中央终端电阻，其他高阻值电阻布置在其他控制单元内。其结果是虽然总线导线上的反射较强，但是由于总线长度较短而不会明显影响数据交换。高速总线上附加安装回线时可能出现令人费解的故障信息。因此车辆内的接地导线不保持连接状态。

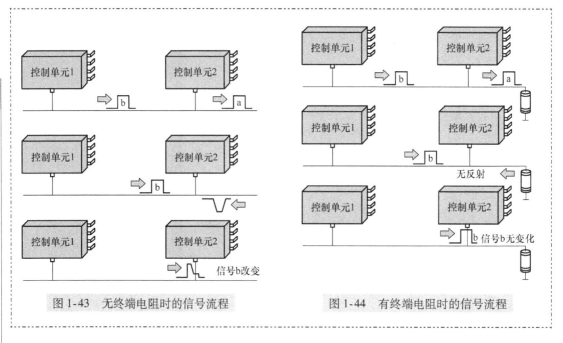

图 1-43　无终端电阻时的信号流程　　　图 1-44　有终端电阻时的信号流程

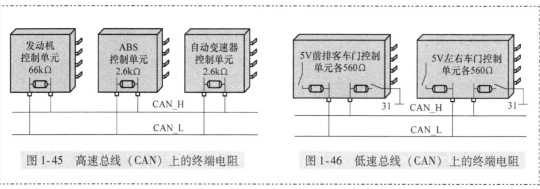

图 1-45　高速总线（CAN）上的终端电阻　　　图 1-46　低速总线（CAN）上的终端电阻

3）在低速总线中，一个电阻在 CAN_L 导线与收发器供电之间切换，另一个电阻在 CAN_H 导线与接地之间切换。将点火开关置于关闭位置时，无法从外部测量电阻值，因为两个电子开关断开了供电与接地之间的连接。

4）单线技术的终端电阻布置：终端电阻连接在数据总线导线与接地电位之间。

第六节　汽车对通信网络的要求及应用

一、汽车多个 ECU 之间的典型网络布局

汽车多个 ECU 之间的网络布局常见的有分级式和分开式两种。

1. 分级式

采用 J1939 标准的分级式，将整个网络分成不同功能层级，并用特制的微机对不同层级进行处理和控制。分级式网络布局如图 1-47 所示。这种网络布局具有超过 30 个 ECU 的容量。

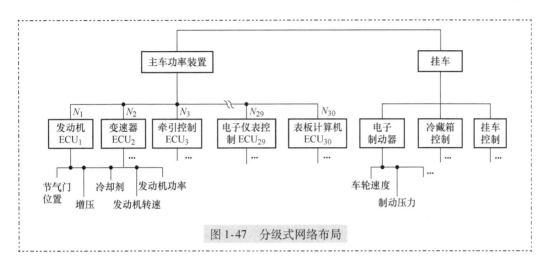

图 1-47 分级式网络布局

2. 分开式

采用 J1587/J1708 标准的分开式网络布局如图 1-48 所示。在这种网络布局中,各个网络都有自己的操作系统,相互之间用桥接器来处理多个 ECU 之间的通信。

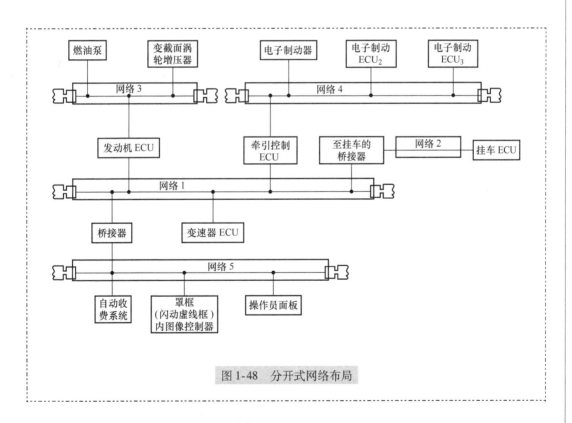

图 1-48 分开式网络布局

二、汽车对通信网络的要求

连接到车载网络的各个 ECU 按需要从总线上接收最新的信息以操纵各个系统。例如,与发动机转速传感器相匹配的发动机 ECU,将发动机转速数据连续馈送至总线,其他几个需要发动机转速数据的 ECU，只需从总线上接收发动机转速数据即可。接收 ECU 接收到的最新数据为现行数据，实际实施中，每当 ECU 接收到数据，就将这些数据存储在 RAM 区，并将这些数据按各自的类型赋值，因此，RAM 总有一个更新了的数据复制并存储在其中，再通过对这些数据的应用，使 ECU 获取最新的数据。

汽车内 ECU 之间与办公用微机之间的数据传输特征不尽相同，主要差别在于传输频率。汽车内 ECU 之间的数据传输频率是变化的，在一个完善的汽车电子控制系统中，许多动态信息必须与车速同步。为了满足各子系统的实时性要求，有必要对汽车公共数据实行共享，如发动机转速、车轮转速、加速踏板位置等。但每个 ECU 对实时性的要求是因数据的更新速率和控制周期不同而不同的。例如，一个 8 缸柴油机运行在 2400r/min，则 ECU 控制两次喷射的时间间隔为 6.25ms，其中，喷射持续时间为 30°的曲轴转角（2ms），在剩余的 4ms 内需完成转速测量、油量测量、A-D 转换、工况计算、执行器的控制等一系列过程，这就意味着数据发送与接收必须在 0.25ms 内完成，才能达到发动机电控的实时性要求。这就要求其数据交换网是基于优先权竞争的模式，且本身具有极高的通信速率，CAN 现场总线正是为满足这些要求而设计的。不同参数应具有不同的通信优先权，表 1-17 列出了几个典型参数允许响应时间。

表 1-17 典型参数允许响应时间

典 型 参 数	允许响应时间	典 型 参 数	允许响应时间
发动机喷油量	10ms	进气温度	20s
发动机转速	30ms	冷却液温度	1min
车轮转速	1~100s	燃油温度	≈10min

三、车载网络系统在汽车上的应用

车载网络系统在汽车上的应用非常多，按照应用系统加以划分的话，车载网络大致可以分为 4 个系统：动力传动系统、车身系统、安全系统和信息系统。车载网络系统的应用等级如图 1-49 所示。

1. 动力传动系统

在动力传动系统内，利用网络将发动机舱内设置的模块连接起来，在将汽车的主要因素——行驶、停止与转弯这些功能用网络连接起来时，就需要高速网络。动力传动系统模块的位置比较集中固定在一处。从欧洲汽车厂家的示例来看，动力传动系统对节点的数量也是限制的。

动力 CAN 数据总线连接 3 块电脑，它们是发动机、ABS/EDL 及自动变速器电脑（动力 CAN 数据总线可以连接安全气囊、四轮驱动与组合仪表等电脑）。总线可以同时传递 10 组数据，发动机电脑 5 组、ABS/EDL 电脑 3 组、自动变速器电脑 2 组。数据总线以 500kbit/s 的速率传递数据，每一数据组传递大约需要 0.25ms，每一电控单元 7~20ms 发送一次数据。优先权顺序为 ABS/EDL 电控单元、发动机电控单元、自动变速器电控单元。

在动力传动系统中，数据传递应尽可能快速，以便能及时利用数据，所以需要一个高性能的发送器。高速发送器会加快点火系统间的数据传递，能使接收到的数据立即应用到下一

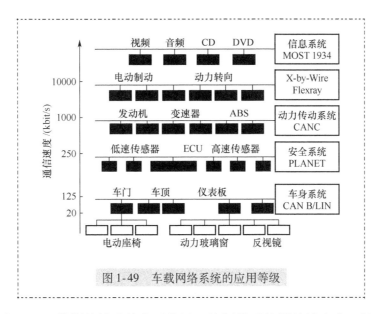

图1-49 车载网络系统的应用等级

个点火脉冲中去。CAN 数据总线连接点通常置于控制单元外部的线束中,但在特殊情况下,连接点也可能设在发动机电控单元内部。

2. 车身系统

与动力传动系统相比,汽车上的各处都配置有车身系统的部件,线束长,容易受到干扰。防干扰的措施是尽量降低通信速度,通过增加节点的数量,保证通信速度不受影响。在车身系统中,因为担负着人机接口作用的模块、节点的数量增加,所以与性能(通信速度)相比,更倾向于注重成本,对此,人们正在摸索更廉价的解决方法,目前常常采用直连总线及辅助总线。

舒适 CAN 数据总线连接 5 个控制单元(包括中央控制单元及 4 个车门的控制单元),有 5 个功能:中央门锁、电动窗、照明开关、后视镜加热及自诊断功能。控制单元的各条传输线以星状形式汇聚一点,这样做的好处是,如果一个控制单元发生故障,其他控制单元仍可发送各自的数据。

该系统使经过车门的导线数量减少,线路变得简单。如果线路中某处出现对地短路、对正极短路或线路间短路,CAN 系统会立即转为应急模式运行或转为单线模式运行。4 个车门控制单元都由中央控制单元控制,只需较少的自诊断线。

数据总线以 62.5kbit/s 的速率传递数据,每一组数据传递大约需要 1ms,每个电控单元 20ms 发送一次数据。优先权顺序为:中央控制单元、驾驶人侧车门控制单元、前排乘客侧车门控制单元、左后车门控制单元、右后车门控制单元。由于舒适系统中的数据可以用较低的速率传递,所以发送器性能比动力传动系统发送器的性能低。

3. 安全系统

安全系统是指根据多个传感器的信息使安全气囊启动等的控制系统。由此使用的节点数将急剧地增加。对此系统的要求是成本低、通信速度快、通信可靠性高。

4. 信息(娱乐、ITS)系统

对信息系统通信总线的要求是容量大、通信速度非常高。因此,业内人士正在讨论通信媒体应该采用光纤还是应该采用铜线。

除上述所介绍的系统之外，还有面向21世纪的控制系统、高速车身系统及主干网络等，这就意味着将会有不同的网络并存，因此就要求网络之间可以互相连接，也可以断开。为了实现即插即用，都将各个局域网与总线相连，根据汽车的平台选择并建立所需要的网络。典型的车用网络如图1-50所示。

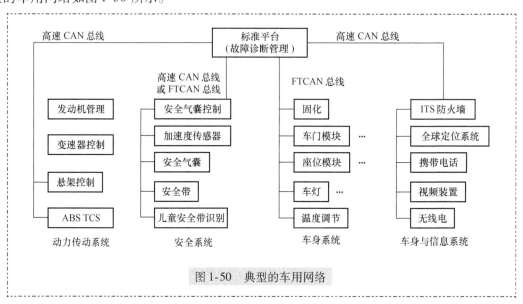

图1-50　典型的车用网络

复习思考题

一、填空题

1. 导线长度和插接器数量的增加不但占据_____、增加装配和维修的_____、提高_____，而且妨碍整车可靠性的提高。

2. 车载电控系统经历了_____、_____和_____三个阶段。

3. _____，就是指在一条数据线上传递的信号可以被多个系统共享，从而最大限度地提高系统整体效率，充分利用有限的资源。

4. 通过接口连接不同设备时有_____和_____两种连接方式。

5. 如果将传输路径的控制功能主要分配给其中一个设备，则该设备就变为_____，而其他设备仅具有副控功能，因而，具有副控功能的这些设备亦称_____。

6. 协议三要素是指_____、_____和_____。

7. 总线上的比特编码可以通过_____、_____和_____实现。

8. 车用网络大致可以分为4个系统：_____、_____、_____、_____。

二、选择题

1. 以下（　　）不是车载网络系统组成。
A. 传输媒体　　　B. 拓扑结构　　　C. 通信协议　　　D. 数据总线

2. 通过一个转发器将每台入网计算机接入网络，每台转发器与相邻两台转发器用物理链路相连，此为（　　）。
A. 环形网拓扑结构　　　　　　　B. 星形网拓扑结构

C. 总线形网拓扑结构　　　　　　　D. 三角形网拓扑结构

3. 以一台称之为中心处理机为主组成的网络，各种类型的入网机均与该中心处理机有物理链路直接相连，此为（　　　）。

A. 环形网拓扑结构　　　　　　　　B. 星形网拓扑结构
C. 总线形网拓扑结构　　　　　　　D. 三角形网拓扑结构

4. 将所有的入网计算机通过分接头接入一条载波传输线上，此为（　　　）。

A. 环形网拓扑结构　　　　　　　　B. 星形网拓扑结构
C. 总线形网拓扑结构　　　　　　　D. 三角形网拓扑结构

5. 以下（　　　）不是通信协议的三要素。

A. 语义　　　　B. 语法　　　　C. 语序　　　　D. 定时规则

6. 用来控制智能刮水器、自动空调等系统的是（　　　）类网络。

A. A 类网络　　　B. B 类网络　　　C. D 类网络　　　D. E 类网络

7. 低速 CAN 属于（　　　）类网络。

A. A 类网络　　　B. B 类网络　　　C. D 类网络　　　D. E 类网络

8. 多媒体系统总线 MOST 属于（　　　）类网络。

A. A 类网络　　　B. B 类网络　　　C. D 类网络　　　D. E 类网络

9. Byteflight 是可以用于安全气囊系统的网络通信，它属于（　　　）类网络。

A. A 类网络　　　B. B 类网络　　　C. D 类网络　　　D. E 类网络

三、判断题

1. 汽车上的总线传输系统（车载网络）是一种局域网。　　　　　　　　　　（　　）
2. 局域网一般的数据传输速度为 105Mbit/s～1Gbit/s，传输距离在 250m 范围内，误码率低。　　　　　　　　　　　　　　　　　　　　　　　　　　　　　　　　　　　　　（　　）
3. 当采用两条导线时，将它们绞在一起成为双绞线，是为了使传输信号更可靠。
　　　　　　　　　　　　　　　　　　　　　　　　　　　　　　　　　　　　　（　　）
4. 比特率越高，单位时间传送的数据量（位数）越小。　　　　　　　　　　（　　）
5. 传输仲裁是指当出现数个使用者同时申请利用总线发送信息时，用于避免发生数据冲突的机构，保证信息按其重要程度来发送。　　　　　　　　　　　　　　　（　　）
6. X－by－Wire，即线控操作，是未来汽车的发展方向。　　　　　　　　　（　　）
7. 星形网拓扑结构的一个节点出现故障可能会终止全网运行，因此可靠性较差。
　　　　　　　　　　　　　　　　　　　　　　　　　　　　　　　　　　　　　（　　）

四、名词解释

1. 多路传输
2. 数据总线
3. 局域网
4. 传输协议
5. 传输仲裁
6. 并行传输
7. 串行传输
8. 同步数据传输

9. 通信协议

五、问答题

1. 按照你的理解，说一说为什么要使用网络系统？
2. 总线数据传输的要求有哪些？
3. 车载网络系统的功能有哪些？
4. 通信协议的内容包括哪些？
5. 汽车数据传输网可以划分为哪几类？

第二章

CAN 总线传输系统

第一节 CAN 总线的工作原理

如图 2-1 所示，CAN（Controller Area Network）即控制器局域网络。由于其高性能、高可靠性及独特的设计，CAN 越来越受到人们的重视。CAN 最初是由德国博世公司为汽车监测、控制系统而设计的。现代汽车越来越多地采用电子装置控制，如发动机定时、喷油控制、驱动防滑控制（ASC）及复杂的防抱死制动系统（ABS）等。由于这些控制需要实时检测及交换大量数据，采用硬接信号线的方式不但烦琐、昂贵，而且难以解决问题。采用 CAN 总线，上述问题便可以得到很好的解决。1993 年，CAN 成为国际标准 ISO11898（高速应用）和 ISO11519（低速应用）。CAN 的规范从 CAN1.2 规范（标准格式）发展为兼容 CAN1.2 规范的 CAN2.0 规范（CAN2.0A 为标准格式，CAN2.0B 为扩展格式），目前应用的 CAN 器件大都符合 CAN2.0 规范。

图 2-1 CAN 的标志

一、CAN 总线的发展历史

CAN 总线传输协议是在 1983~1986 年由博世和英特尔两家公司联合开发的。20 世纪 80 年代，博世的工程人员开始研究应用于汽车的串行总线系统。参加研究的还有奔驰公司、英特尔公司以及德国两所大学的教授。1986 年，博世在 SAE 大会上提出了 CAN。1987 年，英特尔推出了第一片 CAN 控制芯片——82526；随后飞利浦公司推出了 82C200。1990 年，CAN 总线首次应用于一辆梅赛德斯－奔驰 S 级 12 缸发动机的轿车上。1992 年，奥迪 A8 3.7L（V8 发动机）车型上开始应用 CAN 总线。1993 年，CAN 的国际标准 ISO 11898 公布。从此 CAN 协议被广泛应用于各类自动化控制领域。1992 年，CIA（CAN in Automation）用户组织成立，制定了第一个 CAN 应用层"CAL"。1994 年，国际 CAN 学术年会（ICC）启动。同年，美国 SAE 以 CAN 为基础制定了 SAEJ1939 标准，用于货车和客车控制和通信网络。1997 年，大众公司在帕萨特的舒适系统上采用了传送速率为 62.5kbit/s 的 CAN 总线。1998

年，又在帕萨特和高尔夫的驱动系统上增加了 CAN 总线，传送速率为 500kbit/s。2000 年，大众公司在帕萨特和高尔夫上使用了带有网关的第二代 CAN 总线。2001 年，大众公司提高了 CAN 总线的设计标准，将舒适系统 CAN 总线提高到 100kbit/s，驱动系统提高到 500kbit/s。2002 平台上使用了带有车载网络控制单元的第三代 CAN 总线。2003 年，大众集团在新 PQ35 平台上使用五重结构的 CAN 总线系统，并且出现了单线的 LIN 总线。

到今天，几乎每一辆欧洲生产的轿车上都有 CAN 总线；高级客车上有两套 CAN 总线，通过网关互联；仅 1999 年就有近 6 千万个 CAN 控制器投入使用；2000 年，市场上销售了 1 亿多个 CAN 的芯片；2001 年，用在汽车上的 CAN 节点数目超过 1 亿个。但是在轿车上基于 CAN 的控制网络至今仍是各大公司自成系统，没有一个统一的标准。基于 CAN 的应用层协议通常有两种：Device Net（适合于工厂底层自动化）和 CAN open（适合于机械控制的嵌入式应用）。任何组织或个人都可以从 Device Net 供货商协会（ODVA）获得 Device Net 规范。购买者将得到无限制的、免费的开发 Device Net 产品的授权。Device Net 自 2002 年被确立为我国国家标准以来，已在冶金、电力、水处理、乳品饮料、烟草、水泥、石化、矿山等各个行业得到成功应用，其低成本和高可靠性已经得到广泛认同。

二、CAN 总线的特点

CAN 总线是一种串行数据通信协议，其通信接口中集成了 CAN 协议的物理层和数据链路层功能，可完成对通信数据的帧处理，包括位填充、数据块编码、循环冗余检验、优先级判别等项工作。CAN 总线的特点如下：

1）可以多主方式工作。网络上任意一个节点均可以在任意时刻主动地向网络上的其他节点发送信息，而不分主从，通信方式灵活。CAN 总线系统上并联多个元件，如果某一控制单元出现故障，其余系统应尽可能保持原有功能，以便进行信息交换，保证汽车正常工作。

2）网络上的节点（信息）可分成不同的优先级，可以满足不同的实时要求。

3）采用非破坏性位仲裁总线结构机制。当两个节点同时向网络上传送信息时，优先级低的节点主动停止数据发送，而优先级高的节点可不受影响地继续传输数据。

4）可以点对点、一点对多点（成组）及全局广播几种传送方式接收数据。

5）直接通信距离最远可达 10km（速率 5kbit/s 以下）。

6）数据传输快，通信速率最高可达 1Mbit/s（此时距离最长 40m），满足网络中各元件之间数据交换的实时要求。

7）数据密度大，节点数实际可达 110 个。所有控制单元在任一瞬时的信息状态均相同，这样就使得两控制单元之间不会有数据偏差。如果系统的某一处有故障，那么总线上所有连接的元件都会得到通知。

8）采用短帧结构，每一帧的有效字节数为 8 个。

9）每帧信息都有 CRC 校验及其他检错措施，数据出错率极低。即使有传输故障，无论是由内部因素引起的还是外部因素引起的，都能准确识别出来，可靠性高。

10）通信介质可采用双绞线、同轴电缆和光导纤维。一般采用廉价的双绞线即可，无特殊要求。

11）节点具有在错误严重时自动关闭总线的功能，它可以切断故障点与总线的联系，使总线上的其他节点不受影响。

三、CAN总线传输速率及自诊断功能

1. CAN总线的传输速率

目前，CAN总线系统中的信号是采用数字方式经铜导线传输的，其最大稳定传输速率可达1000kbit/s（1Mbit/s）。大众和奥迪公司将最大标准传输速率规定为500kbit/s。

考虑到信号的重复率及产生出的数据量，CAN总线系统分为3个专门的系统，见表2-1。

表2-1 CAN总线系统的分类

总线类型	速度	应用场合
驱动CAN总线，亦称动力CAN总线	高速，500kbit/s	可基本满足实时要求，主要用于发动机、变速器、ABS、转向助力等汽车动力系统的数据传输
舒适CAN总线	低速，100kbit/s	主要用于空调系统、中央门锁（车门）系统、座椅调节系统的数据传输
信息CAN总线	低速，100kbit/s	主要用于对时间要求不高的领域，如导航系统、组合音响系统、CD转换控制等

2. CAN总线的自诊断功能

CAN总线是车内电子装置中的一个独立系统，从本质上讲，CAN总线就是数据传输线路，用于在控制单元之间进行信息交换。由于自身的布置和结构特点，CAN总线工作时的可靠性很高。如果CAN总线系统出现故障，故障就会存入相应的控制单元故障存储器内，可以用诊断仪读出这些故障。

1) 控制单元具有自诊断功能，通过自诊断功能还可识别出与CAN总线相关的故障。

2) 用诊断仪（如VAS5051、VAS5052、GT1等）读出CAN总线故障记录之后，即可按这些提示信息快速、准确地查寻并排除故障。

3) 控制单元内的故障记录用于初步确定故障，还可用于读出排除故障后的无故障说明，即确认故障已经被排除。如果想要更新故障显示内容，必须重新起动发动机。

4) CAN总线正常工作的前提条件是车辆在任何工况均不应有CAN总线故障记录。

四、CAN总线系统的组成

CAN数据总线系统由电控单元（ECU）、传输介质双绞线和终端电阻组成，如图2-2所示。

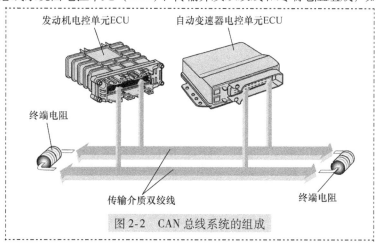

图2-2 CAN总线系统的组成

1. 电控单元（ECU）

CAN总线连接的电控单元（ECU）又称CAN总线上的节点。理论上CAN总线可以连接无

穷多个节点，实际上受线路越长、传输速率越低的限制，车载 CAN 总线的节点数可达上百个。

CAN 总线上的每个电控单元（ECU）独立完成网络数据交换和测控任务，如发动机电控单元（ECU）、自动变速器电控单元（ECU）、ABS 电控单元（ECU）等。CAN 总线上的电控单元（ECU）与非网络电控单元（ECU）不同，非网络电控单元（ECU）不需要对外进行数据交换；而网络上的电控单元（ECU）之间需要数据交换，例如发动机电控单元（ECU）中的发动机转速数据除了控制发动机的工况需要外，还需要经 CAN 总线传输给自动变速器电控单元（ECU），供自动变速器自动换档控制使用；反过来，自动变速器的换档信号也要经 CAN 总线传输给电控单元（ECU），使发动机的工况适合自动变速器的换档要求。

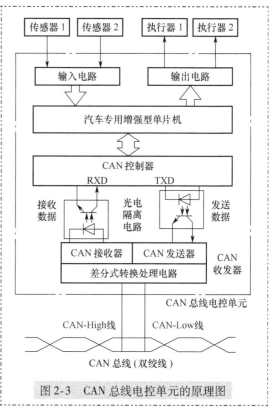

图 2-3 CAN 总线电控单元的原理图

图 2-3 所示为 CAN 总线电控单元的原理图，CAN 总线电控单元由输入电路、输出电路、单片机、CAN 控制器、光电隔离电路、CAN 收发器组成，分述如下：

（1）输入电路 输入电路用来接收来自传感器和控制开关的输入信号，并将输入信号转换为单片机可接收的数字信号。如果输入信号是模拟信号，那么输入电路里还含有模/数转换电路（A/D 转换），将模拟信号转为数字信号。如冷却液温度传感器的信号是模拟信号，需经 A/D 转换电路转换为数字信号。

（2）输出电路 输出电路将单片机输出的控制信号转换成能驱动执行器的功率信号，因此输出电路包括放大驱动电路。因为大部分执行器是模拟执行器，所以首先要将单片机输出的数字信号经数/模转换电路（D/A 转换）转换为模拟信号。

（3）单片机 单片机在工业控制技术中也常称为微控制器。目前，汽车电控单元使用的单片机是汽车专用增强型单片机，是针对汽车较为复杂的振动、高温、低温和恶劣的电磁环境而设计的。有的汽车单片机芯片内已包含 A/D 转换、D/A 转换和其他专用电路，有的甚至将 CAN 控制器也合成在一起。

（4）CAN 控制器 独立的 CAN 控制器是基于单片机控制的、专用于执行 CAN 总线通信协议的独立数字集成电路芯片。也有将单片机与 CAN 控制器合成的芯片，也称为 CAN 控制器。图 2-4 所示为一独立的 CAN 控制器的原理图。CAN 控制器的各部分组成及功能见表 2-2。

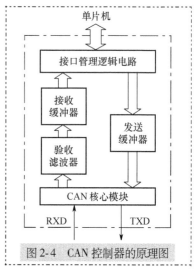

图 2-4 CAN 控制器的原理图

表 2-2　CAN 控制器的各部分组成及功能

组成	功能
接口管理逻辑电路	解释来自单片机的命令，控制内部寻址，向单片机提供中断信息和状态信息。管理发送或接收数据
发送缓冲器	储存并缓冲发送到 CAN 总线上的完整报文
验收过滤器	将接收到的标识符和内设寄存器中的内容进行比较，以决定是否接收整个报文。如果比较的结果为真，则报文被采用
接收缓冲器	储存和缓冲从验收过滤器向 CPU 传送的报文
CAN 核心模块	按 CAN 通信协议，控制发送缓冲器和 CAN 总线之间的数据流，对 CAN 总线上的信号进行仲裁、填充、错误检测和错误处理等

（5）光电隔离电路　以光为媒介传送信号，对输入和输出电路进行电气隔离，因而能有效地抑制系统噪声，消除接地回路的干扰，有响应速度较快、寿命长、体积小、耐冲击等优点。

（6）CAN 收发器　由 CAN 接收器、CAN 发送器和差分转换处理电路组成。图 2-5 所示为 CAN 收发器转换信号的示意图。

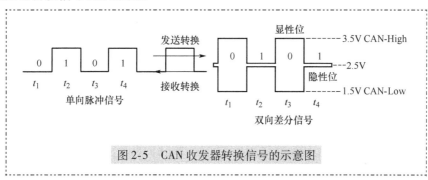

图 2-5　CAN 收发器转换信号的示意图

单片机的数据信号为正逻辑信号，经 CAN 发送器中的差分放大器转换为双向的差分信号传送到总线上。差分信号以负逻辑信号形式表示数据。

以高速 CAN 总线为例，当单向脉冲信号为"0"，并且代表逻辑"0"时，差分信号的高电平信号用 CAN-High 表示，电压为 3.5V；低电平信号用 CAN-Low 表示，电压为 1.5V；差分电压为 2V，此时总线的状态为"显性位"，"显性位"代表逻辑"0"。当单向脉冲信号为"1"时，并且代表逻辑"1"时，差分信号的高电平信号和低电平信号均为 2.5V；差分电压为 0V，此时总线的状态为"隐性位"，"隐性位"代表逻辑"1"。

CAN-High 信号和 CAN-Low 信号分别输出到 CAN 总线上，即双绞线上。接高电平信号的线对应称为 CAN-High 线，接低电平信号的线对应称为 CAN-Low 线。

CAN 接收器是差分式接收放大器，可将 CAN 总线上双向的差分信号转变为单向的脉冲信号。CAN 收发器在不发送信号时就处于接收状态。

CAN 总线在任意时刻只能处于一种状态，要么是"隐性位"，要么是"显性位"。图 2-6 所示是用示波器在 CAN 总线测得的电压波形。

2. CAN 数据传输线

汽车上 CAN 数据传输线大都是双绞线，分为 CAN 高电平数据线和低电平数据线，即

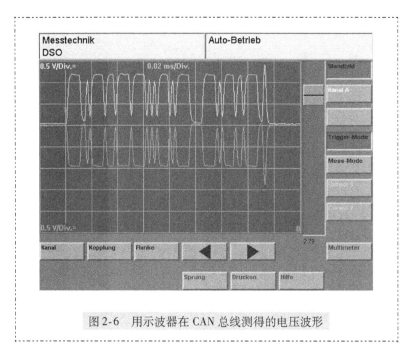

图 2-6 用示波器在 CAN 总线测得的电压波形

CAN-High 线和 CAN-Low 线。这种结构使系统能够同时读写总线。数据使用差分电压传送，差分的电压使 CAN 数据总线系统即使在一条数据线断开或者在噪声极大的环境中也能够工作。车辆在使用过程中，电火花、电磁线圈开关、移动电话和发送站等发出的电磁波都会影响或破坏 CAN 的数据传送。为了防止数据在传送时受到干扰，两条数据传输线缠绕在一起，如图 2-7 所示，这样也可以防止数据线所产生的辐射噪声。这两条线的电位相反，如果一根数据线上的电压约为 0V，那么另一根线上的电压就约为 5V，这样，两根线的总电压保持为一个常数，而且所产生的电磁效应也会由于极性相反而互相抵消，使向外辐射保持中性（即无辐射）。

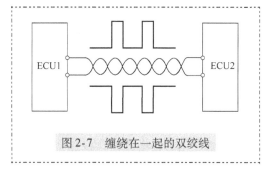

图 2-7 缠绕在一起的双绞线

3. CAN 终端电阻

CAN 两端都接一个 120Ω 的电阻器，即连接在双绞线的两端，终端电阻可防止信号在传输线终端被反射并以回波的形式返回，影响数据的正确传送。

五、CAN 总线的数据传输

1. CAN 总线的广播式传输

CAN 数据总线在发送信息时，每个控制单元均可接收其他控制单元发送出的信息。在通信技术领域，也把该原理称为广播（图 2-8），就像一个广播电台发送广播节目一样，每个广播网范围内的用户（收音机）均可接收。这种广播方式可以使得连接的所有控制单元总是处于相同的信息状态。

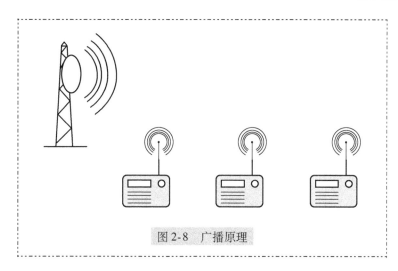

图 2-8 广播原理

数据传输总线中的数据传递又类似于一个电话会议。一个电话用户（控制单元）将数据"讲"入网络中，其他用户通过网络"接听"这个数据，对这个数据感兴趣的用户就会利用数据，而其他用户则选择忽略，如图 2-9 所示。

数据传输总线是车内电子装置中的一个独立系统，用于在连接的控制单元之间进行信息交换。由于自身的布置和结构特点，数据传输总线工作时的可靠性很高。

如果数据传输总线系统出现故障，故障就会存入相应的控制单元故障存储器内，可以用诊断仪读出这些故障。控制单元拥有自诊断功能，通过自诊断功能，人们还可识别出与数据传输总线相关的故障。用诊断仪读出数据传输总线故障记录后，即可按这些信息准确地查寻故障。控制单元内的故障记录用于初步确定故障，还可用于读出排除故障后的无故障说明。数据传输总线正常的一个重要前提条件是：在任何工况均不应有数据传输总线故障记录。为了能够确定及排除故障，需要了解数据传输总线上的数据交换基本原理。

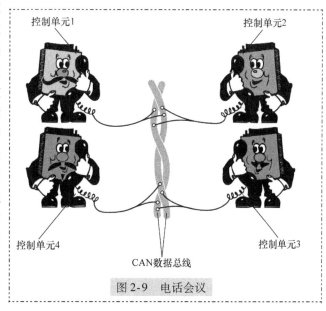

图 2-9 电话会议

基本车载网络系统由多个控制单元组成，这些控制单元通过所谓的收发器（发射—接收放大器）并联在总线导线上，所有控制单元的地位均相同，没有哪个控制单元有特权，如图 2-10 所示。在这个意义上也称为多主机结构。信息交换是按顺序连续完成的。

原则上数据传输总线用一条导线就足以满足功能要求了，但通常总线系统上还是配备了第二条导线（通用别克等车型采用单线传输）。第二条导线上的传输信号与第一条导线上的传输信号成镜像关系，这样可有效抑制外部干扰。

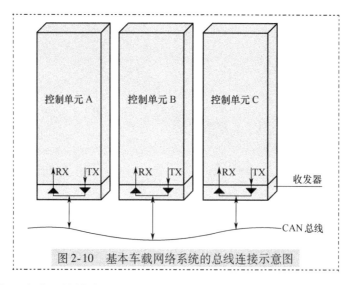

图 2-10 基本车载网络系统的总线连接示意图

2. CAN 总线系统防干扰措施及原理

汽车在使用过程中,电火花、电磁开关、移动电话和发送站、电焊机等电磁设备发出的电磁波都会影响或破坏 CAN 的数据传送。为了防止数据在传送时受到干扰,CAN 总线采用较多的防干扰措施。

(1) 双绞线的抗外电磁干扰作用 图 2-11 所示为双绞线抗外电磁干扰原理图。图 2-11a 所示为双平行线易受电磁波干扰的示意图,根据电磁感应定律和右手定则,双平行线和两端的通信设备构成一个空间闭合回路和导线闭合回路,穿过双平行线的磁感应线可在回路中形成方向一致的干扰性感应电流,对有用信号形成干扰。

图 2-11b 所示为双绞线抗电磁波干扰的示意图,双绞线与两端的通信设备虽然构成一个大的导线闭合回路,但由于双绞线是双线扭绞而成,在空间上构成一个一个的小闭合回路,穿过双绞线的磁感应线在相邻的两个"绞孔"的空间上虽然感应电动势方向相同,但在同一根导线上的感应电动势方向方却是相反的,因此,起着抵消的作用。

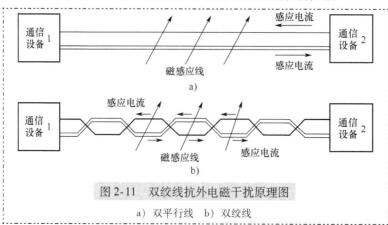

图 2-11 双绞线抗外电磁干扰原理图
a) 双平行线 b) 双绞线

(2) 差分信号和差分式接收器的抗干扰作用 CAN 发送器发送的数据信号是差分信号,CAN 接收器是差分式接收器(差分又称差动),它们的结合起着很好的抗干扰作用。图 2-12 所示是差分信号和差分式接收器的抗干扰示意图。为了方便说明,以分立元器件组成的差分放大电路为例（集成电路的原理相同）。

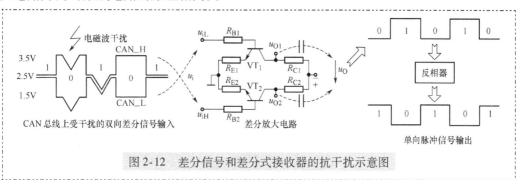

图 2-12　差分信号和差分式接收器的抗干扰示意图

图 2-12 中差分放大电路由 NPN 型晶体管 VT_1、VT_2，集电极电阻 R_{C1}、R_{C2}，基极电阻 R_{B1}、R_{B2}，发射极电阻 R_{E1}、R_{E2} 组成。受干扰的双向差分信号从差分放大电路左端输入，由于一级放大具有反向作用，所以将高电平信号输入差分放大电路的下端，将低电平信号输入差分放大电路的上端。输入信号电压 $u_i = u_{iH} - u_{iL}$，当受电磁干扰时，高电平信号和低电平信号的电位同时变化（输入信号的电位差 u_i 不变），经差分放大电路放大，输出电压 u_{O1} 和 u_{O2} 也同时变化，结果使输出信号电压 $u_O = u_{O1} - u_{O2}$ 不变，使输出的单向脉冲信号与不受电磁干扰的信号相同，达到抗干扰的目的。

由于 CAN 总线上的数字信号是 10101（负逻辑），差分放大电路输出的单向脉冲信号是 01010，与 CAN 总线上的数字信号逻辑关系相反，所以要经反相器反相，才能得到与 CAN 总线逻辑关系一致的数据信号 10101（正逻辑）。

（3）其他防干扰措施　除以上防干扰措施外，还有光电隔离电路和软件处理等措施。

六、CAN 总线的数据类型

CAN 总线所传输的数据又称为报文，是一帧一帧地传送，每帧数据由一组二进制数或数字脉冲组成，这组二进制数按功能又分为一段一段的，每一段称为帧的域或场。

CAN 总线所传输的数据有数据帧、远程帧、错误帧和过载帧 4 种类型。

CAN 的帧有两种不同的帧格式，不同之处为识别符的长度不同：具有 11 位识别符的帧称为标准帧，而含有 29 位识别符的帧为扩展帧。

1. 数据帧

数据帧的功能是将数据从发送器传到接收器。数据帧由开始域、仲裁域、控制域、数据域、安全域、应答域和结束域 7 个不同的域组成，如图 2-13 所示。

（1）开始域　标志数据帧的起始，仅由一个"显性"（即 0）位组成，带有约 5V 的电压的 1 位被送入 CAN 高位传输线，带有约 0V 电压的 1 位被送入 CAN 低位传输线。开始域由控制芯片完成。

（2）仲裁域　仲裁域包括标识符和远程发送请求位（RTR）。识别符代表数据的身份和优先权，标准格式下标识符的长度为 11 位，这些位按 ID. 10 ~ ID. 0 的顺序发送，最低位是 ID. 0。7 个高位（ID. 10 ~ ID. 4）必须不能全是"隐性"。在标准帧里，识别符后是远程发送请求位（RTR），该位若为"显性"（即 0），代表发送的信息是数据；若为"隐性"（即 1），代表发送的信息是数据请求。

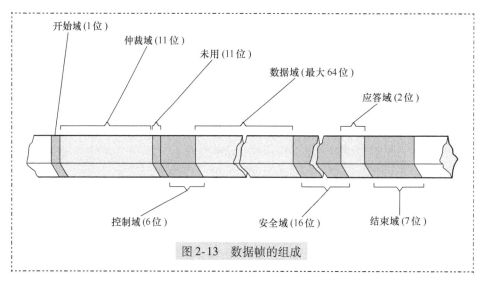

图 2-13 数据帧的组成

只要总线空闲，各控制单元均可向总线发送数据，如果各个控制单元要同时发送各自的数据，那么系统必须决定哪一个控制单元先进行发送。系统规定具有最高优先权的数据先发送，标识符的二进制值越小，其优先权就越高。不同数据的优先权根据数据的重要性和紧迫性等因素由人为编程时确定。

例如，发动机电控单元、ABS 电控单元和自动变速器电控单元相比较，制动信号的优先权最高，三者仲裁域的标识符如下：

    010 1000 0000（发动机电控单元标识符）
    001 1010 0000（ABS 电控单元标识符）
    100 0100 0000（自动变速器电控单元标识符）

可以看出，ABS 电控单元的标识符数值设定得最小，优先权最高；自动变速器电控单元标识符数值最大，优先权最低；发动机电控单元标识符数值居中。当以上三个电控单元同时向总线发送数据时，系统就先发送 ABS 电控单元发送的数据，此时，发动机电控单元和自动变速器电控单元转化为接收器接收数据。总线一旦空闲，系统会发送其他电控单元的数据。

（3）控制域　控制域由 6 个位组成，其中 4 位是数据长度代码，即数据的字节数量，另两位作为扩展用的保留位。所发送的保留位必须"显性"。控制域供接收器检查是否已经接收到所传来的所有信息。接收器接收和认可所有由"显性"和"隐性"的任意组合在一起的位。

数据长度代码见表 2-3。其中，DLC3～DLC0 代表数据长度代码的位，DLC0 是最低位，DLC3 是最高位。数据长度代码最大为 8，表示数据帧允许的数据长度为 0～8 字节。

表中"0"为"显性"，"1"为"隐性"。

（4）数据域　数据域由数据帧发送的数据组成，可以为 0～8 个字节，每字节包含了 8 个位，所以数据帧最大为 64 位。数据域是如何表示数据的呢？例如，要表达节气门开度信号，假如把节气门的开度按最大开度的百分数表示，每 10% 为一个等级，那么节气门开度信号在数据域的代码见表 2-4。其中，"0%"表示节气门关闭，发动机处于怠速状态，"100%"表示节气门全开，发动机处于全负荷状态。

表 2-3 数据长度代码

数据长度	数据长度代码			
	DLC3	DLC2	DLC1	DLC0
0	0	0	0	0
1	0	0	0	1
2	0	0	1	0
3	0	0	1	1
4	0	1	0	0
5	0	1	0	1
6	0	1	1	0
7	0	1	1	1
8	1	0	0	0

表 2-4 4 个位表示的节气门开度

节气门开度	数据域代码			
	DLC3	DLC2	DLC1	DLC0
0%	0	0	0	0
10%	0	0	0	1
20%	0	0	1	0
30%	0	0	1	1
40%	0	1	0	0
50%	0	1	0	1
60%	0	1	1	0
70%	0	1	1	1
80%	1	0	0	0
90%	1	0	0	1
100%	1	0	1	0

同理，可以用更多的位表示更精确的节气门开度变化，如 8 个位可表示 256 个节气门开度位置变化。对更复杂的数据，如果 1 个字节不够表示，可以用 2 个字节或多个字节表示，但不能超过 8 个字节。

（5）安全域　安全域用来检测传递数据中的错误。CAN 系统用于电噪声很大的环境，这个环境中的数据最容易丢失或破坏。CAN 协议提供了 5 种错误检测和修正的方法，因此如果数据被破坏，能够被检测出来，而且网络中的所有的电控单元都会忽略这个数据。这 5 种错误检测类型分别为位错误、填充错误、校验（CRC）错误、形式错误和应答错误。

1）位错误：各控制单元在发送位的同时也对总线进行监视。如果所发送的位值与所监视的位值不相符合，则在此位时间里检测到一个位错误。

2）填充错误：如果在使用位填充法进行编码的信息中，出现了第 6 个连续相同的位电平时，将检测到一个填充错误。

3）校验错误：校验序列包括发送器的校验计算结果，接收器计算校验的方法与发送器相同。如果接收器的计算结果与接收到校验序列的结果不相符，则检测到一个校验错误。

4）形式错误：当一个固定形式的域含有一个或多个非法位，则检测到一个形式错误。

5）应答错误：只要在应答间隙期间所监视的位不为"显性"，则发送器会检测到一个应答错误。

（6）应答域　应答域用来反映接收器通知发送器是否已经正确接收到数据。当接收器正确地接收到有效的数据，接收器就会在应答间隙期间内向发送器发送一个"显性"位以应答，而应答界定符始终是"隐性"位。

如果检查到错误，接收器立即通知发送器，然后发送器再发送一次数据，直到该数据被准确接收为止，但从检测出错误到下一数据的传送开始为止，发送时间最多为29个位的时间。

应答域长度为2个位，包含应答间隙和应答界定符，常态下发送两个"隐性"位。

（7）结束域　结束域标志着数据报告结束，由7个"隐性"位组成。这是显示错误并重复发送数据的最后一次机会。

2. 远程帧

CAN总线上电控单元的数据发布，有以下两种基本形式。

第一种形式是按设定或需要主动发布。例如制动信号，当踩制动踏板时ABS电控单元就会主动发布，发动机电控单元接收后就会立即调控发动机转速由高速降为低速。

第二种形式是受请求后发布。例如A电控单元需要B电控单元的数据，A电控单元先发布请求信号，这个请求信号的数据形式就是远程帧。CAN总线上的所有电控单元都可接收到这个远程帧，并对远程帧中的标识符进行识别，需要则接收，不需要则不处理。在对各电控单元编程时，已设定B电控单元接收这个远程帧，并随即发布A电控单元所需要的数据。

例如，自动变速器在自动换档决策前，根据程序要求需要发动机的转速数据，以便确定最佳换档工况，那么自动变速器电控单元要先发布远程帧，请求发动机电控单元发布发动机的转速数据，发动机电控单元收到这个远程帧的请求后，随即发布发动机的即时转速数据，自动变速器电控单元收到发动机的转速数据后，再决定是否换档或等待发动机的转速达到一定数值后再换档。

远程帧由开始域、仲裁域、控制域、安全域、应答域和结束域6个不同的域组成。与数据帧相反，远程帧的远程发送请求位（RTR位）是"隐性"的（即逻辑"1"）。它没有数据域，数据长度代码的数值是不受制约的（可以标注为容许范围内0~8的任何数值）。其余域功能同数据帧。

3. 错误帧

任何电控单元检测到总线错误就发出错误帧。错误帧的功能是对所发送的数据进行错误检测、错误标定及错误自检。错误帧由两个不同的域组成：第一个域为不同控制单元提供错误标志的叠加，第二个域是错误界定符。

（1）错误标志　错误标志包括主动错误标志和被动错误标志两种形式。主动错误标志由6个连续显性位组成，检测到错误条件的"错误主动"控制单元通过发送主动错误标志以指示错误。被动错误标志由6个连续隐性位组成，除非被其他CAN控制器的显性位改写，检测到错误条件的"错误被动"控制单元通过发送被动错误标志以指示错误。

（2）错误界定　错误界定符由8个隐性位组成。传送了错误标志以后，每一节点就发送一个隐性位，并一直监视总线直到检测出一个隐性位为止，然后就开始发送其余7个隐性位。

4. 过载帧

过载帧用以在先行的和后续的数据帧（或远程帧）之间提供一附加的延时。接收器在电路尚未准备好或在间歇域期间检测到一个"显性"位时，会发送过载帧，以延迟数据的传送。过载帧包括过载标志和过载界定符两个域。

5. 帧间空间

数据帧或远程帧与其前面帧的隔离是通过帧间空间实现的，无论其前面的帧为何类型。

所不同的是过载帧与错误帧之前没有帧间空间，多个过载帧之间也不是由帧间空间隔离的。帧间空间包括间歇域和总线空闲域。

总线空闲域的长度是任意的。只要总线被认定为空闲，等待发送信息的控制单元就会访问总线。

第二节　CAN 总线系统元件功能和数据传输过程

一、CAN 总线系统元件的功能

如图 2-14 所示，CAN 总线系统元件主要由 K 线、控制单元、CAN 构件、收发器等组成。

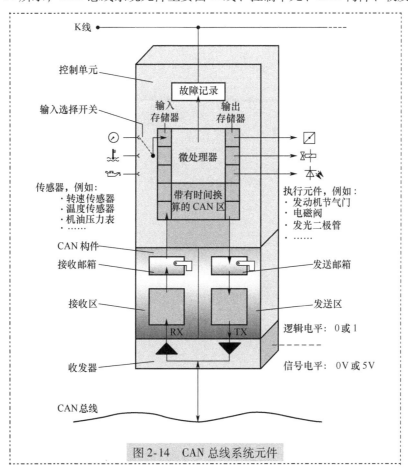

图 2-14　CAN 总线系统元件

1. K 线

K 线用于在 CAN 总线系统自诊断时连接汽车故障检测仪（如 VAS5051），属于诊断用的通信线。

2. 控制单元

控制单元接收来自传感器的信号，将其处理后再发送到执行元件上。控制单元中的微控制器上带有输入输出存储器和程序存储器。

定期查询控制单元接收到的传感器值（如发动机转速或冷却液温度）并按顺序存入输入存储器。微控制器按事先编制好的程序来处理输入值，处理后的结果存入相应的输出存储器内，然后到达各个执行元件。为了能够处理CAN信息，各控制单元内还有一个CAN存储区，用于容纳接收到的和要发送的信息。

3. CAN 构件

CAN 构件用于数据交换，它分为两个区：一个是接收区，一个是发送区。CAN 构件通过接收邮箱或发送邮箱与控制单元相连，其工作过程与邮局收发邮件的过程非常相似。CAN 构件一般集成在控制单元的微控制器芯片内。

4. 收发器

收发器就是一个发送-接收放大器，在接收数据时，收发器把 CAN 构件连续的比特流（亦称逻辑电平）转换成电压值（线路传输电平）；当发送数据时，收发器把电压值（线路传输电平）转换成连续的比特流。线路传输电平非常适合在铜质导线上进行数据传输。收发器通过 TX 线（发送线）或 RX 线（接收线）与 CAN 构件相连。RX 线通过一个放大器直接与 CAN 总线相连，并总是在监听总线信号。

（1）收发器的特点　如图 2-15 所示，收发器的 TX 线始终与总线耦合，两者的耦合过程是通过一个开关电路来实现的。收发器内晶体管的状态与总线电平之间的对应关系见表 2-5。

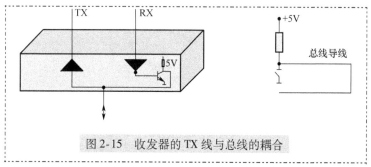

图 2-15　收发器的 TX 线与总线的耦合

表 2-5　收发器内晶体管的状态与总线电平之间的对应关系

状态	晶体管状态	有无电源	电阻状态	总线电平
1	截止（相当于开关断开）	无源	高阻抗	1
0	导通（相当于开关闭合）	有源	低阻抗	0

（2）多个收发器与总线导线的耦合　当有多个收发器与总线导线耦合时，总线的电平状态将取决于各个收发器开关状态的逻辑组合。下面以 3 个收发器接到一根总线导线上（图 2-16）的情况为例加以说明。

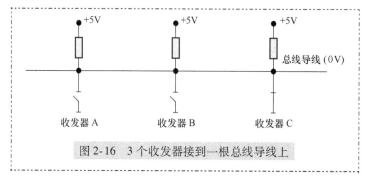

图 2-16　3 个收发器接到一根总线导线上

在图 2-16 中，收发器 A 和收发器 B 的开关呈断开状态，收发器 C 的开关呈闭合状态。开关断开表示 1（无源），开关闭合表示 0（有源）。

由图 2-16 不难看出，如果某一开关已闭合，电阻上就有电流流过，于是总线导线上的电压就为 0V；如果所有开关均未闭合，那么电阻上就没有电流流过，电阻上就没有压降，于是总线导线上的电压就为 5V。

3 个收发器开关的状态与总线电平的逻辑关系见表 2-6。

表 2-6　3 个收发器开关的状态与总线电平的逻辑关系

收发器 A	收发器 B	收发器 C	总线电平
1	1	1	1 (5V)
1	1	0	0 (0V)
1	0	1	0 (0V)
1	0	0	0 (0V)
0	1	1	0 (0V)
0	1	0	0 (0V)
0	0	1	0 (0V)
0	0	0	0 (0V)

如果总线处于状态 1（无源），那么该状态可以由某一个控制单元使用状态 0（有源）来改写。一般将无源的总线电平称为隐性的，有源的总线电平称为显性的。

其意义体现在：

1）发送传输错误信号时（错误帧故障信息）。
2）冲突识别时（如果几个控制单元想同时发送信息）。

二、CAN 总线的数据传输过程

以发动机转速信息的传输过程为例，介绍 CAN 总线上的数据传输过程。从发动机转速信号获取、接收、传输，直到在发动机转速表上显示出来，从这一完整的数据传输过程中，可以清楚地看出数据传输的时间顺序以及 CAN 构件与控制单元之间的配合关系。

1. 信息格式的转换

首先是发动机控制单元的传感器接收到发动机转速信息（转速值）。该值以固定的周期（循环往复地）到达微控制器的输入存储器内。

由于瞬时转速值不仅用于发动机运转控制、变速器换档控制，还用于其他控制单元（如组合仪表），故该值通过 CAN 总线来传输，以实现信息共享。于是转速值就被复制到发动机控制单元的发送存储器内。该信息从发送存储器进入 CAN 构件的发送邮箱内。

如果发送邮箱内有一个发动机转速实时值，那么该值会由发送特征位显示出来。将发送任务委托给 CAN 构件，发动机控制单元就完成数据传输任务。

如图 2-17 所示，发动机转速值按协议被转换成标准的 CAN 信息格式。

在本例中，状态区（标识符）= 发动机_1，数据区（信息内容）= 发动机转速值（即发动机转速为×××r/min）。当然，CAN 总线上传输的数据也可以是其他信息（如节气门开度、冷却液温度、发动机转矩等），具体内容取决于系统软件的设定。

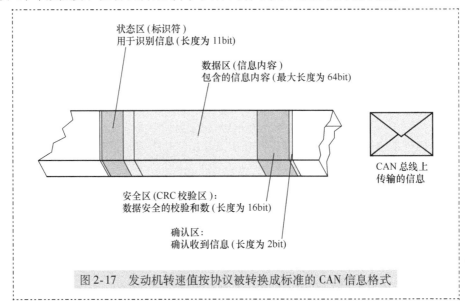

图 2-17　发动机转速值按协议被转换成标准的 CAN 信息格式

2. 请求发送信息——总线状态查询

如果发送邮箱内有一个发动机转速实时值，那么该值会由发送特征位显示出来——请求发送信息，相当于学生举手向老师示意，申请发言。

只有总线处于空闲状态时，控制单元才能向总线发送信息。如图 2-18 所示，CAN 构件通过 RX 线来检查总线是否有源（是否正在交换其他信息），必要时会等待，直至总线空闲下来为止。

如果在某一时间段内，总线电平一直为 1（总线一直处于无源状态），则说明总线处于空闲状态。

3. 发送信息

如图 2-19 所示，如果总线空闲下来，发动机信息就会被发送出去。

4. 接收过程

如图 2-20 所示，连接在 CAN 总线上的所有控制单元都接收发动机控制单元发送的信息，该信息通过 RX 线到达 CAN 构件各自的接收区。

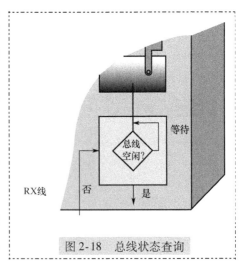

图 2-18　总线状态查询

接收过程分两步，首先检查信息是否正确（在监控层），然后检查信息是否可用（在接收层）。

（1）检查信息是否正确（在监控层）　接收器接收发动机的所有信息，并且在相应的监控层检查这些信息是否正确。这样就可以识别出在某种情况下某一控制单元上出现的局部故障。按照 CAN 总线的信息广播原理，连接在 CAN 总线上的所有控制单元都接收发动机控制单元发送的信息。数据传输是否正确，可以通过监控层内的 CRC 校验和数来进行校验。CRC 校验即为循环冗余码校验（Cycling Redundancy Check，CRC）。

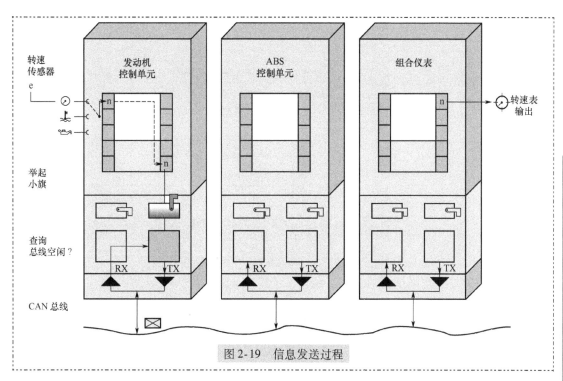

图 2-19　信息发送过程

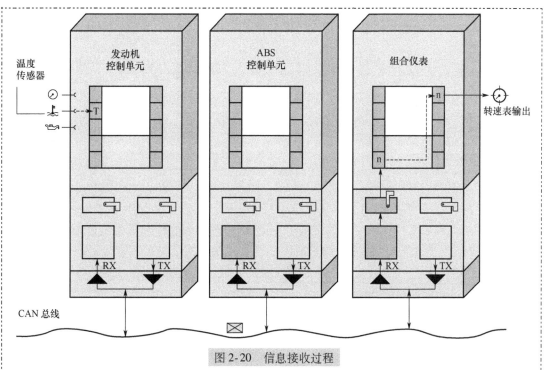

图 2-20　信息接收过程

在发送每个信息时，所有数据位会产生并传递一个 16 位的校验和数，接收器按同样的规则从所有已经接收到的数据位中计算出校验和数，随后系统将接收到的校验和数与计算出的实际校验和数进行比较。如果两个校验和数相等，确认无数据传输错误，那么连接在

CAN 总线上的所有控制单元都会给发射器一个确认回答（亦称应答，见图2-21），这个回答就是所谓的"信息收到符号"（acknowledge，Ack），它位于校验和数之后。

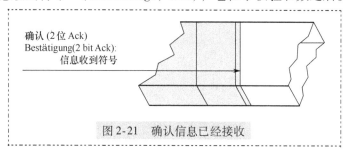

图2-21 确认信息已经接收

如图 2-22 所示，经监控层监控、确认无误后，已接收到的正确信息会到达相关 CAN 构件的接收区。

（2）检查信息是否可用（在接收层）　CAN 构件的接收层判断该信息是否可用。如果该信息对本控制单元来说是有用的，则举起接收旗，予以放行（图2-23），该信息就会进入相应的接收邮箱；如果该信息对本控制单元来说是无用的，则可以拒绝接收。

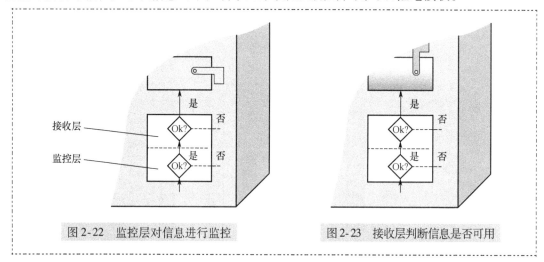

图2-22 监控层对信息进行监控　　图2-23 接收层判断信息是否可用

在图 2-20 中，连接在 CAN 总线上的组合仪表根据升起的"接收旗"就会知道，现在有一个信息（发动机转速）在排队等待处理。组合仪表调出该信息并将相应的值复制到它的输入存储器内。通过 CAN 总线进行的数据传输（发送和接收信息）过程至此结束。

在组合仪表内部，发动机转速信息经微控制器处理后到达执行元件并最后到达发动机转速表，显示出发动机转速的具体数值。

上述数据传输过程按设定好的循环时间（如 10ms）在 CAN 总线上周而复始地重复进行。

5. 冲突仲裁

如果多个控制单元同时发送信息，那么数据总线上就必然会发生数据冲突。为了避免发生这种情况，CAN 总线具有冲突仲裁机制。按照信息的重要程度分配优先权，紧急的信息（如事关汽车被动安全、汽车稳定性控制的信息）优先权高，不是特别紧急的信息（如车窗玻璃升降、车门锁止等）优先权低，确保优先权高的信息能够优先发送。

1）每个控制单元在发送信息时通过发送标识符来标识信息类别，信息优先权包含在标识符中。

2）所有控制单元都通过各自的 RX 线来跟踪总线上的一举一动并获知总线状态。

3）每个控制单元的发射器都将 TX 线和 RX 线的状态一位一位地进行比较（它们可以不一致）。

4）数据传输总线的调整规则：用标识符中位于前部的"0"的个数代表信息的重要程度，"0"的位数越多越优先，从而保证按重要程度的顺序来发送信息。越早出现"1"的控制单元，越早退出发送状态而转为接收状态。基于安全考虑，涉及安全系统的数据优先发送。

例如，由 ABS/EDL 电控单元提供的数据比自动变速器控制单元提供的数据（驾驶舒适）更重要，因此具有优先权。数据列的状态域是由 11 位组成的编码，其数据的组合形式决定了数据的优先权，如图 2-24 所示。3 个控制单元同时发送数据列，此时，在 CAN-BUS 数据传输线上进行一位一位的比较，如果 1 个控制单元发送了 1 个低电位而检测到 1 个高电位，那么该控制单元就停止发送数据列而转为接收器。

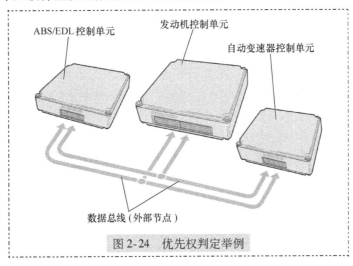

图 2-24 优先权判定举例

表 2-7 是 3 组不同数据列的优先权。例如，如图 2-25 所示，在数据列的状态域位 1，ABS/EDL 控制单元发送了 1 个高电位，发动机控制单元也发送了 1 个高电位，自动变速器控制单元发送了 1 个低电位而检测到 1 个高电位，那么自动变速器控制单元将失去优先权而转为接收器。在数据列的状态域位 2，ABS/EDL 控制单元发送了 1 个高电位，发动机控制单元发送了 1 个低电位并检测到 1 个高电位，那么，发动机控制单元也失去优先权而转为接收器。在数据列的状态域位 3，ABS/EDL 控制单元拥有最高优先权并接收分配的数据，该优先权保证其持续发送数据直至发送终了，ABS/EDL 控制单元结束发送数据后，其他控制单元再发送各自的数据。

表 2-7 3 组不同数据列的优先权

优先权	数据报告	状态域测试
1	Brake1（制动 1）	001 1010 0000
2	Engine1（发动机 1）	010 1000 0000
3	Gearbox1（变速器 1）	100 0100 0000

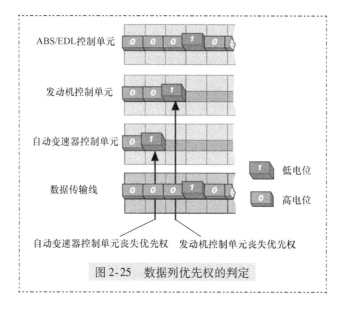

图 2-25 数据列优先权的判定

三、内部故障管理

为了保证数据的安全性，CAN 系统具有很强的内部故障管理功能。这样就可以识别出可能出现的数据传递故障，从而采取相应的措施。无法识别故障的概率，也就是所谓的剩余误差概率 $<10^{-12}$。这个概率值相当于每辆车在使用寿命内出现 4 次数据传递故障。

由于广播的特点（一个发射，其他所有的接收并使用），任何一个网络使用者如果发现一个传递故障，那么其他所有的网络使用者都会立即收到一个信息通知，这个通知称为"错误帧"。于是所有网络使用者就会拒收当前的信息。随后该信息会自动再发送一次，这样的过程其实是完全正常的，其原因可能是由于车上电压波动较大，例如车在起动时或有来自外部的较强干扰。

由于不断识别出故障，因此自动重新发送过程就越来越多，为此每个网络使用者都配有一个内部故障计数器（图 2-26），它可以累计识别出的故障，在成功完成重新发送过程后计数器再递减计数。

内部故障计数器只负责内部的故障管理，无法读出其中的内容。当超过某一规定的界限值（相当于最多 32 次重新发送过程）时，相应的控制单元会得到通知并被 CAN 总线关闭。两次 Bus-Off（总线关闭）状态后（在此期间无通信），故障存储器就会记录一条故障。经过一段固定的等待时间（约 0.2s）后，控制单元会自动再接到总线上。

信息的传递一般是按规定的循环时间来进行的，这样才能保证及时地传递相应的信息。如果出现延迟，也就是说：至少有 10 条信息未收到，那么所谓的时间监控功能（信息超时）就会启动。于是正在接收的控制单元故障存储器内也记录一个故障，这是故障管理中的第二套机构。由此产生如下故障信息，这些信息用于售后服务故障诊断：

1）数据总线损坏。相应的控制单元有严重故障。该控制单元至少两次与总线断开（Bus-Off）。

2）无相关控制单元信息或无法与相关控制单元取得联系。无法及时接收到信息，时间监控启动。

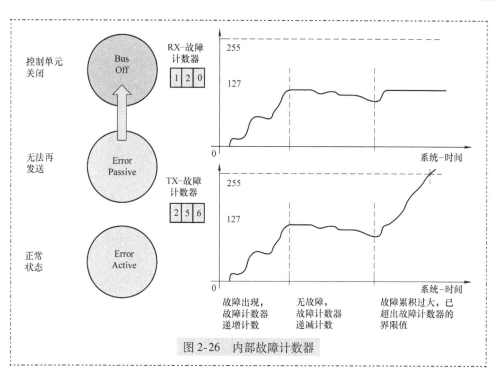

图 2-26　内部故障计数器

第三节　CAN 总线的应用

一、CAN 总线的分类及特征

由于 CAN 总线在汽车上的具体应用领域（系统）和数据传输速率不同，故 CAN 总线有不同的类别。另外，对于功能相同或相近的 CAN 总线，不同的汽车公司，对其称谓也不尽相同。如大众集团的 CAN 总线分为驱动 CAN 总线、舒适 CAN 总线、信息/娱乐 CAN 总线、组合仪表 CAN 总线、诊断 CAN 总线五类；而宝马汽车集团的 CAN 总线分为 PT-CAN 总线（动力传输 CAN 总线）、F-CAN 总线（底盘 CAN 总线）、K-CAN 总线（车身 CAN 总线）三类；奔驰汽车公司的 CAN 总线分为 CAN B 总线、CAN C 总线两大类等。

1. 大众公司的 CAN 总线

目前，德国大众汽车集团公司生产的汽车中使用多种 CAN 数据总线。根据信号的重复率、产生的数据量和可用性（准备状态），CAN 数据总线系统分为如下五类：

（1）驱动 CAN 数据总线　驱动 CAN 数据总线属于高速 CAN 总线，数据传输速率为 5000kbit/s，用于将驱动系统中的控制单元联成网络。

（2）舒适 CAN 数据总线　舒适 CAN 数据总线属于低速 CAN 总线，数据传输速率为 100kbit/s，用于将舒适系统中的控制单元联成网络。

（3）信息/娱乐 CAN 数据总线　信息/娱乐 CAN 数据总线属于低速 CAN 总线，数据传输速率为 100kbit/s，用于将收音机、电话机和导航系统联成网络。

（4）组合仪表 CAN 总线　组合仪表 CAN 总线属于低速 CAN 总线，数据传输速率为 100kbit/s。

（5）诊断 CAN 总线　诊断 CAN 总线属于高速 CAN 总线，数据传输速率为 500kbit/s。

舒适 CAN 数据总线和信息 CAN 数据总线可以通过带网关的组合仪表与驱动 CAN 数据

总线进行数据交换。

2. CAN 导线

CAN 数据总线是一种双线式数据总线，各个 CAN 系统的所有控制单元都并联在 CAN 数据总线上。CAN 数据总线的两条导线分别称为 CAN-High 导线和 CAN-Low 导线。在实际使用中，CAN-High 导线和 CAN-Low 导线是扭结在一起的，称为双绞线，如图 2-27 所示。

图 2-27 双绞线

控制单元之间的数据交换就是通过这两条导线完成的，这些数据可以是发动机转速、冷却液温度、油箱油面高度、节气门开度、加速踏板位置、车速等，也可以是车轮转速、转向盘转角、发动机输出转矩、爆燃倾向等。

在大众车系中，CAN 导线的基色为橘色。对于驱动数据总线来说，CAN-High 导线上还多加了黑色作为标志色；对于舒适 CAN 数据总线来说，CAN-High 导线上的标志色为绿色；对于信息 CAN 数据总线来说，CAN-High 导线上的标志色为紫色，而 CAN-Low 导线的标志色都是棕色。大众车系 CAN 总线系统的颜色如图 2-28 所示。

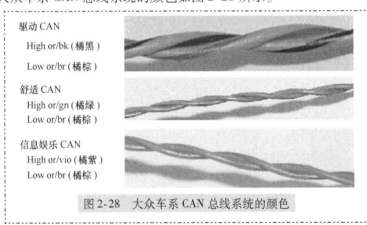

图 2-28 大众车系 CAN 总线系统的颜色

为易于识别，并与大众车系维修手册及 VAS5051 检测仪相适应，在本书中，CAN 导线分别用黄色和绿色来表示，CAN-High 导线为黄色（在黑白图中为灰色），CAN-Low 导线为绿色（在黑白图中为黑色），如图 2-29 所示。

图 2-29 CAN-High 导线和 CAN-Low 导线

3. 不同 CAN 总线的共性

1）不同类别的 CAN 总线在数据高速公路上采用同样的交通规则（数据传输协议）进行数据传输。

2）为了保证信息传输的高抗干扰性（如来自发动机舱的强烈的电磁波），所有 CAN 数据总线都采用双绞线（CAN-High 导线和 CAN-Low 导线）系统，个别公司还采用三线系统（如宝马车系，其PT-CAN总线中，除了CAN-High导线和CAN-Low导线之外，还有一根唤醒导线)。

3) 将要发送的信号在发送控制单元的收发器内转换成不同的信号电平，并输送到两条CAN导线上，只有在接收控制单元的差动信号放大器内才能建立两个信号电平的差值，并将其作为唯一经过校正的信号继续传至控制单元的CAN接收区。

4) 信息CAN数据总线与舒适CAN数据总线的特性是一致的。

4. 不同CAN总线的区别

1) 驱动CAN数据总线通过15号接线柱（亦称总线端子15）切断，或经过短时无载运行后自行切断。

2) 舒适CAN数据总线由30号接线柱（亦称总线端子30）供电且必须保持随时可用状态。为了尽可能降低汽车电网的负荷，在"15号接线柱关闭"后，若汽车网络系统不再需要舒适CAN数据总线工作，那么舒适CAN数据总线就进入"休眠模式"。

3) 舒适CAN数据总线和信息CAN数据总线在一根导线短路或一根导线断路时，可以使用另外一根导线继续工作，这时系统会自动切换到"单线工作模式"。也就是说，舒适CAN数据总线和信息CAN数据总线可以单线工作（俗称"瘸腿"工作）。

4) 驱动CAN数据总线的电信号与舒适CAN数据总线、信息CAN数据总线的电信号是不同的。驱动CAN数据总线无法与舒适/信息CAN数据总线直接进行电气连接，但可以通过网关连接在一起，构成一个更大的网络。网关可以设置在某一个控制单元（如组合仪表控制单元或供电控制单元）内，也可以独立设置，形成网关模块。

二、驱动CAN总线

1. CAN导线上的电压

如图2-30所示，驱动CAN总线处于静止状态（即没有数据传输）时，CAN-High导线和CAN-Low导线两条导线上作用有预先设定的电压，其电压值约为2.5V。

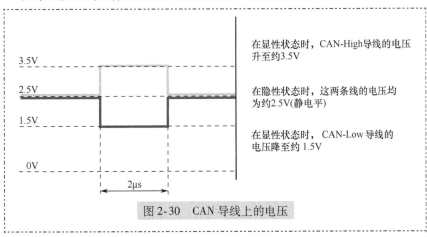

图2-30 CAN导线上的电压

CAN总线的静止状态亦称隐性状态，静止状态下CAN-High导线和CAN-Low导线的对地电压称为静止电平（亦称隐性电平），简称静电平。当有数据传输时，驱动CAN总线处于显性状态。此时，CAN-High导线上的电压值会升高一个预定值（至少为1V），而CAN-Low导线上的电压值会降低一个同样值（至少为1V）。

于是，在驱动CAN总线上，CAN-High导线就处于激活状态（显性状态），其电压不低于

3.5V（2.5V+1V=3.5V），而 CAN-Low 导线上的电压值最多可降至 1.5V（2.5V−1V=1.5V）。

因此，在隐性状态时，CAN-High 导线与 CAN-Low 导线上的电压差为 0V，在显性状态时该差值最低为 2V。

2. CAN 收发器

控制单元是通过收发器连接到驱动 CAN 总线上的。在收发器内部的接收器一侧设有差动信号放大器。差动信号放大器用于处理来自 CAN-High 导线和 CAN-Low 导线的信号，除此以外，还负责将转换后的信号传至控制单元的 CAN 接收区。这个转换后的信号称为差动信号放大器的输出电压。

如图 2-31 所示，差动信号放大器用 CAN-High 导线上的电压（$U_{CAN\text{-}High}$）减去 CAN-Low 导线上的电压（$U_{CAN\text{-}Low}$），就得出了输出电压，用这种方法可以消除静电平或其他任何重叠的电压（如外来的电磁干扰）。

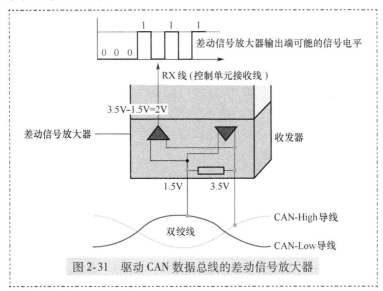

图 2-31　驱动 CAN 数据总线的差动信号放大器

收发器的差动信号放大器在处理信号时，会用 CAN-High 导线上作用的电压减去 CAN-Low 导线上作用的电压，具体的处理过程如图 2-32 所示。

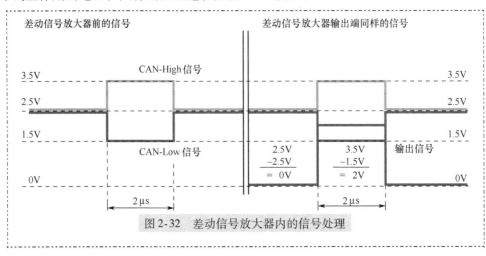

图 2-32　差动信号放大器内的信号处理

3. CAN 总线干扰信号的消除

由于 CAN 总线线束要布置在发动机舱内,所以 CAN 总线难免会遭受各种电磁干扰(图 2-33)。在对车辆进行维修、保养时要充分考虑线束对地短路(搭铁)和蓄电池电压、点火装置的火花放电和静态放电等因素对 CAN 总线的干扰。

图 2-33 通过导线进行数据传输时的典型干扰源

CAN-High 信号和 CAN-Low 信号经过差动信号放大器处理后(就是所谓的差动传输技术),可最大限度地消除干扰的影响。即使车上的供电电压有波动(如起动发动机时),也不会影响各个控制单元的数据传输,这就大大提高了数据传输的可靠性。在图 2-34 上可清楚地看到这种传输的效果。由于 CAN-High 导线和 CAN-Low 导线是扭绞在一起的双绞线,所以干扰脉冲信号 X 对 CAN-High 导线和 CAN-Low 导线的作用是等幅值、等相位、同频率的。

由于差动信号放大器总是用 CAN-High 导线上的电压($3.5V - X$)减去 CAN-Low 导线上的电压($1.5V - X$),因此在经过处理后,差动信号中就不再有干扰脉冲了。用数学关系式表示时就是:($3.5V - X$) - ($1.5V - X$) = $2V$。

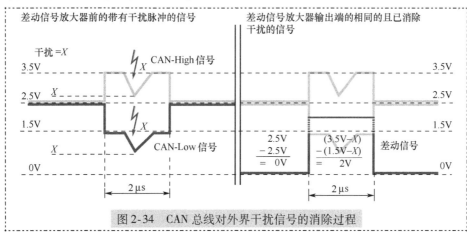

图 2-34 CAN 总线对外界干扰信号的消除过程

4. 终端电阻(负载电阻)

收发器发送区的任务是将控制单元内的 CAN 控制器的较弱信号放大,使之达到 CAN 导线上的信号电平和控制单元输入端的信号电平。从信号传输的角度看,连接在 CAN 数据总线上的控制单元相当于 CAN 导线上的一个负载电阻(只是控制单元内部装有电子元器件),

其阻抗取决于连接的控制单元数量及电阻阻值。

发动机控制单元会在驱动 CAN 总线的 CAN-High 导线和 CAN-Low 导线之间形成 66Ω 的电阻，而组合仪表和 ABS 控制单元则可在 CAN 总线上产生 2.6kΩ 的电阻，如图 2-35 所示。根据连接的控制单元数量，所有控制单元形成的总电阻为 53～66Ω。如果 15 号接线柱（点火开关）已切断，就可以用欧姆表测量 CAN-High 导线和 CAN-Low 导线之间的电阻。

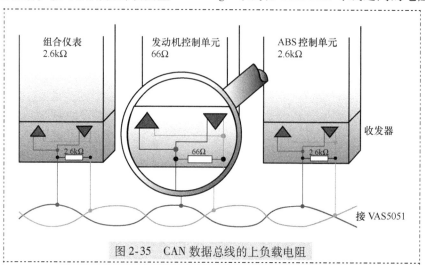

图 2-35 CAN 数据总线的上负载电阻

收发器将 CAN 信号输送到 CAN 总线的两条导线上，相应地在 CAN-High 导线上的电压就升高，而在 CAN-Low 导线上的电压就降低一个同样大小的值。对于驱动 CAN 总线来说，一条导线上的电压改变值不低于 1V，对于舒适/信息 CAN 总线来说，这个值不低于 3.6V。

与其他工业领域的 CAN 数据总线装在两根 CAN 导线末端的终端电阻不同，大众汽车集团的 CAN 总线系统采用分配方式配置终端电阻。即将终端电阻"散布"于各个控制单元内部，且阻值不等。如发动机控制单元内部的终端电阻阻值为 66Ω，组合仪表和 ABS 控制单元内部的终端电阻阻值为 2.6kΩ。由于汽车内部的驱动 CAN 总线导线长度有限（不超过 5m），所以不会有什么负面作用。因此，CAN 标准中有关数据总线长度的规定就不适用于大众集团的驱动 CAN 总线。

大众汽车集团的驱动 CAN 总线所连接的控制单元有发动机控制单元、ABS 控制单元、ESP 控制单元、变速器控制单元、安全气囊控制单元、组合仪表等，如图 2-36 所示。

5. 驱动 CAN 总线上的信号变化

图 2-37 所示为一个真实的驱动 CAN 总线的实测电压波形。该总线信号由一个收发器产生并发送到 CAN 总线上，连接汽车诊断检测仪 VAS5051 之后，利用 VAS5051 的数字存储式示波器（DSO）接收下来并进行图像冻结，就得到了驱动 CAN 总线的实测电压波形。

由图 2-37 可见，CAN-High 导线的电压和 CAN-Low 导线的电压是对称变化的，且变化方向相反。CAN-High 导线上的显性电压约为 3.5V，CAN-Low 导线的显性电压约为 1.5V。两个电平之间的叠加信号变化表示 2.5V 的隐性电平。

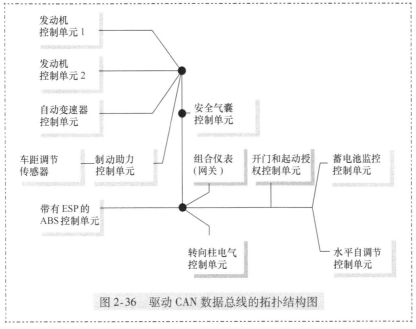

图 2-36 驱动 CAN 数据总线的拓扑结构图

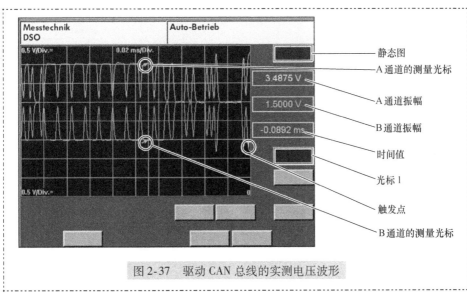

图 2-37 驱动 CAN 总线的实测电压波形

三、舒适/信息 CAN 总线

1. 舒适/信息 CAN 总线的特点

舒适/信息 CAN 总线用于将舒适 CAN 总线和信息 CAN 总线所控制的控制单元（如全自动空调/空调控制单元、车门控制单元、舒适控制单元、收音机和导航显示控制单元等）连成网络。

与所有 CAN 总线系统一样，舒适/信息 CAN 总线也是双线式数据总线，其数据传输速率为 100kbit/s，所以也称为低速 CAN 总线。

控制单元通过舒适/信息 CAN 总线的 CAN-High 导线和 CAN-Low 导线来进行数据交换，如车门打开/关闭、车内灯点亮/熄灭、车辆导航系统（GPS）等。由于使用同样的脉冲频率，所以舒适 CAN 总线和信息 CAN 总线可以共同使用同一组导线，当然前提条件是相应的汽车上装备了这两种数据总线。

舒适/信息 CAN 总线的特点是：控制单元内的负载电阻不是作用于 CAN-High 导线和 CAN-Low 导线之间，而是连接在每根导线对地或对 +5V 电源之间。如果蓄电池电压被切断，那么电阻也就没有了，这时用欧姆表无法测出电阻。

2. 舒适/信息 CAN 导线上的电压变化

为了使低速 CAN 总线抗干扰性强且电流消耗低，与动力 CAN 数据总线相比做了一些改动。

首先，由于使用了单独的驱动器（功率放大器），这两个 CAN 信号就不再有彼此依赖的关系了。与动力 CAN 数据总线不同，舒适/信息 CAN 总线的 CAN-High 线和 CAN-Low 线不是通过电阻相连的，也就是说，CAN-High 线和 CAN-Low 线不再彼此相互影响，而是彼此独立作为电压源来工作的。

另外舒适/信息 CAN 总线还放弃了共同的中压，在隐性状态（静电平）时，CAN-High 信号为 0V，在显性状态时≥3.6V。对于 CAN-Low 信号来说，隐性电平为 5V，显性电平≤1.4V，如图 2-38 所示。

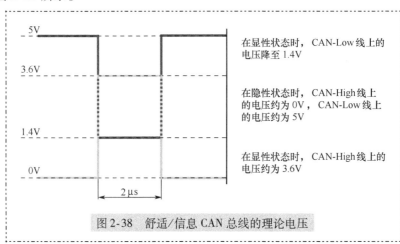

图 2-38　舒适/信息 CAN 总线的理论电压

在差动信号放大器内相减后，隐性电平为 -5V，显性电平为 2.2V，那么隐性电平和显性电平之间的电压变化（电压提升）就提高到≥7.2V。

为清楚起见，CAN-High 信号和 CAN-Low 信号彼此分开了，从图 2-38 中所示的不同的零点即可看出这一点。

从图 2-39 中可清楚地看出，CAN-High 信号和 CAN-Low 信号的静电平是不同的。还可看出，与驱动 CAN 总线相比，舒适/信息 CAN 总线的电压提升增大了（达到 7.2V）。

3. 舒适/信息 CAN 总线的 CAN 收发器

舒适/信息 CAN 总线收发器的结构如图 2-40 所示，其工作原理与动力 CAN 数据总线收发器基本是一样的，只是输出的电压电平和出现故障时切换到 CAN-High 线或 CAN-Low 线（单线工作模式）的方法不同。另外，CAN-High 线和 CAN-Low 线之间的短路会被识别出来，并且在出现故障时会关闭 CAN-Low 驱动器，在这种情况下，CAN-High 和 CAN-Low 信号是相同的。

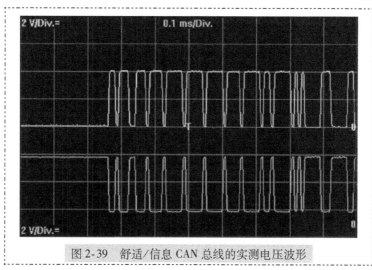

图 2-39 舒适/信息 CAN 总线的实测电压波形

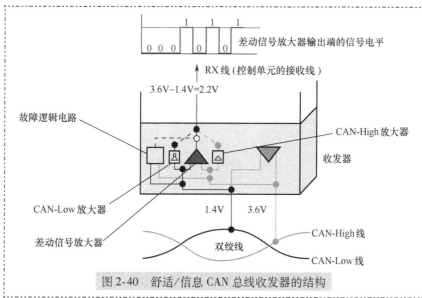

图 2-40 舒适/信息 CAN 总线收发器的结构

CAN-High 线和 CAN-Low 线上的数据传递由安装在收发器内的故障逻辑电路监控，故障逻辑电路检验两条 CAN 导线上的信号，如果出现故障，如某条 CAN 导线断路，那么故障逻辑电路会识别出该故障，从而使用完好的另一条导线（单线工作模式）。在正常的工作模式下，使用的是 CAN-High "减去" CAN-Low 所得的信号（差动数据传递），这样就可将干扰对舒适/信息 CAN 数据总线的两条导线的影响降至最低（与动力 CAN 数据总线一样）。

4. 单线工作模式下的舒适/信息 CAN 总线

如果因断路、短路或与蓄电池电压相连而导致两条 CAN 导线中的一条不工作了，那么就会切换到单线工作模式。在单线工作模式下，只使用完好的 CAN 导线中的信号，这样就使得舒适/信息 CAN 总线仍可工作。同时，控制单元记录一个故障信息：系统工作在单线模式。舒适/信息 CAN 总线处于单线工作模式下的实测电压波形如图 2-41 所示。

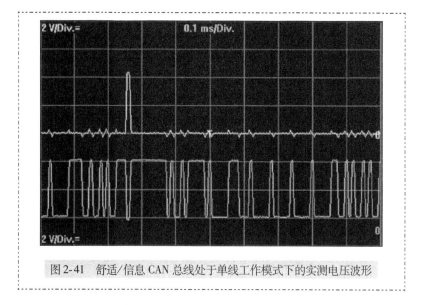

图 2-41 舒适/信息 CAN 总线处于单线工作模式下的实测电压波形

第四节　CAN 总线系统的检测

一、CAN 总线检测插座

1. 检测插座的作用

对于设备配置相对比较高端的车型，舒适 CAN 数据总线和动力 CAN 数据总线连接的电控单元比较多，CAN 双绞线一般采用插座式连接。连接插头分别构成了舒适系统 CAN 总线及驱动系统 CAN 总线的中央节点，各总线系统下的所有控制单元的 CAN 总线均被连接到连接插座上，如图 2-42 所示。连接插头的功能可以集中在检测盒 1598/38 上，可以通过 VAS5051 上的数字存储式示波器来检查驱动 CAN 总线和舒适 CAN 总线上控制单元的各条导线，同时还可以在进行总线系统故障查寻时区分出各个控制单元。该检测盒用来确定 CAN

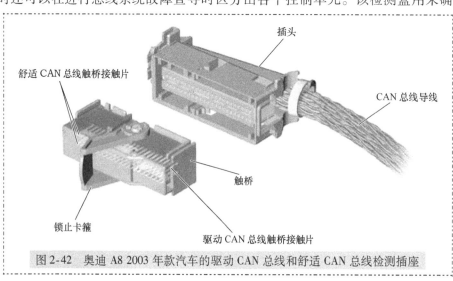

图 2-42　奥迪 A8 2003 年款汽车的驱动 CAN 总线和舒适 CAN 总线检测插座

总线上的短路点，也可以将各个控制单元连接触桥插到检测盒上对控制单元进行检查。检测盒1598/38电路如图2-43所示。

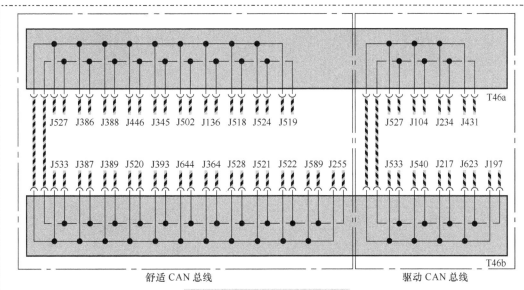

图 2-43　检测盒 1598/38 电路

J104—带 EDS 的 ABS 控制单元　J136—带记忆的座椅调节控制单元　J197—自水平调节控制单元　J217—自动变速器控制单元　J234—安全气囊控制单元　J255—全自动空调控制单元　J345—挂车识别控制单元　J364—驻车加热控制单元　J386—驾驶人车门控制单元　J387—前排乘客车门控制单元　J388—左后车门控制单元　J389—右后车门控制单元　J393—舒适系统中央控制单元　J431—前照灯照程调节控制单元　J446—停车辅助控制单元　J502—轮胎压力监控控制单元　J518—使用和起动授权控制单元　J519—供电控制单元　J520—供电控制单元 2　J521—带记忆的座椅调节控制单元（前排乘客）　J522—带记忆的座椅调节控制单元（后座）　J524—信息显示和操纵控制单元（后座）　J527—转向柱电气控制单元　J528—车顶电气控制单元　J533—数据总线诊断接口　J540—电动驻车和驻车制动控制单元　J589—驾驶人识别控制单元　J623—发动机控制单元　J644—电能管理控制单元　T46a—插头，46 针，黑色，在左侧 CAN 插头上　T46b—插头，46 针，黑色，在右侧 CAN 插头上　▬▬舒适 CAN 总线，High　▬▬舒适 CAN 总线，Low　▬▬驱动 CAN 总线，High　▬▬驱动 CAN 总线，Low

2. 检测插座的安装位置

总线检测插座有两种，分别安装在仪表板左、右两侧的侧面，靠近车门处（图2-44），平时用装饰板盖着。如果要抽出触桥，首先得松开锁止卡箍。

对于左置和右置转向盘的汽车来说，这两种检测插座的针脚布置是不同的。在相应的维修手册或故障导航中可找到针脚的布置方案。

3. 左、右检测插座的连接

驱动 CAN 总线和舒适 CAN 总线上的所有控制单元在检测插座上呈星形连接。总线系统的一部分控制单元接到右侧检测插座上，另一部分控制单元接到左侧检测插座上。

左侧和右侧检测插座通过一组 CAN 导线（驱动系统 CAN 总线导线和舒适系统 CAN 总线导线）彼此相连，这就最终使得舒适 CAN 总线上的所有控制单元与驱动 CAN 总线上的控制单元连接起来，如图2-45所示。

插头安装在仪表板左、右两侧的侧面装饰板后面。如果要抽出触桥，首先得松开锁止卡箍。对于左置和右置转向盘的汽车来说，这两种插头的针脚布置是不同的，在相应的维修手册或故障导航中可找到针脚的布置方案。

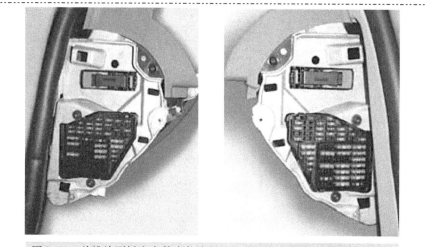

图 2-44　总线检测插座安装在仪表板左、右两侧的侧面（靠近车门处）

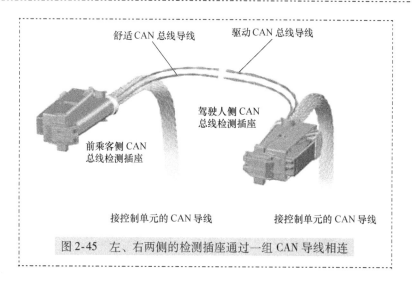

图 2-45　左、右两侧的检测插座通过一组 CAN 导线相连

二、CAN 总线系统检测盒

1. 检测盒的作用

对 CAN 总线系统进行检测和故障诊断时，需要使用适配器——CAN 总线系统检测盒 VAS（VAG）1598/38（图 2-46）。使用检测盒 VAS（VAG）1598/38，就可以通过大众汽车检测仪 VAS5051 上的数字存储式示波器（DSO）来检查 CAN 总线导线的工作情况（断路、短路、接地），检测各个总线系统的电压波形，同时还可以在进行总线系统故障查寻时区分出各个控制单元。

该检测盒在确定 CAN 总线上的短路点时也是必需的，将各个控制单元连接起来的接触桥也可以插到检测盒上来检查。

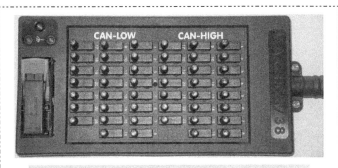

图 2-46 CAN 总线系统检测盒 VAS（VAG）1598/38

2. 检测盒与总线检测插座的连接

在进行总线系统检测时，首先要把检测盒 VAS（VAG）1598/38 连接到仪表板侧面的总线检测插座上（图 2-47），然后根据电路图确定引脚布置，正确连接测量仪器（如 DSO），如图 2-48 所示。

图 2-47 把检测盒连接到总线检测插座上

图 2-48 正确连接测量仪器（如 DSO）

复习思考题

一、填空题

1. CAN 最初是由_____公司为汽车监测、控制系统而设计的。
2. CAN 总线是一种_____协议,其通信接口中集成了_____和_____功能,可完成对_____处理,包括位填充、数据块编码、循环冗余检验、优先级判别等项工作。
3. CAN 总线系统中的信号是采用数字方式经_____传输的,其最大稳定传输速率可达____Mbit/s。
4. CAN 数据总线系统由_____、_____和_____组成。
5. CAN 总线电控单元由_____、_____、_____、_____、_____、_____组成。
6. 汽车上 CAN 数据传输线大都是_____线,分为 CAN _____线和_____线,即_____线和_____线。
7. 原则上数据传输总线用一条导线就足以满足功能要求了,但通常总线系统上还是配备了_____(通用别克等车型采用单线传输)。在这个第二条导线上传输信号与第一条导线上的传输信号成_____关系,这样可有效_____。
8. 数据帧的功能是_____。数据帧由_____、_____、控制域、_____、_____、应答域、_____7 个不同的域组成。
9. CAN 总线上电控单元的数据发布,有两种基本形式。第一种形式是_____,第二种形式是_____。
10. CAN 总线系统元件主要由_____、控制单元、_____、_____等组成。
11. 大众集团的 CAN 总线分为_____CAN 总线、____CAN 总线、_____CAN 总线、_____CAN 总线、_____CAN 总线五类。
12. CAN 总线所传输的数据有_____、_____、_____和_____4 种类型。

二、选择题

1. 汽车上采用数据总线的原因是( )。
   A. 提高技术含量　　B. 降低生产成本　　C. 降低维修难度　　D. 便于用户使用
2. 一个完整的 CAN 数据包括( )个域。
   A. 5　　　　　　　B. 6　　　　　　　C. 7　　　　　　　D. 8
3. 每个终端电阻的阻值是( )。
   A. 120Ω　　　　　B. 100Ω　　　　　C. 80Ω　　　　　D. 60Ω
4. CAN 线的主色是( )。
   A. 绿色　　　　　B. 黄色　　　　　C. 红色　　　　　D. 橙色
5. CAN 总线所采用的双绞线的直径是( )。
   A. 0.5mm^2　　　B. 0.45mm^2　　　C. 0.4mm^2　　　D. 0.35mm^2
6. 下列对舒适 CAN 总线的收发器描述错误的是( )。
   A. CAN – H 线的高电压平为 3.6V　　　B. CAN – H 线的低电压平为 0V
   C. CAN – L 线的高电压为 1.4V　　　　D. CAN – L 线的低电压平为 1.4V

7. 在汽车网络中，用（　　）来约定各模块的优先权。
   A. 数据总线　　　　B. 通信协议　　　　C. 总线速度　　　　D. 模块
8. 在 CAN 总线中，为了防止数据在高速传输终了时产生反射波，必须在网络中配置（　　）。
   A. 终端电阻　　　　B. CAN 发送器　　　C. CAN 接收器　　　D. 网关
9. 汽车总线系统采用 CAN 网络，最大的数据传递速度是（　　）。
   A. 1Mbit/s　　　　B. 500kbit/s　　　　C. 125kbit/s　　　　D. 100kbit/s
10. 驱动 CAN 和舒适 CAN 之间由于传递速率不同，它们之间必须通过（　　）进行转换。
    A. 控制单元　　　　B. 终端电阻　　　　C. 收发器　　　　D. 网关
11. 驱动 CAN 总线 CAN–H 线的颜色是（　　）。
    A. 橙黑　　　　　　B. 橙紫　　　　　　C. 橙棕　　　　　　D. 橙绿

三、判断题

1. CAN 总线的每根导线都传送相位相反、数值相同的信息，目的是为了抗干扰。（　　）
2. 两个二进制数组合可以表示四种状态。（　　）
3. 舒适 CAN 总线可以采用一根导线传递信息。（　　）
4. CAN 总线的基本颜色是红色。（　　）
5. 在 CAN 总线中，控制单元将信息发到总线上，不管其他控制单元是否需要。（　　）
6. CAN 总线是车内电子装置中的一个独立系统。（　　）
7. Gateway 指的是控制单元。（　　）
8. 多路传输是指在不同通道或线路上同时传输多条信息。（　　）
9. 车载网络系统大多数通信协议都是专用的，因此，维修诊断时需要专门的软件。（　　）
10. 汽车通信网络中的 CAN–H 线或 CAN–L 线，不能与电源线或搭铁线导通。（　　）
11. 汽车上 CAN 数据传输线都是双绞线。（　　）
12. 高速 CAN 的两条网线中只要有一条网线出现短路或断路，则整个网络失效。（　　）
13. CAN 总线中，无论高速 CAN 总线还是低速 CAN 总线，基本组成结构完全相同。（　　）

四、名词解释

1. CAN 总线
2. CAN 终端电阻

五、问答题

1. 大众车系的总线颜色是怎样标识的？
2. 大众车系控制单元的总线电阻有哪些区别？
3. 舒适/信息系统 CAN 总线有哪些特点？
4. 总线检测插座有什么作用？

5. 大众车系总线检测盒的作用是怎样的？
6. 写出图中的图注名称。

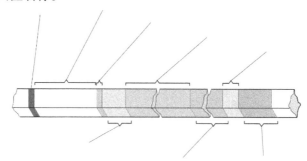

7. 写出图中的数字名称及作用。

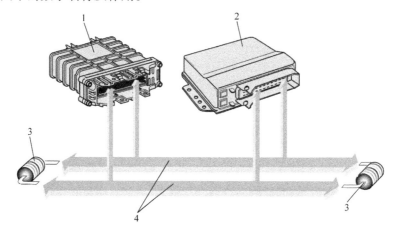

第三章

子总线系统

第一节 LIN 总线系统

一、LIN 总线系统的应用

如图 3-1 所示,LIN 是英文 Local Interconnect Network 的缩写,被称为是 CAN 总线系统的子网,也叫"局域子系统"。汽车上 LIN 总线控制的所有系统之间的数据交换,必须通过 CAN 总线控制单元才能实现。LIN 总线作为 CAN 总线的一种有益补充,可以更为经济、有效地完成车辆功能。LIN(局域网)结构比较简单,只有一根数据线,也只能用于传感器和执行器之间的简单数据传递。它与 CAN 总线不同,LIN 总线上的控制单元是分主、从的,主控制单元与 CAN 总线连接,控制着 LIN 总线上的其他从控制单元。也就是说,只有主控制单元发送信息结束后,从控制单元才能进行数据信息的发送。LIN 总线被称为数据循环总线,是指数据信息不管有没有要求或是有没有变化,总是在总线上反复重新循环发送和传递,以利于传感器和执行器在任意时刻都可以接收总线上的数据信息。

图 3-1 LIN 的标志

LIN 总线是在 CAN 总线的基础上新发展的汽车车载子总线系统,是为了建立传输速率有限、结构简便且性能优良的总线系统而产生的,如图 3-2 所示。它只需要一条数据传输线,使用低成本组件(如用阻容组合代替石英)即可。LIN 总线通过使用较简单的电子设备节省了结构空间,最大传输速率为 20kbit/s。由于多家汽车制造商将标准公开化,促进了供应商之间的竞争并降低了成本,使得 CAN 总线不仅没有被取代,反而得到了扩展,单主/多从原理确保了安全性。

LIN 总线的应用成本较低,传输速率较低,适合应用在一些对时间要求不是那么严格的场合,如舒适娱乐系统。如图 3-3 所示,多数车型都将 LIN 总线应用在自动空调系统、后视镜控制(图 3-4)、电子辅助转向助力系统、车门、顶窗、刮水器和洗涤器的控制传输上。

二、LIN 总线特点

LIN 总线是用于汽车分布式电控系统的一种新型低成本串行通信系统,是一种基于 SCI(UATR)数据格式、主从结构的单线 12V 的总线通信系统,主要用于智能传感器和执行器的串行通信。

LIN 总线采用低成本的单线连接,传输速度最高可达 20kbit/s;其媒体访问采用单主/多从的机制,不需要进行仲裁;在从节点中不需要晶体振荡器而能进行自同步;采用 8 位单片机,极大地减少了硬件平台的成本。其主要目的是为现有汽车网络 CAN 提供辅助功能,目标用于低端系统,无需 CAN 总线的性能、带宽以及复杂性。可以说 LIN 总线是一种辅助的总线网络。

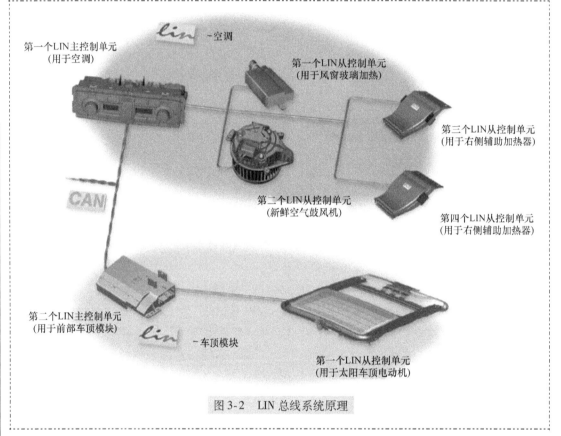

图 3-2 LIN 总线系统原理

LIN 总线系统一般由 1 个主控制单元和最多 16 个从控制单元组成。LIN 总线主控制单元请求从控制单元发送数据,并发出操控指令。为了与汽车上的其他控制单元进行通信,主控制单元连接在其他总线上。LIN 总线主控制单元在汽车诊断检测仪中有地址码,由其负责对所连接的从控制单元进行诊断。

LIN 总线的主要特点是:

1) LIN 总线系统是单线式总线,通过一根芯线传输数据,车辆搭铁也当成数据传输的接地连接。虽然不是双绞线,但可以避免电磁干扰,所以不需要屏蔽线。

2) LIN 总线的线束颜色一般采用紫白色,通常底色是紫色,有标志色。

3) LIN 总线的横截面积为 0.35mm^2。

4) LIN 总线上的控制单元有主控制单元和从控制单元。主控制单元与 CAN 总线和 LIN 总线相连,从控制单元都与 LIN 总线相连,主控制单元控制从控制单元发送数据信息。一个主控制单元最多可以连接 16 个从控制单元。

5) 数据传递速率为 1~20kbit/s。因为传输速率低,所以一般被应用在刮水器、空调等车身电气系统等要求传输速率不高的系统中。它实用性强,传输技术容易实现,价格低廉。

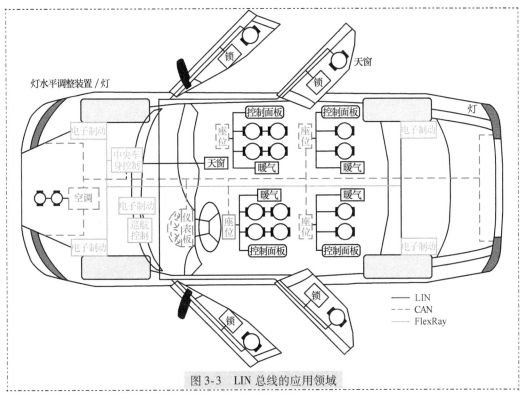

图 3-3 LIN 总线的应用领域

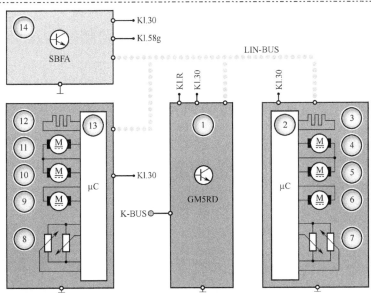

图 3-4 LIN 总线在宝马 E83（X3）高版本外后视镜控制系统中的应用

①—基本控制模块 5 Redesign ②—右侧外后视镜电子装置 ③—右侧外后视镜加热装置 ④—右侧外后视镜垂直调整电动机 ⑤—右侧外后视镜水平调整电动机 ⑥—右侧外后视镜折起电动机 ⑦—右侧外后视镜调节角度传感器 ⑧—左侧后视镜调节角度传感器 ⑨—左侧外后视镜折起电动机 ⑩—左侧外后视镜水平调整电动机 ⑪—外后视镜垂直调整电动机 ⑫—左侧外后视镜加热装置 ⑬—左侧外后视镜电子装置 ⑭—驾驶人侧开关组 K-BUS—车身总线 LIN-BUS—局域互联网 Kl.30—接线端子 30 Kl.58g—接线端子 58g

三、LIN 总线系统结构

1. LIN 的特点

LIN 总线系统的突出特点是：LIN 总线是单线式总线，仅靠一根导线传输数据。Audi 车系 LIN 导线的底色是紫色，有标志色。LIN 导线的横截面面积为 0.35mm^2，无需屏蔽。如图 3-5 所示，LIN 总线系统的构成有三个部分：LIN 上级控制单元，亦即 LIN 主控制单元；LIN 从属控制单元，亦即 LIN 从控制单元；单根导线。

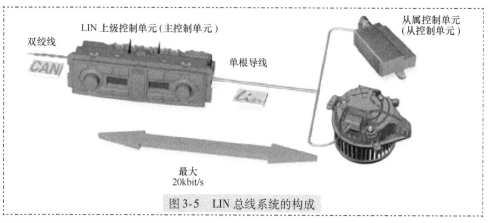

图 3-5 LIN 总线系统的构成

2. LIN 主控制单元

（1）LIN 主控制单元的功能　LIN 主控制单元连接在 CAN 数据总线上，执行以下功能：

1）监控数据传输过程和数据传输速率，发送信息标题。

2）LIN 主控制单元的软件内已经设定了一个周期，该周期用于决定何时将哪些信息发送到 LIN 数据总线上多少次。

3）LIN 主控制单元在 LIN 数据总线系统的 LIN 控制单元与 CAN 总线之间起"翻译"作用，它是 LIN 总线系统中唯一与 CAN 数据总线相连的控制单元（图 3-6）。

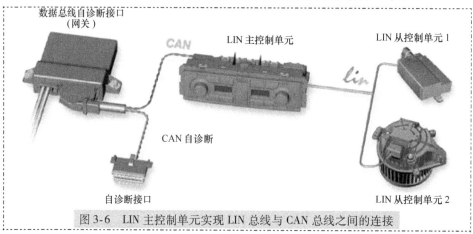

图 3-6 LIN 主控制单元实现 LIN 总线与 CAN 总线之间的连接

4）通过 LIN 主控制单元进行与之相连的 LIN 从控制单元的自诊断。

（2）LIN 总线的信息结构　LIN 主控制单元控制总线导线上的信息传输情况。LIN 总线的信息结构如图 3-7 所示。

每条信息的开始处都通过 LIN 总线主控制单元发送一个信息标题。该信息标题由一个同步相位(同步间隔和同步字节)构成,后面是标识符字节,可传输2、4或8字节的数据。标识符字节包括 LIN 从控制单元地址、信息长度和用于信息安全的两个位等信息。标识符用于确定主控制单元是否将数据传输给从控制单元,或主控制单元是否在等待从控制单元的回应(答复)。信息段包含发送给从控制单元的信息。校验区可为数据传输提供更高的安全性。校验区由主控制单元通过数据字节构成,位于信息结束处。LIN 总线主控制单元以循环形式传输当前信息。

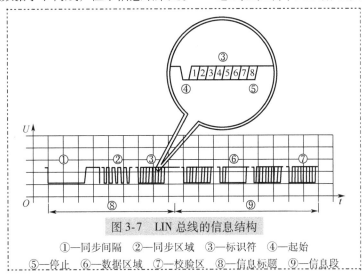

图 3-7 LIN 总线的信息结构
①—同步间隔 ②—同步区域 ③—标识符 ④—起始
⑤—停止 ⑥—数据区域 ⑦—校验区 ⑧—信息标题 ⑨—信息段

3. LIN 从控制单元

在 LIN 数据总线系统内,单个的控制单元(如新鲜空气鼓风机)或传感器及执行元件(如水平传感器及防盗警报蜂鸣器)都可看为 LIN 从控制单元。传感器内集成有一个电子装置,该装置对测量值进行分析,其数值是作为数字信号通过 LIN 总线传输的。有些传感器和执行元件只使用 LIN 主控制单元插口上的一个针脚(PIN 脚),即可以实现信息传输(即单线传输,见图3-8)。

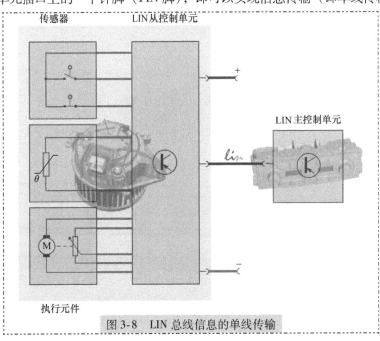

图 3-8 LIN 总线信息的单线传输

LIN 执行元件都是智能型的电子或机电部件，这些部件通过 LIN 主控制单元的 LIN 数字信号接收任务。LIN 主控制单元通过集成的传感器来获知执行元件的实际状态，然后就可以进行规定状态和实际状态的对比，并发出相应的控制指令。只有当 LIN 主控制单元发送出控制指令后，传感器和执行元件才会做出反应（执行主控制单元的控制指令）。

电动遮阳卷帘和空调出风口风门伺服电动机的控制（见图 3-9 和图 3-10）都是按照这个控制原理工作的。

LIN 从控制单元等待 LIN 主控制单元的指令，仅根据需要与主控制单元进行通信。为结束休眠模式，LIN 从控制单元可自行发送唤醒信号。LIN 从控制单元安装在 LIN 总线系统设备上（如空调出风口风门伺服电动机等）。

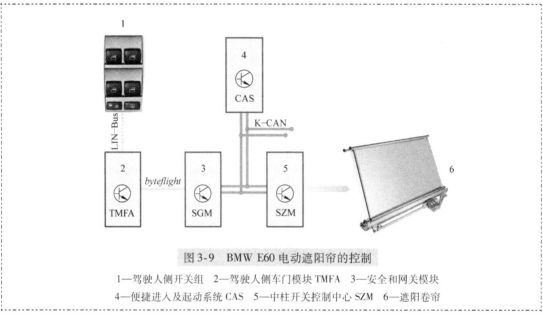

图 3-9　BMW E60 电动遮阳帘的控制
1—驾驶人侧开关组　2—驾驶人侧车门模块 TMFA　3—安全和网关模块
4—便捷进入及起动系统 CAS　5—中柱开关控制中心 SZM　6—遮阳卷帘

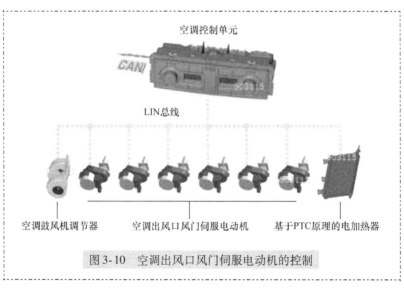

图 3-10　空调出风口风门伺服电动机的控制

LIN 从控制单元的特点如下：

1）接收、传递或忽略与从主系统接收到的信息标题相关的数据。
2）可以通过一个"叫醒"信号叫醒主系统。
3）检查对所接收数据的检查总量。
4）对所发送数据的检查总量进行计算。
5）同主系统的同步字节保持一致。
6）只能按照主系统的要求同其他子系统进行数据交换。

四、LIN 总线的数据传输

1. 传输原理

LIN 总线传输数据线是单线，数据线最长可达 40m。在主节点内配置 1kΩ 电阻端接 12V 供电，在从节点内配置 30kΩ 电阻端接 12V 供电。各节点通过电池正极端接电阻向总线供电，每个节点都可以通过内部发送器拉低总线电压。LIN 总线驱动器的物理结构如图 3-11 所示。

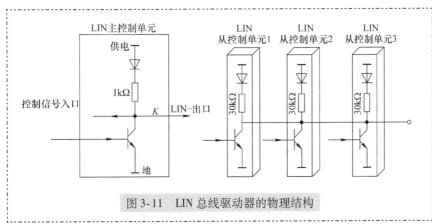

图 3-11　LIN 总线驱动器的物理结构

（1）LIN 总线信号　LIN 总线信号波形如图 3-12 所示。

隐性电平：如果所有节点都没有驱动收发器晶体管导通，此时在 LIN 数据总线上的电压就是蓄电池电压，为隐性电平，表示逻辑"1"。

显性电平：当有节点需要向外发送信息时，发送控制单元内的收发器驱动晶体管导通，将 LIN 数据总线导线接地，此时在 LIN 总线上的电压为 0V，为显性电平表示逻辑"0"。

（2）总线电平抗干扰设置　在收发隐性电平和显性电平时，通过预先设定公差值来保证数据传输的稳定性，如图 3-13 所示。为了在有干扰辐射的情况下仍能收到有效的信号，接收信号的允许电压值要稍高一些，如图 3-14 所示。

2. LIN 总线的数据格式

LIN 总线的数据格式如图 3-15 所示。在 LIN 总线的信息中包含两个部分：一部分是由 LIN 主控制器发送的信息标题，另一部分是由 LIN 主控制器或 LIN 从控制器发送的信息内容。发送的信息，所有连接在 LIN 总线上的节点都可以收到。

（1）信息标题　信息标题由 LIN 主控制单元按周期发送。信息标题分为同步暂停区、同步分界区、同步区和识别区四部分，见图 3-16。

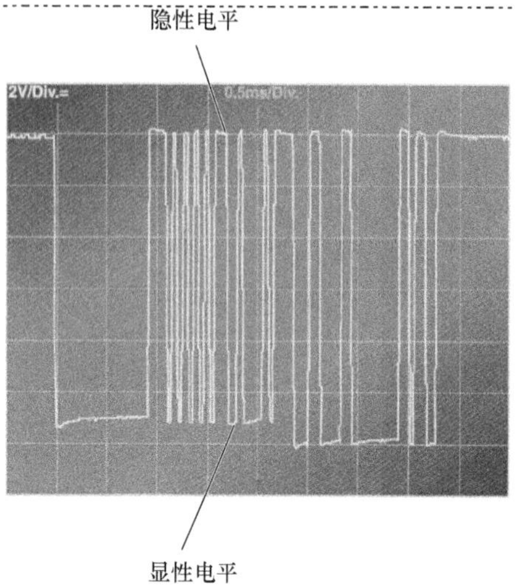

图 3-12 LIN 总线信号波形

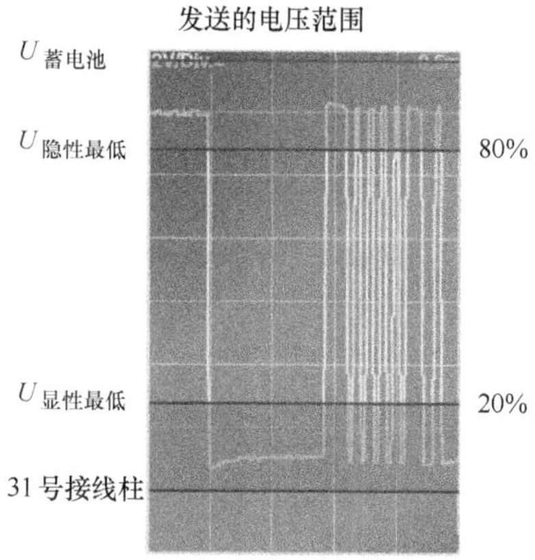

图 3-13 发送信号的电压范围

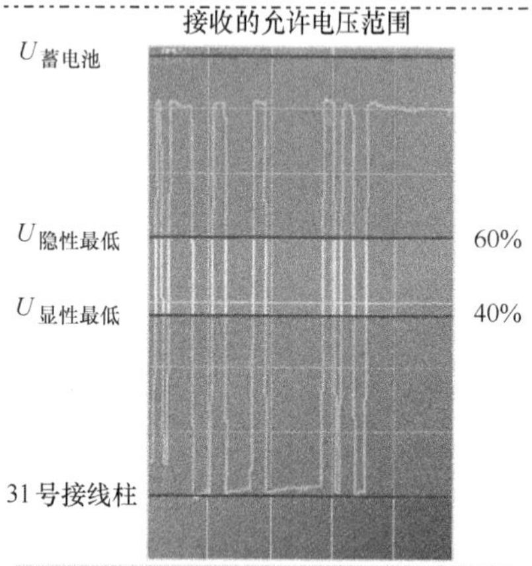

图 3-14 接收信号允许的电压范围

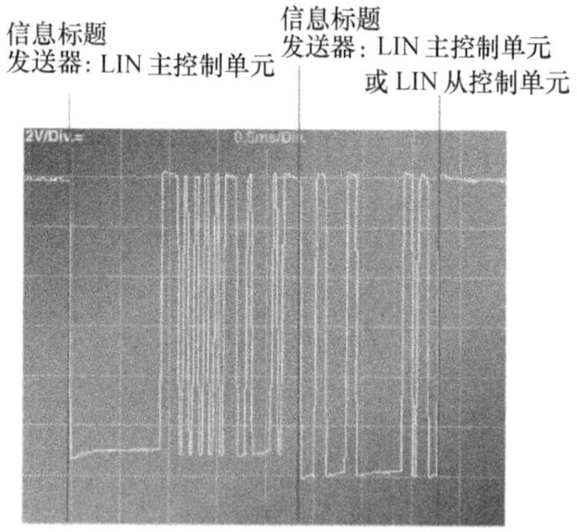

图 3-15 LIN 总线的数据格式

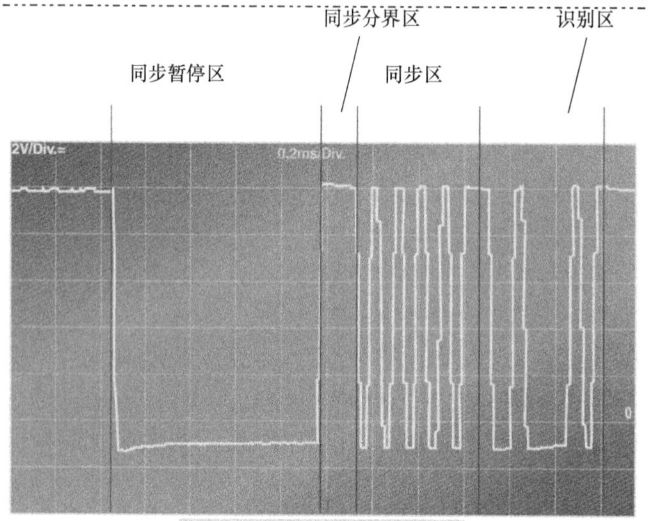

图 3-16 信息标题的格式

1）同步暂停区。同步暂停区（Synch Pause）的长度至少为13位（二进制的），它以显性电平发送。这13位的长度是必需的，只有这样才能准确地通知所有的LIN从控制单元有关信息的起始点的情况。其他的信息是以最长为9位的（二进制的）显性电平来一个接一个地传输的。

2）同步分界区。同步分界区（Synch Delimiter）至少为一位（二进制的）长，且为隐性电平。

3）同步区。同步区（Synch Field）由0101010101这个二进制位序构成，所有的LIN从控制单元通过这个二进制位序来与LIN主控制单元进行匹配（同步）。所有控制单元同步对于保证正确的数据交换是非常必要的。如果失去了同步性，那么接收到的信息中的某一数位值就会发生错误，该错误会导致数据传输错误。

4）识别区。识别区（Identify Field）的长度为8位（二进制的），头6位是回应信息识别码和数据区的个数，回应数据区的个数在0~8之间；后两位是校验位，用于检查数据传输是否有错误。当出现识别码传输错误时，校验位可防止与错误的信息适配。

（2）信息内容　信息内容有两种类型：一种是从控制单元收到主控制单元发来的信息标题中带有要求从控制单元回应的信息后，LIN从控制单元根据识别码给这个回应提供的回应信息；另一种是由主控制单元发出的命令信号，相应的LIN从控制单元会使用这些数据去执行各种功能。

1）从控制单元回应信息：图3-17所示是奥迪A6空调系统LIN总线的从控制单元回应信息传递流程图，空调控制电脑（也是LIN总线主控制单元）在LIN总线上发送信息标题——查询鼓风机的转速，鼓风机读取标题后将当前的鼓风机转速信息发送到LIN总线上，空调控制电脑得以读取此信息。

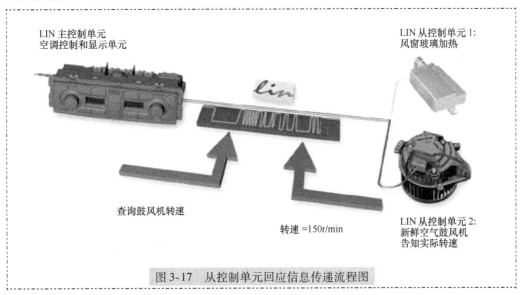

图3-17　从控制单元回应信息传递流程图

2）主控制单元命令信息：图3-18所示是奥迪A6空调系统LIN总线的主控制单元命令信息传递流程图，空调控制电脑（也是LIN总线主控制单元）在LIN总线上发送信息标题——调整鼓风机的转速到200r/min，鼓风机从LIN总线上读取标题后将当前的鼓风机转速，相应地从150r/min调整到目标转速200r/min。

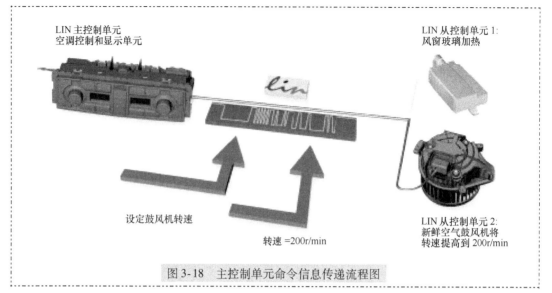

图 3-18 主控制单元命令信息传递流程图

信息内容由 1~8 个数据区构成，每个数据区是 10 个二进制位，其中一位是显性起始位，一个是包含信息的字节和一个隐性停止位。起始位和停止位是用于再同步从而避免传递错误的。

3. LIN 总线信息的顺序

LIN 主控制单元的软件内已经设定了一个顺序，LIN 主控制单元就按这个顺序将信息标题发送至 LIN 总线上（若是主信息，则发送的是回应）。常用的信息会多次传递。LIN 主控制单元的环境条件可能会改变信息的顺序。环境条件举例如下：

1）点火开关接通/关闭。
2）自诊断已激活/未激活。
3）停车灯接通/关闭。

为了减少 LIN 主控制单元部件的种类，主控制单元将全部装备控制单元的信息标题发送到 LIN 总线上，如果没有安装相应设备控制单元，那么在示波器屏幕上会出现没有回应的信息标题，但这并不影响系统的功能，如图 3-19 所示。

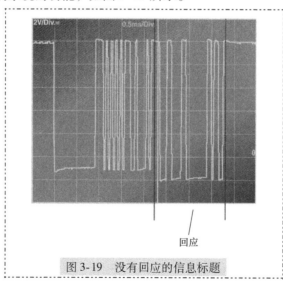

图 3-19 没有回应的信息标题

4. LIN 总线防盗功能

只有当 LIN 主控制单元发送出带有相应识别码的信息标题后,数据才会传至 LIN 总线。由于 LIN 主控制单元对所有信息进行全面监控,因此无法从车外对 LIN 导线进行控制。系统要求 LIN 从控制单元只能回应,这样就不会发生通过 LIN 总线打开车门的现象了。这种设置就使得在车外安装 LIN 从控制单元(如在前保险杠内的车库门开启控制单元)成为可能。LIN 总线防盗功能示意如图 3-20 所示。

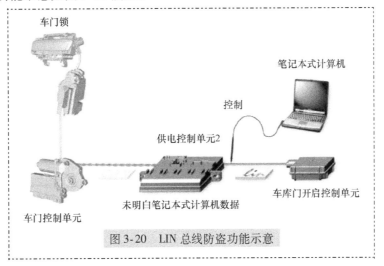

图 3-20 LIN 总线防盗功能示意

五、LIN 总线的自诊断

1. 利用故障检测仪 VAS5051 进行故障诊断

当 LIN 总线系统出现故障时,可利用故障检测仪 VAS5051 对 LIN 总线系统进行故障诊断和检测,如图 3-21 所示。对 LIN 总线系统进行自诊断时,需使用 LIN 主控制单元的地址码。自诊断数据经 LIN 总线由 LIN 从控制单元传至 LIN 主控制单元。在 LIN 从控制单元上可以完成所有的自诊断功能(表 3-1)。

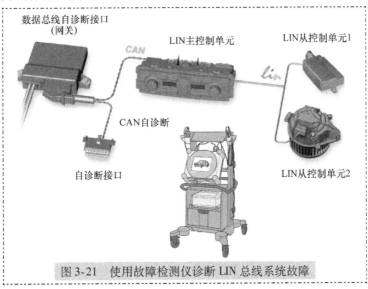

图 3-21 使用故障检测仪诊断 LIN 总线系统故障

表 3-1　LIN 从控制单元上可以完成所有的自诊断功能

故障位置	故障内容	可能的故障原因
LIN 从控制单元，如鼓风机调节器	无信号/无法通信	◆在 LIN 主控制单元内已规定好的时间间隔内 LIN 从控制单元数据传输有故障 ◆导线断路或短路 ◆LIN 从控制单元供电有故障 ◆LIN 从控制单元或 LIN 主控制单元型号错误 ◆LIN 从控制单元损坏
	出现不可靠信号	◆校验出错，传输的信息不完整 ◆LIN 导线受到电磁干扰 ◆LIN 导线的电容和电阻值改变了（如插头壳体潮湿或脏污） ◆软件故障（备件型号错误）

2. 故障分析

（1）LIN 总线短路　无论是 LIN 总线对电源正极短路还是对电源负极短路，LIN 总线都会关闭，无法正常工作。

（2）LIN 总线断路　LIN 总线发生断路故障时，其功能丧失情况视发生断路故障的具体位置而定。如图 3-22 所示，当 LIN 总线在位置 A 处断路时，其下游的所有从控制单元（图中为从控制单元 1 和从控制单元 2）均不能正常工作；当 LIN 总线在位置 B 处断路时，从控制单元 1 将不能正常工作；当 LIN 总线在位置 C 处断路时，从控制单元 2 将不能正常工作。根据 LIN 总线发生故障时其功能的丧失情况，结合 LIN 总线控制关系并参阅电路图，就可以判断出发生断路故障的大致位置。

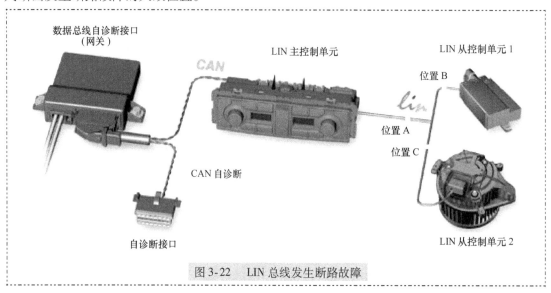

图 3-22　LIN 总线发生断路故障

第二节　VAN 总线系统

一、VAN 总线系统概述

VAN 是车辆局域网（Vehicle Area Network）的简称，由法国的雪铁龙、雷诺汽车公司和标致集团联合开发，它主要应用于车身电器设备的控制。VAN 作为专门为汽车开发的总线，1994 年成为国际标准。VAN 通信介质简单，在 40m 内，传输速率可达 1Mbit/s，按 SAE 的分类应该属于 C 类。

VAN 总线系统协议是一种只需要中等通信速率的通信协议，反应时间大约是 100ms。VAN 支持分布式实时控制的通信网络，可广泛应用于汽车门锁、电动车窗、空调、自动报警以及娱乐控制等系统。VAN 总线作为串行通信网络，与一般总线相比，其数据通信具有突出的可靠性、实时性和灵活性。VAN 标准特别考虑了严峻的环境温度、电磁干扰和振动因素，尤其适用于需要现场总线的实时控制系统。

根据 ISO 标准中的 OSI 模型，VAN 数据总线系统协议的 OSI 模型分层如图 3-23 所示。

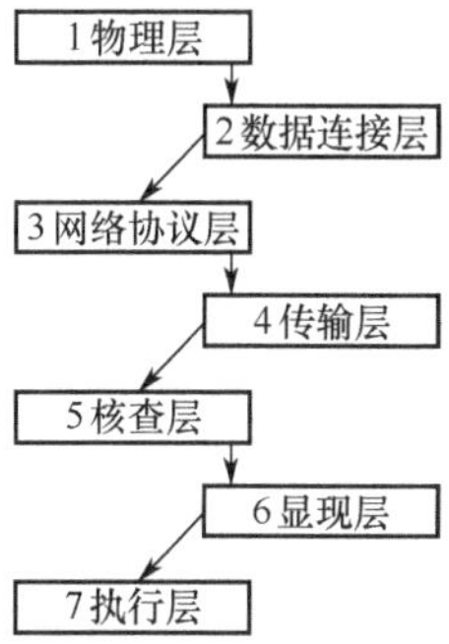

图 3-23　VAN 数据总线系统协议的 OSI 模型分层

二、VAN 总线系统的组成

1. 典型的 VAN 结构

VAN 总线系统协议的研发是出于连接各个复杂通信系统的目的，同时也是为了使简单元件和支线连接成总线，以保证网络传输的节奏。VAN 总线系统的典型结构如图 3-24 所示。

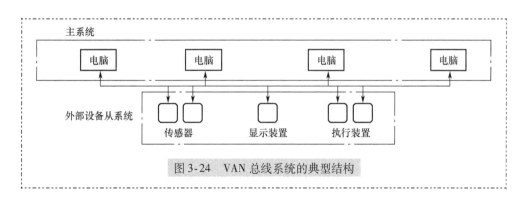

图 3-24　VAN 总线系统的典型结构

2. 拓扑

拓扑也就是 VAN 总线系统协议所允许的各个电脑之间的排列方式。电脑通常按照总线-树形或者总线-树形-星形的拓扑方式相互连接，如图 3-25 所示。

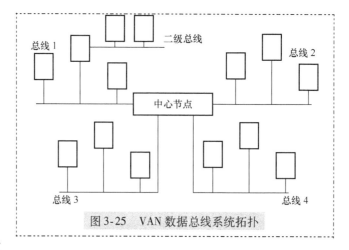

图3-25　VAN数据总线系统拓扑

3. 传输介质

VAN总线的信号传输常用双绞铜线，一般情况下每个电控单元只对应一个双绞铜线的传输介质。两根导线被称为DATA和DATAB（对应于CAN-High导线和CAN-Low导线），任何一根导线都可以将VAN的信息传输到显示屏或者收放机上。VAN的数据导线既可以采用铜质双绞线，也可以采用同轴电缆，还可以采用光导纤维（即光纤或光缆）。

VAN总线的DATA数据导线和DATAB数据导线电压如图3-26所示。不难看出，与控制器局域网CAN一样，VAN也采用差动信号传输方式，抗干扰能力强，且有良好的容错能力。同时，VAN总线在一条导线出现故障的情况下，还具有单线工作能力。

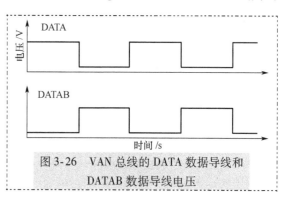

图3-26　VAN总线的DATA数据导线和DATAB数据导线电压

4. 节点结构

一个VAN数据总线系统电控单元拥有一个标准接口（VAN标准），以便于与其他VAN数据总线系统电控单元之间进行信息数据处理，如图3-27所示。这种结构由协议控制器和线路接口两个主要部分组成。

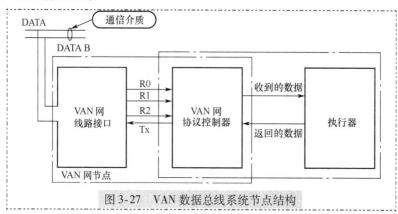

图3-27　VAN数据总线系统节点结构

（1）协议控制器　协议控制器（CP VAN）负责控制 VAN 数据总线系统协议中的下述重要功能：VAN 信息输入和输出的编码和译码，检测到空闲总线之后即进入该总线，冲突管理，错误管理，与微处理器（或者微型控制器）的接口实现运行任务。

（2）线路接口　负责将 VAN 数据总线系统的信号 DATA 和 DATAB 翻译成无干扰的 R0、R1 和 R2 信号，传入协议控制器（CP VAN）。或者与此相反，将协议控制器（CP VAN）的 Tx 信号翻译成 DATA 和 DATAB 信号传入 VAN 数据总线系统。因此，这个部件有两个重要作用，即翻译和保护。

5. 帧结构

一个 VAN 数据总线系统的帧由 9 个域组成，如图 3-28 所示，其组成及功能见表 3-2。

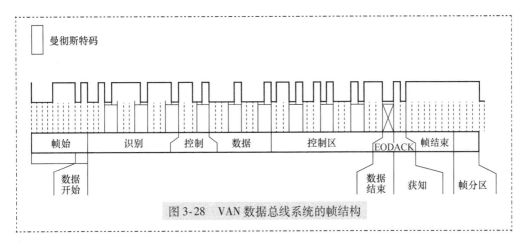

图 3-28　VAN 数据总线系统的帧结构

表 3-2　VAN 数据总线系统帧的组成及功能

域的名称	英文缩写	功能
帧始域	SOF	表示 VAN 数据总线系统帧结构的起始，它的作用是允许 VAN 支线外部设备自动适应 VAN 总线的速度
识别域	IDEN	标明数据的性质和数据的接收者
控制域	COM	标明帧的类型（读或写）以及分类传输模式（点对点或者数据发散，也就是说是否需要签收回复命令）
数据域	DAT	包含有用的数据信息
控制区域	CRC	检验 VAN 帧内容的完整性
数据结束域	EOD	标示出数据域的结束和校验的结束
获知域	ACK	用于存储数据接收者的数据的签收回复
帧结束域	EOF	标示出 VAN 帧的结束和组成空余总线的第 1 部分
帧分区域	IFS	保障帧之间的最小空间以及组成空余总线的第 2 部分

6. 传输模式

VAN 数据总线系统拥有 3 种可行的传输模式，见表 3-3。

表 3-3　VAN 数据总线系统的传输模式

模式	功能介绍
定时传输模式	VAN 数据总线系统定期向网络传送信息，在此期间必须保证时间不是太短，以便于这项信息接收者有足够时间取舍每条发送的信息
事件传输模式	适用于传输 VAN 数据总线系统信息数据交换（视使用者的行为而定）
混合模式	定时传输模式和事件传输模式的混合，把前两种传输模式组合起来使用，以便于保证对使用者所有操作的一个最大限度的回应，确保可以随时刷新信息

7. 进入传输介质

VAN 数据总线系统电控单元进入传输介质依靠随机方式和异步方式，这表明这种进入可以根据需要和执行的本地命令随时进行。协议控制器（CP VAN）遵守最基本的准则。

1）在进入 VAN 数据总线系统时必须先检测它是否空闲。如果总线能够连续读取 12 位的隐性数据即被视为空闲。在这种情况下，不论是 VAN 数据总线系统的哪种电控单元都能够传送和接收信息。

2）在两个或者更多的 VAN 数据总线系统电控单元同时进入网络的情况下，就会有冲突，必须要判断优先性。

8. 服务

VAN 数据总线系统电控单元拥有 4 项通信服务。

1）用发散模式写入数据（将数据从一个数据制造者发往多个数据使用者），不在帧内签收回复。

2）用点对点模式写入数据（将数据从一个数据制造者发往一个确切的数据使用者），在帧内采用签收回复。

3）数据请求（一个数据使用者向一个数据制造者发出数据请求）。

4）帧中的回应（在同一帧中对一个请求的回应）或者是滞后回应（如果数据制造者没有在提出请求时马上回应）。这些服务允许多主控策略（数据发散服务的使用）和单总线一多支线策略（点对点写入，以及在帧里面请求和回应）。

9. VAN 数据总线系统签收回复

VAN 数据总线系统的签收回复是由数据发送者激活和实现的。如果最后一个请求与一个确切的电控单元相连接（"点对点"模式），它将激活签收回复命令。在这种情况下，单一电控单元将会检测帧的格式是否正确，以及回应一个发给它的信息（识别域将进行核实），以产生一个对这个帧的回复；没有涉及此交换的其他电控单元则不应该产生回复。相反的，如果这最后一个请求与几个电控单元或网络中的电控单元整体相连接，它将取消回复命令。在这种情况下，所有的电控单元将不会产生回复，只有相关电控单元处理这些信息。因此，VAN 数据总线系统协议同样适用于数据发散模式和点对点交换模式。

三、VAN 总线的物理层

1. 互补数据对

VAN 的物理层由互补数据对组成（通信介质是铜线），其两条线分别称为 DATA 和

DATAB。在 DATA 线和 DATAB 线上同时传送信息，DATA 上传送的信息和 DATAB 上传送的信息正好是相反的互补数据对。由于线路中一条线路和另外一条线路比较靠近（就像双绞线），电磁半径较小，电磁力互相抵消，VAN 的物理层入口的差逻辑计算器可以将干扰消除，如图 3-29 所示。

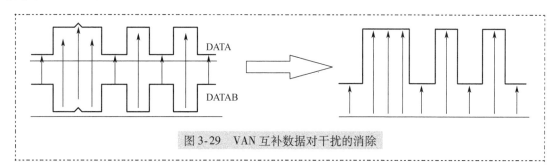

图 3-29　VAN 互补数据对干扰的消除

由此，可得到总线的基本特征。
1）作为帧的传输载体，总线由两条绝缘截面积为 $0.6mm^2$ 的铜线组成。
2）这两条线被称为数据线 DATA 和数据线 DATAB，传输相反的电平信号。
3）为了抵抗总线中帧发射的电磁干扰，这两条线被绞在一起，呈双绞状。

2. 电压水平

VAN 互补数据对的电压水平是统一的，信号上升和下降的时间如图 3-30 所示。示波器显示的 VAN 信号如图 3-31 所示。互补数据对形式的 VAN 信号如图 3-32 所示。VAN 信号接收-传输电路如图 3-33 所示。VAN 信号的接收和传输过程如图 3-34 和图 3-35 所示。

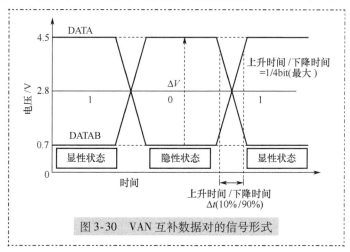

图 3-30　VAN 互补数据对的信号形式

3. 诊断

VAN 的物理层具备容错能力，因为它有 3 个共用模式的比较器，如图 3-36 所示。这 3 个比较器用来将 DATA 和 DATAB 与参照电压进行比较，以确定是否存在故障，其原理如图 3-37 和图 3-38 所示。

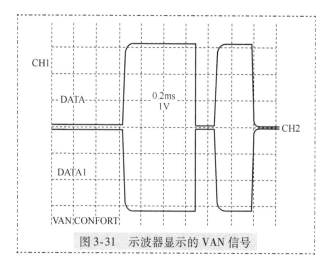

图 3-31 示波器显示的 VAN 信号

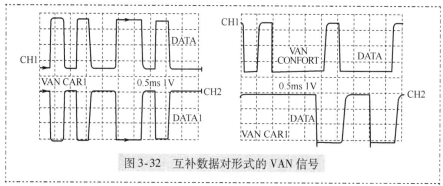

图 3-32 互补数据对形式的 VAN 信号

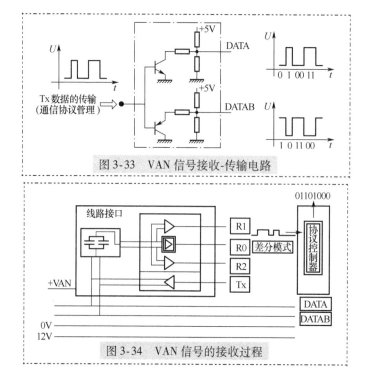

图 3-33 VAN 信号接收-传输电路

图 3-34 VAN 信号的接收过程

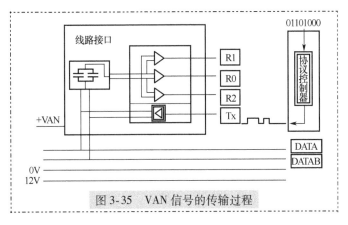

图 3-35　VAN 信号的传输过程

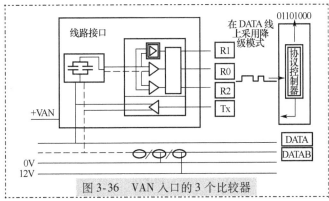

图 3-36　VAN 入口的 3 个比较器

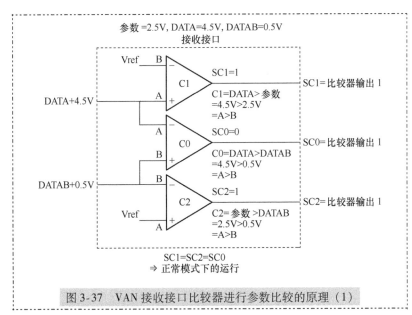

图 3-37　VAN 接收接口比较器进行参数比较的原理（1）

在这种情况下，3 个比较器中至少有一个总是能保持运转的，故障形式如下：①DATA 地线短路——在 DATAB 运行；②DATA 正极短路——在 DATAB 运行；③DATAB 地线短路——在 DATA 运行；④DATAB 正极短路——在 DATA 运行；⑤DATA 上呈开路——在 DATAB 运行；⑥DATAB 上呈开路——在 DATA 运行。

VAN 的物理层不能容忍的故障为 DATA 和 DATAB 出现相互短路，这将导致真正的 VAN 数据总线系统故障。VAN 数据总线系统的故障模式如图 3-39 所示。

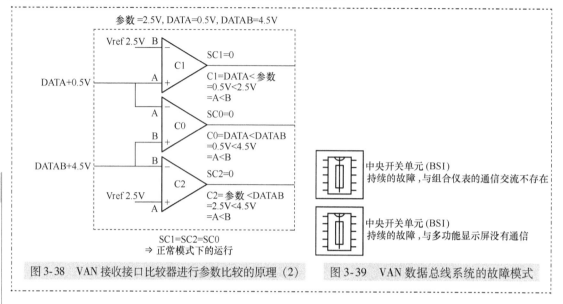

图 3-38　VAN 接收接口比较器进行参数比较的原理（2）　　图 3-39　VAN 数据总线系统的故障模式

4. 休眠/唤醒

VAN 的物理层管理 VAN 数据总线的休眠/唤醒机制，为了实现这种机制，VAN 数据总线的线路接口提供 3 个主要接头以便完成以下功能：

1）主导由顾客操作引起的网络唤醒（例如：车辆解锁）。
2）检测由另一个计算机造成的网络唤醒和允许正常功能运行。
3）车辆从休眠状态解除情况下再次转入休眠状态。

当网络处于休眠状态，主系统工程通过将 Sleep 插头接地以保证 DATAB 接上导入蓄电池电压，蓄电池电压是由地线上的插头导入的。VAN 的休眠/唤醒策略如图 3-40 所示，电控单元利用 Wake 插头唤醒网络，而 Wake 插头消耗了 VAN 数据总线 DATAB 线路上的电流，

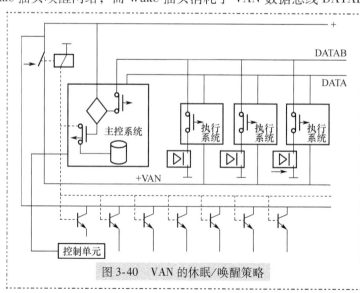

图 3-40　VAN 的休眠/唤醒策略

这就使主系统电控单元线检测到电流。检测到电流之后，主系统电控单元给 Sleep B 插头加上 12V 电压以便于离开休眠模式。DATAB 线路上不再是蓄电池电压，主系统蓄电池电压转换成 +VAN 信号，VAN 数据总线就被唤醒，通信就可以进行。例如：汽车静止、断开点火开关、驾驶人按下自动收音机的（运行/停止）按钮，自动收音机将要求智能服务器（系统监控单元）运行收音机，智能服务器建立起 VAN 数据总线连接，自动收音机在多功能显示器上显示一个由它自己产生的事件。

四、VAN 总线在汽车上的应用

VAN 总线在汽车上的应用形式主要有两种：一种为单一的 VAN 网络，另一种为 VAN-CAN 混合网络。其中单一的 VAN 网络为多路传输系统。

1. 单一的 VAN 网络

早期开发的车载 VAN 舒适网主要用于汽车舒适性调节，比如空调、报警、导航、CD 机、收放机、组合仪表、多功能显示屏、门锁、车窗、车灯等。主要应用车型有赛纳和毕加索，是单一 VAN 网络的车型。现在应用的 VAN 多功能传输系统中，使用智能控制盒，即中央控制计算机对各功能单元进行控制，如图 3-41 所示。这样既减少了对驾驶人本身素质的依赖，又提高了驾驶和乘车的舒适性及安全性。

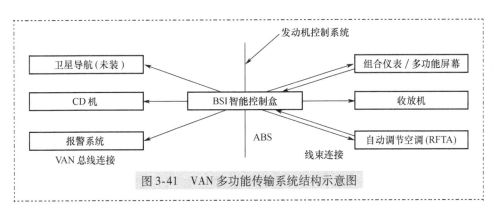

图 3-41　VAN 多功能传输系统结构示意图

2. VAN-CAN 混合网络

为了满足市场对更多功能和更高舒适度的高级车辆的需要，市场上又出现了 VAN-CAN 双网并存的轿车（图 3-42），CAN 总线为多主系统网络，用于机械功能、发动机和底盘等。VAN 舒适网用于仪表、收放机、空调控制、导航系统等，为多主控式网络，传输速率为 125kbit/s。CAN 和 VAN 这两种网络都具有可靠性、简单性和经济性，其中 CAN 网络往往用于连接轿车中实时控制的功能控制系统，VAN 多用在连接车身中的功能控制系统上。

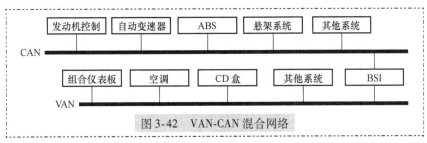

图 3-42　VAN-CAN 混合网络

目前，为了满足功能需要，广泛应用的 VAN-CAN 双网结构出现了"多网"的趋势，其中 VAN 网络又分为舒适 VAN 网和车身 VAN 网，车身网又分为车身网 VAN1 和车身网 VAN2，适用于安全气囊、前照灯、车门、车窗、车门玻璃、座椅以及转向盘等，传输速率为 62.5kbit/s 的典型速率。

第三节 LAN 总线系统

一、LAN 总线系统概述

LAN 是局域网（Local Area Network）的简称，可以用于社区、学校、楼宇和家庭的个人计算机联网，也可以用于汽车作为车内局域网（In-Vehicle Local Area Network）。LAN 用于汽车，与 CAN 相似，主要是为了方便车载各电控单元间进行的各种数据交换，以达到对汽车性能的精确、高速控制，减少配线的目的。LAN 的特点主要取决于 3 个因素：传输介质、拓扑结构和介质访问控制协议（MAC），其中传输介质和拓扑结构是主要的技术选择，它们在很大程度上决定了可以传输的数据类型、通信速度、效率以及网络提供的应用种类。

1. LAN 的传输介质

最常见的 LAN 的类型是采用同轴电缆的总线型/树形网络，当然也可以选择采用双绞线、同轴电缆甚至光纤的环形网。LAN 的传输速率为 1~20Mbit/s，足以满足大部分的应用要求，并且允许相当多的设备共享网络。表 3-4 所示为这 3 种传输介质的主要特性。

表 3-4 双绞线、同轴电缆和光纤的主要特性

传输介质	信号类型	最大数据传输速度/Mbit	最大传输距离/km	网络节点数
双绞线	数字	1~2	0.1	几十
同轴电缆（50Ω）	数字	10		几百
同轴电缆（75Ω）	数字	50	1	几十
同轴电缆（75Ω）	FOM 模拟	20	10	几千
同轴电缆（75Ω）	单信道模拟	50	1	几十
光纤	模拟	100	1	几十

双绞线是局域网中最普通的传输介质，一般用于低速传输，最大数据传输率可达几 Mbit/s。双绞线成本较低，传输距离较近，非常适合汽车网络的情况，也是汽车网络使用最多的传输介质。

同轴电缆可以满足较高性能的要求，与双绞线相比，它可以提供较高的吞吐量，连接较多的设备，跨越更大的距离。

光纤在电磁兼容性等方面有独特的优点，数据传输速度比较高，传输距离远，在汽车网络上有很好的应用前景，尤其是一些要求传输速度高的车上网络，如车上信息与多媒体网络。

2. LAN 的拓扑结构

LAN 常用的拓扑结构有 3 种：星形、环形、总线型/树形。

（1）星形网络拓扑结构 星形网络即以一台中心处理机为主组成的网络，各种类型的入网机均与该中心处理机有物理链路直接相连，因此，所有的网上传输信息均需通过该机转发，其结构如图 3-43 所示。

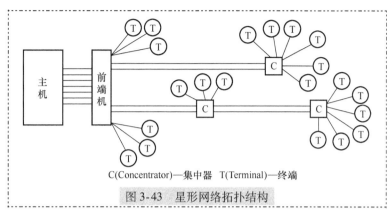

C(Concentrator)—集中器　T(Terminal)—终端

图 3-43　星形网络拓扑结构

星形网络由于其物理结构，使其具有以下特点：构造较容易，适于同种机型相连；通信功能简单，它可以根据需要由中心处理机分时或按优先权排队处理；中心处理机负载过重，扩充困难；每台入网计算机均需与中心处理机有线路直接互联，因此线路利用率不高，信道容量浪费较大。

（2）总线型网络拓扑结构　总线型网络是从计算机的总线访问控制发展而来的，它将所有的入网计算机通过分接头接到一条载波传输线上，网络拓扑结构就是一条传输线，如图 3-44 所示。

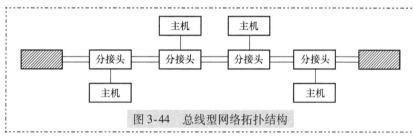

图 3-44　总线型网络拓扑结构

由于所有的入网计算机共用一条传输信道，因此总线型网络的一个特殊问题就是信道的访问控制权的分配。总线型网络的特点是：由于多台计算机共用一条传输线，所以信道利用率较高；同一时刻只能有两处网络节点在相互通信；网络延伸距离有限；网络容纳节点数受信道访问机制影响，因而是有限的。总线型网络适用于传输距离较短、地域有限的组网环境，目前，局域网多采用此种方式。

（3）环形网络拓扑结构　环形网络通过一个转发器将每台入网电脑接入网络，每个转发器与相邻两台转发器用物理链路相连，所有转发器组成一个拓扑为环的网络系统，如图 3-45 所示。

环形网络由于其点-点通信的唯一性，因此，不宜在广域范围内组建计算机网络。它也是一种较为实用的局域网拓扑结构，尤其是在实时性要求较高的环境。环形网络的主要特点：由于一次通信信息在网中传输的最大时间是固定的，因此实时性较高，每个网上节点只与其他

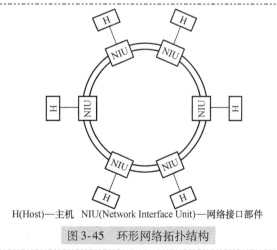

H(Host)—主机　NIU(Network Interface Unit)—网络接口部件

图 3-45　环形网络拓扑结构

两个节点有物理链路直接互连，因此传输控制机制较为简单；一个节点出故障可能会终止全网运行，因此可靠性较差；网络扩充需对全网进行拓扑和访问控制机制的调整，较为复杂。

3. 介质访问控制协议

LAN 的标准由美国电气和电子工程师协会（IEEE）于 1980 年 2 月成立的专门研究局域网技术并制定相应标准的一个委员会（IEEE802 委员会）制定，其标准称为 IEEE802 标准。局域网的目的是使某一区域内大量的数据处理、通信设备相互连接，局域网的拓扑结构并未采用物理上完全连接的方式，而是通过共享传输介质（环形、总线型/树形）或转换开关（星形）实现的。对于共享传输介质的方案，需要一套分布逻辑以控制各联网设备对传输介质的访问，这就是介质访问控制（Medium Access Control，MAC）。当传输介质和拓扑结构选定后，局域网的性能就主要取决于 MAC。

二、LAN 总线在汽车上的应用

汽车内的 LAN 是在多路复用通信的基础上建立的，汽车多路复用系统，包括连接到通信集成电路总线上的多个 ECU 的接口，属于微机在汽车上应用的关键技术之一。图 3-46 所示为丰田公司在某一车型上配置了由 5 个 ECU 组成的 LAN 系统，在 LAN 系统中采用了通信和驱动器/接收器模块，并用一根带屏蔽的双绞线电缆作为通信总线，通信总线在车内布成环形，将 5 个 ECU 当成节点与其相连接。这些 ECU 分别控制汽车的发动

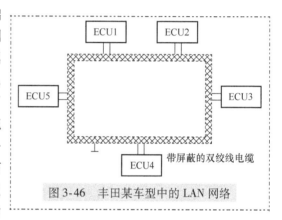

图 3-46 丰田某车型中的 LAN 网络

机、悬架等。控制中必需的数据有发动机转速、汽车车速等，这些数据都经由环形总线进行传输。

第四节 BSD 总线

一、BSD 总线简介

BSD 是 Bit - serial data interface 的简称，即位串行数据接口。在 BMW 车系中，BSD 总线属于子总线系统。BSD 总线采用线形结构，数据以单线形式传输，数据传输速率为 9.6kbit/s。

在早期生产的 BMW 车系中，BSD 用于电源管理系统（图 3-47），在智能蓄电池传感器 IBS 与发动机控制单元之间传输数据，实现通信。

二、BSD 总线的应用

1. 电源管理系统中的 BSD 总线

在电源管理系统中，智能蓄电池传感器（Intelligent Battery Sensor，IBS）与发动机控制

单元之间通过 BSD 总线传输数据，实现通信，如图 3-48 所示。

（1）智能蓄电池传感器　智能蓄电池传感器（图 3-49）是一个自身带有微型控制器（μC）的传感器，直接安装在蓄电池的负极上。

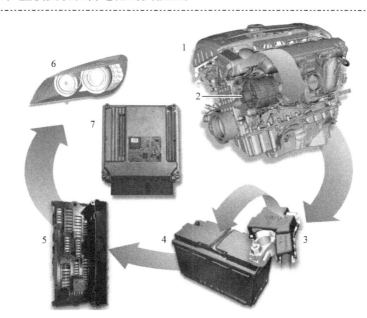

图 3-47　BSD 总线的电源管理

1—发动机　2—发电机　3—智能蓄电池传感器（IBS）　4—蓄电池　5—接线盒
6—用电器（此处指前照灯）　7—发动机控制单元（电源管理系统）

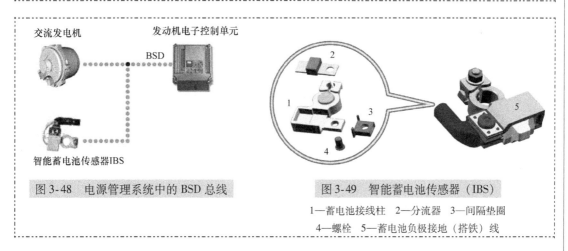

图 3-48　电源管理系统中的 BSD 总线

图 3-49　智能蓄电池传感器（IBS）

1—蓄电池接线柱　2—分流器　3—间隔垫圈
4—螺栓　5—蓄电池负极接地（搭铁）线

智能蓄电池传感器（IBS）的功能主要包括：

1）持续检测车辆各种行驶状态下蓄电池的电流、电压和电解液温度。其工作原理如图 3-50 所示，测量范围见表 3-5。

2）检测蓄电池运行参数，作为计算蓄电池的充电状态（Sate of Charge，SOC）和蓄电池的健康状态（State of Health，SOH）的基础。

3）计算蓄电池起动电流特性曲线，以确定蓄电池的 SOH，并平衡蓄电池充电/放电电流。

4）向上级控制单元（发动机控制单元）传输数据，通报蓄电池的 SOC 值和 SOH 值。当 SOC 值处于临界状态时，要求发动机提高怠速转速，以提高发电机输出电压，确保车辆正常工作。

5）车辆休眠电流监控。

6）故障自诊断，全自动更新控制软件和自诊断参数。

7）休眠模式下的自醒功能。

（2）电源管理　在数字式发动机电子控制单元 DME/DDE 的控制程序中，有一个电源管理子程序。电源管理子程序的基本原理如图 3-51 所示。电源管理子程序负责完成以下控制任务。

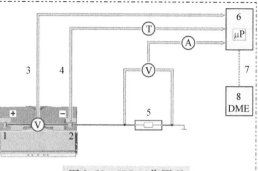

图 3-50　IBS 工作原理

1—蓄电池正极　2—蓄电池负极　3—蓄电池电压测量
4—蓄电池温度测量　5—电流测量（分流器上的电压降）
6—IBS 中的微型控制器　7—串行数据接口
8—数字式发动机电子伺控系统 DME

表 3-5　IBS 测量范围

电压/V	电流/A	休眠电流/A	起动电流/A	温度/℃
6~16.5	-200~+200	0~10	0~1000	-40~105

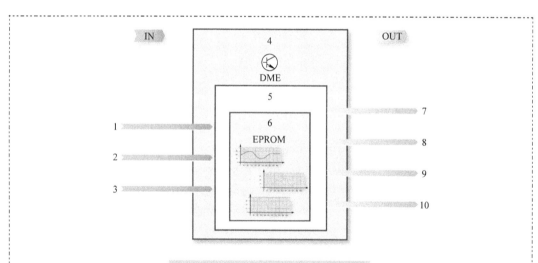

图 3-51　电源管理子程序的基本原理

1—蓄电池电压数据　2—蓄电池电流数据　3—蓄电池电解液温度数据　4—数字式发动机电子控制系统 DME
5—供电管理子程序　6—EPROM 及特性线（蓄电池电压、电流、温度）　7—发动机怠速转速调节
8—发电机额定充电电压　9—关闭停车用电器　10—减小最大负荷　IN—输入　OUT—输出

1）动态调节发电机充电电压。在不利的行驶状况下，动态调节发电机充电电压（即发电机输出电压）可确保蓄电池充电更加平衡。电源管理系统通过 BSD 总线控制根据温度变化的发电机充电电压额定值。

2）提高发动机怠速转速以提高发电机输出功率。当蓄电池电压不足时，电源管理系统会通过 DME/DDE 发出控制指令，提高发动机的怠速转速。

3）电源系统功率不足时，通过降低用电设备的功率来减小电源系统的负荷。发动机怠速转速提高后蓄电池电压仍然不足时，可通过以下方法减小汽车电源系统的负荷：

① 降低功率，如周期性接通、关闭后窗加热装置。

② 如果通过降低功率的手段仍不能缓解供电紧张问题，则在极端情况下可以关闭个别电器的使用。

根据当前电源系统可提供的电量，电源管理系统采用脉宽调制（PWM）方式控制基于PTC原理的电加热器的工作，PWM信号频率为160Hz。

4）根据由BSD总线传来的信息，在蓄电池达到起动能力极限时进行抛负载控制，借助微型供电模块（图3-52）断开停车预热装置或电话等停车用电器。E60中的用电器分为下列几类：

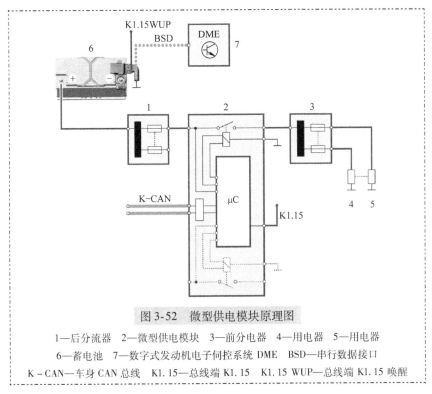

图3-52　微型供电模块原理图

1—后分流器　2—微型供电模块　3—前分电器　4—用电器　5—用电器
6—蓄电池　7—数字式发动机电子伺控系统DME　BSD—串行数据接口
K-CAN—车身CAN总线　K1.15—总线端K1.15　K1.15 WUP—总线端K1.15唤醒

① 舒适性用电器，如车窗加热器、座椅加热器、转向盘加热器等。这些用电器在发动机"关闭"后自动断开。在发动机重新起动后，才能激活这些用电器。

② 法定停车用电器，如停车灯、报警闪光灯等。法定停车用电器必须在发动机"关闭"后仍有一定时间处于可用状态。即使在蓄电池达到起动能力极限时，也不允许关闭这些法定用电器。

③ 停车用电器，如停车预热装置、停车通风装置、通信组件（中央信息显示器、电话、远程信息处理服务）等。停车用电器在发动机"关闭"后可以接通。在蓄电池达到起动能力极限时，舒适性用电器自动关闭。视系统情况的延时用电器（如散热器的电动冷却风扇）在一定时间内仍能正常工作。

5）通过电源管理子程序控制蓄电池充电平衡。电源管理子程序中有两个"计数器"。一个计数器负责记录蓄电池获得的电量，另一个计数器负责记录蓄电池释放的电量。通过计算获取和释放的电量差值确定蓄电池的充电状态 SOC。电源管理系统通过 BSD 从 IBS 处读取该数据（SOC 值）。在发动机熄火后重新起动时，电源管理子程序会计算最新的 SOC 值。

6）计算蓄电池的健康状态 SOH。在车辆起动期间，IBS 会监测蓄电池端电压的波动值和发动机的起动电流。起动期间测得的起动电流和电压波动会通过 BSD 传输给 DME/DDE。根据这些数据，电源管理系统会计算蓄电池的健康状态 SOH。

7）向 IBS 传输数据。在 DME/DDE 进入休眠模式之前，下列数据通过 BSD 传输至 IBS：
① 蓄电池的充电状态 SOC；
② 蓄电池的健康状态 SOH；
③ 车外环境温度；
④ 蓄电池可供使用的电量；
⑤ 总线端 K1.15 唤醒（许可）；
⑥ 总线端 K1.15 唤醒（闭锁）；
⑦ DME/DDE 关闭。

8）休眠电流诊断。如果在车辆处于休眠状态时，蓄电池的休眠电流超过某一阈值，DME/DDE 就会存储故障记录，并对此故障做出相应的分析。

2. 拓展的 BSD 总线功能

在近期生产的 BMW 车型中，位串行数据接口 BSD 的通信功能得到了进一步的拓展，除了连接智能蓄电池传感器 IBS 与发动机控制单元之外，BSD 还将机油状态传感器、发动机电动冷却液泵与发动机控制单元连接起来（图 3-53）。

（1）电动冷却液泵 电动冷却液泵（图 3-54）是一个由直流电动机驱动的离心泵，功率为 400W，最大泵送量为 9000L/h。电动冷却液泵的电动机转子浸泡在发动机冷却液中，故该电动机又称为湿转子电动机。

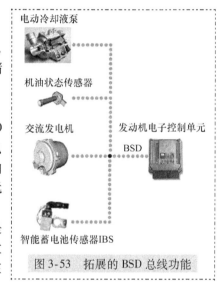

图 3-53 拓展的 BSD 总线功能

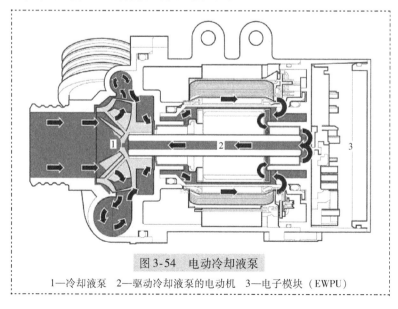

图 3-54 电动冷却液泵
1—冷却液泵 2—驱动冷却液泵的电动机 3—电子模块（EWPU）

湿转子电动机的功率通过安装在泵内的电子模块以电子方式进行控制。电子模块通过 BSD 位串行数据接口与发动机控制单元 DME 连接。

发动机控制单元 DME 根据发动机负荷、运行模式和冷却液温度传感器数据，计算出发动机所需要的冷却功率，通过 BSD 位串行数据接口向电动冷却液泵发出相应的控制指令。电动冷却液泵根据该指令调节自身转速。系统内的冷却液经过冷却液泵电动机，能够冷却电动机和电子模块。冷却液还可对电动冷却液泵的轴承提供润滑。

发动机控制单元根据需要控制冷却液泵，冷却需求较低且车外温度较低时功率较小；冷却需求较高且车外温度较高时功率较大。在某些情况下甚至可以完全停止冷却液泵的工作，如在暖机阶段迅速加热冷却液时。但是只有在不要求暖风运行且车外温度许可时，才能进行上述操作。

发动机控制单元内的冷却液温度控制程序设计有一种计算模型（子程序），可以根据当前发动机的运行状态和热负荷情况，预测出缸盖温度的变化趋势，并预先做出反应，提前提高冷却液泵的转速或降低冷却液泵的转速，抑或完全停止冷却液泵的工作。如此具有前瞻性的控制措施，在传统的发动机冷却系统中是不可想象的。

（2）机油状态传感器　机油状态传感器（OEZS）取代了传统的机油尺及油尺管，能更准确地检测机油油位。同时，还可以对机油的状态（机油品质、机油温度）做出准确的评估和检测。机油油位、机油品质、机油温度等参数由机油状态传感器检测，经传感器内集成的电子分析装置分析之后转变成电信号，通过位串行数据接口 BSD 传输给发动机电子控制单元 DME，DME 再将这些信息通过 PT – CAN、SGM 和 K – CAN 发送至组合仪表和中央信息显示器（CID）。机油油位以电子信息的形式在 CID 上显示出来（图3-55）。

通过测定发动机油位可避免发动机油位过低，从而防止造成发动机损坏。通过测定机油状态可准确判断出何时需要更换发动机机油。发动机机油加注过多会导致泄漏，此时，组合仪表也会发出警告信息。

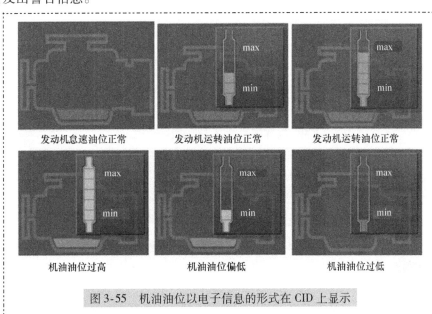

图3-55　机油油位以电子信息的形式在 CID 上显示

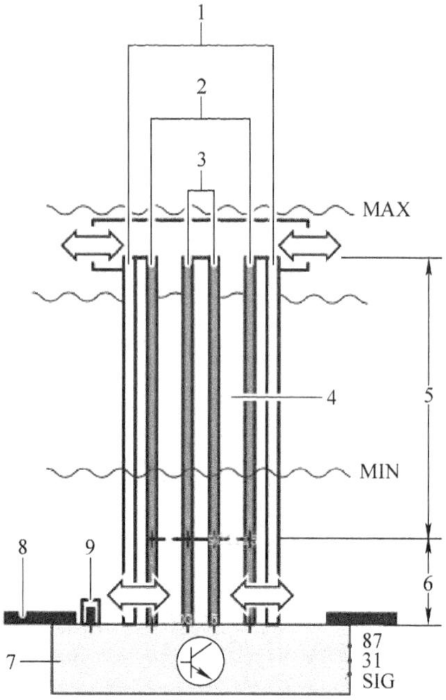

如图 3-56 所示，机油状态传感器由两个上下叠加安装在一起的柱状电容器构成。

机油状态通过底部较小的电容器 6 来测量。彼此嵌套的两个金属管（2 和 3）当成电容器电极，电介质是两个电极之间的机油 4。机油的电气特性随着发动机损耗的加剧和燃油添加剂的分解而发生变化。电容器（机油状态传感器）的电容值随机油（电介质）电气特性的变化而变化。

电容值经过传感器内集成的电子分析装置 7 处理后转化为一个数字信号。该数字信号作为发动机机油状态信息由 SIG 端子通过 BSD 发送至 DME。DME 对该值进行处理，以便计算出下次更换机油的时间。

传感器 5 的中间部分负责检测机油油位。传感器的该部分与油底壳内的油位高度处于同一位置。因此，电容器电容值随油位（电介质）的变化而发生变化。该电容值经过传感器电子装置处理后转化为一个数字信号，并由 SIG 端子通过 BSD 发送至 DME。

机油状态传感器底座上装有一个温度传感器 9，用于检测机油温度，其信号也由 SIG 端子通过 BSD 发送至 DME。向总线端 15（图 3-56 中未示出）供电时，机油状态传感器就会连续测量机油油位、机油温度和机油状态（品质）。机油状态传感器通过总线端 87 获得电源。

图 3-56 机油状态传感器（OEZS）结构示意图
1—壳体　2—外部金属管　3—内部金属管
4—机油　5—机油油位传感器
6—机油状态传感器（电容器）
7—传感器电子分析装置
8—油底壳　9—温度传感器

机油状态传感器的电子装置具有自诊断功能，当内部出现故障时，会通过 BSD 向 DME 发送相应的故障信息，以便进行故障诊断和维修。

第五节　车载蓝牙系统

一、蓝牙名称起源

蓝牙技术（Bluetooth）是一种短距离无线数据与语音通信的开放性全球规范。蓝牙，是一种支持设备短距离通信（一般 10m 内）的无线电技术，能在包括移动电话、PDA、无线耳机（图 3-57）、笔记本式计算机、无线鼠标（图 3-58）、计算机相关外设等众多设备之间进行无线信息交换。

"Bluetooth"直译为"蓝色牙齿"的意思，简称"蓝牙"。"蓝牙"是 10 世纪丹麦一位国王哈拉尔德（Harald）的绰号，绰号的原因是这位国王爱吃蓝莓，所以牙齿常带着蓝色。"蓝牙"国王在历史上曾将现在的挪威、瑞典和丹麦统一起来,所以"蓝牙"一词演变具有象征"统一"的文化含义。命名者使用"蓝牙"一词命名短距离无线通信技术,意在统一无线局域网通信标准。

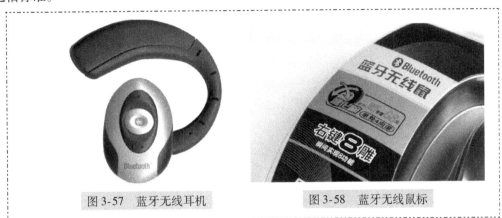

图 3-57　蓝牙无线耳机　　　　图 3-58　蓝牙无线鼠标

蓝牙技术是 1998 年 5 月 5 家世界著名的大公司——爱立信（Ericsson）、诺基亚（NO-KIA）、东芝（TOSHIBA）、国际商用机器公司（IBM）和英特尔（Intel）联合宣布的一项技术,其实质内容是建立通用的无线电空中接口及其控制软件的公开标准。

蓝牙标志 logo 的设计（图 3-59）取自 Harald Bluetooth 两个单词中的首字母 H 和 B,将古代北欧字母 H 和 B 结合起来,就构成了蓝牙技术的标志（图 3-60 和图 3-61）。

图 3-59　蓝牙标志 logo 的设计　　　　图 3-60　蓝牙标志（一）

蓝牙技术使得现代一些轻易携带的移动通信设备、固定通信设备、笔记本式计算机、数字照相机、数字摄像机等,不必借助电缆而以无线电就能联网,能在近距离范围内具有互用、相互操作的性能。

汽车技术和蓝牙技术相结合,将会给汽车的生产和服务带来更大的方便,如果进一步和移动电话甚至互联网连接起来,车主在任何时间、任何地点都可以了解汽车的状况并给予必要的控制。

蓝牙系统的特点如下:

1) 蓝牙技术使用全球通用的 2.40~2.48GHz

图 3-61　蓝牙标志（二）

频段的无线电波,属于 ISM 频段,该频段在世界范围内的工业、科学、医学领域属无需协议或付费。

2）蓝牙装置微型模块化。由于所使用波长特别短,可将天线、控制器、编码器、发送器和接收器均集成在蓝牙微型模块内。

3）蓝牙设备之间的数据传输无需复杂设定。

4）蓝牙系统中的数据传输速率高,可达 1Mbit/s,有效传输距离为 10~100m。

5）具有很好的抗干扰能力:工作在 ISM 频段的无线电设备有很多种,如家用微波炉,医院的理疗设备等,为了很好地抵抗来自这些设备的干扰,蓝牙采用了跳频技术抗干扰。跳频技术是把频带分成若干个跳频信道。在一次连接中,无线电收发器按一定的码序列不断地从一个信道跳到另一个信道,只有收发双方是按这个规律进行通信的,而其他的干扰不可能按同样的规律进行干扰,使干扰可能的影响变成很小。

二、蓝牙的无线连接

蓝牙技术是一种无线数据与语音通信的开放性全球规范,它以低成本的近距离无线连接为基础,为固定与移动设备通信环境建立一个特别连接,其程序写在一个 9mm×9mm 的微芯片中。

蓝牙技术采用分散式网络结构以及快速跳频和短包技术,支持点对点及点对多点通信,工作在全球通用的 2.4GHz ISM(即工业、科学、医学)频段。蓝牙技术使用 IEEE802.15 协议,采用时分双工传输方案实现全双工传输,其数据传输速率可达 1Mb/s。

ISM 频带是对所有无线电系统都开放的频带,因此使用其中的某个频段都会遇到不可预测的干扰源。如某些家用电器、无绳电话、汽车车库门遥控器、停车场门禁系统、微波炉等,都可能是干扰。为此,蓝牙特别设计了快速确认和跳频方案以确保链路稳定。

所谓跳频技术,就是把频带分成若干个跳频信道(hop channel),在一次连接中,无线电收发器按一定的码序列(即一定的规律,技术上称为"伪随机码",就是"假的随机码")不断地从一个信道"跳"到另一个信道,只有收发双方是按这个规律进行通信的,而其他干扰源不可能按同样的规律进行干扰;跳频的瞬时带宽是很窄的,但通过扩展频谱技术可使这个窄频带成百倍地扩展成宽频带,使干扰源产生的可能影响变得很小。

如图 3-62 所示,蓝牙技术的收发器使用的是 2.4GHz 的 ISM(工业、科学、医学)频带,其带宽在 2.402~2.480GHz 之间。在该带宽内,设立 79 个频带为 1MHz 的信道,以每秒切换 1600 次的频率、滚齿方式的频谱扩展技术来实现无线电波的收发,且能同时支持同步通信和异步通信。

此外,蓝牙技术还具有以下优点:低功耗、通信安全性好;在有效范围内可越过障碍物进行连接,没有特别的通信视角和方向要求;支持语音传输;组网简单方便。

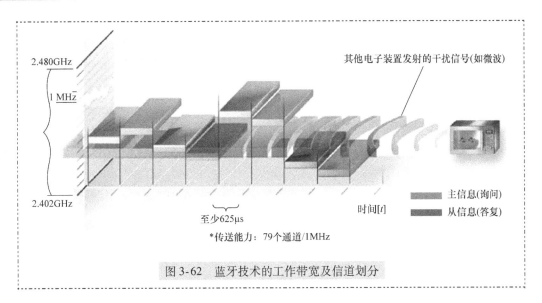

图 3-62 蓝牙技术的工作带宽及信道划分

三、车载蓝牙系统的组成与原理

1. 蓝牙系统的组成

蓝牙系统由蓝牙模块、蓝牙协议、应用系统和无线电波组成。由于蓝牙技术使用的无线电波的波长非常短,因此可将天线、控制装置、编码器、发送器和接收器集成在一个模块上,简称蓝牙模块。蓝牙模块结构非常小巧,可以很方便地将其安装在移动装置内,或集成在适配器(如 PC 卡、USB 等)内。

例如,蓝牙耳麦是由蓝牙模块和微型耳机、微型传声器集成为通信的一方,通信的另一方是由蓝牙模块和车载音响系统组成,乘员戴着蓝牙耳麦听音乐,没有电线,很方便。

再如,轮胎中压力传感器的信号也是通过蓝牙模块中的发送器传给固定在车架上的蓝牙模块中的接收器,再经有线通信传给电控单元,监视轮胎内的压力,保证行车安全。

蓝牙模块结构如图 3-63 所示,它由微处理器(CPU)、无线收发器(RF)、基带控制器(BB)、程序存储器、数据存储器、通用异步收发器(UART)、通用串行接口(USB)及蓝牙测试模块组成。

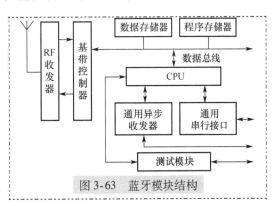

图 3-63 蓝牙模块结构

其中基带控制器是蓝牙模块中的关键模块,其主要功能是在 CPU 控制下实时处理数据流,如对数据分组、加密、解密、校验、纠错等;程序存储器用于存放蓝牙技术的协议软件;数据存储器用于存放要处理的数据;射频收发器负责接收或发送高频通信无线电波;通用异步收发器(UART)和通用串行接口(USB)是蓝牙模块与主机控制器连接的两种接口方式,可根据连接方式选择;测试模块除具有测试功能外,还提供有关认证和规范,为可选模块。

2. 车载蓝牙免提系统的功能

车载蓝牙免提系统是专为行车安全和舒适性而设计的，其主要功能是：自动辨识移动电话，不需要电缆或电话托架便可与手机联机；使用者不需要碰触手机（双手保持在转向盘上）便可控制手机，用语音指令控制接听或拨打电话，使用者可以通过车上的音响或蓝牙或无线耳机进行通话。或选择通过车上的音响或蓝牙无线耳机进行通话，当有来电或拨打电话时，车上音响会自动静音，通过音响的扬声器/传声器进行语音传输。若选择蓝牙无线耳机进行通话，只需要耳机处于开机状态，当有来电时按下接听键就可以实现通话。

蓝牙车载免提系统可以保证良好的通话效果，并支持任何厂家生产的内置蓝牙模块和蓝牙免提 Profile（符合 SIG v1.2 规范）的手机。此外，蓝牙车载免提系统还可以与全球定位系统（GPS）终端捆绑，降低成本。

值得说明的是，蓝牙车载电话（图3-64）是双频电话，使用 GSM-900 和 GSM-1800 网络。只有 SIM 卡至少支持 GSM-900 和 GSM-1800 中的某一种时，才能使用 UMTS 网络的 SIM 卡。

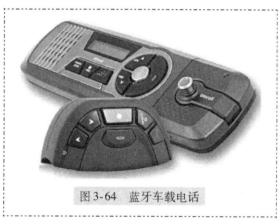

图3-64 蓝牙车载电话

3. 数据传输

蓝牙系统内的数据传输采用无线电波的方式，其频率为 2.40~2.48GHz，数据传输速率可达 1Mbit/s，支持一个异步数据通道，或3个并发同步语音通道。蓝牙发射器的有效距离为 10m；如果外加放大器的话，其有效距离可达 100m。此外，用蓝牙系统进行数据的传送不需要进行复杂的设定。

蓝牙模块将数据分成短而灵活的数据包，其时间长度为 625μs，用一个 16 位大小的校验和数来检查数据包的完整性，如有干扰，自动再次发送数据包，使用一个稳定的语言编码将语言转换成数字信号。

蓝牙模块在每个数据包发送后，会以随机的方式改变发送和接收的频率（1600 次/s），称为跳频。

4. 数据安全性

蓝牙技术非常重视对传送数据的保护，如数据的处理和防窃听。数据是用 128 位长的电码来编制代码的，接收器的真实性也由一个 128 位电码来校验，这时各装置用一个密码来彼此识别。蓝牙技术的有效作用距离比较短，对数据的处理操作也只能在这个范围内进行，这样也提高了数据的安全性。同时，在蓝牙系统中采用的抗干扰措施也能提高保护数据流免受干扰的能力。

此外，生产厂家还可以通过使用更为复杂的编码方式、不同的安全等级、网络协议等来提高数据的安全性。

5. 蓝牙装置间的适配

如果两个蓝牙装置相遇，它们之间会自动建立起联系。这种联系在建立前，需输入 PIN 来进行两装置间的适配（只能进行一次），在此过程中会产生无线微元（Piconet），从而能够使装置协调工作。每个 Piconet 最多可为 8 个蓝牙装置提供位置，而每个装置又可同时从属于多个 Piconet。在每个 Piconet 上，有一个装置执行主控功能，主控装置先建立起联系，其他装置与主控装置进行同步设定，只有收到主控装置数据包的装置才会作出应答。例如，在奥迪 A8 2003 年型车上，电话/Telematik 控制单元就是蓝牙主控制装置。为了避免在创建 Piconet 时产生混乱，每个装置都可进行设定，用以决定它可与哪个装置进行通信联系。每个装置有一个 48 位长的地址，它在全世界范围是唯一的，可识别 281 万亿个不同的装置。

四、蓝牙技术在汽车上的应用

1. 汽车中的蓝牙无线网

车载中的蓝牙主控设备称为蓝牙基站，蓝牙基站集成在车载网络的网关内，与 CAN 总线、MOST 总线、LIN 总线等可以进行数据交换。蓝牙基站与车内的蓝牙节点建立蓝牙无线网络，较完全的车载蓝牙网络可以实现以下功能：

1）接收车内智能传感器的数据。
2）向车内智能执行器发送控制数据。
3）建立车内语音无线通信，用车内无绳电话和移动电话与外界通话。
4）建立车内视音频无线娱乐信号传送，用蓝牙耳机听音乐。
5）建立车内与车外互联网的通信，可以浏览互联网，发电子邮件。
6）建立与汽车维修服务站和维修工程师的计算机通信。

图 3-65 所示是汽车网络中的蓝牙节点的示意图，黑色小方块代表蓝牙节点。汽车的每个车门、座椅和操纵轮都有灵活的电缆，而这些灵活的电缆常常会出现问题，解决的方法是可以采用蓝牙无线控制。轮胎内的压强也可用嵌入在轮胎内的微型蓝牙模块监控。蓝牙技术还有如下应用：在汽车后部乘员区安装第二个电话；完成便携式计算机、iPad、iPhone 与互联网的连接，以实现信息传输和娱乐；通过用户的便携式计算机和掌上电脑收发 E-mail；实现驻车加热装置的遥控；连接蓝牙后视镜等。

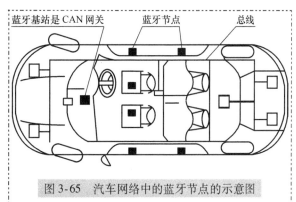

图 3-65 汽车网络中的蓝牙节点的示意图

所谓蓝牙后视镜就是在汽车后视镜上引入蓝牙技术，使传统的后视镜增加了免提通话功能。同时，有来电打入时，还会在后视镜上显示来电号码（图 3-66）。

图 3-67 所示是车内无绳电话、移动电话、笔记本式计算机等小型便携式数字电子设站或其他蓝牙终端建立无线通信联系的示意图。

2. 蓝牙技术与汽车维修

车载蓝牙基站具有对外无线通信、交流数据的功能。

1）当汽车进入服务站时，它的蓝牙站和服务站主计算机建立连接。

2）服务站主计算机可以下载一些需要的汽车技术信息和故障信息，为维修和服务提供依据。

3）维修人员在给汽车维修或服务时，维修人员的诊断测试仪或 PC 机可以与汽车上的蓝牙基站建立连接，维修人员可以监控和操作汽车的传感器及电控单元，控制和调节一些功能，如灯、窗户、空气、发动机参数等，也可为任何电控单元下载最新版本的控制软件。

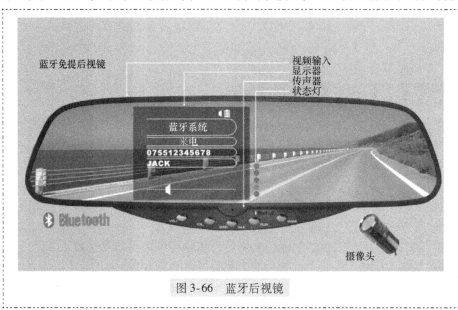

图 3-66 蓝牙后视镜

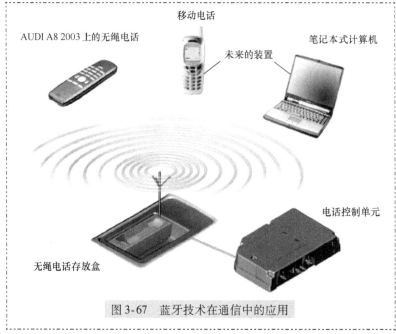

图 3-67 蓝牙技术在通信中的应用

前两点使得汽车制造商可以隐藏或控制一些信息，以致它们不能被未授权者改变。

3. 蓝牙技术与汽车行驶管理

汽车行驶管理可采用蓝牙技术和互联网技术，实行车、路、人的联网管理。

在机动车道路上设道路蓝牙监控站，汽车在行驶时将"身份信息""驾驶人信息"和"车况车速"等信息自动发送给道路蓝牙监控站，道路蓝牙监控站可对超速的汽车控制，限定其速度。交通警察可手持便携式蓝牙监控器，只要对着行驶或停止的汽车发出指令，就可采集到该汽车的"身份信息""驾驶人信息"和"车况车速"等信息。对违章的汽车，必要时可以发出强制指令，使该汽车熄火并制动。

复习思考题

一、填空题

1. 汽车上 LIN 总线控制的所有系统之间的数据交换必须通过_____控制单元才能实现。

2. LIN（局域网）结构比较简单，只有____数据线，也只能用于_____和_____之间的数据传递。

3. LIN 总线被称为_____，是指数据信息不管有没有要求或是有没有变化，总是在总线上_____，以利于传感器和执行器在任意时刻都可以接收总线上的数据信息。

4. LIN 总线是在_____的基础上新发展的汽车车载子总线系统，是为了建立_____的总线系统而产生的。

5. LIN 总线采用低成本的单线连接，传输速度最高可达_____kbit/s。

6. LIN 总线系统的突出特点是：_____。

7. VAN 是_____的简称，由法国的雪铁龙、雷诺汽车公司和标致集团联合开发，它主要应用于_____的控制。

8. VAN 数据总线系统的签收回复是由_____激活和实现的。

9. VAN 的物理层由____组成（通信介质是铜线），其两条线分别叫做____和_____。

10. LAN 常用的拓扑结构有 3 种：_____、_____、_____。

11. BSD 总线采用_____，数据以_____形式传输，数据传输速率为_____。

12. 蓝牙技术（Bluetooth）是一种_____的开放性全球规范。

13. 蓝牙系统由_____、_____、_____和_____组成。

二、选择题

1. LIN 线的主色是（   ）。

    A. 绿色　　　　　　B. 紫色　　　　　　C. 红色　　　　　　D. 橙色

2. 以下不是 LIN 从控制单元的是（   ）。

    A. 发动机 ECU　　　B. 鼓风机　　　　　C. 雨量传感器　　　D. 防盗蜂鸣器

3. 以下（   ）不是 LIN 主控制单元的作用。

    A. 监控数据传递和数据传递的速率　　　B. 发送信息标题
    C. 在 LIN 与 CAN 总线之间起"翻译"作用　D. 连接执行器

4. LIN 主控制单元的环境条件一旦发生改变，LIN 信息默认传递顺序就会发生改变，以下（   ）不能改变 LIN 总线的信息传递顺序。

A. 点火开关接通/关闭　　　　　　　　B. 自诊断已激活/未激活
C. 刮水器接通/关闭　　　　　　　　　D. 停车灯接通/关闭

三、判断题

1. LIN 总线的应用成本较低，传输速率较低，适合应用在一些对时间要求不是那么严格的场合，目前主要应用于舒适娱乐系统。（　）

2. 只有当 LIN 主控制单元发送出带有相应识别码的信息标题后，数据才会传至 LIN 总线。（　）

3. 在 LIN 总线系统中，LIN 主控制单元与从控制单元均能进行独立的数据传输。（　）

4. LIN 总线上的控制单元是分主、从的，主控制单元与 CAN 总线连接，控制着 LIN 总线上的其他从控制单元。（　）

5. LIN 总线发送的信息，所有连接在 LIN 总线上的节点都可以收到。（　）

6. 无论是 LIN 总线对电源正极短路还是对电源负极短路，LIN 总线都会关闭，无法正常工作。（　）

7. 汽车内的 LAN 是在多路复用通信的基础上建立的（　）

四、问答题

1. LIN 总线的主要特点是怎样的？
2. LIN 主控制单元的功能是怎样的？
3. 蓝牙系统的特点有哪些？
4. 请写出图中数字代表的名称，并提炼关键词整理主控制单元的作用。

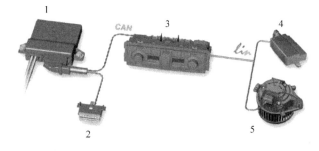

第四章

网关与诊断总线

第一节 网　　关

一、网关的作用原理

1. 网关的定义

我们知道，从一个房间走到另一个房间，需要经过一扇门。同理，从一个网络向另一个网络发送信息，也需要经过一道"关口"，这道关口就是网关。顾名思义，网关（gateway，GW）就是一个网络连接到另一个网络的"关口"。作为汽车网络系统的核心控制装置，网关负责协调不同结构和特性的总线网络之间的协议转换、数据交换、故障诊断等工作。

网关是在采用不同体系结构或协议的网络之间进行互通时，用于提供协议转换、数据交换等网络兼容功能的设备。网关又称网间连接器、协议转换器。网关在传输层上以实现网络互联，是最复杂的网络互联设备，仅用于两个高层协议不同的网络互联。网关既可以用于广域网互联，也可以用于局域网互联。网关是一种充当转换重任的计算机系统或设备。在使用不同的通信协议、数据格式或语言，甚至体系结构完全不同的两种系统之间，网关是一个翻译器。与网桥只是简单地传达信息不同，网关对收到的信息要重新打包，以适应目标系统的需求。同时，网关也可以提供过滤和安全功能。大多数网关运行在 OSI 7 层协议的顶层——应用层。

2. 网关的作用

网关的作用（图 4-1）主要体现在以下几个方面：

1）网关可以把局域网上的数据转变成可以识别的 OBD-Ⅱ诊断数据语言，方便诊断。

2）网关可以实现低速网络和高速网络的信息共享。

3）与计算机系统中的网关作用一样，负责接收和发送信息。

4）激活和监控局域网络的工作状态。

5）实现汽车网络系统内数据的同步性。

6）对信息标识符进行翻译。

综上所述，网关就是用于连接不同类型的总线系统的设备。如图 4-2 所示，通过网关可连接具有不同逻辑和物理性能的总线系统。因此尽管各个总线系统的数据传输速率不同，网关仍能保证数据交换的正常进行。也就是说，不同传输速率的数据总线通过网关得以协同工作，如图 4-3 所示。

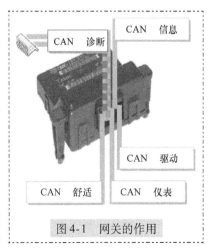

图 4-1　网关的作用

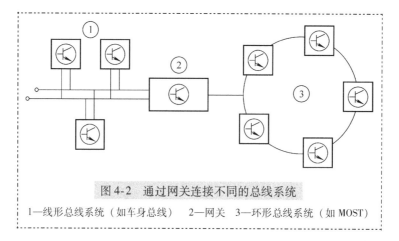

图 4-2 通过网关连接不同的总线系统

1—线形总线系统（如车身总线） 2—网关 3—环形总线系统（如 MOST）

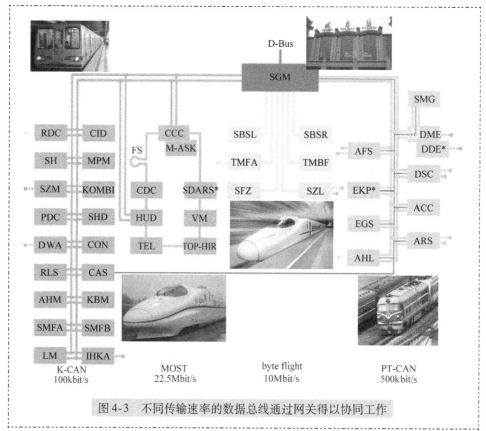

图 4-3 不同传输速率的数据总线通过网关得以协同工作

在图 4-3 中，传输速率为 100kbit/s 的 K-CAN（车身 CAN 总线）相当于地铁的速度，传输速率为 500kbit/s 的 PT-CAN（动力传动系统 CAN 总线）相当于原来绿皮火车的速度，传输速率为 10Mbit/s 的安全气囊系统总线（byte flight）相当于动车的速度，传输速率为 22.5Mbit/s 的影音娱乐系统总线（MOST）相当于高铁的速度。尽管各个总线系统的数据传输速率和数据流量都不尽相同，且差异巨大，但在安全和网关模块（SGM）（即火车站）的统筹安排和指挥调度下，却能平稳运行、协同工作。

如图 4-4 所示，不同总线系统的输出数据到达网关后，网关要对其作进一步的处理。在网关中过滤各个信息的速度、数据量和紧急程度，并在必要时进行缓冲存储。同时，还要作故障的监控和诊断工作。

3. 网关的工作原理

可以用火车站（图4-5）转换旅客的过程来说明网关的工作原理。

如图4-6所示，在某车站，站台A到达一列动车组（驱动CAN总线，数据传输速率为500kbit/s），车上有数百名旅客。在站台B上已经有一列普快列车（舒适/信息CAN总线，数据传输速率为100kbit/s）在等待，有一些乘客就换到这列普快列车上，有一些乘客要换乘特快列车继续旅行。当然更多的时候是乘客从这一列火车上下来到候车厅去等待相应的车次，这相当于网关的信息缓冲作用。

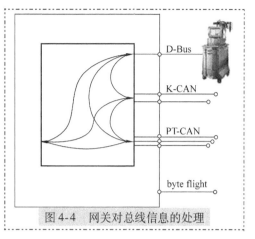

图4-4 网关对总线信息的处理

图4-5 网关的作用与火车站相似

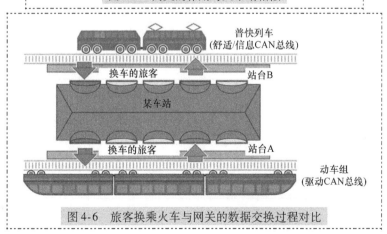

图4-6 旅客换乘火车与网关的数据交换过程对比

车站的这种换乘功能，即让旅客换车，以便通过速度不同的交通工具到达各自目的地的功能，与驱动CAN总线和舒适/信息CAN总线两系统网络的网关功能是相同的。网关的主要任务是使两个数据传输速率不同的系统之间能正常进行信息交换。

二、网关的安装位置及其电路

在 BMW 车系中,中央网关模块（ZGM）、安全和网关模块（SGM）、多音频系统控制器（M-ASK）、便捷进入及起动系统（CAS）、控制显示（CD）、组合仪表、车身网关模块（KGM）等控制单元都具有网关功能。在奥迪和大众车系中,根据车型的不同,网关可能安装在组合仪表内（图4-7）、车上供电控制单元内,或设有独立的网关控制单元。由于通过 CAN 总线的所有信息都供网关使用,所以网关也用作诊断接口。以前奥迪和大众车系

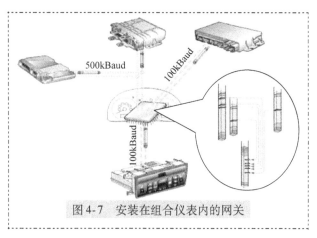

图 4-7　安装在组合仪表内的网关

是通过网关的 K 线来查询诊断信息的,从途安（Touran）汽车开始改为通过诊断 CAN 总线来完成这个工作。

1. 2010 款奥迪 A8 的网关 J533

2010 款奥迪 A8 的数据总线诊断就接口（网关）承袭在 2003 款奥迪 A8 为人熟知的功能,它与 CAN 舒适、CAN 驱动、CAN 扩展、CAN 显示与操作、CAN 诊断、FlexRay 总线、MOST 总线、LIN 总线等系统连接。它安装在行李箱内右侧的电控箱（图4-8）,其外形如图 4-9 所示,所连接的总线电路如图 4-10 所示。其作用主要有:①控制单元联网网关;②MOST 总线环型断裂诊断法主诊断控制单元;③蓄电池监控装置控制单元 J367、发电机 C、稳压器 J532 等元件使用 LIN 主控制单元。还有一个新功能为元件保护功能下的展示厅模式。

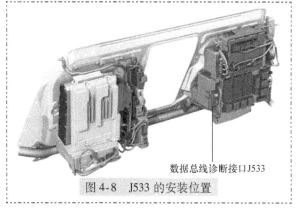

图 4-8　J533 的安装位置

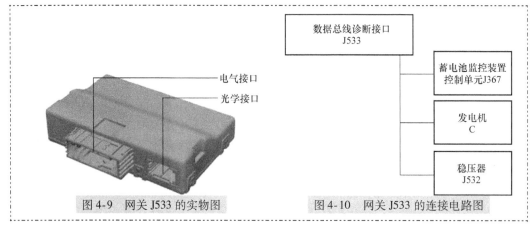

图 4-9　网关 J533 的实物图　　图 4-10　网关 J533 的连接电路图

2. 奥迪 A7 的网关 J533

奥迪 A7 的数据总线诊断接口（网关）J533 安装在后座椅下的中间位置（图 4-11），在脱开后座椅挂钩后就能够看了。其功能主要有：①MOST 总线系统的诊断主控制单元；②运输模式（在运输车辆或长期停放不用时，改善能耗状态）；③唤醒监视器（查明总线唤醒保持器或总线唤醒器）；④为带有能效程序的车载计算机提供数据；⑤电能管理；⑥LIN 总线主控制器，用于蓄电池监控控制单元 J367、发电机 C 和稳压器 J532。

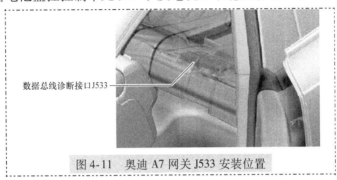

图 4-11 奥迪 A7 网关 J533 安装位置

第二节 诊断总线

一、K 诊断总线

2000 年以前，奥迪、大众车系使用 K 诊断总线（简称 K 线）传输故障信息。K 诊断总线用于汽车故障诊断仪与相应控制单元之间的信息交换，负责网关与故障诊断接口之间的通信（图 4-12）。

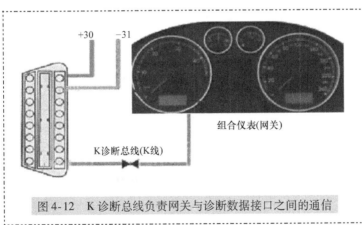

图 4-12 K 诊断总线负责网关与诊断数据接口之间的通信

诊断总线用于诊断仪器和相应控制单元之间的信息交换，它被用来代替原来的 K 线或者 L 线的功能（废气处理控制器除外）。诊断总线目前可以在 VAS5051（3.0 以上版本）和 VAS5052 下工作，如图 4-13 所示。诊断总线通过网关转接到相应的 CAN 总线上，然后再连接相应的控制器进行数据交换，如图 4-14 所示。

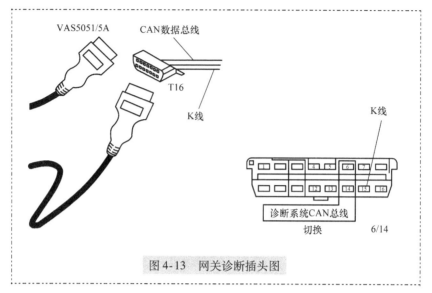

图4-13 网关诊断插头图

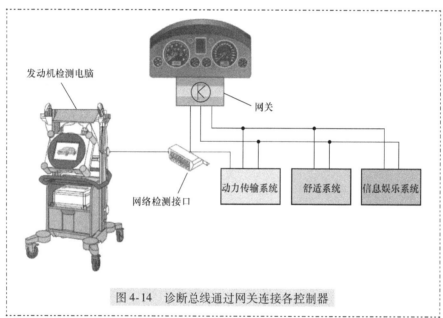

图4-14 诊断总线通过网关连接各控制器

故障信息存储在控制单元的存储器中，将故障检测仪连接到故障诊断接口上，也就实现了故障检测仪与K诊断总线的连接。借此，就可以读出相应的故障信息，并进行故障诊断（图4-15）。

二、大众车系的诊断CAN总线

1. "虚拟K线"——诊断CAN总线

随着汽车技术的不断进步，汽车上的控制单元越来越多，诊断系统需要传输的数据量也越来越大，K诊断总线已经无法满足信息传输流量和传输速率的要求。

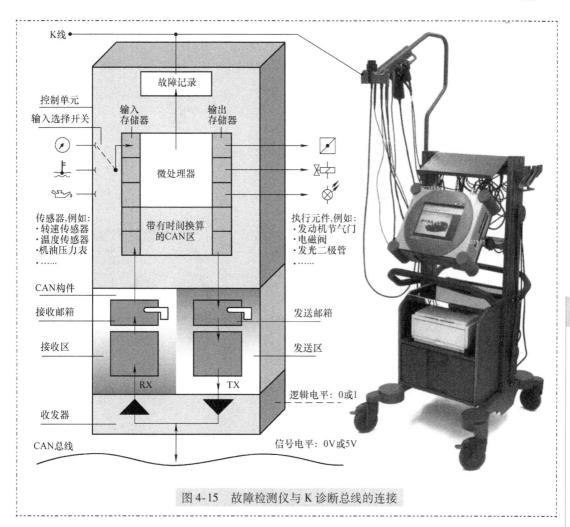

图4-15 故障检测仪与K诊断总线的连接

2000年后,奥迪车系、大众车系开始采用汽车诊断、测量和信息系统VAS5051或汽车诊断和服务信息系统VAS5052来进行自诊断,并通过诊断CAN总线完成诊断控制单元和车上其他控制单元之间的数据交换。早期使用的诊断导线(K线或L线)就不再使用了(与废气排放监控相关的控制单元除外),由诊断CAN总线取而代之。

诊断CAN总线也是未屏蔽的双绞线(图4-16),其截面面积为$0.35mm^2$。CAN_L导线是橙/褐色。CAN_H导线是橙/紫色。在全双工模式时,数据传输速率为500kbit/s。也就是说,诊断CAN总线可以双向同时传输数据。

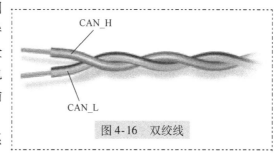

图4-16 双绞线

在图4-17和图4-18所示的汽车网络系统中,各个控制单元的诊断数据经各自的数据总线传输到网关J519或J533,再由网关利用诊断CAN总线传输到故障诊断接口。通过诊断CAN总线和网关的快速数据传输,诊断控制单元就可在连接到车上后快速显示出车上所

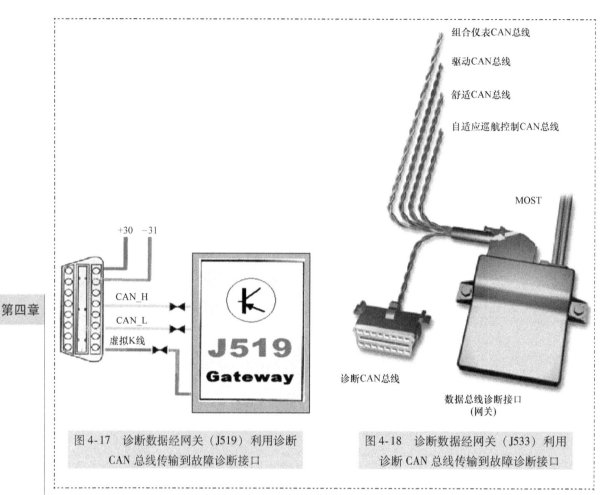

图 4-17 诊断数据经网关（J519）利用诊断 CAN 总线传输到故障诊断接口

图 4-18 诊断数据经网关（J533）利用诊断 CAN 总线传输到故障诊断接口

装元件及其故障状态。

随着诊断 CAN 总线的推广应用，大众汽车集团已经逐步淘汰控制单元内部的故障存储器（K 线存储器）。因为诊断 CAN 总线承担着原来 K 线的任务，因此，为了"缅怀"K 线，习惯上也将诊断 CAN 总线称为"虚拟 K 线"。

2. 新型诊断接口

诊断 CAN 总线取代 K 诊断总线（K 线或 L 线）之后，对车上的故障诊断接口也作了改进。新型诊断接口的针脚布置如图 4-19 所示，各个针脚的用途见表 4-1。

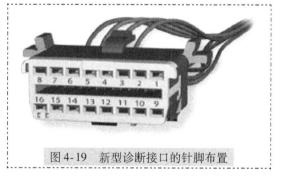

图 4-19 新型诊断接口的针脚布置

由表 4-1 可见，新型诊断接口仍然保留了 K 线和 L 线的针脚，以确保系统向下兼容功能。

采用诊断 CAN 总线和新型诊断接口之后，除了需要对汽车故障诊断仪（如 VAS5051）进行软件升级之外，还需要使用新的诊断连接导线（用于连接新型诊断接口和汽车故障诊

表 4-1 新型诊断接口的针脚用途

针脚/Pin	导线	针脚/Pin	导线
1	15 号接线柱	7	K 线
2、3	暂未使用	8~13	暂未使用
4	接地（搭铁）	14	诊断 CAN 总线（CAN_L 导线）
5	接地（搭铁）	15	L 线
6	诊断 CAN 总线（CAN_H 导线）	16	30 号接线柱

断仪）。这种与诊断 CAN 总线匹配的新的诊断连接导线（图4-20）有两种规格，其代号分别为 VAS5051/5A（长 3m）和 VAS5051/6A（长 5m）。

图 4-21 为汽车故障诊断仪 VAS5051 与故障诊断接口的连接示意图，从中既可以看出诊断连接导线的作用（用于连接新型诊断接口和汽车故障诊断仪），又可以看出故障信息的传输过程。

就车诊断的步骤、条件及相关说明见表 4-2。

图 4-20 与诊断 CAN 总线匹配的新的诊断连接导线

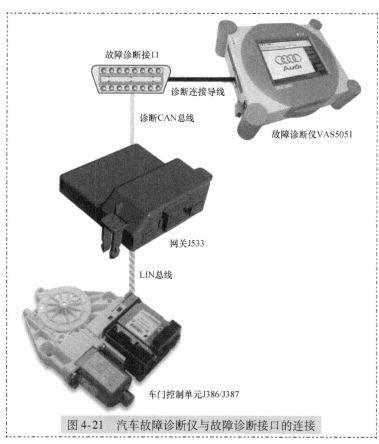

图 4-21 汽车故障诊断仪与故障诊断接口的连接

表 4-2　就车诊断的步骤、条件及相关说明

序号	诊断	条件		备注
1	开始	点火开关打开	是	无法经诊断 CAN 总线来唤醒控制单元
		点火开关关闭	是,但不是在休眠模式	
2	执行	点火开关打开	是	
		点火开关关闭	是,但无写入功能(例如给控制单元编码)	
3	结束	关闭点火开关结束	否	

三、宝马车系的诊断 CAN 总线

1. D-CAN 总线

宝马汽车集团将 BMW 车系的诊断 CAN 总线称为 D-CAN 总线。D-CAN 总线采用线形、双线结构,最大数据传输速率为 500kbit/s。连接好 BMW 诊断系统后,网关(接线盒控制单元)将 BMW 诊断系统的请求传输给内部总线,之后,应答以相反的方向同时进行。

美国的相关法规要求从 2008 年起,所有在美国市场上销售的汽车必须装备 D-CAN 总线,过渡阶段从 2006 年 9 月开始。为了适应这一要求,BMW 车系的 D-CAN 总线早已开始取代以前的故障诊断接口及基于 KWP 2000(Keyword Protocol 2000)的协议。首批采用 D-CAN 总线的是 E70(BMW X5)和 R56(Mini Cooper),此后生产的 BMW 汽车都已经开始采用 D-CAN 总线。

2. D-CAN 故障诊断接口

采用 D-CAN 总线之后,BMW 车系的故障诊断接口(故障诊断插座)也作了相应的改进,淘汰了原来的故障诊断接口(图 4-22),新的与 D-CAN 总线匹配的故障诊断接口如图 4-23 所示。

图 4-22　原来的故障诊断接口　　图 4-23　新的与 D-CAN 总线匹配的故障诊断接口

如图 4-24 所示,D-CAN 故障诊断接口(故障诊断插座)安装在驾驶人侧仪表板下方,驾驶人左脚脚踏板的上方。D-CAN 故障诊断接口(故障诊断插座)与诊断仪的连接关系

如图 4-25 所示。

图 4-24　D–CAN 故障诊断接口（故障诊断插座）的安装位置

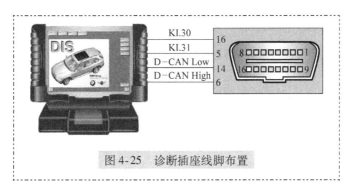

图 4-25　诊断插座线脚布置

采用 D–CAN 总线之后，对汽车网络系统进行故障诊断时，需要使用光学编程系统 OPS（图 4-26）或光学检测和编程系统 OPPS（图 4-27）及相应的 OBD 连接导线。

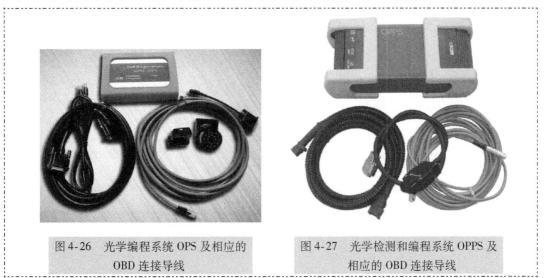

图 4-26　光学编程系统 OPS 及相应的 OBD 连接导线　　图 4-27　光学检测和编程系统 OPPS 及相应的 OBD 连接导线

就检测和编程功能而言，光学检测和编程系统 OPPS 比光学编程系统 OPS 多了一个

byteflight 接口，可利用该接口测试控制单元，而 OPS 则取消了该接口。

复习思考题

一、填空题

1. 在奥迪和大众车系中，根据车型的不同，网关可能安装在_____、_____内，或_____。

2. K 诊断总线用于_____与_____之间的信息交换，负责_____与_____之间的通信。

3. 宝马汽车集团将 BMW 车系的诊断 CAN 总线称为_____总线。D-CAN 总线采用线形、双线结构，最大数据传输速率为____kbit/s。

4. 宝马车 D-CAN 故障诊断接口（故障诊断插座）安装在_____下方，_____的上方。

二、判断题

1. 不同传输速率的数据总线通过网关得以协同工作。（　　）
2. 网关就是用于连接不同类型的总线系统的设备。（　　）
3. 不同传输速率的数据总线通过网关得以协同工作。（　　）
4. 由于通过 CAN 总线的所有信息都供网关使用，所以网关也用作诊断接口。（　　）
5. 诊断 CAN 总线也是未屏蔽的双绞线，其截面面积为 $0.35mm^2$。（　　）

三、名词解释

1. 网关
2. K 诊断总线

四、问答题

1. 网关的作用主要体现在哪些方面？
2. 10 款奥迪 A8 网关 J533 的主要作用有哪些？

第五章

光学总线系统

在汽车影音娱乐和信息显示系统中,为保证音质清晰、画面流畅,需要传输的数据量很大,对传输速率要求也很高。CAN 总线的信息传输能力在这方面显得捉襟见肘,无能为力。为满足上述要求,特别开发了光学总线系统。

目前,应用较多的汽车光学总线系统主要有 DDB、MOST 和 byte flight 三类。其中,早期的奔驰车系的影音娱乐系统多采用 DDB 技术,而宝马和奥迪车系的影音娱乐系统则采用 MOST。byte flight 技术是 BMW 车系独有的,应用于宝马车系集成化智能安全系统(Intelligent Safety Integrated System,ISIS)的安全气囊控制系统。在三类光学总线中,以 MOST 的应用最为广泛。本部分内容主要介绍 MOST 总线系统。

第一节 光学总线的结构及信息传输

一、光学传输简介

1. 信号的光学传输

与传统的电传输信号不同,光学传输是利用光来传输信号的,两者的区别如图 5-1 所示。进行光学信息传输时,数字信号借助发光二极管被转换成光信号。光信号通过光导纤维(光缆)传输到下一个控制单元(图 5-2)。在该控制单元上,光敏二极管把光信号重新转换成数字信号。

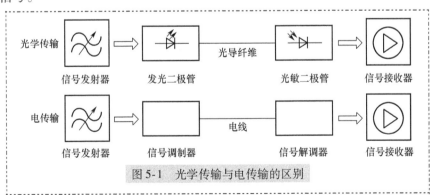

图 5-1 光学传输与电传输的区别

2. 光学传输的优点

在光学总线中,相关部件之间的数据交换是以数字方式进行的。通过光波进行数据传输有导线少且重量轻的优点,另外传输速度也快得多。与无线电波相比,光波的波长更短,因此它不会产生电磁干扰,同时对电磁干扰也不敏感。这些特点就决定了其传输速率很高且抗干扰能力也很强。

图 5-2 光信号通过光导纤维（光缆）传输

二、光学传输系统的结构

1. 光学传输控制单元的内部结构

在光学总线中，每一个总线用户（收音机、CD 唱机、视频导航仪等）都有一个光学传输控制单元，用于实现光学传输的信号调制、解调和控制。光学传输控制单元（图 5-3）由内部供电装置、收发单元-光导发射器（FOT）、光波收发器、标准微控制器（CPU）、专用部件等组成。

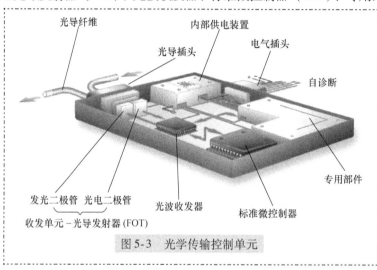

图 5-3 光学传输控制单元

（1）光导插头 光导插头用于实现光导纤维与光学传输控制单元之间的连接。光信号通过光导插头进入光学传输控制单元，或将本控制单元产生的光信号通过光导插头、光导纤维传往下一个光学传输控制单元（总线用户）。

（2）电气插头 电气插头用于系统供电、系统故障自诊断以及输入/输出信号的传输。

（3）内部供电装置 由电气插头送入的电能再由内部供电装置分送到各个部件，这样就可以有选择地单独关闭控制单元内某一部件，从而降低了静态电流。

（4）收发单元-光导发射器 收发单元-光导发射器由一个光敏二极管和一个发光二极管构成（图 5-4），到达的光信号由光敏二极管转换成电压信号（实现由光到电的转变）后传至光波收发器。发光二极管的作用是把来自光波收发器的电压信号再转换成光信号（实现由电到光的转变）。如

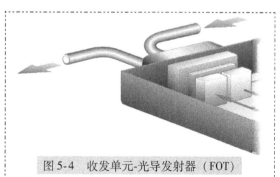

图 5-4 收发单元-光导发射器（FOT）

图 5-5 所示，光学传输中使用的光波波长为 650nm，是可见红光。数据经光波调制后传送，调制后的光经由光导纤维传到下一个控制单元。

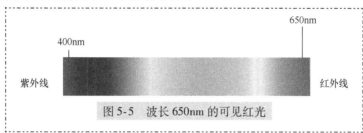

图 5-5　波长 650nm 的可见红光

（5）光波收发器　光波收发器由发射器和接收器两个部件组成。发射器将要发送的信息作为电压信号传至光导发射器。接收器接收来自光导发射器的电压信号并将所需的数据传至控制单元内的"标准微控制器"（CPU）。其他控制单元不需要的信息由收发器来传送，而不是将数据传到 CPU 上，这些信息原封不动地发送至下一个控制单元。

（6）标准微控制器　标准微控制器是控制单元的核心元件，它的内部有一个微处理器，用于操纵控制单元的所有基本功能。

（7）专用部件　专用部件用于控制某些专用功能，例如 CD 播放机的选曲和收音机调谐器的控制（选择广播电台频率）等。

2. 光敏二极管

光敏二极管是利用光电效应原理将光波信号转换成电压信号的。如图 5-6 所示，光敏二极管内有一个 PN 结，入射光可以照射到这个 PN 结上。在 P 型层上有一个正极触点（滑环），N 型层与金属底板（负极）相连。

如果入射光或红外线照射到 PN 结上，PN 结内就会产生自由电子和空穴，从而形成穿越 PN 结的电流。照射到光敏二极管上的入射光越强，流过光敏二极管的电流就越大。这个现象称为光电效应。

在实际应用中，光敏二极管一般与一个电阻串联连接，如图 5-7 所示。如果入射光强度很高（入射光强烈），流过光敏二极管和电阻 R 的电流就会增大，电阻 R 上的电压降也会增大，P 点呈现高电平状态。反之，如果入射光比较微弱，则流过光敏

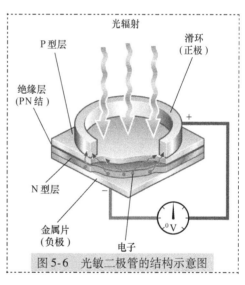

图 5-6　光敏二极管的结构示意图

二极管和电阻 R 的电流就会减小，电阻 R 上的电压降也会减小，P 点呈现低电平状态。这样，利用光电效应原理，就可以将照射到光敏二极管的光波信号转换成电压信号了。

3. 光导纤维

作为光波的传输介质，光导纤维（亦称光纤）的作用是将在某一控制单元发射器内产生的光波传送到另一控制单元的接收器，如图 5-8 所示。

（1）光导纤维的种类　常用的光纤有塑料光纤和玻璃纤维光纤两种，在汽车上应用了塑料光纤。与玻璃纤维光纤（G-LWL）相比，塑料光纤（K-LWL）具有以下优点：

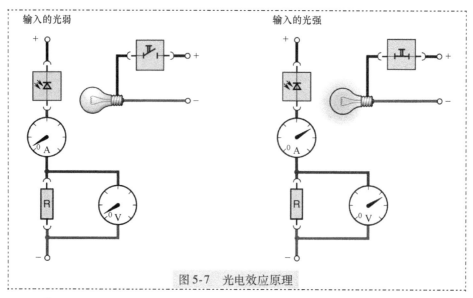

图 5-7 光电效应原理

1) 光纤横断面较大。
2) 制造过程简单。
3) 更易于使用,因为塑料不会像玻璃一样脆弱。
4) 更容易加工处理,在导线束制造时以及在进行售后服务维修时具有较大的优势。

(2) 车载光导纤维的特点　为确保光波的正常传输,光导纤维具有如下特点:

1) 在光导纤维中传输时,光波的衰减应尽可能小,以防止信号失真。
2) 光波应能通过弯曲的光导纤维来传输,以适应在车内安装的需要。
3) 光导纤维应是柔性的,以适应车辆的颠簸和振动。
4) 在-40~85℃的温度范围内,光导纤维应能保证可靠传输光波,以适应汽车内部的剧烈的温度变化。

三、光导纤维的结构及光波的传输

光纤的任务是将在控制单元发射机内生成的光波导向其他的控制单元的接收机,如图5-8所示。光纤由几层材料组成,如图5-9所示。内芯线是光纤的中心部分,它由聚甲基丙烯酸甲酯组成,并且是真正的光导体。由于全反射原理,当光穿过它时,几乎没有任何损耗。全反射需要在内芯线外面使用光学上透明的含氟聚合物的覆盖层,黑色聚酰胺覆盖层保护内芯线,阻止外部入射光的射入。彩色覆盖层用于进行识别,防止发生机械损伤并起着热保护的作用。

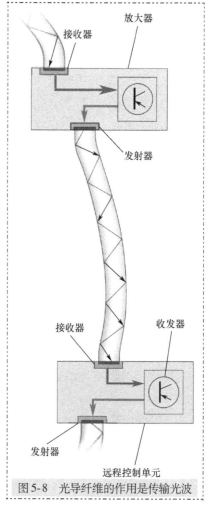

图 5-8 光导纤维的作用是传输光波

1. 光导纤维的结构

如图 5-9 和图 5-10 所示,光导纤维由几层构成。

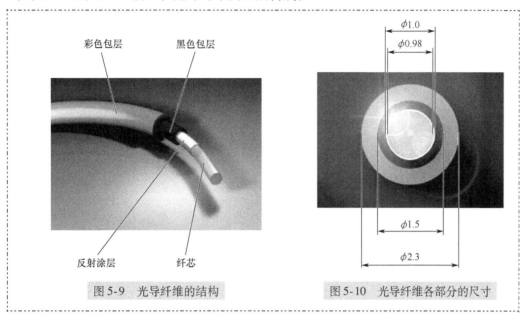

图 5-9　光导纤维的结构　　　　图 5-10　光导纤维各部分的尺寸

1) 纤芯是光导纤维的核心部分,是光波的传输介质,也可以称之为光波导线。纤芯一般用有机玻璃或塑料制成,纤芯内的光波根据全反射原理几乎无损失地传输。

2) 透光的涂层是由氟聚合物制成的,它包在纤芯周围,对全反射起关键作用。

3) 黑色遮光包层是由尼龙制成的,用来防止外部光源照射,避免产生干扰。

4) 彩色包层起到识别、保护及隔热作用。

2. 光波在光导纤维中的传输

(1) 直的光导纤维　在直的光导纤维中,光纤以直线方式在内芯线中传导部分光波,如图 5-11 所示。大多数光波是按全反射原理在纤芯表面以 Z 字形曲线传输的,其结果在内芯线的表面产生了全反射。

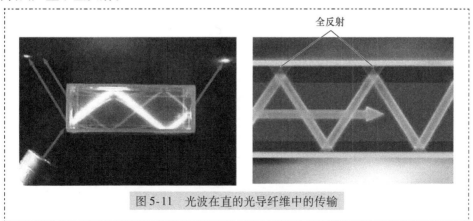

图 5-11　光波在直的光导纤维中的传输

(2) 弯曲的光导纤维　如图 5-12 所示,在弯曲的光导纤维中,通过全反射在纤芯的涂层界面上反射,可以实现光波的正常传输,但光导纤维的曲率不宜过大。

（3）全反射 当一束光波以小角度照射到折射率高的材料与折射率低的材料之间的界面时，光束就会被完全反射，这种现象称为光波的全反射。

光导纤维中的纤芯是折射率高的材料，涂层是折射率低的材料，所以全反射发生在纤芯的内部。光波能否发生全反射，取决于从内部照射到界面的光波角度，如果该角度过陡，那么光波就会离开纤芯，从而造成较大损失。当光导纤维弯曲或弯折过度时就会出现这种情况，造成光波传输的衰减，甚至失真。为此，要求光导纤维的弯曲半径不可小于25mm，如图5-13所示。

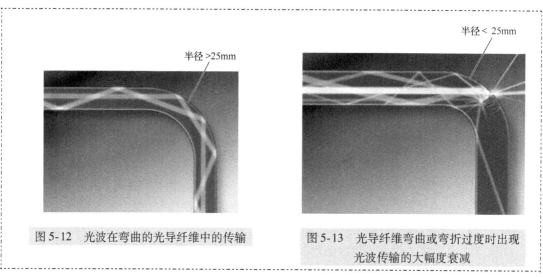

图5-12 光波在弯曲的光导纤维中的传输

图5-13 光导纤维弯曲或弯折过度时出现光波传输的大幅度衰减

3. 专用插头

为了能将光导纤维连接到控制单元上，在光学传输系统中使用了一种专用插头（图5-14）。插座本体上有一个信号方向箭头，表示光波传输方向（通向接收器）。插头壳体就是光导纤维与控制单元的连接处。

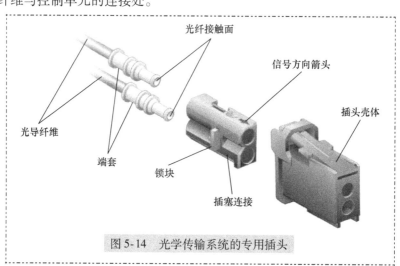

图5-14 光学传输系统的专用插头

光波通过纤芯的端面传送至控制单元的发射器/接收器。在生产光导纤维时，为了将光导纤维固定在插头壳体内，使用了激光焊接的塑料端套或黄铜端套。

4. 光纤端面

为了能使光波传输过程中的损失尽可能小，光导纤维的端面应光滑、垂直、洁净（图 5-15），只有使用专用的切割工具才能达到上述要求。切割面上的污垢和刮痕会产生很高的损耗（衰减）。光学端面通过内芯线的端面，光被传送到控制单元中的发射器/接收器。在生产过程中，光纤上被安装了激光焊接的塑料套圈或压接式的黄铜套圈，因此它能够被固定在插头外壳中的正确位置。

5. 光信号的发送过程

如图 5-16 所示，光信号的传输类似于电信号的传输，发光二极管将收发机送来的数字信号转化为光信号（如数字信号为 010101，转化成光信号为亮灭亮灭亮灭）。这些光信号通过光纤传到下一个控制单元后，由该控制单元内部的光敏二极管将光信号重新转化为数字信号。

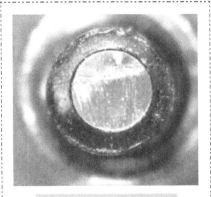

图 5-15　光导纤维的端面

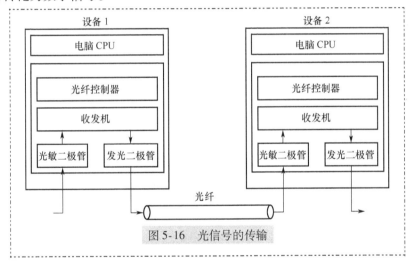

图 5-16　光信号的传输

第二节　MOST 总线系统

一、MOST 总线的定义与应用

1. MOST 总线的定义

MOST 总线是 Media Oriented Systems Transport 的缩写。顾名思义，MOST 总线是一种用于多媒体数据传输的网络系统（图 5-17）。也就是说，该系统将符合地址的信息传送到某一接收器上，在这一点上，与 CAN 数据总线是不同的。通过采用 MOST 总线，不仅可以减小连接各部件的线束的质量，降低噪

图 5-17　MOST 总线的标志

声，而且可以减轻系统开发技术人员的负担，最终在用户处实现各种设备的集中控制。

2. MOST 总线的应用

MOST 总线可连接汽车音响系统、视频导航系统、车载电视、高保真音频放大器、车载电话、多碟 CD 播放器等模块，其数据传输速率最高可达 22.5Mbit/s，而且没有电磁干扰。因此，目前高端汽车上大多采用 MOST 系统连接其车载影音娱乐系统（图 5-18）。

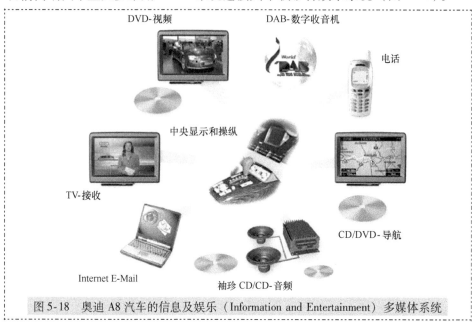

图 5-18 奥迪 A8 汽车的信息及娱乐（Information and Entertainment）多媒体系统

3. MOST 总线的传输速率

车载多媒体影音娱乐系统工作时，为保证音质清晰、画面流畅，需要传输的数据量很大（海量数据），对数据传输速率要求也很高（图 5-19）。例如，仅仅是带有立体声的数字式电

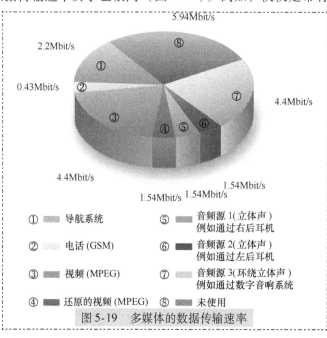

图 5-19 多媒体的数据传输速率

视系统（图5-20），就需要约6Mbit/s的传输速率。广泛应用于汽车动力系统的CAN总线系统，由于其数据传输速率较低（最高数据传输速率为1Mbit/s），已经无法满足这一要求。因此，在车载多媒体影音娱乐系统中，海量的视频和音频数据是由MOST总线来传输的，而CAN总线只能用来传输控制信号（图5-21）。

图5-20 带有立体声的数字式电视系统

二、MOST总线的组成与系统状态

1. MOST总线的环形拓扑结构

如图5-22所示，MOST总线系统采用环形拓扑结构。控制单元通过光导纤维沿环形方向将数据发送到下一个控制单元。这个过程一直在持续进行，直至首先发出数据的控制单元又接收到这些数据为止。可以通过数据总线自诊断接口和诊断CAN总线来对MOST系统进行故障诊断。

在MOST总线中，每个终端设备（节点、控制单元）在一个具有环形结构的网络中通过光导纤维环相互连接。如图5-23所示，音频、视频数据信息在环上循环，该信息将由每个节点（控制单元）读取和转发。当一个节点要发送数据时，该节点生成发射就绪信息，并把它改成"占用"信息，被作为接收器地址的节点复制数据，并在环形总线中继续发送。如果数据重新到达发射器，发射器就把数据从环上删除并重新生成发射就绪信息。

图5-21 CAN总线在车载数字电视系统中用来传输控制信号

各个控制单元之间的连接通过一个数据只沿一个方向传输的环形总线实现。也就是说，一个控制单元拥有两根光导纤维，一根光导纤维用于发射器，一根光导纤维用于接收器。在MOST控制单元中进行纯粹的光导纤维连接。对于所有MOST插头而言，2芯光导纤维插头（图5-24）的结构是一样的。光导纤维针脚Pin1始终用于输入，光导纤维针脚Pin2始终用于转发，其上有箭头符号。

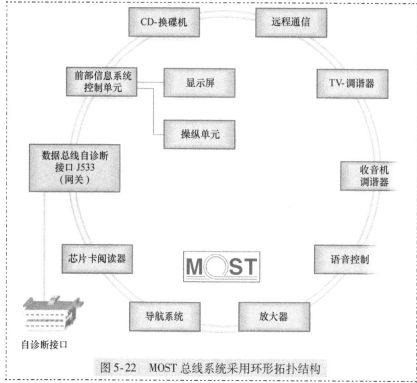

图 5-22　MOST 总线系统采用环形拓扑结构

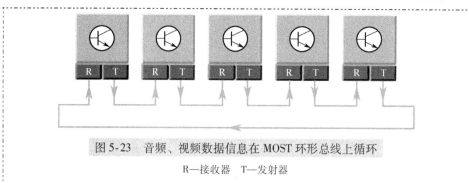

图 5-23　音频、视频数据信息在 MOST 环形总线上循环
R—接收器　T—发射器

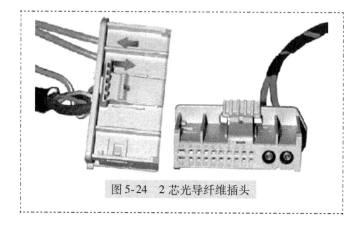

图 5-24　2 芯光导纤维插头

2. MOST 总线系统管理器

MOST 总线系统管理器与诊断管理器共同负责 MOST 总线内的系统管理。在 2003 年款的奥迪 A8 上，数据总线诊断接口 J533（网关）起诊断管理器的作用。前部信息系统控制单元 J523 执行系统管理器的功能。系统管理器的作用如下：

1）控制系统状态。
2）发送 MOST 总线信息。
3）管理传输容量。

3. MOST 总线系统状态

（1）休眠模式　处于休眠模式时，MOST 总线内没有数据交换，静态电流降至最小值，系统处于待命状态（图 5-25），只能由系统管理器发出的光波启动脉冲来激活。

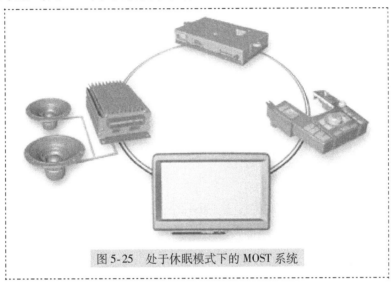

图 5-25　处于休眠模式下的 MOST 系统

进入休眠模式的条件是：

1）MOST 总线系统上的所有控制单元都已准备好要切换到休眠状态。
2）其他总线系统没有通过网关提出任何要求。
3）故障自诊断系统没有处于工作状态。

在上述的条件下，MOST 总线可通过下述方法切换到休眠状态。

1）在蓄电池放电时，由蓄电池管理器经网关切换到休眠状态。
2）通过自诊断仪器（如 VAS 5051）激活"传输模式"，使 MOST 总线系统切换到休眠状态。

（2）备用模式　如图 5-26 所示，MOST 总线系统处于备用模式时，无法

图 5-26　处于备用模式下的 MOST 总线系统

为用户提供任何服务，给人的感觉就像系统已经关闭一样。但这时 MOST 总线系统仍在后台

运行，所有的输出介质（如显示屏、收音机放大器等）都不工作或不发声。备用模式在发动机起动及系统持续运行时被激活。备用模式的激活条件为：

1）由其他数据总线通过网关激活，如驾驶人侧车门门锁打开、车钥匙插入点火开关、点火开关 ON 档接通等。

2）由 MOST 总线上的某个控制单元来激活，如外界打入的电话等。

（3）通电工作模式　如图 5-27 所示，MOST 总线系统处于通电工作模式时，控制单元完全接通，MOST 总线上有数据交换，用户可使用影音娱乐、通信、导航等所有功能。

进入通电工作模式的前提条件是：

1）MOST 总线处于备用状态。

2）其他数据总线通过网关激活 MOST

图 5-27　处于通电工作模式下的 MOST 系统

总线系统（如将汽车钥匙插入使用和起动授权开关内，S 触点闭合）。

3）通过用户操作影音娱乐设备来激活 MOST 总线系统（如操作多媒体操纵单元 E380 的功能选择按钮）。

三、MOST 总线数据传输

1. 信息帧

（1）脉冲频率　MOST 系统管理器以 44.1kHz 的脉冲频率向环形总线上的下一个控制单元发送信息帧（Frames）。由于使用了固定的时间光栅和脉冲频率，MOST 系统允许传递同步数据。

在 MOST 系统中，音频和视频信息必须以同步数据形式，用相同的时间间隔来发送。MOST 系统采用的 44.1kHz 这个固定的脉冲频率与数字式音频、视频装置（如 CD 机、DVD 机、DAB 收音机）的传输频率是相同的，可以实现整个系统的脉冲频率同步。

（2）信息帧的结构　在 MOST 系统中，一个信息帧的大小为 64B（1B = 8bit），可分成图 5-28 所示的几部分。

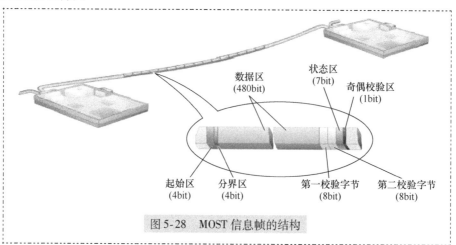

图 5-28　MOST 信息帧的结构

1）起始区。起始区（图 5-29）表示一个信息帧的开始，每段信息帧都有自己的起始区。

2)分界区。分界区（图 5-30）用于区分起始区和数据区。

图 5-29　起始区

图 5-30　分界区

3)数据区。MOST 总线在数据区最多可将 60B 的有效数据发送到控制单元。数据分为两种类型：一种是同步数据，如音频和视频信息；另一种是异步数据，如图片、用于计算的信息及文字信息等。数据区的分配（图 5-31）是可变的，数据区的异步数据在 0~36B 之间，同步数据在 24~60B 之间，同步数据的传输具有优先权。异步数据根据发射器/接收器的地址（标识符）和可用异步总容量，以 4B 为一个数据包被记录并发送到接收器上。

4)校验字节。两个校验字节（图 5-32）传送发射器/接收器地址（标识符）和接收器的控制指令（如放大器音量增大或音量减小）信息。

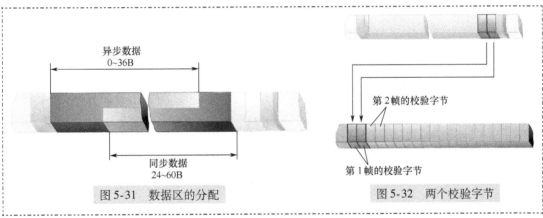

图 5-31　数据区的分配

图 5-32　两个校验字节

一个信息组中的校验字节在控制单元内汇成一个校验信息帧。一个信息组中有 16 个信息帧。校验信息帧内包含控制和诊断数据，这些数据由发射器传送到接收器，称之为根据地址进行的数据传输。

这些信息包括：发射器与前部信息控制单元之间的通信、接收器与音频放大器之间的通信以及控制信号（音量增大或音量减小）等。

5)状态区。信息帧的状态区（图 5-33）包含用于给接收器发送信息帧的信息。

图 5-33　信息帧的状态区

6) 奇偶校验区。奇偶校验区（图 5-34）用于最后检查数据的完整性，该区的内容将决定是否需要重复一次发送过程。

图 5-34　奇偶校验区

2. MOST 总线的工作过程

（1）系统启动（唤醒）　如果 MOST 总线处于休眠模式，那么首先必须通过唤醒过程将系统切换到备用模式。如果某一控制单元（系统管理器除外）唤醒了 MOST 总线，那么该控制单元就会向下一个控制单元发射一种专门调制的光波（称为伺服光波）。环形总线上的下一个控制单元通过在休眠模式下工作的光敏二极管来接收这个伺服光波并将该光波继续下传，该过程一直进行到系统管理器为止（图 5-35）。

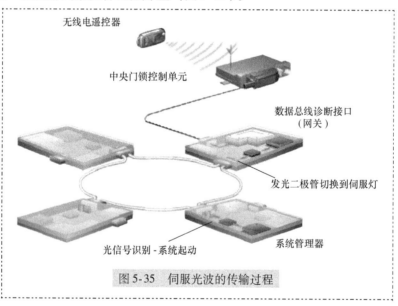

图 5-35　伺服光波的传输过程

系统管理器根据传来的伺服光波来识别是否有系统启动的请求，然后系统管理器向下一个控制单元发送一种专门调制的光波（称为主光波）。这个主光波由所有的控制单元继续传输，光导发射器（FOT）接收到主光波后，系统管理器就可识别出环形总线现在已经封闭（闭合），可以开始发送信息帧了（图 5-36）。

首批信息帧要求 MOST 总线上的控制单元提供标识符。系统管理器根据标识符向环形总线上的所有控制单元发送实时顺序（实际配置），于是就可以进行根据地址的数据传输了。诊断管理器将报告上来的控制单元（实际配置的控制单元）与控制单元存储表（规定配置）进行对比、确认。如果实际配置与规定配置不相符，诊断管理器就会存储相应的故障。这时唤醒过程就结束了，可以开始数据传输了（图 5-37）。

（2）同步数据的传输　在 MOST 系统中，音频和视频信息是作为同步数据传输的。为便于理解，下面以奥迪 A8 2003 年款汽车播放音乐 CD（图 5-38）为例来进行说明。

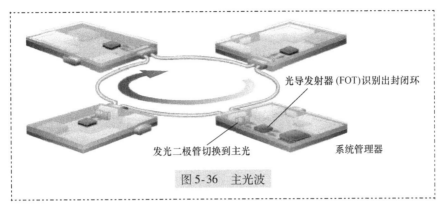

图 5-36 主光波

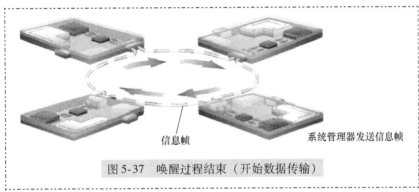

图 5-37 唤醒过程结束（开始数据传输）

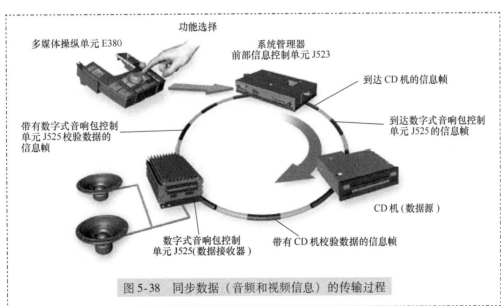

图 5-38 同步数据（音频和视频信息）的传输过程

首先，用户通过多媒体操纵单元 E380 和信息显示单元 J685（图 5-38 中未示出）来选择 CD 上的曲目。操纵单元 E380 通过一根数据导线将控制信号传给前部信息控制单元 J523（系统管理器），然后系统管理器在不断发送的信息帧内加入一个带有以下校验数据的信息组（16 帧）。

1）发射器地址——前部信息控制单元 J523，环形位置 3。
2）数据源的接收器地址——CD 机，环形位置 3（取决于装备情况）。

3) 控制指令——播放第 10 个曲目。

4) 分配传送通道——CD 机（数据源）确定数据区中有哪些字节可以用于传送数据，然后加入带有以下校验数据的信息组。

5) 信息源发射器地址——CD 机环形位置（取决于装备情况）。

6) 系统管理器的接收器地址——前部信息控制单元 J523，环形位置 1。

7) 控制指令——CD 的数据传送到通道 01、02、03、04（立体声）。

同步传输的数据管理如图 5-39 所示，前部信息控制单元 J523 用带有以下校验数据的信息组。

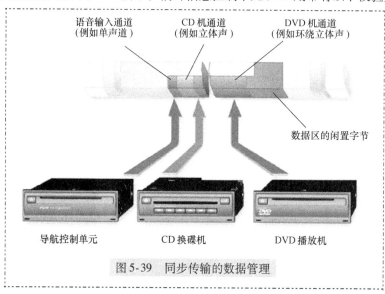

图 5-39　同步传输的数据管理

1) 发射器地址——前部信息控制单元 J523，环形位置 1。

2) 接收器地址——数字式音响包控制单元 J525，环形位置（取决于装备情况）。

3) 控制指令——向数字式音响包控制单元 J525（数据接收器）发出播放音乐的指令。

① 指令 1——读出通道 01、02、03、04，并通过扬声器播出。

② 指令 2——当前的音响效果设定，如音量、前后音量平衡、左右音量平衡、低音、高音、中音。

③ 指令 3——关闭静音切换。

CD 机上的数据先被保存在数据区，直至信息帧经环形总线又到达 CD 机（数据源）为止。这时这些数据就被新的数据所取代，该循环又重新开始。这样可使得 MOST 总线上的所有输出装置（音响包、耳机）都可使用同步数据。系统管理器通过发送相应的校验数据来确定哪个装置使用数据。音频和视频信息的传输需使用每个数据区的数个字节。数据源会根据信号类型预定一些字节，这些已被预定的字节就称为通道（信道）。一个通道包含一个字节的数据。传输通道的数量见表 5-1。通过这种预定通道的方式，多个数据源的同步数据就可以同时传输。

表 5-1　传输通道的数量

信号	通道/字节	信号	通道/字节	信号	通道/字节
单声道	2	立体声	4	环绕立体声	12

（3）异步数据的传输　在 MOST 系统中，导航系统的地图显示、导航计算、互联网网页和 E- mail 等图片、文本信息是作为异步数据传输的（图 5-40）。异步数据源是以不规则的时间间隔来发送这些数据的。为此，每个数据源将其异步数据存储到缓冲寄存器内。然后数据源开始等待，直至接收到带有接收器地址的信息组。

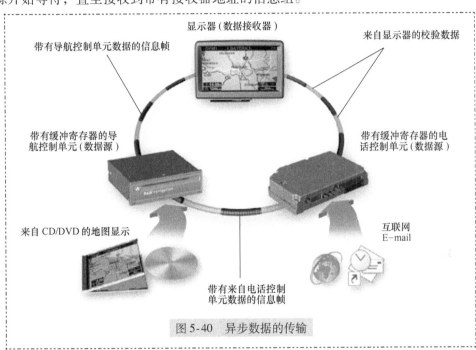

图 5-40　异步数据的传输

数据源将数据记录到该信息组数据区的空闲字节内。记录是以每 4 个字节为一个数据包的形式进行的。接收器读取数据区中的数据包并处理这些信息。异步数据停留在数据区，直至信息组又到达数据源。数据源从数据区提取数据，在适当的时候用新数据取代这些数据。

四、MOST 总线的诊断

1. 诊断管理器

除系统管理器外，MOST 总线还有一个诊断管理器（图 5-41）。诊断管理器执行环路断开诊断，并将 MOST 总线上的控制单元诊断数据传给诊断控制单元。在奥迪 A8 2003 年款汽车上，数据总线诊断接口 J533 就是执行自诊断功能的。

2. 系统故障

如果在数据传输过程中，MOST 总线上的某一位置处发生数据传输中断，就无

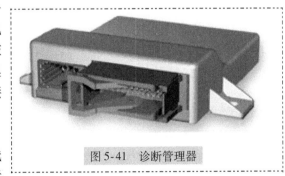

图 5-41　诊断管理器

法完成正常的数据传输任务。由于 MOST 总线是环形结构，因此将这种数据传输中断称为环路断开，亦即总线断路。发生环路断开后，音频和视频播放会终止，通过多媒体操纵单元无法控制和调节影音娱乐系统。同时，诊断管理器的故障存储器中存有故障信息——"光纤

数据总线断路"。

光导纤维断路、发射器或接收器控制单元的供电电路故障以及发射器或接收器控制单元本身损坏等原因均可能导致 MOST 总线系统出现环路断开。要想确定出现环路断开的具体位置，就必须进行环路断开诊断。环路断开诊断是诊断管理器执行元件诊断内容的一部分。

3. 环路断开诊断

（1）诊断导线与询问脉冲　如果 MOST 总线上出现环路断开，MOST 总线将无法进行数据传输。为准确判断出发生环路断开的具体位置，需要使用诊断导线来进行环路断开诊断。诊断导线通过中央导线连接器与 MOST 总线上的各个控制单元相连（图 5-42）。

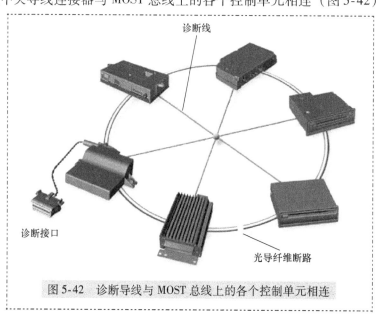

图 5-42　诊断导线与 MOST 总线上的各个控制单元相连

环路断开诊断开始后，诊断管理器通过诊断导线向各控制单元发送一个询问脉冲。这个询问脉冲使得所有控制单元用光导发射器（FOT）内的发射单元发出光波信号。在此过程中，所有控制单元检查自身的供电及其内部的电控功能是否正常，同时，接收环形总线上的前一个控制单元发出的光波信号。

MOST 总线上的各个控制单元会在一定时间内对诊断管理器发出的光波脉冲信号做出应答，其应答时间的长短取决于控制单元的软件。从环路断开诊断开始，到控制单元做出应答有一段时间间隔，诊断管理器根据这段时间的长短就可判断出哪一个控制单元已经做出了应答。

（2）应答的内容　环路断开诊断开始后，MOST 总线上的各个控制单元发送以下两种信息：

1）控制单元电气方面是否正常——本控制单元电气功能是否正常（如电源供电是否正常）。

2）控制单元光学方面是否正常——本控制单元的光敏二极管是否能够接收到环形总线上位于其前面的控制单元发出的光波信号。

诊断管理器通过这些信息就可识别出：

1）MOST 总线系统是否有电气故障（供电故障），以及是哪个控制单元出现了电气故障。

2）MOST 总线系统中哪两个控制单元之间的数据传输中断了，亦即是哪两个控制单元之间的光导纤维发生了断路。

这样，就可以准确地判断出环路断开的具体故障性质和故障位置，给 MOST 总线系统的诊断和维修带来极大的方便。

（3）环路断开诊断导线　如果 MOST 总线上出现环形中断，那么就无法进行数据传递了，因此就使用诊断线来进行环形中断诊断。诊断线通过中央导线连接器与 MOST 总线上的各个控制单元相连。要想确定环形中断的具体位置，就必须进行环形中断诊断。环形中断诊断是诊断管理器执行元件诊断内容的一部分。诊断管理器是数据总线的诊断接口。

（4）环路断开诊断流程　环路断开诊断流程如图 5-43 所示。

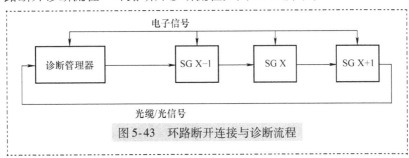

图 5-43　环路断开连接与诊断流程

1）诊断管理器以环形方式通过诊断导线发送电子脉冲到所有的 SG。
2）SG X 以环形方式发送光脉冲到它的邻近控制单元 SG X + 1。
3）SG X 检查它的电压供给并且接收 SG X - 1 的光信号。
4）SG X 根据给定的时间将其回应作为电子信号发送到诊断管理器。
5）诊断管理器在此期间识别 SG X 的回应并且查明 SG X 的状态：电子方面正常/有故障和光传输正常/中断。环路断开诊断应答如图 5-44 所示。

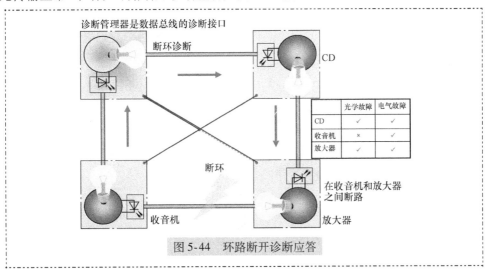

图 5-44　环路断开诊断应答

6）诊断管理器报告在诊断测试仪上所收集的诊断数据。

环形中断诊断开始后，诊断管理器通过诊断线向各控制单元发送一个脉冲。这个脉冲使得所有控制单元用光导发射器（FOT）内的发射单元发出光信号。在此过程中，所有控制单元检查：自身的供电及其内部的电控功能；能否从环形总线上的前一个控制单元接收光信号。

MOST 总线上的控制单元在一定时间内会应答，这个时间的长短由控制单元软件来确定。环形中断诊断开始后到控制单元做出应答有一段时间间隔，诊断管理器根据这段时间的长短就可判断出哪一个控制单元已经做出了应答。

环形中断诊断开始后，MOST 总线上的控制单元发送以下两种信息：

1) 控制单元电气方面正常，也就是说，本控制单元的电控功能正常，如供电情况。

2) 控制单元光学方面正常，也就是说，本控制单元的光敏二极管接收到环形总线上位于其前面的控制单元发出的光信号。

诊断管理器通过这些信息就可识别：系统是否有电气故障（供电故障）；哪两个控制单元之间的光导数据传递中断了。

(5) 故障的确认　诚然，诊断管理器给出的诊断信息有助于判断故障的性质和故障位置，但要最终确认故障并实施维修，还需要审慎处理：

1) 根据检测结果，先检测可疑控制单元的供电情况是否正常、接地情况是否正常。

2) 如果可疑控制单元的供电情况、接地情况均正常，再检查光导纤维插头是否有歪斜、松动，确保光导纤维插头连接正常。

3) 检查光导纤维是否出现断路情况，如光导纤维被压坏、破损、断裂等。

4) 最后再判断控制单元是否存在故障。如图 5-45、图 5-46 所示，可利用备用的控制单元 VAS6186 来替换可疑控制单元，然后观察 MOST 系统是否恢复正常。若替换后，系统恢复正常，则可确认故障确系可疑控制单元损坏所致。

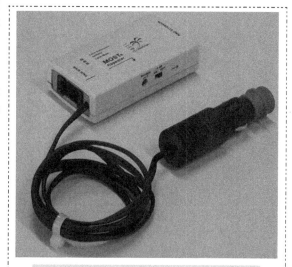

图 5-45　光学备用控制单元 VAS6186 外形

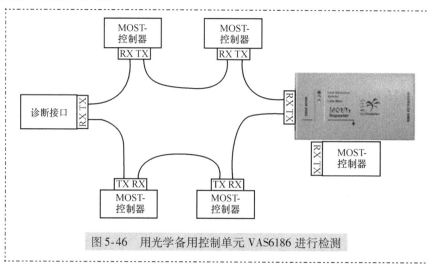

图 5-46　用光学备用控制单元 VAS6186 进行检测

4. 信号衰减幅度增大的诊断

MOST 系统环路断开诊断只能用于判定数据传输是否中断。诊断管理器还有信号衰减幅度增大的诊断功能（图 5-47），即通过监测 MOST 系统传输光波功率的降低来判断光学系统在信号传输过程中是否存在信号衰减幅度过大的故障。信号衰减幅度增大的诊断与环路断开诊断的方法和过程是类似的，也要使用诊断管理器和诊断导线。其判别标准是：如果控制单元接收到的光波功率较前一个控制单元发出的光波功率有 3dB 及 3dB 以上的衰减，则接收器就会向诊断管理器报告发生了"光学故障"。据此，诊断管理器就可识别出故障点，并且在用检测仪查寻故障时会给出相应的帮助信息。

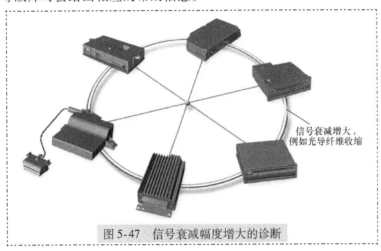

图 5-47 信号衰减幅度增大的诊断

第三节　byte flight 总线

一、byte flight 总线简介

1. byte flight 的功能与发展

byte flight 系统是由 BMW 与 Motorola、Elmos、Infineon 合作开发的，主要用于传输时间上要求特别紧迫的安全气囊系统数据。byte flight 系统的数据传输速率为 10Mb/s，可以满足对数据传输的实时性要求非常高的汽车安全气囊系统的要求，且可在强电磁干扰条件下可靠地传输数据。

byte flight 在 ISIS（智能安全集成系统）和 ASE（高级安全电子设备）中使用，这两个安全系统负责控制安全气囊、安全带拉紧装置和断开安全蓄电池接线柱。

byte flight 首次安装在 BMW 的 E65、E66、E67 车型上，用于安全气囊系统的数据传输。此后，又安装于 E85、E60、E61、E63 和 E64 车型上。

图 5-48、图 5-49 是不同时期 BMW 车型上采用的 byte flight 系统。在这些系统中，byte flight 的主控单元是 SIM（安全和信息模块）或 SGM（安全和网关模块）。

2. byte flight 总线的拓扑结构

BMW 车辆使用 byte flight 将控制单元联网。这些控制单元用于控制安全气囊系统、乘员保护系统和安全蓄电池接线柱。数据传输介质是光导纤维，光导纤维通过光波脉冲传输数据。因此，相对于传统铜质导线来说，光导纤维在复杂的电磁环境中更不易于受到外部干扰，数据传输速率为 10Mbit/s。也就是说，它的数据传输速率比高速总线 PT – CAN 还要高出 20 多倍。

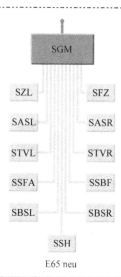

图 5-48　宝马 E65 车型的 byte flight 系统

SASL—左侧 A 柱卫星式控制单元　SASR—右侧 A 柱卫星式控制单元　SBSL—左侧 B 柱卫星式控制单元
SBSR—右侧 B 柱卫星式控制单元　SFZ—车辆中心卫星式控制单元　SGM—安全和网关模块
SSH—后座椅卫星式控制单元　SSBF—前排乘客座椅卫星式控制单元　SSFA—驾驶人座椅卫星式控制单元
STVL—左前车门卫星式控制单元　STVR—右前车门卫星式控制单元　SZL—转向柱开关中心

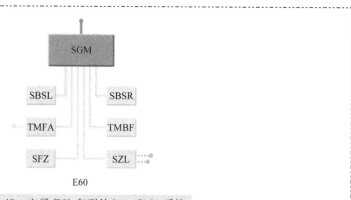

图 5-49　宝马 E60 车型的 byte flight 系统

SBSL—左侧 B 柱卫星式控制单元　SBSR—右侧 B 柱卫星式控制单元　SFZ—车辆中心卫星式控制单元
SGM—安全和网关模块　SZL—转向柱开关中心　TMFA—驾驶人车门模块　TMBF—前排乘客车门模块

　　控制单元联网时仅需要一根光导纤维，且可朝两个方向双向传输数据。控制单元以时间和事件触发（控制）方式进行通信，既能以同步方式传输数据，也能以异步方式传输数据。

　　如图 5-50 所示，byte flight 系统采用星形拓扑结构。星形拓扑结构的特点是一主多副，即系统有一个主控单元和多个副控单元（亦称从属控制单元）。副控单元（从属控制单元）通过一根单独的导线（光导纤维）连接到主控单元（上级控制单元）上。

主控单元接收各个副控单元发送的数据，随即又将这些数据重新发送给所有副控单元，设有地址代码的副控单元接收这些数据。由于主控单元不具有访问控制功能，而仅承担纯粹的分配功能，因此各控制单元必须通过一个协议进行通信。该协议规定了哪个控制单元何时可以发送数据。

星形拓扑结构的优点是易于联网、易于扩展，且具有较高的抗干扰能力。同时，即使某个副控单元失灵，系统也能正常工作。但缺点也是显而易见的，即布线成本较高、主控单元有故障或过载时会造成整个网络崩溃。

在 byte flight 网络的每个控制单元内都通过发送和接收模块将电信号转变为光信号。在早期的 BMW 车型中，SIM（安全和信息模块）是 byte flight 的主控制单元，而在新款 BMW 车型中，SGM（安全和网关模块）是 byte flight 的主控制单元。

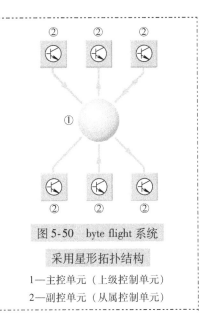

图 5-50　byte flight 系统采用星形拓扑结构

1—主控单元（上级控制单元）
2—副控单元（从属控制单元）

二、byte flight 系统的数据传输

1. byte flight 的数据结构

byte flight 有多个集成了碰撞传感器的控制单元安装在车辆内的关键位置处。它们通过总线系统与 SIM 或 SGM 连接。系统不断查询所有碰撞传感器信息，并将数据分配给所有卫星式控制单元。

同 CAN 总线一样，数据也通过数据电码传输，除数据字节的数量外数据电码结构完全相同。byte flight 可传输最长为 12 个字节的数据。byte flight 数据电码的结构如图 5-51 所示。

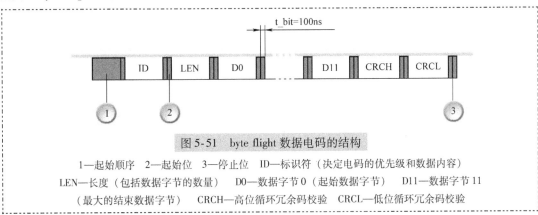

图 5-51　byte flight 数据电码的结构

1—起始顺序　2—起始位　3—停止位　ID—标识符（决定电码的优先级和数据内容）
LEN—长度（包括数据字节的数量）　D0—数据字节 0（起始数据字节）　D11—数据字节 11
（最大的结束数据字节）　CRCH—高位循环冗余码校验　CRCL—低位循环冗余码校验

byte flight 结合了同步和异步数据传输的优点。因此能够确保重要信息的快速访问时间和次要信息的灵活使用。SIM 或 SGM 发出一个同步脉冲，其他控制单元必须遵守该脉冲。

byte flight 数据电码分为优先级较高的电码和优先级较低的电码两类，其优先级的划分如图 5-52 所示。数据优先级通过标识符进行识别。标识符允许范围位于 1~255 之间，其中

1表示最高优先级。优先级较高的信息是碰撞传感器发来的数据,而优先级较低的信息一般是系统状态信息和系统故障诊断信息。

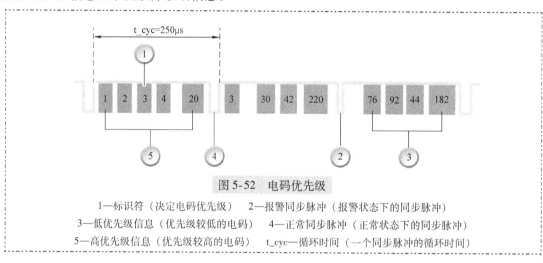

图5-52 电码优先级

1—标识符(决定电码优先级) 2—报警同步脉冲(报警状态下的同步脉冲)
3—低优先级信息(优先级较低的电码) 4—正常同步脉冲(正常状态下的同步脉冲)
5—高优先级信息(优先级较高的电码) t_cyc—循环时间(一个同步脉冲的循环时间)

2. 卫星式控制单元

ISIS有多个集成了碰撞传感器的控制单元安装在车内的关键位置处。因为这些控制单元在星形拓扑结构的byte flight系统中是环绕主控制单元存在的,类似于卫星环绕于行星,故BMW称这些集成了碰撞传感器的控制单元为卫星式控制单元。

卫星式控制单元与主控制单元之间的电码始终以起始顺序为开始,接下来是一个标识符。数据电码的优先级通过该标识符确定。系统不断查询所有碰撞传感器信息并将数据分配给byte flight系统所有控制单元。每个字节之前都有一个起始位。每个字节之后都有一个停止位。下一个字节是长度字节,表示数据字节的数量(不超过12个字节)。接下来是校验码,电码最后是一个双停止位。一个电码的时间长度范围为4.6~16μs。

安装在车内的关键位置处的多个卫星式控制单元记录数据,并通过byte flight传输至主控制单元(SIM)的过程如图5-53所示。主控制单元(SIM)将卫星式控制单元提供的数据电码向系统内的所有卫星式控制单元发布,其过程如图5-54所示。卫星式控制单元视碰撞的剧烈程度,决定由其控制的气囊是否触发以及触发强度。如图5-54所示,控制侧向安全气囊的卫星式控制单元已经发出触发安全气囊的指令,且该安全气囊已经触发(即引爆器引爆,安全气囊膨开)。

3. 总线访问程序

byte flight系统根据规定的时间间隔分配来控制总线访问情况。执行这个控制程序时,只能在规定时间内发送特定信息,该信息通过其标识符进行识别。

当然,这个程序要求所有总线设备都保持相当准确的时间同步性。byte flight通过循环(反复)发送一个脉冲(即所谓的同步脉冲),使该系统同步化。该同步脉冲由中央控制单元——SIM或SGM发送。信息可在两个同步脉冲之间的时间间隔内发送。在每个循环周期内都同步发送非常重要的信息。在其他时间间隔内可异步发送只需偶尔发送的次要信息。

例如,控制单元A发送标识符4,控制单元B发送标识符1。标识符1和4的时间长度取决于信息传输要求。首先发送带有标识符1的信息。只有当该信息完全传输成功后,才执行标识符 2 和 3 的发送请求。由于未规定发送标识符 2 和 3 的时间，因此它们的等待时间显得很短。此时，可发送带有标识符 4 的信息。

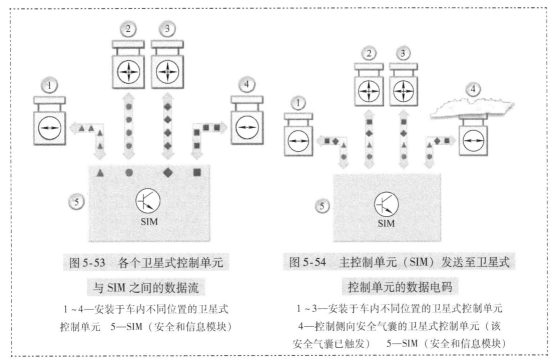

图 5-53　各个卫星式控制单元与 SIM 之间的数据流

1～4—安装于车内不同位置的卫星式控制单元　5—SIM（安全和信息模块）

图 5-54　主控制单元（SIM）发送至卫星式控制单元的数据电码

1～3—安装于车内不同位置的卫星式控制单元　4—控制侧向安全气囊的卫星式控制单元（该安全气囊已触发）　5—SIM（安全和信息模块）

4. 发送和接收模块

发送和接收模块能够将电信号转变为光信号并通过光导纤维传输。每个卫星式控制单元都有一个电子光学发送和接收模块（SE）。

这些 SE 模块分别通过光导纤维连接在 SIM 内的智能型星形连接器上。SIM 内也有用于与各个卫星式控制单元交换数据的发送和接收模块 SE，其数据交换过程如图 5-55 所示。

byte flight 上传输的所有信息都是以光脉冲形式发送的数据电码。SIM 内的 SE 模块接收所连卫星式控制单元发送的光脉冲。在智能型星形连接器内，数据电码发送给所有卫星式控制单元。数据交换可朝两个方向进行。SE 模块的光电转换与电光转换原理和 MOST 系统完全一致，在此不再赘述。

5. byte flight 主控单元

byte flight 主控单元执行两个任务：一是产生同步脉冲（sync pulse）；二是使卫星式控制单元进入报警模式。

在 ISIS 内将 SIM（安全和信息模块）设定为 byte flight 系统的主控单元（总线主控单元），而在 ASE 内，SGM 则承担 byte flight 系统主控单元的功能。原则上来说，每个卫星式控制单元都可以通过

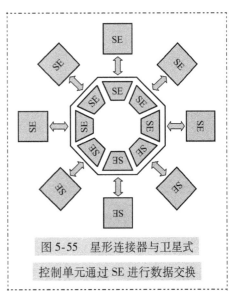

图 5-55　星形连接器与卫星式控制单元通过 SE 进行数据交换

软件设定为总线主控单元。但系统内只能有一个总线主控单元,所有其他总线设备(总线副控单元)都通过同步脉冲进行内部同步化。每个总线设备都可以在同步脉冲之间将电码发送到 byte flight 总线上。

6. 同步脉冲

如图 5-56 所示,SIM 内的 byte flight 总线主控单元以 $250\mu s$ 为时间间隔发送同步脉冲。报警模式通过同步脉冲宽度发送。处于报警状态时,一个同步脉冲的持续时间约为 $2\mu s$。同步脉冲时间通常约为 $3\mu s$。

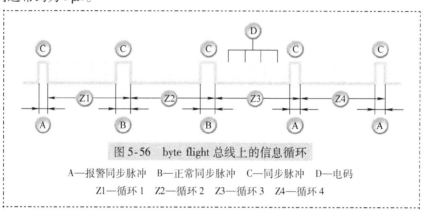

图 5-56　byte flight 总线上的信息循环

A—报警同步脉冲　B—正常同步脉冲　C—同步脉冲　D—电码
Z1—循环 1　Z2—循环 2　Z3—循环 3　Z4—循环 4

总线主控单元必须根据所有碰撞传感器发送的信息,决定是否将卫星式控制单元设为报警模式。由总线主控单元设置报警模式后,安全系统的所有引爆电路都将设为准备触发状态。需要触发一个引爆输出级时,必须始终将两个独立的信号传输到 byte flight 总线上。

卫星式控制单元内引爆电路的高压侧开关,通过 byte flight 总线的报警模式来控制。低压侧开关由卫星式控制单元内的微处理器控制。触发算法通过所传输的传感器信号电码识别出是否需要使低压侧开关闭合。

使左前侧安全气囊引爆电路触发的信号流程如图 5-57 所示,其他部位的气囊引爆电路触发的信号流程与此类似。

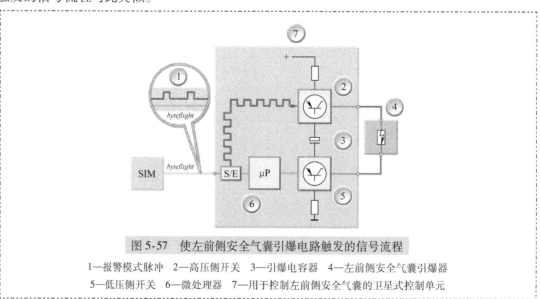

图 5-57　使左前侧安全气囊引爆电路触发的信号流程

1—报警模式脉冲　2—高压侧开关　3—引爆电容器　4—左前侧安全气囊引爆器
5—低压侧开关　6—微处理器　7—用于控制左前侧安全气囊的卫星式控制单元

第四节　光纤信号的衰减及光纤使用维修

一、光波传输信号衰减及原因

1. 光波传输信号衰减

在光学总线系统中，作为光波的传输介质，光导纤维的作用是在发送控制单元和接收控制单元之间无损失地、可靠地传输光波。但实际上，光波在各个控制单元之间进行"接力"传输过程中，不可避免地会存在一定的损失，只要光波的损失量不大，不足以导致信号失真就是可以接受的。

为了表征光波在传输过程中的损失程度，引入了光波信号衰减这一概念。如果在传输过程中，由于历经多次转发，光波的功率降低了，就称之为发生了光波信号衰减。

光波信号的衰减程度用衰减常数来表示，其单位为分贝（dB）。衰减常数的定义为

$$衰减常数（A）= 10\lg\frac{光波发射源发射的光波功率}{光波接收器接收到的光波功率}$$

如果光波发射源发射的光波功率为 20W，而光波接收器接收到的光波功率为 10W，则在这一转发过程中，光波的衰减常数为

$$衰减常数（A）= 10\lg\frac{光波发射器发射的光波功率}{光波接收器接收到的光波功率} = 10\lg\frac{20W}{10W} = 3dB$$

也就是说，对于衰减常数为 3dB 的光波传输系统而言，光波信号会衰减一半。由此可知，衰减常数越大，光波的损失量就越大，光波信号的传输效果就越差。在光学总线系统中，一般将 3dB 作为光波传输系统衰减常数的极限值，超出极限值即认为光波传输系统的信号衰减幅度过大，必须予以维修或更换。光波信号在两个控制单元之间传输时的衰减情况如图 5-58 所示。

需要注意的是，在 MOST 总线这样的光波传输系统中，光波信号是由多个控制单元经历"接力"传输的，在每一收发环节、每一段光导纤维中，都会发生信号衰减，可谓"通关缴税，雁过拔毛"。但光波传输系统总的衰减常数不允许超过 3dB。

2. 光纤总线中的衰减

光纤状态的评定包括测量它的衰减度。传送过程中发生的光波的功率下降被称为衰减，如图 5-59 所示。光纤内光脉冲的发生距离越大，衰减就越大，衰减量不允许超过某个规定值，否则相应控制单元内的接收器将无法再处理这个光脉冲。衰减率（A）用分贝（dB）表示。分贝并不是一个绝对数量，而是代表两个数值之比。衰减率越高，信号传送就越差。如果传送光信号涉及几个部件，那么必须把这几个部件的衰减率相加，从而计算出总衰减率。这就如同计算几个串联的电气部件的电阻一样。光脉冲的衰减有两种基本形式，即自然衰减和故障衰减。自然衰减是由光脉冲从发射器至接收器经过的距离产生的，故障衰减是由于光脉冲传输区域有缺陷而产生的。

3. 信号衰减幅度增大的原因

导致光波传输系统信号衰减幅度增大的主要原因如图 5-60 所示。

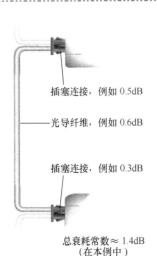

图5-58 光波信号在两个控制单元之间传输时的衰减情况

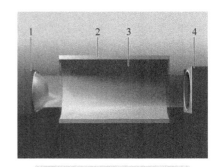

图5-59 光纤内光线的衰减

1—发射二极管 2—外壳 3—光纤 4—接收器

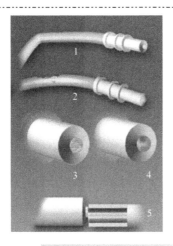
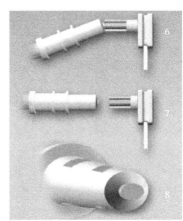

图5-60 导致光波传输系统信号衰减幅度增大的原因

1—光导纤维的曲率半径过小 2—光导纤维的包层损坏 3—光导纤维端面刮伤 4—光导纤维端面脏污
5—光导纤维端面错位（插头壳体碎裂） 6—光导纤维端面未对正（角度不对）
7—光导纤维的端面与控制单元的接触面之间有空隙（插头壳体碎裂或未能锁止定位） 8—光导纤维端套变形
说明：如果光导纤维弯曲（折叠）的半径小于25mm，那么在纤芯的拐点处就会产生模糊（不透明，与折叠的有机玻璃相似），这时必须更换光导纤维。

二、光导纤维的使用

1. 操作光导纤维时的注意事项

操作带有光导纤维的汽车线束时需要特别小心、谨慎。与普通铜芯电线不同，光导纤维受损后一般不会立即导致故障，而是在日后使用中逐渐显现出来。

为确保光导纤维的信号衰减幅度不致过大，在使用中需要特别注意以下事项：

1) 弯曲半径不宜过小。玻璃光导纤维的曲率半径不可小于 50mm，塑料光导纤维的弯曲半径不可小于 25mm。为稳妥起见，在实际使用中，一般把光导纤维的弯曲半径控制在 50mm 以上。50mm 大致与可口可乐饮料罐的直径相当。若弯曲半径过小，则在曲率过小处光线射出，光束不能再正确反射（图 5-61），轻者会影响其功能，重者会损坏光导纤维。

2) 不许弯折。在操作、使用光导纤维时，绝对不允许对其进行弯折，即使是一度短暂的弯折也不允许。因为这样会损坏光导纤维的纤芯和包层，光线将在弯折处产生部分散射，造成信号衰减急剧加大（图 5-62），甚至会损坏光导纤维。

图 5-61　在曲率过小处光线射出，光束不能再正确反射

3) 不准挤压。任何情况下都不得挤压光导纤维。因为光导纤维横断面会由于压力作用而变形，导致信号衰减加大（图 5-63）。在装配线束时无意的踩踏以及将线束捆扎带勒得过紧，都会导致光导纤维受压变形，必须予以高度重视。

图 5-62　光线在弯折处产生散射，造成信号衰减急剧加大

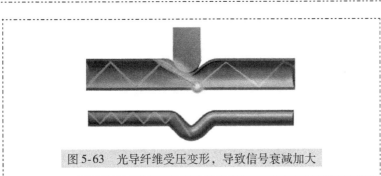

图 5-63　光导纤维受压变形，导致信号衰减加大

4) 严禁摩擦、磨损。与普通铜质导线不同，光导纤维的磨损不会导致短路，但磨损处会导致光线损失或外来光线射入，系统被干扰或完全失灵（图 5-64）。因此，在车上安装、布置带有光导纤维的线束时，要特别注意避免产生摩擦、磨损，尤其是线束穿越车身孔、壁处时，尤需妥善处理。

5) 严禁拉伸。过度的拉伸作用会使光导纤维产生"颈缩"，纤芯的横断面减小，光通量减小，影响光波的正常传输（图 5-65）。因此，在布置光导纤维线束时，应留有一定的长度余量，不可使之受拉力作用。

6) 严禁过热。光导纤维过热一般不会立即导致故障，但在日后使用中，其性能会逐渐劣化，直至损坏。

因此，在布置光导纤维线束时，应远离发动机机体、散热器（空调暖风、驻车加热装置等）、变速器等热源。再者，如需在车上进行油漆烘干或焊接作业时，温度不允许超过

85℃。必要时，可先拆下光导纤维，再实施上述作业项目。

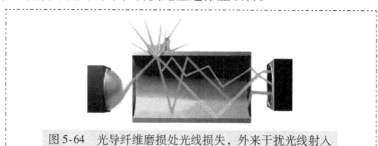

图5-64　光导纤维磨损处光线损失，外来干扰光线射入

图5-65　拉伸作用会使光导纤维产生"颈缩"，影响光波的正常传输

7）严禁浸水。尽管光导纤维本身具有防水保护层，并不怕水，但光导纤维的接头铜套怕水。光导纤维的接头铜套一旦浸水，会导致光波传输出现故障。因此，在日常洗车以及涉水行车时均需特别注意。

8）光导纤维端面不得有污染和损伤。光导纤维端面出现污染（有汗迹、油迹的指纹）和损伤（刮花）都会造成光波信号衰减幅度增大，甚至失灵（图5-66和图5-67）。因此，在维修光导纤维时，需要使用专用工具，以保证光导纤维端面平整、光洁。

图5-66　端面污染，光波信号衰减幅度增大

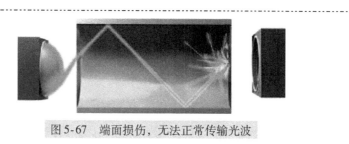

图5-67　端面损伤，无法正常传输光波

2. 光导纤维的正确铺装

在车上铺装光导纤维时，应该采取特别的防护措施。采用硬度适宜的波纹管包扎光导纤维，既可以为光导纤维提供外力作用的保护，还可以有效防止光导纤维被过度弯折，以保证最小25mm的弯曲半径（图5-68）。

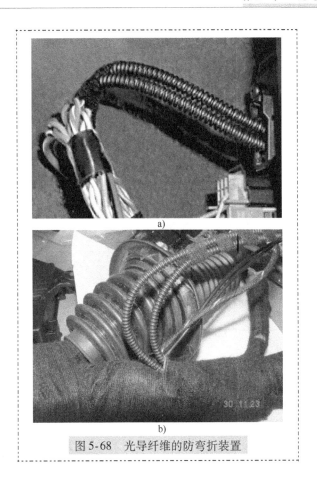

图 5-68 光导纤维的防弯折装置

三、光导纤维的维修

1. 光导纤维维修概述

当确认光导纤维是光学传输系统的故障根源之后,就需要对光导纤维进行维修。首先将损坏的光导纤维从车上拆下来,再将备用的维修用光导纤维装上去。更换维修用光导纤维时,要视所需长度对光导纤维进行剪切并制作光导纤维插头。另外,还需要了解汽车上光导纤维包层颜色的含义及用途。

2. 维修光导纤维的注意事项

不允许用下述方法维护光导纤维及其构件。

1) 热处理之类的维修方法,如钎焊、热粘接及焊接。
2) 化学及机械方法,如粘贴、平接对接。
3) 两条光导纤维绞合在一起,或者一根光导纤维与一根铜质电线绞合在一起。
4) 包层上打孔、切割、压缩变形等。

另外,还需注意以下几点。

1) 将光导纤维装入车内时不可有物体压到光导纤维包层。
2) 端面上不可脏污,如液体(水、油)、灰尘等。只有在插接和检测时才可小心地取下保护盖。

3）在车内铺设光导纤维时不可打结，更换光导纤维时注意其正确的长度。

3. 维修光导纤维的专用工具

光导纤维的维修需要使用专用工具——VAS6223组合套件（图5-69），也称光导纤维维修包。VAS6223组合套件中有两个专门用于光导纤维维修的钳子：剪切钳（图5-70）用于光导纤维的剪切，压接钳（图5-71）用于光导纤维铜质接头的压接。

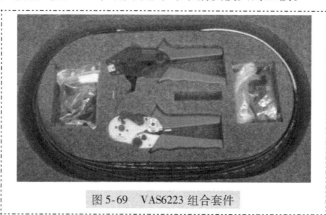

图5-69　VAS6223组合套件

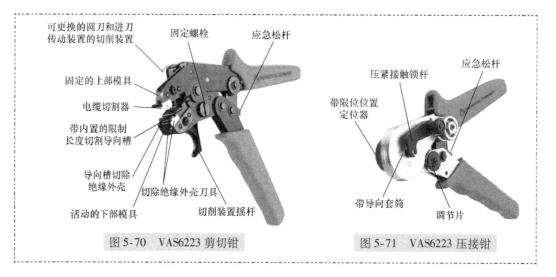

图5-70　VAS6223剪切钳　　　　图5-71　VAS6223压接钳

4. 光导纤维维修实际操作

1）如图5-72所示，视长度需要，使用VAS6223剪切钳将光导纤维粗略地剪开。

注意，要使用侧剪功能，且动作要慢、稳，以免折断纤芯。

2）如图5-73所示，将光导纤维嵌入VAS6223剪切钳的保护层导槽中剪切保护层（橘红色包层）。

注意，此时的光导纤维绝对不允许弯曲或夹紧。

3）如图5-74所示，将光导纤维嵌入VAS6223剪切钳中，并将钳口闭合。

注意，要使保护层导槽与箭头方向（即光导纤维方向）对正。

4）如图5-75所示，用VAS6223剪切钳的剪刀轮对光导纤维实施精剪切，以确保剪切后的光导纤维截面平滑、无损伤（图5-76）。

注意，不要剪得太快，以免造成损伤。

5）如图5-77所示，将光导纤维铜质接头嵌入VAS6223压接钳中。此处，需注意铜质接头不要歪斜。

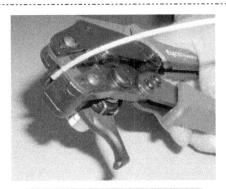

图5-72 将光导纤维粗略地剪开

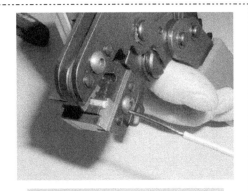

图5-73 剪切保护层（橘红色包层）

图5-74 将光导纤维嵌入
VAS6223剪切钳中，并将钳口闭合

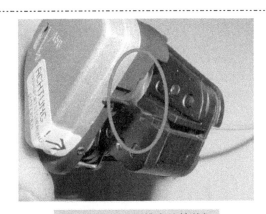

图5-75 光导纤维实施精剪切

图5-76 精剪切后的
光导纤维截面平滑、无损伤

图5-77 将光导纤维铜
质接头嵌入VAS6223压接钳中

6）如图 5-78 所示，用 VAS6223 压接钳的压紧接触锁杆将铜质接头锁住。

7）如图 5-79 所示，将已经去除保护层的光导纤维插入铜质接头的内孔，直至可以感觉到轻微的阻力。

图 5-78　用压紧接触锁杆将铜质接头锁住

图 5-79　将光导纤维插入铜质接头的内孔

8）如图 5-80 所示，确认光导纤维与铜质接头接触良好、对正后，施力进行压接。

9）如图 5-81 所示，检查光导纤维与铜质接头的接合情况。要求纤芯端面与铜质接头端面之间的间隙值 X 为 $0.01 \sim 0.1$ mm，将光导纤维与铜质接头拉开的力不小于 60N（确保接合可靠），光波信号在该接头处的衰减常数不得大于 0.3dB。如果上述要求有一项不合格，则说明此次接头制作失败，须重新制作。

图 5-80　施力进行压接

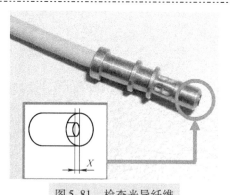

图 5-81　检查光导纤维与铜质接头的接合情况

复习思考题

一、填空题

1. 光敏二极管是利用_____原理将光波信号转换成电压信号的。

2. 作为光波的传输介质，光导纤维（亦称光缆）的作用是_____。

3. 大多数光波是按_____原理在纤芯表面以_____传输的，其结果在内芯线的表面产生了_____。

4. 为了能使光波传输过程中的损失尽可能小，光导纤维的端面应_____、_____、_____。

5. MOST 总线是一种用于_____的网络系统。

6. MOST 总线可连接_____、_____、_____、高保真音频放大器、车载电话、多碟 CD 播放器等模块，其数据传输速率最高可达_____Mbit/s，而且没有_____。

7. byte flight 系统的数据传输速率为_____Mbit/s，可以满足对数据传输的_____要求非常高的_____系统的要求，且可在_____条件下可靠地传输数据。

8. byte flight 数据电码分为_____的电码和_____的电码两类。

9. byte flight 上传输的所有信息都是以_____形式发送的数据电码。

二、选择题

1. MOST 总线传输速度是（   ）。
   A. 20Mbit/s   B. 100kbit/s   C. 500kbit/s   D. 10Mbit/s

2. 以下（   ）不是 MOST 总线控制单元的结构组成。
   A. 光导插头   B. 电气插头   C. 光导纤维   D. 微处理器

3. 以下（   ）是 MOST 总线的主要应用系统。
   A. 远程汽车检测系统   B. 多媒体娱乐系统
   C. 动态驾驶控制系统   D. 自适应巡航系统

4. 以下（   ）不是 MOST 总线的特点。
   A. 光波传输信号   B. 传输速率高于 CAN 系统
   C. 有优先权设定   D. 无论是否有主控计算机都可以工作

5. 以下（   ）不是 MOST 总线的工作状态。
   A. 备用模式   B. 休眠模式   C. 通电工作模式   D. 唤醒模式

三、判断题

1. 车载多媒体影音娱乐系统工作时，为保证音质清晰、画面流畅，需要传输的数据量很大（海量数据），对数据传输速率要求也很高。（   ）

2. MOST 系统环路断开诊断只能用于判定数据传输是否中断。（   ）

3. byte flight 系统主要用于传输时间上要求特别紧迫的安全气囊系统数据。（   ）

4. byte flight 总线控制单元联网时仅需要一根光导纤维，且只能朝一个方向单向传输数据。（   ）

5. 在 MOST 系统中，音频和视频信息是作为同步数据传输的。（   ）

6. 光导纤维断路、发射器或接收器控制单元的供电电路故障，以及发射器或接收器控制单元本身损坏等原因，均可能导致 MOST 总线系统出现环路断开。（   ）

7. MOST 系统环路断开诊断不只用于判定数据传输是否中断。（   ）

8. 相对于传统铜质导线来说，光导纤维在复杂的电磁环境中更不易于受到外部干扰。
（   ）

9. 星形拓扑结构的优点是易于联网、易于扩展，且具有较高的抗干扰能力。（   ）

10. byte flight 主控单元执行两个任务：一是产生同步脉冲（sync pulse）；二是使卫星式控制单元进入报警模式。（   ）

四、名词解释

1. 光波信号衰减

2. MOST 总线

3. byte flight 总线

五、问答题

1. 车载光导纤维具有哪些特点？
2. 填写完整图注中的内容，并说明光导纤维的结构作用？

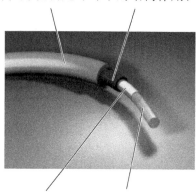

3. MOST 总线系统管理器有哪些？
4. MOST 总线系统状态有哪些？
5. 请写出 MOST 总线控制单元图中的数字名称与作用。

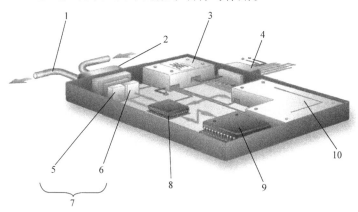

6. MOST 总线系统进入休眠模式的条件是什么？
7. byte flight 系统采用星形拓扑结构的特点是怎样的？
8. 请对照下图写出光电效应原理。

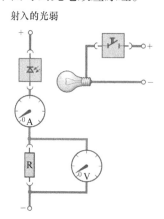
射入的光弱

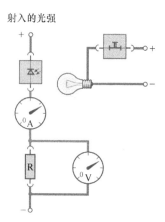
射入的光强

第六章

以太网与 FlexRay 总线

第一节 以 太 网

一、以太网及其标准

1. 以太网

以太网（Ethernet）最早由 Xerox（施乐）公司创建，1980 年由 DEC（美国数字设备公司）、Intel（英特尔公司）和 Xerox 三家公司联合开发成为一个网络标准。以太网是一项使用电缆连接的网络技术，可供任何制造商使用。

2. 以太网的标准

以太网是应用最为广泛的局域网，包括标准的以太网（10Mbit/s）、快速以太网（100Mbit/s）和 10G 以太网（10Gbit/s）等，如图 6-1 所示。以太网采用的是 CSMA/CD 访问控制法，符合 IEEE802.3 标准。

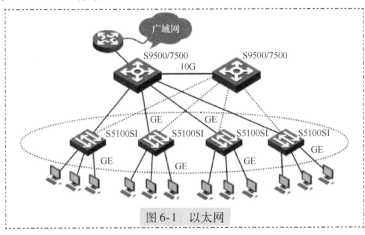

图 6-1 以太网

经过 30 多年的发展，以太网的数据传输速率已经得到成倍提高。目前在汽车上使用的是数据传输速率为 100Mbit/s 的 IEEE 802.3u 标准。IEEE 802.3xx 是美国电气与电子工程师协会针对电缆连接网络的一项标准。该标准又称为"快速以太网"，使用 TCP/IP（传输控制协议/网际协议）和 UDP（用户数据报协议）协议作为传输协议。

二、以太网在汽车上的应用

在 BMW 车系的 F01/F02 车型上采用快速以太网（100Mbit/s）作为快速编程接口（图 6-2）。同时，快速以太网负责在 CIC（车辆信息计算机）与 RSE（后座区娱乐系统）之间传输媒体数据。

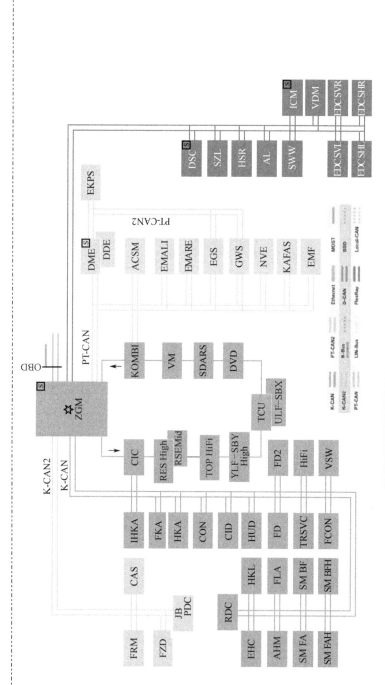

图6-2 BMW车系F01/F02总线系统概览

ACSM—碰撞和安全模块(高级碰撞和安全模块) AHM—挂车模块 AL—主动转向系统 CAS—便捷登车及起动系统 CIC—车辆信息计算机 CID—中央信息显示屏 CON—控制器 DDE—数字式柴油机电子系统 DME—数字式发动机电子系统 DSC—动态稳定控制系统 DVD—DVD换碟机 EDC SHL—左后电子减振器控制系统卫星式控制单元 EDC SHR—右后电子减振器控制系统卫星式控制单元 EDC SVL—左前电子减振器控制系统卫星式控制单元 EDC SVR—右前电子减振器控制系统卫星式控制单元 EGS—变速器电子控制系统 EHC—车辆高度电子控制器 EKPS—电动燃油泵控制单元 EMALI—左侧电子减振器控制单元 EMARE—右侧电子减振器控制单元 EMF—电动机械式驻车制动系统 FCON—后脚控制器 FD—后座区显示屏 FD2—后座区显示屏2 FKA—后座区暖风和空调系统 FLA—远光灯辅助系统 FRM—脚部区域模块 FZD—车顶功能中心 GWS—选档开关 HiFi—高保真音响放大器 HKL—行李箱盖举升装置 HUD—平视显示屏 ICM—集成式底盘管理系统 IHKA—自动恒温空调 JB—接线盒电子装置 KAFAS—基于摄像机原理的驾驶人辅助系统 KOMBI—组合仪表 NVE—夜视系统电子装置 PDC—驻车距离监控系统 RDC—轮胎压力监控系统 RSE-High—远程乘客座椅系统 RSE-Mid—专业级后座系统 SDARS—卫星广播 SWW—换车道警告 SZL—转向柱开关中心(美规) SMBF—前乘客座椅模块 SMBFH—前乘客座椅加热 SMFA—驾驶人座椅模块 SMFAH—驾驶人侧加热 TCU—远程通信系统控制单元 TOP-HIFI—顶级高保真音响系统 TRSVC—倒车摄像机和侧视和顶部监视系统 ULF-SBX—高级接口盒(蓝牙电话技术、语音输入和USB/音频接口) VDM—车辆自动态管理系统(电子减振器控制系统的中央控制单元) VM—视频模块 VSW—视频开关 SBX High—高级接口盒(蓝牙电话技术、语音输入和USB/音频接口) ULF—功能 ZGM—中央网关模块

1. 以太网在 F01/F02 上的应用

只有插入 BMW 编程系统（ICOMA）时才会启用诊断插座内的以太网。编程插头内的针脚 8 与针脚 16 之间有一个启用电桥，该电桥负责接通中央网关模块内以太网控制器的供电电路。也就是说，车辆行驶时通过以太网连接中央网关模块的功能处于停用状态。信息和通信系统间的以太网连接不受诊断插座内启用电桥的影响，始终处于启用状态。

2. 以太网的安全性

以太网上的所有设备都有单独分配的识别号，即 MAC（媒体访问控制）地址。建立连接时，BMW 编程系统通过该地址和 VIN（车辆识别号）识别车辆，以此避免第三方更改数据记录和存储值。与办公室内的计算机网络一样，以太网网络内的所有设备都必须拥有唯一的识别号。因此建立连接后，中央网关模块从编程系统得到一个 IP 地址。网络内的 IP 地址功能相当于电话网络的电话号码。这个 IP 地址通过 DHCP（动态主机配置协议）来分配，这是一种自动为网络内终端设备分配 IP 地址的方法。

3. 以太网的特点

1）数据传输速率很高，可达 100Mbit/s。
2）建立连接和分配地址时系统启动用时 3s，进入休眠模式时用时 1s。
3）只能通过 BMW 编程系统访问以太网。

4. 以太网的功能

1）进行汽车维修时能更迅速地进行车辆编程。
2）在 CIC 与 RSE 间传输媒体数据。如图 6-3 所示，在 OBD2 诊断插座、ZGM 和 CIC 之间通过两个没有附加屏蔽层的双绞线连接。此外还有一个为各控制单元内以太网控制器供电的启用导线。CIC 与 RSE 之间的导线带有屏蔽层，取代了启用导线。

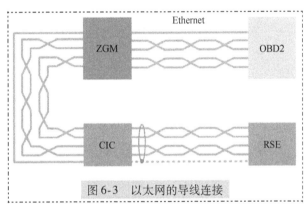

图 6-3　以太网的导线连接

第二节　FlexRay 总线

FlexRay 是一个新的通信系统，该系统的目标是在电气与机械电子组件之间实现可靠、实时且高效的数据传输，以便满足新的汽车网络技术。FlexRay 为车内分布式系统的实时数据传输提供了有效协议。宝马 E70 轿车 FlexRay 总线系统将 VDM 控制单元（垂直动态管理系统）与减振器处的 EDC 卫星式控制单元连接起来，如图 6-4 所示。

一、FlexRay 总线简介

1. FlexRay 总线的发展

FlexRay 是一种用于汽车的高速、可确定性的，具备故障容错能力的总线技术，它将事件触发和时间触发两种方式相结合，具有高效的网络利用率和系统灵活性的特点，可以作为新一代汽车内部网络的主干网络。目前，FlexRay 总线已经成为汽车网络系统的标准，将在未来很多年内，引领汽车网络系统的发展方向。FlexRay 是继 CAN 和 LIN 之后的最新研发成果，可以有效管理多重安全和舒适功能，如 FlexRay 适用于线控操作（X-by-Wire）。

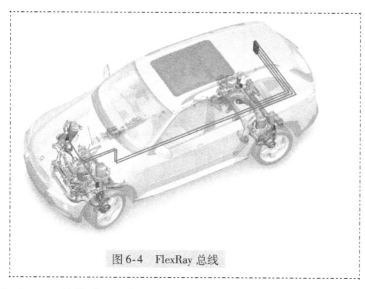

图 6-4　FlexRay 总线

由于目前通过 CAN 总线实现联网的方式已经达到其效率的极限，业界普遍认为，FlexRay 将是 CAN 总线的替代标准。

FlexRay 是一种新型通信系统，目标是在电气与机械电子组件之间实现可靠、实时、高效的数据传输，以确保满足未来新的汽车网络技术的需要。

由于控制单元在车辆内联网对通信系统技术方面的要求越来越高，同时认识到有必要为基础系统提供一个开放式标准化解决方案，因此开发了新型通信系统 FlexRay。FlexRay 为车内分布式网络系统的实时数据传输提供了有效协议。

FlexRay 是专门瞄准下一代汽车应用及"线控"应用的新型网络通信系统，旨在应用于需要高通信带宽和决定性容错数据传输能力的底盘控制、车身控制和动力总成控制等场合。FlexRay 具有创新的功能和安全的特点，能够使汽车系统安全达到一个很高的、崭新的水平。FlexRay 不仅能简化汽车电子系统和通信系统结构，同时还可帮助汽车电子控制单元变得更加稳定和可靠。

2. FlexRay 的数据传输速率

如图 6-5 所示，FlexRay 的最大数据传输速率为每通道 10Mbit/s，明显高于以前在车身和动力传动系统/底盘方面所用的数据总线。以前只有使用光导纤维才能达到该数据传输速率。除较高的带宽外，FlexRay 还支持确定性数据传输且能以容错方式进行配置，即个别组件失灵后其余的通信系统仍能继续可靠地工作。

3. FlexRay 的优点

作为汽车网络系统的标准，FlexRay 具有以下优点：
1）数据传输速率较高（可达 10Mbit/s，而 CAN 仅为 0.5Mbit/s）。
2）确定性（实时）数据传输。
3）数据通信可靠。
4）支持系统集成。

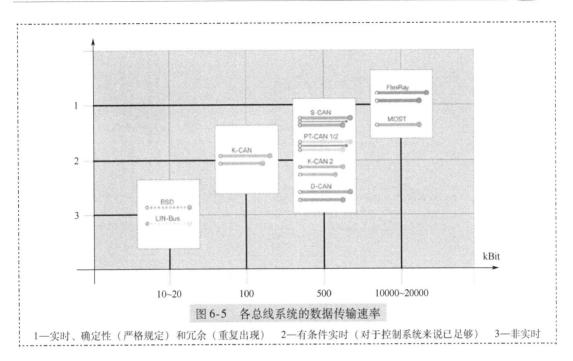

图 6-5 各总线系统的数据传输速率

1—实时、确定性（严格规定）和冗余（重复出现）　2—有条件实时（对于控制系统来说已足够）　3—非实时

二、FlexRay 总线的特性

下面介绍 FlexRay 总线系统的拓扑结构、冗余数据传输、信号特性、确定性数据传输、唤醒和休眠特性、同步化等重要特性。

1. FlexRay 总线系统的拓扑结构

FlexRay 总线系统可以不同的拓扑结构和形式安装在车内，既可以采用线形总线拓扑结构，也可以采用星形总线拓扑结构，还可以采用混合总线拓扑结构。

（1）线形总线拓扑结构　在线形总线拓扑结构（图 6-6）中，所有控制单元（例如 SG1 至 SG3）都通过一个双线总线连接。该总线采用两个铜芯双绞线，CAN 总线也使用这种连接方式。线形拓扑结构在两根导线上传输相同的信息，但电平不同。线形拓扑结构所传输的差动（差分）信号不易受到干扰，仅适用于电气数据传输。

（2）星形总线拓扑结构　在星形总线拓扑结构（图 6-7）中，卫星式控制单元（控制单元 SG2 至 SG5）分别通过一个独立的导线与中央主控控制单元（SG1）连接。这种星形拓扑结构既适合于电气数据传输，也适合于光学数据传输。

（3）混合总线拓扑结构　在混合总线拓扑结构中，在同一个总线系统内可以使用不同的拓扑结构。总线系统的一部分采用线形结构，另一部分为星形结构。F01/F02 车型中使用的就是混合总线拓扑结构。根据车辆配置情况，在中央网关模块内带有一个或两个星形连接器，每个星形连接器都有 4 个总线驱动器。因此，最多可提供 8 个接口。

2. 冗余数据传输

在容错性系统中，即使某一总线导线断路，也必须确保数据能继续可靠传输。这一要求可以通过在第二个数据信道上进行冗余数据传输（图 6-8）来实现。具有冗余数据传输能力的总线系统使用两个相互独立的信道。每个信道都由一组双线导线组成。一个信道失灵时，该信道应传输的信息可在另外一条没有发生故障的信道上传输。

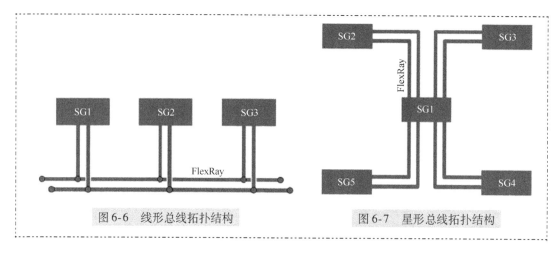

图 6-6　线形总线拓扑结构　　　　图 6-7　星形总线拓扑结构

3. 信号特性

FlexRay 总线信号必须在规定范围内。图 6-9 和图 6-10 给出了总线信号的正常波形和非正常波形。无论是在时间轴上还是在电压轴上，总线信号都不应进入内部区域。

FlexRay 总线系统是数据传输速率较高且电平变化较快的一种总线系统，对电平高低以及电压上升沿和下降沿的斜率都有严格的规定，必须达到规定数值，且信号波形不得进入所标记的区域（绿色或红色六边形）。因导线安装不正确、接触电阻等产生的电气

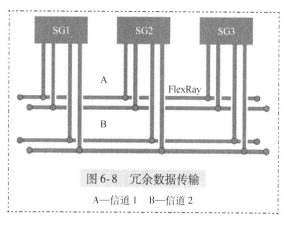

图 6-8　冗余数据传输
A—信道 1　B—信道 2

故障可能会导致数据传输出现问题。图 6-9 和图 6-10 所示波形只能用速度很快的实验室研究用的专业示波器显示出来，宝马车系诊断系统中使用的示波器不适合显示这种波形。

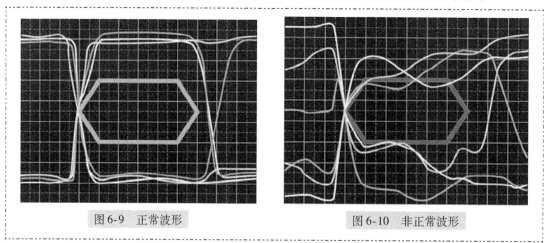

图 6-9　正常波形　　　　图 6-10　非正常波形

FlexRay 总线系统的电压范围如下：

1）系统接通。系统接通时，如果无总线通信，则其电压为 2.5V。

2）高电平信号。高电平信号的电压为 3.1V（电压信号上升 600mV）。

3) 低电平信号。低电平信号的电压为 1.9V（电压信号下降 600mV）。

注：电压值以对地（搭铁）测量方式得到。

4. 确定性数据传输

CAN 网络是一个事件触发式总线系统，发生一个事件时就会传输数据。多个事件汇集在一起时，可能在后续信息发送时出现延迟现象。如果无法成功准确地传输一条信息，该信息将一直发送，直至相应通信设备确认已接收到。如果 CAN 总线系统内出现故障，可能会导致这些事件触发的信息汇集在一起并造成总线系统过载，即各信号的传输要延迟很长时间，这样会导致各系统的控制性能变差。

FlexRay 是一种时间触发式总线系统，它也可以通过事件触发方式进行部分数据传输。在时间控制区域内，时隙分配给确定的信息。一个时隙是指一个规定的时间段，该时间段对特定信息（例如转速）开放。这样，在 FlexRay 总线系统内重要的周期性信息以固定的时间间隔传输，因此不会造成 FlexRay 总线过载。对时间要求不高的其他信息则在事件控制区域内传输。FlexRay 总线系统内确定性数据的传输过程如图 6-11 所示。

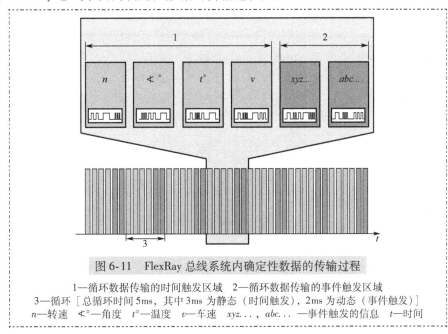

图 6-11 FlexRay 总线系统内确定性数据的传输过程

1—循环数据传输的时间触发区域 2—循环数据传输的事件触发区域
3—循环 [总循环时间 5ms，其中 3ms 为静态（时间触发），2ms 为动态（事件触发）]
n—转速 ∢°—角度 t°—温度 v—车速 $xyz...$，$abc...$—事件触发的信息 t—时间

确定性数据传输用于确保时间触发区域内的每条信息都能实现实时传输，即每条信息都能在规定时间内进行传输。因此，FlexRay 不会由于总线系统过载而导致重要总线信息发送延迟。如果由于暂时性总线故障（例如 EMC 故障）导致一条信息丢失，则该信息不会再次发送，在为此规定的下一时隙内将发送当前数值。

5. 唤醒和休眠特性

在宝马车系 F01 车型中，虽然可通过总线信号唤醒 FlexRay 控制单元，但大部分 FlexRay 控制单元由 CAS（便捷登车及起动系统）通过一个附加唤醒导线进行唤醒。该唤醒导线的功能与以前 BMW 车系 PT-CAN 内的唤醒导线（15WUP）相同，其信号曲线也与 PT-CAN 的信号曲线一样。主动转向系统和 VDM（垂直动态管理系统）不通过唤醒导线，而是通过总线信号唤醒。随后通过接通供电直接由 VDM 启用 4 个减振器卫星式控制单元。

FlexRay 的唤醒信号曲线如图 6-12 所示，从中可以清楚地看出车辆开锁（打开车门锁）和起动时的典型的电压曲线。

第一阶段，驾驶人用车钥匙或遥控器将车辆开锁。CAS 控制单元启用唤醒脉冲并通过唤醒导线将车辆开锁信号（高电平）传输给所连接的 FlexRay 控制单元。

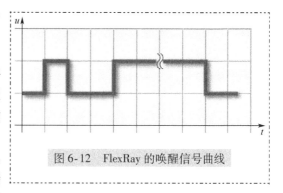

图 6-12 FlexRay 的唤醒信号曲线

第二阶段，驾驶人打开车门，进入车内。在将车钥匙插入点火开关之前，由于总线端 R 仍处于断开状态，总线系统内的信号电平再次下降（低电平）。

第三阶段，驾驶人起动发动机，总线端 15 接通，则总线系统内的信号电平保持在设定值（高电平），直至再次关闭总线端 15。

第四阶段，驾驶人关闭发动机，拔出车钥匙，锁好车门。此时，总线端 R 再次处于断开状态。当总线端 R 处于断开状态时，FlexRay 总线系统进入休眠模式，以免耗电过多。

为确保所有控制单元都进入休眠模式，FlexRay 总线系统内的每个控制单元都自动注销。如果有某些控制单元未能进入休眠模式（可能会导致系统耗电过多），系统会自动存储一条故障信息。当对车辆进行电能（能量）诊断工作时将评估这条故障信息。

6. 同步化

为了能够在联网控制单元内同步执行各项功能，需要有一个共同的时基。由于在所有控制单元内部都是利用其自身的时钟脉冲发生器工作的，因此，必须通过总线进行时间匹配。控制单元测量某些同步位的持续时间，据此计算平均值并根据这个数值调整总线时钟脉冲。同步位在总线信息的静态部分中发送。系统启动后，只要 CAS 控制单元发送一个唤醒脉冲，FlexRay 上的两个授权唤醒控制单元（图 6-2 中带有"S"标记的控制单元）之间就会开始进行同步化。该过程结束时，其余控制单元相继自动在 FlexRay 上注册，计算出各自的差值并进行校正。

此外，在运行期间还会对同步化进行计算校正。这样可以确保最小的时间差，从而在较长时间内不会导致传输错误。

三、FlexRay 总线系统的检修

1. 故障类型

FlexRay 总线系统故障主要是 FlexRay 总线导线出现短路或断路；FlexRay 控制单元本身出现故障导致无法进行通信两种类型。

2. 正确铺设 FlexRay 总线

FlexRay 总线结构采用带电缆套的双芯双绞线电缆，电缆套用于防止电缆机械损坏。终端电阻位于 EDC 卫星式控制单元内，每个卫星式控制单元都带有一个终端电阻。因为导线的波涌阻抗（高频导线阻抗）取决于外部影响因素，所以针对所要求的电阻值精确匹配了终端电阻。借助电阻测量仪（万用表欧姆档）可以相对简单地检测至卫星式控制单元的四部分导线。注意应从 VDM 控制单元处进行测量。

注意：VDM 控制单元针脚位置可以从故障诊断系统的电路图上找到。

3. FlexRay 导线维修

根据 FlexRay 导线电阻的测量结果无法准确地判断导线是否正常。因为出现挤压变形或插头腐蚀等损坏情况时，在静态模式下电阻值可能位于标准范围内，但是，在动态模式下将会导致阻抗提高，从而出现数据传输故障。

1）FlexRay 的线路是一个双绞线导线，必须尽可能保持这种双绞线布置方式。剥掉 FlexRay 导线绝缘层的维修部位必须用软管密封住，否则容易进水从而影响总线系统的效率。

2）FlexRay 导线损坏后必须用规格一致的 FlexRay 导线替换，否则将会影响传输功能。

第三节　FlexRay 总线在宝马车系中的应用

一、FlexRay 总线的应用

1. FlexRay 总线应用概述

在宝马车系 F01/F02 车型中，通过 FlexRay 总线系统以跨系统方式实现汽车行驶动态管理系统和发动机管理系统的联网（图 6-2）。同时，FlexRay 是行驶动态管理系统的综合性主总线系统（图 6-13），中央网关模块用于不同总线系统与 FlexRay 之间的连接（图 6-14）。

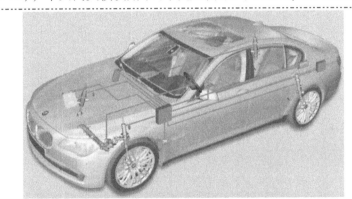

图 6-13　FlexRay 是行驶动态管理系统的综合性主总线系统

F01/F02 车型 FlexRay 总线系统的拓扑结构如图 6-15 所示。根据车辆配置情况，ZGM 带有一个或两个星形连接器，每个星形连接器都有 4 个总线驱动器。总线驱动器将控制单元数据通过通信控制器传输给中央网关模块（ZGM）。根据 FlexRay 控制单元的终端形式，总线驱动器通过两种方式与这些控制单元相连。

2. 终端电阻的设置

与大多数总线系统一样，为了避免在导线上产生信号反射，FlexRay 上的数据导线两端也使用了终端电阻（作为总线终端）。这些终端电阻的阻值由数据传输速率和导线长度决定。终端电阻位于各个控制单元内部。

如果一个总线驱动器上仅连接一个控制单元（例如 SZL 与总线驱动器 BDO 相连），则总线驱动器和控制单元的接口各有一个终端电阻（图 6-16）。中央网关模块的这种连接方式称为"终止节点终端"。

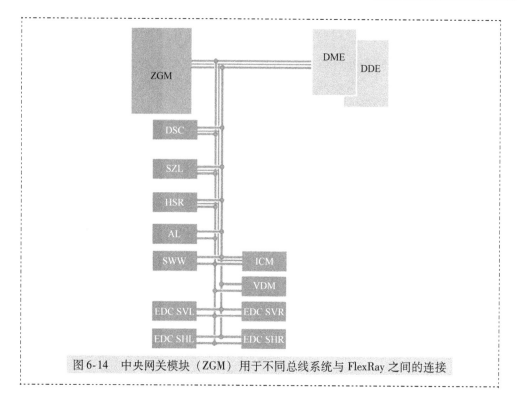

图6-14 中央网关模块（ZGM）用于不同总线系统与FlexRay之间的连接

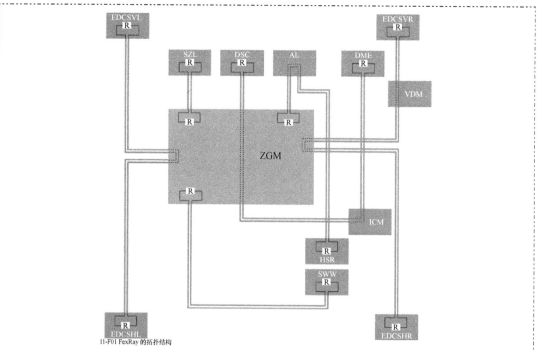

图6-15 F01/F02车型FlexRay总线系统的拓扑结构

AL—主动转向系统　DME—数字式发动机电子系统　DSC—动态稳定控制系统　EDCSHL—左后电子减振器控制系统卫星式控制单元　EDCSHR—右后电子减振器控制系统卫星式控制单元　EDCSVL—左前电子减振器控制系统卫星式控制单元　EDCSVR—右前电子减振器控制系统卫星式控制单元　HSR—后桥侧偏角控制系统　ICM—集成式底盘管理系统　SZL—转向柱开关中心　VDM—垂直动态管理系统　ZGM—中央网关模块

如果控制单元上的接口不是物理终止节点（例如总线驱动器 BD2 上的 IEC、ICM 和 DME），而是形成环路，则每个总线路径端部的两个组件内部必须设置终端电阻（图 6-17）。

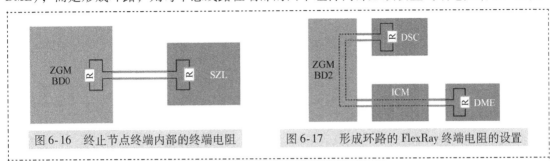

图 6-16　终止节点终端内部的终端电阻　　　　图 6-17　形成环路的 FlexRay 终端电阻的设置

这种连接方式既用于中央网关模块，也用于一些控制单元。但是形成环路的控制单元还使用一个"非终止节点终端"来获取数据。受这种终端形式的电阻/电容器电路所限，无法通过测量技术在控制单元插头上对其进行检查。通过测量（无电流）FlexRay 总线确定导线或终端电阻时，必须使用车辆电路图。

二、FlexRay 总线的故障处理与检测

1. 故障处理

FlexRay 总线导线出现故障（例如短路或对地短路）或 FlexRay 控制单元自身出现故障时，可能会切断各控制单元或整个支路与总线之间的通信。带有 4 个授权唤醒 FlexRay 控制单元（ZGM、DME、DSC、ICM）的分支除外。如果这些控制单元之间的通信中断，则发动机无法起动。

此外，控制单元内的这种总线监控功能还能防止在非授权时间发送信息，从而防止覆盖其他信息。

2. 布线特点

宝马车系 F01/F02 车型的 FlexRay 总线采用带电缆套的双芯双绞线电缆。电缆套用于防止电缆机械损坏。终端电阻位于中央网关模块和终端设备内。由于导线的波阻抗（高频导线的阻抗）取决于外部影响因素，因此终端电阻根据所需阻值进行了精确调节。借助万用表（欧姆表）可以相对简单地检测至终端设备的部分导线。为此，应从中央网关模块处进行测量。

3. 导线电阻的检测

检测 FlexRay 导线电阻时必须使用车辆电路图。由于终端电阻的设计方案不同，如果没有电路图和数据的标准值，可能导致对测量结果做出错误判断。

FlexRay 导线电阻的检测结果无法 100% 地判断出系统功能正常与否。出现挤压变形或插头腐蚀等损坏情况时，在静态模式下电阻值可能位于公差范围内。但在动态模式下，电气影响可能会引起波阻抗提高，从而出现数据传输问题。FlexRay 的导线是双绞线，导线损坏时可以用普通导线进行替换维修。但是安装时必须遵守其特殊要求。

对 FlexRay 的导线进行维修时，必须尽可能保持双绞线布置方式。剥掉绝缘层的维修部位必须用冷缩配合软管加以密封，否则进水后可能会影响波阻抗，进而影响 FlexRay 总线系统的信息传输效率。

第四节　FlexRay 总线在奥迪 A8 中的应用

一、FlexRay 总线的特征和基本原理

2010 年款奥迪 A8 采用一个新的总线系统，即 FlexRay 总线。FlexRay 代表的含义：Flex 的德语意义为 Flexibilität（灵活），Ray 的德文意义为 Rochen（FlexRay 联盟标志中的鳐鱼），其标志如图 6-18 所示。采用 FlexRay 总线是为了满足将来对汽车控制单元联网结构更高的要求，特别是为了实现更快的数据传输率、更强的实时控制和更高的容错运算。使用 FlexRay 总线之后才可以实现驾驶动态控制、车距控制 ACC 和图像处理功能。

图 6-18　FlexRay 总线的标志

1. FlexRay 总线特征

2010 年款奥迪 A8 的 FlexRay 总线具有如下特征：①双绞线总线；②数据传输率：最快 10Mbit/s；③ 传输三种信号状态："空闲""Data0""Data1"；④ "主动"星形拓扑结构；⑤ 实时控制；⑥ 实现分布式控制和与安全相关的系统的使用。

2. FlexRay 总线的基本原理

FlexRay 总线的基本工作方式与使用至今的数据总线系统（CAN 总线、LIN 总线和 MOST 总线）不同。FlexRay 总线的基本工作方式用索道进行比喻就很恰当：索道的站点就像总线用户，即信息发送器和接收器（控制单元）。索道的吊车就像数据帧，而乘客就是信息（图 6-19）。

总线用户通过 FlexRay 总线发送信息的时间点精准地确定；发出信息到达接收器的时间也可以精确地识别。这就与索道既定不变的"时刻表"相同。即使总线用户不发送任何信息，也为它预留一定的带宽，就像索道上，无论是否有乘客，索道都在运行。所以，不需要像在 CAN 总线上那样

图 6-19　索道

设定信息的优先级。奥迪将"空吊车"情况视作信息发送器发生故障，也就是说，控制单元总是发送信息，但用"Update Bit"标记新内容。如果没有可以使用的新数据，则再次发送旧数据。CAN 总线与 FlexRay 总线的异同见表 6-1。

表 6-1 CAN 总线与 FlexRay 总线的异同

特性	CAN 数据总线	FlexRay 总线	特性	CAN 数据总线	FlexRay 总线
布线	双绞线	双绞线	故障日志	在网络中能用故障日志标记故障和错误	每个接收器自行检测接收到的数据帧是否正确
信号状态	"0""1"	"空闲""Data 0""Data 1"数据			
数据传输率	500kbit/s	10Mbit/s	帧数据长度	有效数据最长 8 字节	有效数据最长 256 字节
访问方式	事件触发	时间触发			
拓扑结构	总线，被动星形	点对点，主动星形，Daisy Chain①	传输	◆按需要传输 ◆可以使用 CAN 总线的时间点由负载决定 ◆CAN 总线可能超负载	◆传输数据帧的时间点确定 ◆传输持续时间确定 ◆即使不需要，也保留时间槽
优先设定	先发送优先级别比较高的信息	无，数据在固定的时间点发送			
确认信号	接收器确认接收到有效的数据帧	发送器不会获得数据帧是否正确传输的信息	到达时间	不可知	可知

① Daisy Chain = "串联"，控制单元依次串联的总线拓扑结构。

二、FlexRay 总线协议

在 FlexRay 总线上，信息通过"通信周期"（Communication Cycles）传输。通信周期不断循环，也就是说，接连不断。一个通信周期持续 5ms。通信周期由静态段、动态段、网络空闲时间（空载）三部分组成。

（1）静态段　静态段在总线用户之间传递信息。为了传输数据，静态段被分为 62 个时隙，即"时间槽"，如图 6-20 所示。一个静态时隙只能发送到一个特定的总线用户中，但是，所有总线用户可以接收所有静态时隙，也包括那些与它没有确定关系的时隙。

所有静态时隙的长度都相等，都是 42 字节。时隙的顺序固定不变。在接连不断的通信周期中，各个静态段传输不同内容的信息。一般，无论所有时隙是否都承载信息，整个时隙结构都会被传输。在奥迪车上，总线用户还会持续发送"Update Bit"。

（2）动态段　动态段被分成若干"最小时隙（Minislot）"，所有总线用户都会接收动态段。动态段是通信周期中为了能够传输事件触发的数据而预留的位置，FlexRay 总线的动态段示意如图 6-21 所示。

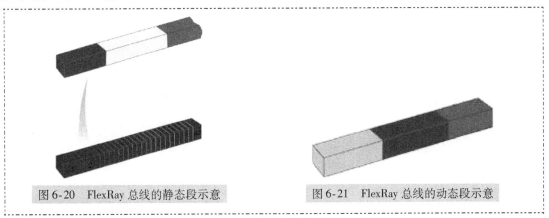

图 6-20 FlexRay 总线的静态段示意　　图 6-21 FlexRay 总线的动态段示意

（3）网络空闲时间 网络空闲时间就是"网络静止时间"，如图6-22所示。在这段时间内，FlexRay总线上没有信息在传输。数据总线诊断接口J533需要这段时间同步FlexRay总线上数据传输的过程。所有总线用户利用网络空闲时间使内部时钟与全球时基同步。

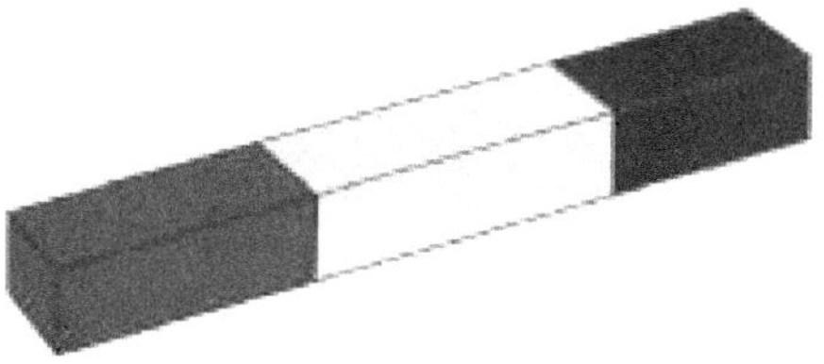

图6-22 FlexRay总线的网络空闲时间示意

三、FlexRay总线的结构

FlexRay总线的拓扑结构可以分为点对点连接的主动星形拓扑结构（支路3）和总线型拓扑结构（支路1、2和4）。数据总线诊断接口J533用作控制器，上面有四个支路（支线）接口。其他总线用户围绕着数据总线诊断接口J533分布在若干支路上。

在2010年款奥迪A8中，每条支路上最多连接两个控制单元。其中，主动星形连接器以及支路上的"末端控制单元"连接低电阻（内电阻较低），而"中间控制单元"则连接高电阻（内电阻较高）。FlexRay总线的拓扑结构如图6-23所示。

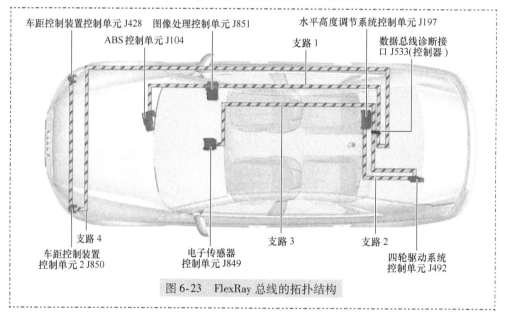

图6-23 FlexRay总线的拓扑结构

一条FlexRay支路上的"中间控制单元"通过四个针脚与FlexRay总线连接，其中两个用来将总线信号"转送"给下一个控制单元；另外两个用于直接与FlexRay总线通信。"节点控制单元"，例如，ABS控制单元J104（图6-24），只有两个针脚。

图6-24 ABS控制单元J104的针脚

四、功能流程

1. 唤醒

如果FlexRay总线处于休眠模式，系统会先通过唤醒过程使FlexRay变成待机模式。即使激活所有接线端 30 的用户，FlexRay 总线也无法主动进行通信。

2. 启动阶段

启动后，FlexRay 总线才有真正的通信。启动，指的就是网络的启动，只能由"冷态启动"控制单元完成。第一个向 FlexRay 总线发送信息的"冷态启动"控制单元开始启动过程。"冷态启动"和同步控制单元将会启动网络，并建立同步。"冷态启动"和同步控制单元有：数据总线诊断接口 J533、ABS 控制单元 J104、电子传感器控制单元 J849。

然而，"非冷态启动"控制单元则不会启动 FlexRay 总线，对建立同步也没有帮助。只有当两个以上其他总线用户在 FlexRay 总线上发送信息后，非冷态启动控制单元才可以发送信息。非冷态启动控制单元有：车距控制装置控制单元 J428、车距控制装置控制单元 2 J850、图像处理控制单元 J851、四轮驱动系统控制单元 J492、水平高度调节系统控制单元 J197（见图 6-25，无法启动网络，但是对同步有帮助）。

3. 信号状态

FlexRay 总线的两条导线分别是"Busplus"和"Busminus"。两条导线上的电平在最低值 1.5V 和最高值 3.5V 之间变换，如图 6-26 所示。FlexRay 的信号状态有三种：

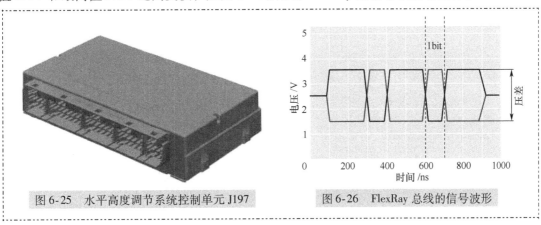

图 6-25　水平高度调节系统控制单元 J197　　　图 6-26　FlexRay 总线的信号波形

1）"空闲"——两导线的电平都为 2.5V。
2）"Data 0"——Busplus 上低电平，Busminus 上高电平。
3）"Data 1"——Busplus 上高电平，Busminus 上低电平。

1bit 占 100ns 带宽。传输时间与导线长度以及总线驱动器的传输用时有关。信号差别传输，也就是说，需要两条导线。接收器通过两个信号的差别确定本来的比特状态。典型的数值是 1.8～2.0V 的压差。发送器附近必须至少有 1200mV 的压差，接收器处的直接最小压差为 800mV。如果在 640～2660μs 之内总线上没有变化，FlexRay 总线自动进入休眠模式（空闲）。

五、FlexRay 总线诊断

数据总线诊断接口 J533 识别到网络中的故障，并使没有故障的区域可以继续工作。故障可能仅出现在某一部分网络内，但是也有可能涉及整个网络。

下述 FlexRay 总线故障可以用车辆诊断测试仪诊断（图 6-27）（地址码 19——数据总线

诊断接口）：①控制单元——无通信；②FlexRay 数据总线损坏；③FlexRay 数据总线初始化失败；④FlexRay 数据总线信号出错。出现故障时 FlexRay 总线的表现如下：

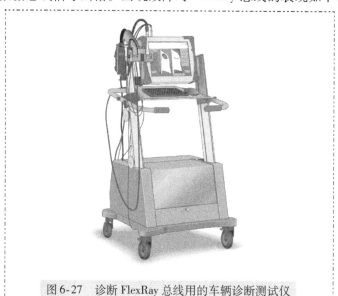

图 6-27　诊断 FlexRay 总线用的车辆诊断测试仪

（1）一条导线对地短路　数据总线诊断接口 J533 识别到一个持续不变的压差。相关的总线支路关闭，直到再次"空闲"，也就是说，识别到休眠模式的电平。

（2）两条导线相互短路　数据总线诊断接口 J533 识别到"空闲"电压持久不变。该总线支路上再也无法发送和接收数据。

（3）控制单元持续发送"空闲"　数据总线诊断接口 J533 识别到总线支路"空闲"，并关闭总线支路。

复习思考题

一、填空题

1. 以太网（Ethernet）最早由 _____ 公司创建，1980 年由 _____、_____ 和 _____ 三家公司联合开发成为一个网络标准。

2. FlexRay 是专门瞄准下一代汽车应用及"_____"应用的新型网络通信系统。

3. FlexRay 的最大数据传输速率为每通道 _____ Mbit/s，明显高于以前在 _____ 方面所用的数据总线。

4. FlexRay 总线系统故障主要是 FlexRay 总线导线出现 _____；FlexRay 控制单元 _____ 两种类型。

5. FlexRay 总线结构采用带电缆套的 _____，电缆套用于防止电缆机械损坏。

6. FlexRay 总线的拓扑结构可以分为 _____ 和 _____。

二、选择题

1. FlexRay 总线最大数据传输速率为每通道（　　）。
   A. 20kbit/s　　　　　　B. 100kbit/s　　　　　　C. 500kbit/s　　　　　　D. 10Mbit/s

2. 以下（　　）不是 FlexRay 总线的主要应用系统。

A. 远程汽车检测系统 　　　　　　　B. 自动空调控制系统
C. 动态驾驶控制系统 　　　　　　　D. 自适应巡航系统

3. 以下（　　）不是 FlexRay 总线的特点。
A. 双绞线橙色为主 　　　　　　　　B. 传输速率高于 CAN 系统
C. 没有优先权设定 　　　　　　　　D. 三种信号状态

三、判断题

1. 以太网上的所有设备都有单独分配的识别号，即 MAC（媒体访问控制）地址。
（　　）

2. FlexRay 总线系统可以用不同的拓扑结构和形式安装在车内，既可以采用线形总线拓扑结构，也可以采用星形总线拓扑结构，还可以采用混合总线拓扑结构。（　　）

3. 在容错性系统中，即使某一总线导线断路，也必须确保数据能继续可靠传输。
（　　）

4. FlexRay 总线系统是数据传输速率较高且电平变化较快的一种总线系统。　（　　）

5. CAN 网络是一个事件触发式总线系统，发生多个事件时才会传输数据。（　　）

6. FlexRay 是一种时间触发式总线系统，它只可以通过事件触发方式进行部分数据传输。
（　　）

7. FlexRay 不会由于总线系统过载而导致重要总线信息发送延迟。　　（　　）

8. FlexRay 的线路是一个双绞线导线，必须尽可能保持这种双绞线布置方式。（　　）

9. FlexRay 导线损坏后必须用规格一致的 FlexRay 导线替换，否则将会影响传输功能。
（　　）

10. 与大多数总线系统一样，为了避免在导线上产生信号反射，FlexRay 上的数据导线两端也使用了终端电阻（作为总线终端）。这些终端电阻的阻值由数据传输速率和导线长度决定。
（　　）

四、名词解释

1. 以太网
2. FlexRay 总线

五、问答题

1. 以太网的特点是怎样的？
2. FlexRay 系统的优点有哪些？
3. FlexRay 总线系统的电压范围是怎样的？
4. 2010 年款奥迪 A8 的 FlexRay 总线具有哪些特征？

第七章

大众奥迪车系车载网络系统

第一节 奥迪 A6 轿车车载网络系统

一、概述

图 7-1 奥迪 A6 轿车车载网络主要电控单元和传感器分布

在 20 世纪 90 年代中期,奥迪车上开始使用了 CAN 数据总线系统。最早使用的 CAN 数据总线是 CAN 舒适数据总线,传输速率为 62.5kbit/s,随后是 CAN 驱动数据总线,传输速率是 500kbit/s。从 2000 年的车型起,奥迪车系开始使用新型的 CAN 舒适数据总线和 Infotainment(信息娱乐)数据总线,均为低速数据总线系统,其传输速率均为 100kbit/s。舒适 CAN 数据总线用于将舒适系统中的控制单元联成网络,信息娱乐数据总线用于将收音机、电话和导航系联成网络。CAN 驱动数据总线为高速数据总线系统,传输速率为 500kbit/s,用于将驱动线束上的控制单元联成网络。CAN 驱动数据总线无法与 CAN 舒适/信息娱乐数据总线进行电气连接,但驱动数据总线与舒适/信息娱乐数据总线可以通过网关相连接。网关可以包含在一个控制单元内,如在组合仪表或车上供电控制单元内,对于某些特殊车型,可能是通过网关控制单元来实现的。由于 CAN 数据总线系统的传输速率有限(尤其在图像、声音等方面的信号传输不是非常理想),同时由于使用成本等原因,现在奥迪车系在已有的

CAN 总线的基础上又增加了 LIN 总线（单线式总线）、MOST 总线（光纤总线）和无线 Bluetooth™ 总线系统。同时为了方便带车载网络系统的汽车的售后服务和维修诊断，在奥迪车上还使用了诊断总线系统。目前在 2010 年款奥迪 A8 和 A7 Sportback 等车型上又使用一种新型的 FlexRay 总线。奥迪 A6 轿车车载网络的主要电控单元和传感器分布如图 7-1 所示，电控单元和传感器的名称代号见表 7-1，车载网络总线系统拓扑图如图 7-2 所示。

表 7-1 奥迪 A6 轿车车载网络电控单元和传感器的名称代号

编号	电控单元名称	编号	电控单元名称
1	辅助加热控制单元 J364	15	CD 换碟机 R41、CD 播放机 R92
2	带 EDS 的 ABS 控制单元 J104	16	左后车门控制单元 J388
3	车距调节控制单元 J428	17	安全气囊控制单元 J234
4	左前轮轮胎压力监控发射元件 G431，在车轮拱形板内	18	车身转动速率传感器 G202
		19	前排乘员车门控制单元 J387
5	供电控制单元 J519	20	前排乘员带记忆功能的座椅调节控制单元 J521
6	驾驶人车门控制单元 J386	21	右后车门控制单元 J389
7	使用和起动授权控制单元 J518	22	左后轮轮胎压力监控发射元件 G433，在车轮拱形板内
8	组合仪表内控制单元 J285		
9	转向柱电气控制单元 J527	23	驻车加热无线电接收器 R64
10	电话、信息通信控制单元 J526、电话发送和接收器 R36	24	带有 CD 播放机的导航控制单元 J401、语音输入控制单元 J507、数字音响包控制单元 J525、收音机 R、TV 调谐器 R78、数字收音机 R147
11	发动机控制单元 J623		
12	全自动空调控制单元 J255		
13	有记忆功能的座椅调节/转向柱调节控制单元 J136	25	右后轮轮胎压力监控发射元件 G434，在车轮拱形板内
14	水平调节控制单元 J197、前照灯照程调节控制单元 J431、轮胎压力监控控制单元 J502、供电控制单元 2 J520、前部信息系统显示和操纵控制单元 J523、数据总线诊断接口 J533、无钥匙式起动授权天线读入单元 J723	26	停车辅助系统控制单元 J446、挂车识别控制单元 J345
		27	舒适系统中央控制单元 J393
		28	电动驻车/驻车制动器控制单元 J540
		29	电能管理控制单元 J644

奥迪 A6 轿车不同生产年份和不同款式的车载网络系统有所不同，应参阅具体的维修手册。

二、奥迪 A6 轿车 CAN 总线

1. 驱动系统 CAN 总线

（1）驱动系统 CAN 总线组成　奥迪 A6 轿车驱动系统 CAN 总线连接发动机控制单元、变速器控制单元、电子稳定程序（ESP）控制单元、安全气囊控制单元、电子驻车制动控制单元、前照灯照程调节系统控制单元等。奥迪 A6 轿车驱动系统 CAN 总线各控制单元在车上的安装位置如图 7-3 所示，拓扑图如图 7-4 所示。

点火开关断开后，CAN 通信一直有效，通信断路时（如拔下插头或某一控制单元供电断

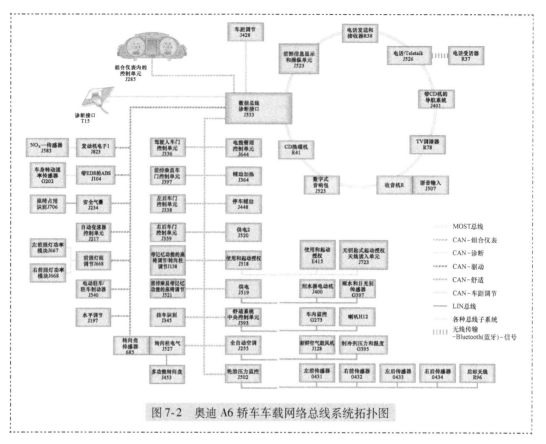

图 7-2 奥迪 A6 轿车车载网络总线系统拓扑图

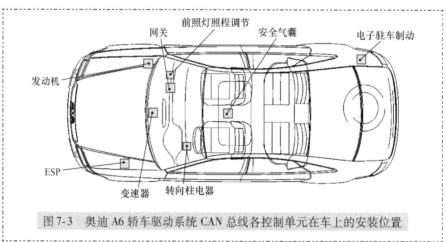

图 7-3 奥迪 A6 轿车驱动系统 CAN 总线各控制单元在车上的安装位置

路）会产生故障记忆，在重新连接正常后，必须删除所有控制单元的故障存储后才可以正常运行。

（2）驱动系统 CAN 总线特点

1）高速传输，500kbit/s。

2）分类级别为 CAN 总线的 C 类。

3）双绞线传输：CAN-H 高电平线为橙色/黑色，CAN-L 低电平线为橙色/棕色。

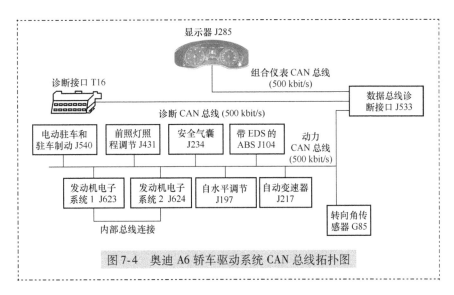

图 7-4 奥迪 A6 轿车驱动系统 CAN 总线拓扑图

4）在一根线断路/短路时，所有功能都会停止。

2. 舒适系统 CAN 总线

（1）舒适系统 CAN 总线组成　舒适系统 CAN 总线系统连接和控制的电控单元比较多，有空调控制单元、停车辅助控制单元、挂车控制单元、蓄电池能量管理单元、车门控制单元、电子转向柱锁控制单元、驻车加热控制单元、轮胎气压监控控制单元以及多功能转向盘、电子后座椅等控制单元。舒适系统 CAN 总线各控制单元安装位置如图 7-5 所示，拓扑图如图 7-2 中的下半部分所示。同样，点火开关断开后，CAN 通信一直有效，通信断路时（如拔下插头或某一控制单元供电断路）会产生故障记忆，在重新连接正常后，必须删除所有控制单元的故障存储后才可以正常运行。

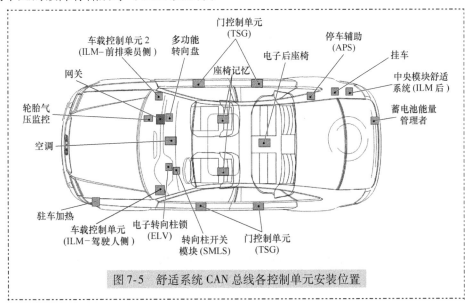

图 7-5 舒适系统 CAN 总线各控制单元安装位置

（2）舒适系统 CAN 总线特点

1）传输率较低，100kbit/s。

2) 分类级别为 CAN 总线的 B 类。

3) 双绞线传输：CAN-H 高电平线为橙色/绿色，CAN-L 低电平线为橙色/棕色。

三、舒适系统 LIN 总线

1. 舒适系统 LIN 总线的组成

LIN 是 Local Interconnect Network 的缩写，它也被称为"局域网子系统"，即 LIN 总线是 CAN 总线网络下的子系统。车上各个 LIN 总线系统之间的数据交换是由控制单元通过 CAN 数据总线实现的。奥迪 A6 轿车的 LIN 总线组成及安装位置如图 7-6 所示。由于舒适系统的传感器和控制单元比较多，对于数据传递速率比较低的传感器和控制单元可用 LIN 总线连接。LIN 总线采用单线连接，成本低，所占空间小。

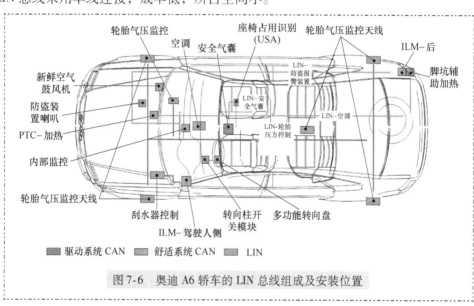

图 7-6 奥迪 A6 轿车的 LIN 总线组成及安装位置

奥迪 A6 的 LIN 总线上的传感器和控制单元按所在位置分布如下：

车顶：温度传感器、光敏传感器、信号灯控制、汽车顶篷等。

车门：车窗玻璃、中控锁、车窗玻璃开关、门窗提手等。

车头：传感器、小电动机、转向盘、方向控制开关、风窗玻璃上的擦拭装置、转向灯、无线电、空调、座椅、座椅控制电动机、转速传感器等。

图 7-7 所示为奥迪 A6 轿车部分舒适系统 CAN 总线和 LIN 总线的拓扑图。

2. 舒适系统 LIN 总线的特点

1) 一个主控单元连接多个从控单元。奥迪 A6 轿车的空调系统的控制由两个 LIN 总线组成，即全自动空调 J255 连接的 LIN 总线和全自动空调后 E265 连接的 LIN 总线。

自动空调 J255 作为 LIN 总线的主控单元，连接 6 个从控单元，分别是新鲜空气鼓风机 J126、前风窗玻璃加热 J505、左后加热元件 Z42、右后加热元件 Z43、驾驶人座椅通风 J672 和前排乘员座椅通风 J673。

全自动空调后 E265 作为另一个 LIN 总线的主控单元，连接 2 个从控单元，分别是座椅通风左后 J674 和座椅通风右后 J675。

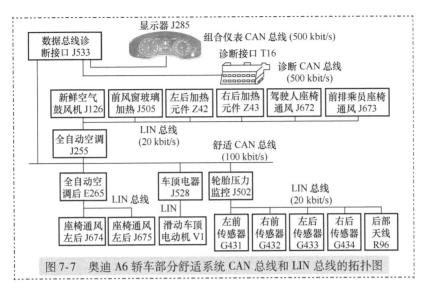

图 7-7 奥迪 A6 轿车部分舒适系统 CAN 总线和 LIN 总线的拓扑图

2）一个主控单元连接多个传感器。轮胎压力监控 J502 作为 LIN 总线的主控单元，连接 4 个轮胎的压力传感器，即左前压力传感器 G431、右前压力传感器 G432、左后压力传感器 G433、右后压力传感器 G434 和一个后部天线 R96。

3）各 LIN 总线之间的数据交换是由主控单元通过舒适系统 CAN 总线实现的，例如全自动空调的两个 LIN 总线之间的数据交换就是由主控单元通过舒适系统 CAN 总线实现的。各轮胎的压力数据经轮胎压力监控 J502、舒适系统 CAN 总线上传到数据总线诊断接口 J533，供显示和诊断使用。

3. LIN 总线控制实例

如图 7-8 所示，刮水器操纵信号控制流程如下：

1）驾驶人将刮水器控制杆放到刮水器间歇位置。

2）转向柱电子装置 J527 读取刮水器控制杆的实际位置信息。

3）转向柱电子装置 J527 经由舒适系统 CAN 总线向供电 1 J519 单元发送此信息。

4）供电 1 J519 通过 LIN 总线向刮水器电动机 J400 发出指令，运行在间歇位置模式。

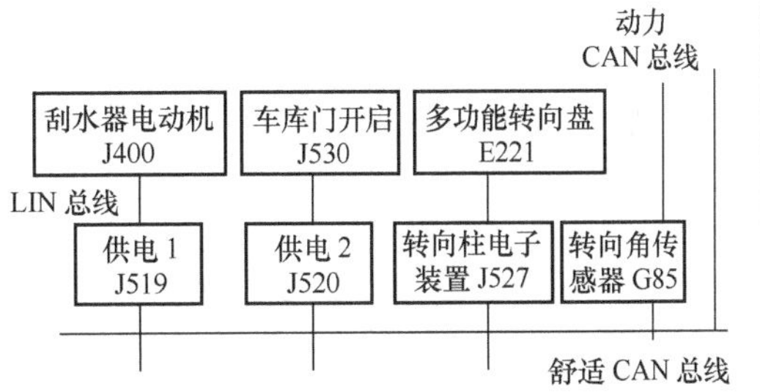

图 7-8 刮水器经 CAN 总线和 LIN 总线的控制电路

四、MOST 总线和蓝牙技术

1. 奥迪 A6 轿车 MOST 总线系统的组成

在奥迪 A6 轿车上信息娱乐系统的数据传递采用 MOST 总线系统，示意图如图 5-18 所示，拓扑图如图 7-9 所示。

奥迪 A6 轿车 MOST 总线系统包括：数据总线诊断接口 J533、前部信息显示和操纵 J523、右后信息显示和操纵 J649、后部 DVD R162、电话/Telematik（德语：信息通信）J256、电话发送和接收器 R37、左后信息显示和操纵 J648、DSP（数字信号处理）放大器

J525、带 CD 的导航系统 J401、TV 调谐器 R78、数字式收音机 R147、收音机模块 R、芯片卡阅读器 J676、CD 换碟机 R41 和 CD 播放机 R92 等。每一个与 MOST 总线相连接的单元都设置了收发装置和其他相关专用装置。

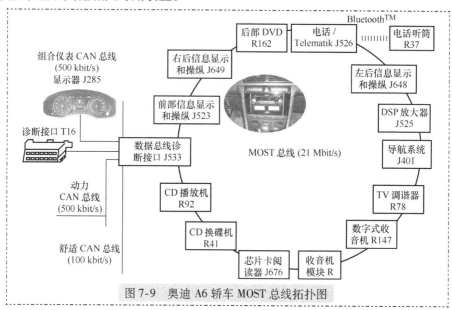

图 7-9 奥迪 A6 轿车 MOST 总线拓扑图

2. 奥迪 A6 轿车 MOST 总线系统的工作模式

如图 7-10 所示，奥迪轿车 A6 MOST 总线系统有三种工作模式：休眠模式、待命模式和工作模式。

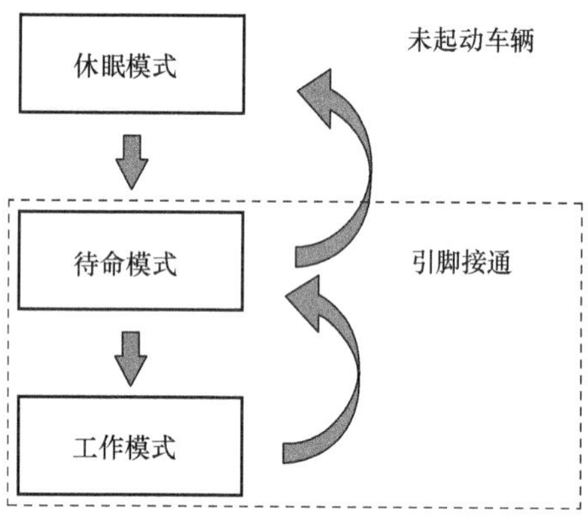

（1）休眠模式　休眠模式也称睡眠模式。MOST 总线系统处于睡眠模式时，MOST 总线内没有数据交换，所有设置处于待命状态，静态电流被降至最小值。睡眠模式的唤醒只能由系统管理器发出的光启动脉冲来激活。在满足下述 3 个条件时，MOST 总线系统进入睡眠模式。

1）总线上的所有控制单元都处于准备进入睡眠模式，如视音频设备处于"关"的状态。

2）其他总线系统不经过网关向 MOST 提出要求。

3）诊断不被激活。

图 7-10 MOST 系统工作模式

（2）待命模式　待命模式也称备用模式。MOST 总线系统处于待命模式时，无法为用户提供任何服务，给人的感觉就好像是系统已经关闭一样。MOST 总线系统在后台运行，但所有的输出介质（如显示屏、收音机放大器等）都不工作或不发声，这种模式在启动及系统持续运行时被激活。待命模式的前提条件如下：

1）由其他数据总线经由网关得以激活，比如驾驶座位旁车门打开或关闭时，点火开关接通等。

2）可以由总线上的一个控制单元得以激活，比如一个要接听的电话。

(3) 工作模式 工作模式也称通电模式。MOST 总线系统处于通电工作模式时，控制单元完全接通，MOST 总线上有数据交换，用户可使用所有功能。通电工作模式的前提条件如下：

1) MOST 总线处在待命模式。
2) 由其他数据总线得以激活，如显示屏工作等。
3) 用户通过操纵多媒体操纵盘激活 MOST 总线，如打开收音机等。

3. 奥迪 A6 轿车蓝牙系统

蓝牙技术首先用在奥迪 A6 轿车上，实现电话发送/接收器 R37 与电话/信息通信 JS26 的无线联系，如图 7-9 所示。

五、奥迪 A6 轿车网络控制电气系统

1. 电能管理系统

奥迪 A6 轿车电能管理控制单元 J644 位于行李箱内的蓄电池旁，如图 7-11 所示。在奥迪 A6 上使用时，该控制单元的软件有所改动，在 MMI 显示屏上显示的不是蓄电池的充电状态，而是蓄电池的实际工作状态。此外，还可以使用诊断仪读出历史数据，也就是关于过去供电状态的数据，如图 7-12 所示。

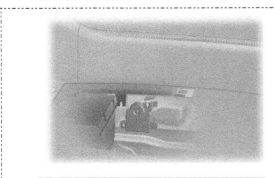

图 7-11 电能管理控制单元 J644 的安装位置　　图 7-12 MMI 显示屏上显示蓄电池的状态

(1) 蓄电池的状态 蓄电池状态表示的是蓄电池的工作能力，这个能力是根据蓄电池充电状态和起动能力估算出来的。显示蓄电池状态的优点如下：

1) 可以根据蓄电池状态直接设定断开值。
2) 组合仪表 J285 的中央显示屏上总是显示蓄电池的实际状态参数。
3) 如果显示为 100%，说明下次关闭发动机时不设定断开值。

(2) 蓄电池稳定放电曲线图 当蓄电池充满电时，蓄电池状态显示为 100%，在断开值 1 被接通后，MMI 显示屏上的"蓄电池状态"值就降到 90%，最后逐步降至 60%。如果在 90% 时设定了断开值 1、2 或 5，那么组合仪表 J285 的中央显示屏上会短时显示"省电模式已激活"，如图 7-13 所示。另外，在用电器切断的整个过程中，组合仪表上的蓄电池符号一直在显示省电模式。蓄电池的状态值如图 7-14 所示。

图 7-13 MMI 显示屏上的显示模式

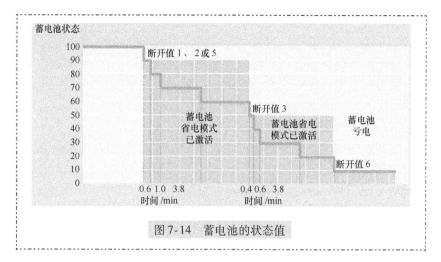

图 7-14 蓄电池的状态值

断开值 3 被接通后，MMI 显示屏上的"蓄电池状态"值就降到 50%，最后逐步降至 20%。如果蓄电池状态值降至 10%，那么断开值 6 就被激活，这时在接通点火开关后，组合仪表的中央显示屏会显示"蓄电池亏电"，如图 7-15 所示。

（3）历史数据的显示　使用诊断仪器可以从电能管理控制单元中读出数据，这些数据对于分析车上供电状态和蓄电池有很大帮助。

1）静电压（空载电压）历史记录。如果蓄电池电压值低于 12.5V、12.2V 及 11.5V 这几个界限值，历史数据中会各自记录一个项目。可以读出为每个界限值记录下的最后四个项目。当出现 CAN 舒适系统休眠、15 号接线柱至少已切断 2h 了、车上电流消耗小于 100mA 等情况时，就会测量电压。当出现电压升高、电流升高、控制单元终止休眠模式、控制单元识别出一个新蓄电池等情况时电压测量结束。

图 7-15　MMI 显示屏上显示"蓄电池亏电"

2）静电流（空载电流）历史记录。如果静电流超过 50mA 这个界限值，那么历史数据中就会记录一个项目。可以读出最后十个项目。当出现 CAN 舒适系统休眠、15 号接线柱至少已切断 2h 了、车上电流消耗大于 50mA 等情况时，就会测量电流。出现电流下降、控制单元终止休眠模式等情况时，电流测量结束。

3）故障分析。如果电能管理控制单元确定"车辆无法起动"，那么历史数据中就会记录一个项目。

4）历史记录的存储记录时间。系统可以存储最后 15 次的断开值，可以存储最后 3 次蓄电池更换数据，可以记录最后 5 次行车时的电能剩余和持续的时间，可以记录最后 5 次驻车时的电能剩余和持续的时间。

2. 高级钥匙系统

（1）概述　奥迪 A6 轿车钥匙上有一个带折叠式机械钥匙齿的部分，用于驾驶人车门和行李箱盖的锁芯。脉冲转发器的功能就集成在电子装置内，没有电池也可工作。电子装置由一块集成的电池供电，以完成遥控和高级钥匙（Advanced Key）功能，其车钥匙的外形如图 7-16 所示。

遥控钥匙与使用和起动授权控制单元之间可通过中央门锁/防盗警报装置天线 R47 实现双向数据交换，这是新开发的功能。这样就可以将中央门锁的状态传送到钥匙内。如果在超出钥匙遥控信号的作用范围时，按下了某个按钮，那么钥匙上集成的发光二极管会指示出车辆的锁止状态，且一直显示上一次用该钥匙操纵中央门锁时所呈现的锁止状态。如果在此期间使用另一把钥匙打开或关闭过车门，那么原来那把钥匙的锁止状态并不改变，如图 7-17 和图 7-18 所示。

在很多国家首次使用时可将遥控信号频率从 433MHz 调到 868MHz，这有助于在车钥匙和控制单元之间进行数据交换。由于这个频率的发射脉冲非常短，这就可避免各种持续的无线电发射干扰，如袖珍手机、无线耳机等。

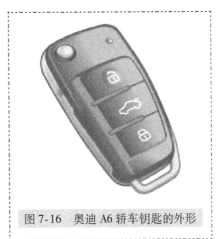

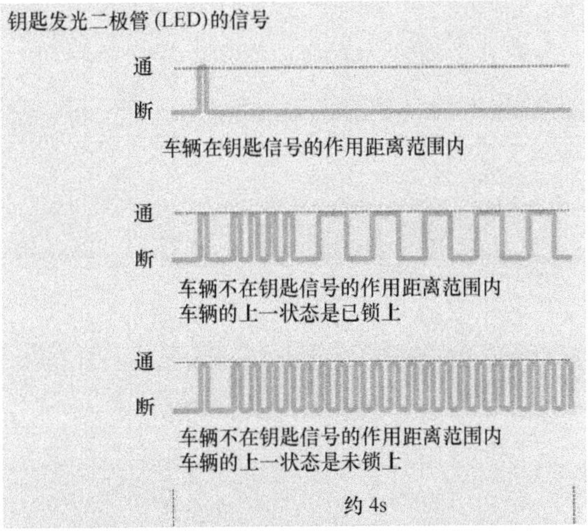

图 7-16　奥迪 A6 轿车钥匙的外形

图 7-17　Advanced Key 脉冲发生器检测状态

（2）高级钥匙系统部件

1）无钥匙式使用授权天线读入单元 J723。只有装用了选装设备 Advanced Key 时，才会有这个控制单元，该控制单元位于仪表板右侧的杂物箱后，如图 7-19 所示。该控制单元使用车门外把手传感器信号来控制使用和起动授权天线。

2）车门外把手接触传感器 G415~G418。车门外把手内的电容式传感器（图 7-20）识别出把手接触后，会向无钥匙式使用授权天线读入单元发送一个短促信号，天线读入单元分析该信号后，通过使用授权天线向车钥匙发出一个询问。车上锁后约 80h，或无授权钥匙操纵 20 次后，传感器关闭。

3）使用和起动授权天线 R134~R138。车上共有四个发射天线，车辆使用这些天线与车钥匙进行无线通信，天线的发射频率为 24.5kHz。车钥匙分析这四个信号，并根据每个天线的场强来确定车钥匙的位置。天线位于两个后车门内、中央副仪表板上以及后保险杠内，如图 7-21 所示。

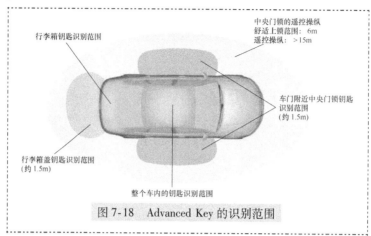

图 7-18　Advanced Key 的识别范围

图 7-19　无钥匙式使用授权天线读入单元 J723 的安装位置

图 7-20　车门外把手接触传感器的安装位置

4）使用和起动授权按钮 E408。出于安全考虑，使用和起动授权控制单元及使用和起动授权开关都要使用这个按钮位置信号，如图 7-22 所示。

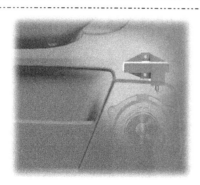

图 7-21　使用和起动授权天线

图 7-22　使用和起动授权按钮 E408

（3）高级钥匙系统的工作过程

1）进入车辆控制过程。图 7-23 所示为奥迪 A6 轿车使用机械钥匙或按门把手进入车辆时，控制单元、开关、传感器之间的信息传递过程，图中的数字顺序为信息传递的顺序，信息传递由舒适 CAN 总线来完成。

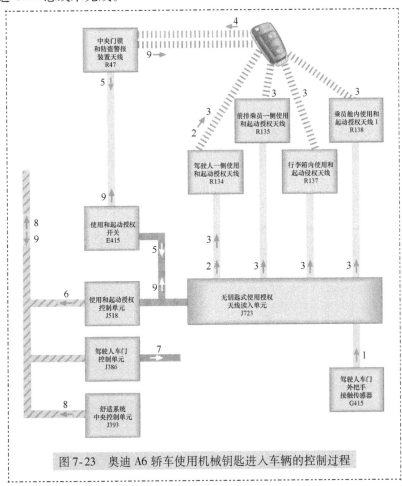

图 7-23　奥迪 A6 轿车使用机械钥匙进入车辆的控制过程

① 驾驶人将手放入门把手的凹坑内，车门外把手接触传感器 G415 就会将"手指已放入把手凹坑"这个信息发送给无钥匙式使用授权天线读入单元 J723。

② 天线读入单元 J723 通过驾驶人一侧的使用和起动授权天线 R134 将一个唤醒信号发送到车钥匙上。

③ 天线读入单元 J723 通过所有的使用和起动授权天线给车钥匙发送一个信号。

④ 车钥匙根据这些信号来确定钥匙在车上的位置，并将这个信息发送到中央门锁和防盗警报装置天线 R47。

⑤ 中央门锁和防盗警报装置天线接收到信息，这个信息由使用和起动授权开关 E415 传送给使用和起动授权控制单元 J518 使用。

⑥ 使用和起动授权控制单元将"打开车门"这个信息发送给舒适系统中央控制单元 J393 和车门控制单元（指门把手已经开始钥匙查询的车门的）。

⑦ 收到使用和起动授权控制单元命令的车门控制单元再操纵相应的锁芯，这样就打开

了该车门。

⑧ 舒适系统中央控制单元 J393 将"打开车门 Advanced Key"这个信息发送到 CAN 舒适总线上。

⑨ 正常的开门过程包括停用安全装置、开门、确认闪光及接通车内灯。除了确认闪光外，使用和起动授权控制单元通过使用和起动授权开关和中央门锁/防盗警报装置天线 R47 将锁止状态发送到车钥匙内。

2）起动车辆控制过程。按起动按钮起动车辆时，控制单元、开关、传感器之间的信息传递过程如图 7-24 所示，图中的数字顺序为信息传递的顺序，信息传递由舒适 CAN 总线来完成。

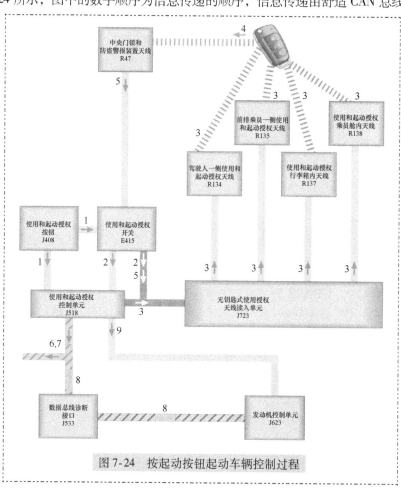

图 7-24　按起动按钮起动车辆控制过程

① 驾驶人将使用和起动授权按钮 E408 完全按下，这个按钮将"点火开关接通"和"发动机起动"的信息发送到使用和起动授权开关 E415 和使用和起动授权控制单元 J518 上。

② 使用和起动授权开关将这个按钮信息通过数据线继续传至使用和起动授权控制单元，在这里两个按钮信息会进行比较。

③ 控制单元 J518 将钥匙查询信息发送给无钥匙式使用授权天线读入单元 J723。天线读入单元通过所有的使用和起动授权天线将一个信号发送给车钥匙。

④ 车钥匙根据这个信号来确定钥匙在车上的位置，并将其信息发送给中央门锁/防盗警报装置天线 R47。

⑤ 中央门锁/防盗警报装置天线收到这个信息，然后该信息通过使用和起动授权开关 E415 被传送给使用和起动授权控制单元使用。

⑥ 根据钥匙的使用情况，S 触点信号就被发送到 CAN 舒适总线上，转向系统就开锁了。

⑦ 转向锁完全打开后，接线柱 15 就接通了。

⑧ 接线柱 15 接通后，发动机控制单元与使用和起动授权控制单元之间就开始经 CAN 数据总线进行数据交换了，然后防盗锁被停用。

⑨ 使用和起动授权控制单元将"起动请求"这个信号发送给发动机控制单元。发动机控制单元检查离合器是否已踏下或是否已挂入 P 位或 N 位（指自动变速器），然后就会自动起动发动机。

3. 指纹识别系统

指纹识别系统通过指纹来识别乘员，是车辆起动的前提条件，系统用来一次性启动多个个人预先存储的功能。指纹识别通过传感器完成，指纹识别传感器通过识别每个人指纹交叉点和断点的图形来识别是哪个人。

（1）基本原理

① 每个人的指纹与其他人的指纹是不同的，它有自己的特殊之处，这与该指纹是否是同一个手指无关。

② 在进行指纹对比时，为了保证指纹的准确性，要求至少 80% 的面积是相同的。START 按钮的形状设计保证使用者的手指总是差不多放到同一个位置上。START 按钮的窄面形成一个定位形状，这样可防止手指在纵向方向上偏离过大。

③ 由于指纹识别与 START 按钮结合在一起，当手湿时，如果用力过大（大于 12N），就可能出现无法识别的情况。

④ 系统在识别失败后，进行第二次识别时就切换到触发模式，在这种模式下，系统不断读取指纹图像，只有读取质量足够好的图像时，才会进行对比分析。

⑤ 个别人由于手过于干燥、脏污、受伤、皮肤病，指纹无法与系统适配，传感器无法识别，所以不能采用指纹识别系统。

（2）指纹识别系统的工作过程

① 电容传感器记录指纹，电容传感器如图 7-25a 所示。

② 生成灰阶图，如图 7-25b 所示。

③ 在控制单元内处理传感器数据，如图 7-25c 所示。

④ 特点过滤：指纹中的纹脊、分叉、螺旋纹、环状纹等特点纹将被过滤出来。

⑤ 识别特点区（特点），如图 7-25d 所示。

⑥ 将特点区（细点处）通过复杂网络线连接到一起，如图 7-25e 所示。

⑦ 细节之间的指纹线倾斜角度、间距、指纹线数量以及细节的类型就被存储起来，如图 7-25f 所示。

⑧ 将这些特点与档案里的内容（已经适配的手指）进行对比，在成功地识别出指纹后，MMI 上会显示出使用者的名字，如图 7-25g 所示。

⑨ 相关的控制单元会按照相应的使用者 ID 存储值进行调节，当无法识别时，组合仪表上会显示下列内容：Benutzer nicht erkannt（无法识别使用者），如图 7-25h 所示。

（3）适配过程

① 可以通过 MMI 上的 CAR 菜单来进行适配，最多可适配 4 个使用者，每个使用者可适配 5 个手指。

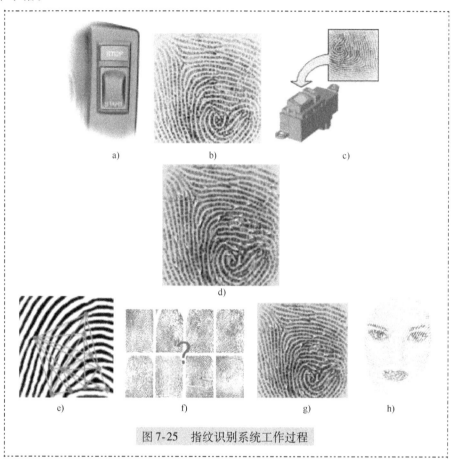

图 7-25 指纹识别系统工作过程

② MMI 支持使用者的适配，这样就可以得到尽可能好的指纹图像。
③ 用中等力量（小于 12N）将手指连续 3 次放到传感器上后，这个手指的适配就完成了。
④ 要想识别出某个使用者，必须读取 3 个图像。
⑤ 为了避免出现不能识别的情况，最好适配两个或两个以上的手指。识别成功后，在 MMI 上就显示出图 7-26 所示的图形。

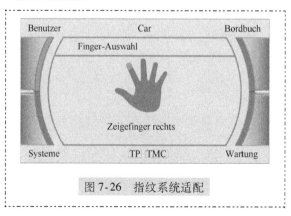

图 7-26 指纹系统适配

第二节 迈腾轿车车载网络系统检修

迈腾轿车总线网络系统包括动力总线、舒适总线、信息娱乐总线、诊断总线、仪表总线等几个网络，其拓扑图如图 7-27 所示。

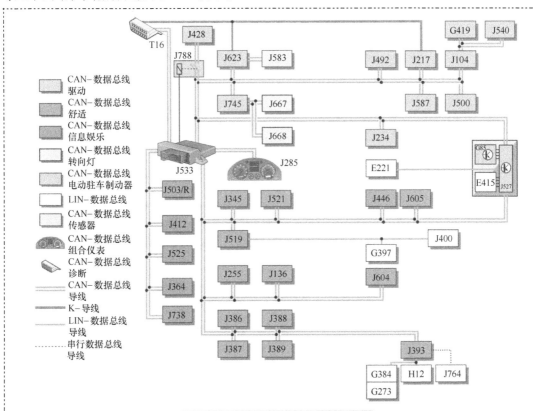

图 7-27 迈腾轿车总线系统拓扑图

E221—转向盘操作单元　E415—进入及起动许可开关　G85—转向角传感器　G273—车内监控传感器　G384—车辆侧倾传感器　G397—晴雨与光线识别传感器　G419—ESP 传感器单元　H12—报警喇叭　J104—ABS 控制单元　J136—座位调节和带记忆功能的转向柱调节的控制单元　J217—自动变速器控制单元　J234—安全气囊控制单元　J255—Climatronic 全自动空调控制单元　J285—组合仪表中的控制单元　J345—拖车识别装置控制单元　J364—辅助加热装置的控制单元　J386—驾驶人侧车门控制单元　J387—前排乘员侧车门控制单元　J388—左后车门控制单元　J389—右后车门控制单元　J393—舒适系统中央控制单元　J400—刮水器电动机控制单元　J412—移动电话电子操作装置控制单元　J428—车距调节装置控制单元　J446—驻车辅助控制单元　J492—全轮驱动的控制单元　J500—转向辅助控制单元　J503—收音机和导航系统显示单元控制单元　J519—车载电网控制单元　J521—带记忆功能的前排乘员座椅调节控制单元　J525—数字式音响套件控制单元　J527—转向柱电子装置控制单元　J533—数据总线诊断接口　J540—电动驻车制动器控制单元　J583—NO$_x$ 传感器的控制单元　J587—变速杆传感装置控制单元　J604—空气辅助加热装置的控制单元　J605—汽车行李箱盖控制单元　J623—发动机控制单元　J667—左侧前照灯功率模块　J668—右侧前照灯功率模块　J738—电话操作单元控制单元　J745—转弯灯和前照灯照明距调节控制单元　J764—ELV 控制单元　J788—驱动 CAN 总线断路继电器　T16—插头连接，16 芯，诊断接口

一、迈腾轿车 CAN 总线系统网络

1. 迈腾轿车动力 CAN 总线系统

迈腾轿车动力 CAN 总线系统网络的控制单元包括：发动机控制、四轮驱动控制、自动

变速器控制、ABS控制、安全气囊控制、助力转向控制、变速杆传感器控制、前照灯控制、转向柱控制。迈腾轿车动力CAN总线系统网络拓扑图如图7-28所示，在车上的位置如图7-29所示。

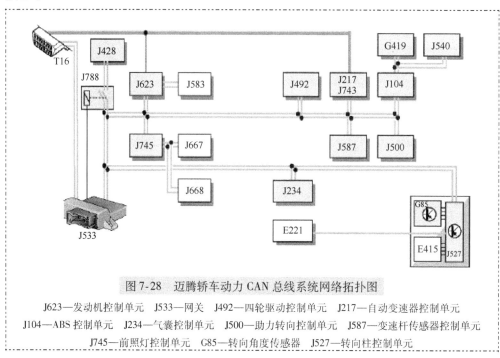

图7-28 迈腾轿车动力CAN总线系统网络拓扑图

J623—发动机控制单元　J533—网关　J492—四轮驱动控制单元　J217—自动变速器控制单元
J104—ABS控制单元　J234—气囊控制单元　J500—助力转向控制单元　J587—变速杆传感器控制单元
J745—前照灯控制单元　G85—转向角度传感器　J527—转向柱控制单元

动力CAN总线数据传输速度是500kbit/s。传输通过高电平CAN数据线和低电平CAN数据线进行。为了保证数据安全传输，CAN导线相互扭转连接。动力CAN数据总线不能单线工作，在其中一根CAN导线发生故障时则无法进行传输数据。

2. 迈腾轿车舒适CAN总线系统网络

迈腾轿车舒适CAN总线系统网络（图7-30）包括：车载电源控制单元、拖车控制单元、座椅记忆控制单元、停车辅助控制单元、行李箱盖控制单元、转向柱控制单元、空调控制单元、驻车加热控制单元、车门控制单元。舒适系统控制单元在车上的位置如图7-31所示。

舒适CAN总线系统数据传输速度是100kbit/s。传输通过高电平CAN数据线和低电平CAN数据线进行。为了保证数据安全传输，CAN导线相互扭转连接。舒适CAN数据总线可以单线工作，在其中一根CAN导线发生故障时数据传输仍可以继续进行。

3. 迈腾轿车信息娱乐CAN总线系统网络

迈腾轿车信息娱乐CAN总线系统网络控制单元包括收音机（导航控制单元）、电话准备系统控制单元、数字音响控制单元、驻车加热控制单元和电话控制单元，如图7-32所示，在车上的位置如图7-33所示。

信息娱乐CAN总线系统数据传输速度是100kbit/s。传输通过高电平CAN数据线和低电平CAN数据线进行。为了保证数据安全传输，CAN导线相互扭转连接。信息娱乐CAN数据总线可以单线工作，在其中一根CAN导线发生故障时数据传输仍可继续进行。

第七章 大众奥迪车系车载网络系统

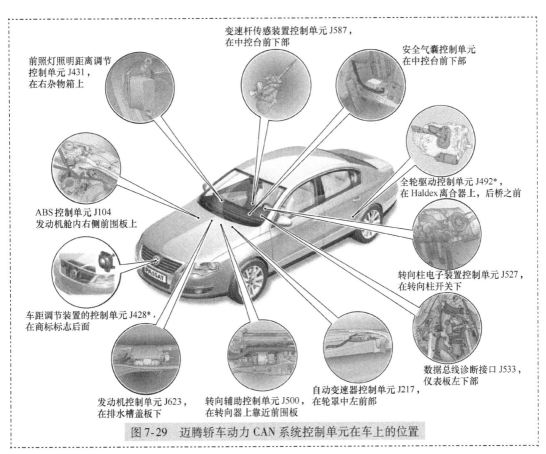

图 7-29 迈腾轿车动力 CAN 系统控制单元在车上的位置

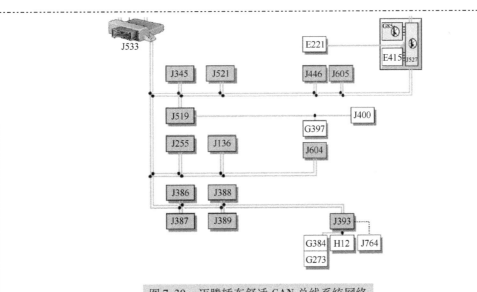

图 7-30 迈腾轿车舒适 CAN 总线系统网络

J533—网关　J345—拖车控制单元　J521—前排乘员座椅记忆控制单元　J446—停车辅助控制单元
J605—行李箱盖控制单元　J527—转向柱控制单元　J519—车载电源控制单元　J255—空调控制单元
J136—驾驶人座椅记忆控制单元　J604—驻车加热控制单元　J393—舒适系统控制单元　J386～J389—车门控制单元

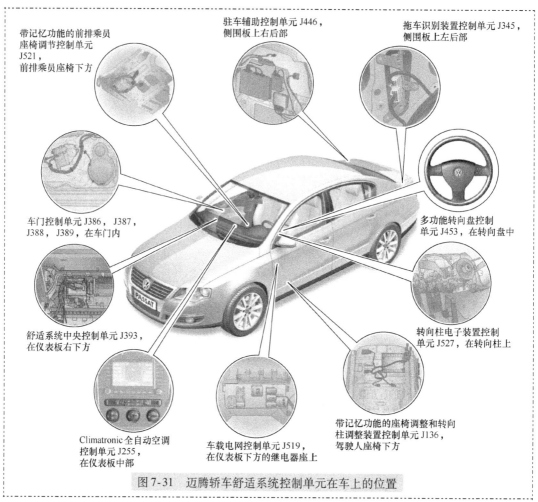

图 7-31 迈腾轿车舒适系统控制单元在车上的位置

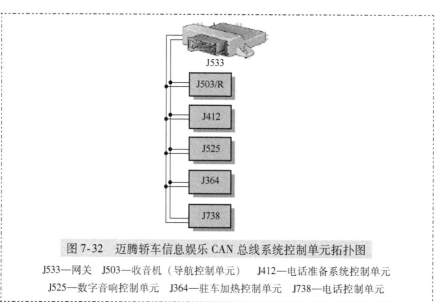

图 7-32 迈腾轿车信息娱乐 CAN 总线系统控制单元拓扑图

J533—网关 J503—收音机（导航控制单元） J412—电话准备系统控制单元
J525—数字音响控制单元 J364—驻车加热控制单元 J738—电话控制单元

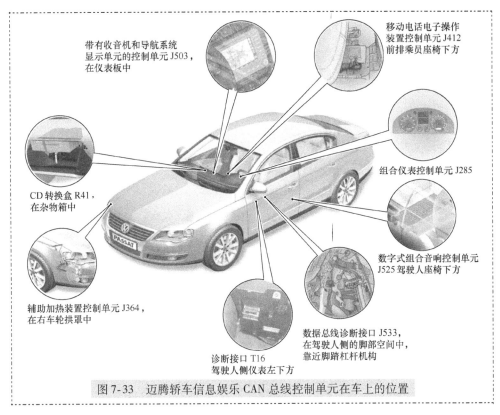

图 7-33　迈腾轿车信息娱乐 CAN 总线控制单元在车上的位置

二、子总线系统

1. LIN 数据总线系统

LIN 数据总线是一个局部的系统,该系统通过数据传输率为 1~20kbit/s 的单线连接传输数据。传输率被存储在主控制单元的软件中。数据交换在一个主控制单元和最多 16 个从控制单元之间进行。参与者之间的通信仅通过主控制单元被初始化,该主控制单元也可在 CAN 数据总线上进行通信。

LIN 总线采用单线主、从控制器控制,如图 7-34 所示,车内监控传感器 G273、车辆侧倾传感器 G384、报警喇叭 H12 通过主控单元(舒适系统中央控制单元 J393)向总线系统发送传感器信号,同时也通过主控单元接收控制信号。G397 晴雨与光线识别传感器、J400 刮水器电动机控制单元通过车载电网控制单元 J519 供电。

2. CAN 数据总线——电动驻车制动器

电动驻车制动器 CAN 数据总线的数据传输速度为 500kbit/s。传输通过高电平 CAN 数据线和低电平 CAN 数据线进行。为了保证数据安全传输,CAN 导线相互扭转连接。CAN 数据总线驱动不可单线工作,在其中一根 CAN 导线发生故障时无法进行数据传输,电动驻车制动器 CAN 数据总线控制单元的拓扑结构图如图 7-35 所示。

3. CAN 数据总线——高级前灯照明系统(Advanced Front lighting System)

转向灯 CAN 数据总线的数据传输速度为 500kbit/s。传送通过高电平 CAN 数据线和低电平 CAN 数据线进行。为了保证数据安全传输,CAN 导线相互扭转连接。转向灯 CAN 数据总线不可单线工作,在其中一根 CAN 导线发生故障时则无法进行数据传输,转向灯 CAN 数据总线中的控制单元拓扑结构图如图7-36所示。

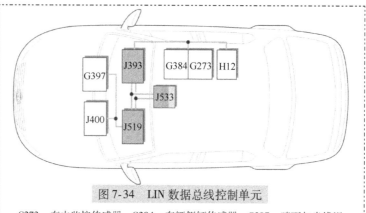

图7-34 LIN数据总线控制单元

G273—车内监控传感器 G384—车辆侧倾传感器 G397—晴雨与光线识别传感器 H12—报警喇叭 J393—舒适系统中央控制单元 J400—刮水器电动机控制单元 J519—车载电网控制单元 J533—数据总线诊断接口

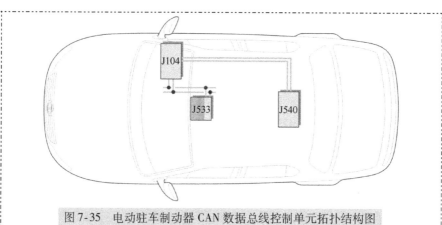

图7-35 电动驻车制动器CAN数据总线控制单元拓扑结构图

J104—ABS控制单元 J533—数据总线诊断接口 J540—电动驻车制动器控制单元

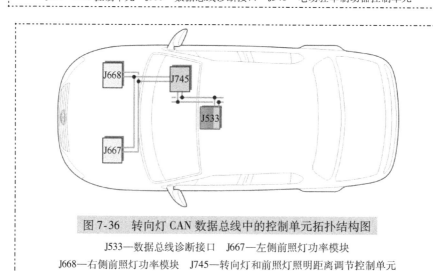

图7-36 转向灯CAN数据总线中的控制单元拓扑结构图

J533—数据总线诊断接口 J667—左侧前照灯功率模块
J668—右侧前照灯功率模块 J745—转向灯和前照灯照明距离调节控制单元

4. 传感器 CAN 数据总线

传感器 CAN 数据总线的数据传输类似于转向灯 CAN 数据总线的数据传输,并且在发动机控制单元和 NO_x 传感器控制单元之间传输数据,其拓扑结构图如图 7-37 所示。

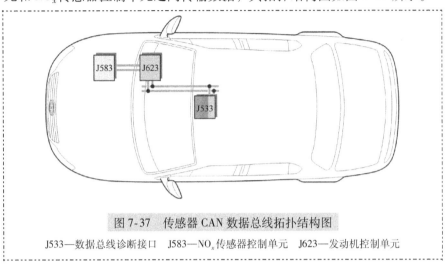

图 7-37 传感器 CAN 数据总线拓扑结构图

J533—数据总线诊断接口　J583—NO_x 传感器控制单元　J623—发动机控制单元

5. 串行数据总线

串行数据总线通过一个 9800kbit/s 的单线连接在 ELV 控制单元和舒适系统中央控制单元之间传输数据,如图 7-38 所示。与使用 LIN 数据总线系统相比,使用串行数据总线系统提高了防盗保护性能。

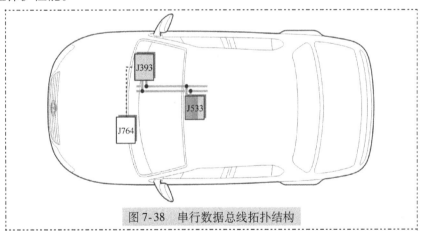

图 7-38 串行数据总线拓扑结构

三、迈腾轿车总线系统控制单元的功能及执行元件

1. 网关（J533）

在总线网络上有大量的数据需要被传递,为确保无故障地交换数据,需要几条数据总线系统之间相互交换数据,数据总线接口作为网关,将这些数据总线连接起来进行数据交换。迈腾轿车网关安装在仪表板左下部,加速踏板上部,如图 7-39 所示。

主控制器功能:网关具有主控制器功能,控制动力总线的运输模式和舒适总线的睡眠和唤醒模式。

（1）运输模式

1）在商品车运输到经销商处之前，为了防止蓄电池过多放电，应当使车辆的电能消耗降到最小，因此有些功能将被关闭。

2）经销商在将车销售给用户前，必须用VAS5051的自诊断功能关闭运输功能。运输模式在行驶里程低于150km时，可以用网关来进行切换，当高于此值时，系统自动关闭运输模式。

（2）舒适总线的睡眠和唤醒模式

1）当舒适和娱乐总线处于空闲状态时，控制单元发出睡眠命令，当网关监控到所有的总线都有睡眠要求时，进入睡眠模式。此时总线电压CAN_L为12V，CAN_H为0V。

2）如果动力总线仍处于信息传递过程中，舒适和娱乐总线是不允许进入睡眠状态的，当舒适总

图7-39 迈腾轿车网关的安装位置

线处于信息传递过程中，娱乐和信息总线也不能进入睡眠模式。当某一个信息激活相应的总线后，控制单元会激活其他总线系统。

2. 车载电源控制单元（J519）

车载电源控制单元（J519）的功能是用电负载（电能）管理，其外形结构如图7-40所示，安装位置如图7-41所示。

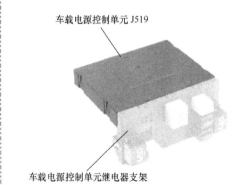

图7-40 车载电源控制单元（J519）的外形结构

图7-41 车载电源控制单元（J519）的安装位置

车载电源控制单元（J519）的功能如下：

（1）灯光控制 外部灯光控制包括前照灯、牌照灯、制动灯、尾灯控制，故障将通过白炽灯相应的指示灯或在组合仪表中以文本的方式显示出来。

1）Coming Home "回家"模式。汽车车门关闭以后，通过汽车上的照明装置照亮汽车周围的环境。

2）Leaving Home "离家"模式。如果用无线遥控器开锁，则在选定时间通过汽车上的照明装置照亮汽车周围环境。

3）可调节亮度的仪表照明。

（2）刮水器控制

1）将 CAN 数据总线信号从车载电网控制单元传输到刮水器电动控制单元。

2）在挂入倒车档时，后窗刮水器被激活（仅适用于派生车型）。

（3）负荷管理　负荷管理的目的是为了确保蓄电池有足够的电能使发动机顺利起动和正常运转。控制单元根据以下的相关数据进行评估：

1）蓄电池电压。

2）发动机转速。

3）发电机的 DFM 信号。在保证安全行驶的前提下，电压低于 11.8V 时，适当地关闭舒适功能的用电设备。负荷管理模式见表 7-4。

表 7-4　负荷管理模式

管理模式 1	管理模式 2	管理模式 3
15 号线接通并且发电机处于工作状态	15 号线接通并且发电机处于停机状态	15 号线接通并且发电机处于停机状态
如果蓄电池电压低于 12.7V，则控制单元要求发动机的怠速提升 如果蓄电池的电压低于 12.2V，以下的用电器将被关闭： 座椅加热 后风窗加热 后视镜加热 转向盘加热 脚坑照明 门内把手照明 全自动空调耗能降低或空调关闭 信息娱乐系统关闭	如果蓄电池的电压低于 12.2V，以下的用电器将被关闭： 空调耗能降低或空调关闭 脚坑照明 门内把手照明 上/下车灯 离家功能 信息娱乐系统关闭	如果蓄电池的电压低于 11.8V，以下的用电器将被关闭： 车内灯 脚坑照明 门内把手照明 上/下车灯 离家功能 信息娱乐系统关闭

注：1. 这三种管理模式的不同之处在于，用电器被关闭的次序不同。
　　2. 如果关闭的条件取消，用电器将会被重新激活。
　　3. 如果用电器因为电能管理的原因被关闭，则 J519 中有故障存储。

（4）自动行车灯控制

1）黄昏功能。如果车灯开关 E1 处在"自动行车灯控制"上，则会通过晴雨与光线识别传感器 G397 自动测量明亮度（例如在驶入隧道时），并且通过发送到车载电网控制单元的信号自动将行车灯打开，其结构图如图 7-42 所示。

2）高速公路功能。如果汽车以超过 140km/h 的速度行驶 10s 以上，则高速公路功能打开行车灯。如果汽车以低于 65km/h 的速度行驶 150s 以上，则高速公路功能被关闭。如果车灯开关处在"自动行车灯控制"上，那么该功能激活，如图 7-43 所示。

3）雨水功能。如果前刮水器被激活超过 5s，并且车灯开关处在"自动行驶灯控制"上，那么雨水功能打开行车灯。如果超过 255s 没有进行刮水，则行车灯被关闭，如图 7-44 所示。

3. 组合仪表的控制单元 J285

组合仪表控制单元通过数据总线诊断接口 J533 和组合仪表 CAN 数据总线得到显示单元和不同控制单元指示灯的信息。此外，图 7-45 所示的传感器的外部传感器信号通过分散的导线到达组合仪表控制单元。

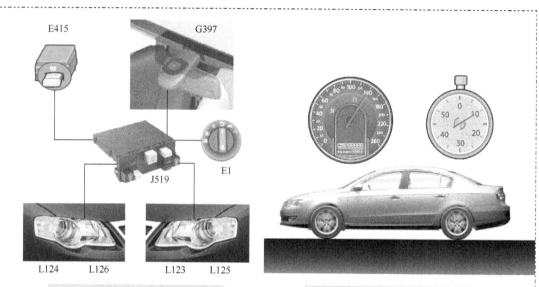

图 7-42 自动行车灯控制结构图

E1—车灯开关　E415—进入及起动许可开关　G397—晴雨与光线识别传感器　J519—车载电网控制单元
L123—左近光灯灯泡　L124—右近光灯灯泡
L125—左远光灯灯泡　L126—右远光灯灯泡

图 7-43 高速公路功能控制示意图

图 7-44 雨水功能控制示意图

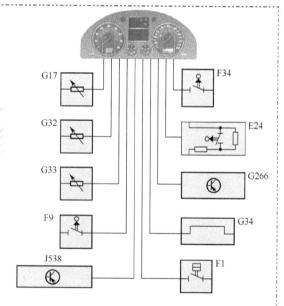

图 7-45 组合仪表控制单元的信息传输

F1—机油压力开关　F9—手动驻车制动控制开关
F34—制动液液位警告信号触点　G17—车外温度传感器　G32—冷却液不足显示传感器　G33—车窗玻璃清洗液液位传感器　G34—制动摩擦片磨损传感器　G266—机油油位和机油温度传感器
J538—燃油泵控制单元　E24—驾驶人侧安全带开关

组合仪表 Y24 显示单元的显示区域划分成 3 个型号。

（1）Lowline 型　Lowline 型（图 7-46）有 8 个 LED 指示灯和 1 个准点液晶显示器（Quasi-Dot-Liquid-Crystal-Display，Quasi-Dot-LCD）。

（2）Midline 型　Midline 型（图 7-47）有 8 个 LED 指示灯、1 个小型点位显示器（Mini-Dot-Display）和 1 个在车速表和转速表中的准点液晶显示器（Quasi-Dot-LCD）。

（3）Highline 型　Highline 型（图 7-48）有 1 个点阵显示器（Dot-Matrix-Display）和 1 个在车速表和转速表中的准点液晶显示器（Quasi-Dot-LCD）。

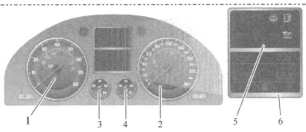

图 7-46　组合仪表 Y24 Lowline 型显示单元的显示区域

1—转速表　2—车速表　3—冷却液温度显示器　4—燃油储备显示器　5—LED 指示灯　6—准点液晶显示器

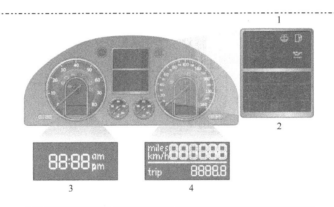

图 7-47　组合仪表 Y24 Midline 型显示单元的显示区域

1—LED 指示灯　2—小型点位显示器　3—转速表中的准点液晶显示器　4—车速表中的准点液晶显示器

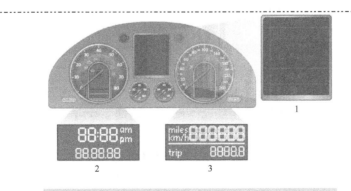

图 7-48　组合仪表 Y24 Highline 型显示单元的显示区域

1—点阵显示器　2—转速表中的准点液晶显示器　3—车速表中的准点液晶显示器

四、防盗锁止系统

防盗锁止系统(WFS)不是控制单元,而是一种功能。它包括:① 将控制单元全部的防盗特征存入 Wolfsburg(沃尔夫斯堡)的中央数据库 FAZIT 中;② 内部集成了防盗锁止系统的舒适系统中央控制单元与其他组件进行通信;③ 将各个控制单元之间的数据通信加密。

1. 中央数据库 FAZIT

Wolfsburg 大众汽车的中央数据库 FAZIT 是防盗锁止系统的重要组成部分。FAZIT 表示"车辆信息和中央识别工具"。该数据库存有所有控制单元的防盗数据,该数据是集成在防盗锁止系统中的。如果没有连接到 FAZIT 的在线连接,则无法调节控制单元。

2. 数据传输

只有通过诊断测试仪进行的在线查询可以将数据安全、快速、可靠地传输到汽车中(图 7-49)。防盗锁止系统组件通过传真机或通过临时接通该部件进行的 PIN 查询是不存在的。防盗锁止系统上所有的参与组件必须在线调试。所有包括补订的汽车钥匙在出厂时便为某一特定汽车预先编码,并且只可以为该汽车进行调试。

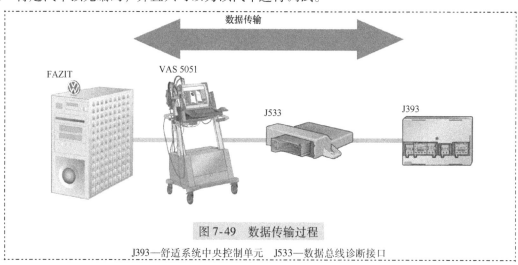

图 7-49 数据传输过程

J393—舒适系统中央控制单元　J533—数据总线诊断接口

3. 防盗锁止系统(WFS)组件

防盗锁止系统(WFS)组件的信息传递过程如图 7-50 所示。

(1)舒适系统中央控制单元 J393　舒适系统中央控制单元集成了防盗锁止系统功能。控制单元必须在更换之后进行在线调试。

(2)电子转向柱锁止控制单元(ELV)J764　转向柱的锁止和开锁功能的释放是通过舒适系统中央控制单元中的"防盗锁止系统"功能实现的。只可将控制单元与舒适系统中央控制单元一起进行更换、调节。

(3)进入及起动许可开关(E415)　在进入和起动许可开关中有用于读取汽车钥匙中发射机应答器的读取线圈。进入和起动许可开关在更换后不必调整。

(4)发动机控制单元 J623　控制单元是"防盗锁止系统"功能的一个部分。为了使发动机持续运行,必须通过驱动 CAN 数据总线释放舒适系统中央控制单元。控制单元必须在更换之后在线调试。

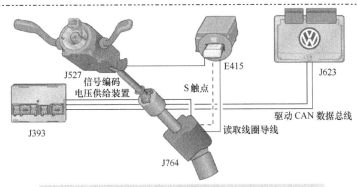

图7-50　防盗锁止系统（WFS）组件的信息传递过程
E415—进入及起动许可开关　J393—舒适系统中央控制单元　J527—转向柱
电子装置控制单元　J623—发动机控制单元　J764—电子转向柱锁止装置控制单元

4. 更换控制单元

只可以通过与FAZIT数据库相连的在线连接来更换参与防盗锁止系统功能的控制单元（图7-51）。

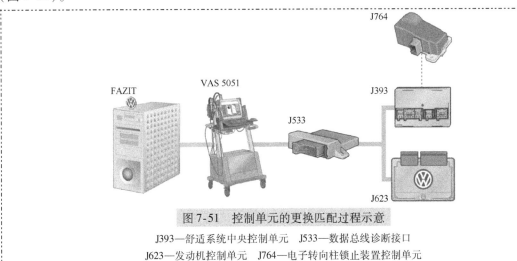

图7-51　控制单元的更换匹配过程示意
J393—舒适系统中央控制单元　J533—数据总线诊断接口
J623—发动机控制单元　J764—电子转向柱锁止装置控制单元

（1）舒适系统中央控制单元J393的更换步骤

1）通过在线连接索要数据。
2）通过VAS测试仪接收数据。
3）将数据下载到控制单元。
4）磨合控制单元。
5）磨合汽车钥匙。

（2）发动机控制单元J623的更换步骤

1）通过在线连接索要数据。
2）通过VAS测试仪接收数据。
3）将数据下载到控制单元。
4）在控制单元和FAZIT之间进行数据交换。
5）磨合汽车钥匙。

(3) 电子转向柱锁止装置控制单元（ELV）J764 和舒适系统中央控制单元 J393 的更换步骤

1）通过在线连接索要数据。
2）通过 VAS 测试仪接收数据。
3）将数据下载到控制单元。
4）在控制单元和 FAZIT 之间进行数据交换。
5）磨合汽车钥匙。

五、无钥匙起动装置

1. 进入及起动许可开关

进入和起动许可开关（图 7-52）是行驶许可系统的组成部分。它被用于点火钥匙的机械固定，把点火钥匙的滑动运动转变为电子信号，并定位用于点火钥匙电子识别的读出线圈。

2. 点火钥匙

因为汽车不是以旋转运动方式，而是以滑动运动方式起动的，因此点火钥匙是无钥匙齿的，如图 7-53 所示。

图 7-52　进入和起动许可开关　　　图 7-53　点火钥匙

3. 备用钥匙

如果用无线遥控器无法打开车门，可用备用钥匙机械化地打开驾驶人车门。它是插在点火钥匙中的，此外钥匙环固定架固定在它上面。可以使用位于第二个槽口的备用钥匙，如图 7-54 所示。

4. 钥匙位置

不同端子电压（端子 S，端子 15）的接通和起动过程是通过进入和起动许可开关中点火钥匙的滑动运动来实现的，如图 7-55 所示。

图 7-54　备用钥匙　　　图 7-55　钥匙的不同位置

5. 开关位置

通过点火钥匙的滑动运动，可到达下列开关位置：P0 关闭，P1 S 触点打开，P2 端子 15 打开，P3 端子 15 行驶（起动过程之后，点火钥匙自动到该位置），P4 端子 50 打开。点火钥匙的不同位置如图 7-56 所示。无钥匙起动装置电路如图 7-57 所示。

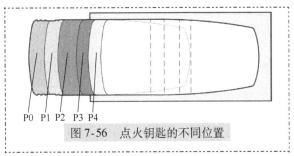

图 7-56 点火钥匙的不同位置

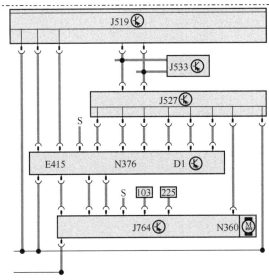

图 7-57 无钥匙起动装置电路

D1—防盗锁止系统读取单元　E415—进入及起动许可开关　J519—车载电网控制单元
J527—转向柱电子装置控制单元　J533—数据总线诊断接口　J764—ELV 控制单元
N376—点火钥匙防拧紧锁磁铁

复习思考题

一、填空题

1. 指纹识别通过_____完成，指纹识别传感器通过识别_____和_____的图形来识别是哪个人。

2. 迈腾轿车网关安装在_____。

二、选择题

1. 动力 CAN 总线数据传输速度是（　　）。
   A. 20Mbit/s　　　B. 100kbit/s　　　C. 500kbit/s　　　D. 10Mbit/s

2. 舒适 CAN 总线系统数据传输速度是（　　）。
   A. 20Mbit/s　　　B. 100kbit/s　　　C. 500kbit/s　　　D. 10Mbit/s

3. 信息娱乐 CAN 总线系统数据传输速度是（　　）。传输通过高电平 CAN 数据线和低电平。
   A. 20Mbit/s　　　B. 100kbit/s　　　C. 500kbit/s　　　D. 10Mbit/s

三、判断题

1. 指纹识别系统通过指纹来识别乘员，它是车辆起动的前提条件，系统用来一次性起动多个个人预先存储的功能。（   ）

2. 进行指纹对比时，为了保证指纹的准确性，要求至少90%的面积是相同的。（   ）

四、问答题

1. 简述奥迪A6轿车驱动系统CAN总线特点。
2. 简述奥迪A6轿车舒适系统CAN总线特点。
3. 奥迪A6 MOST总线系统休眠模式是怎样的？
4. 车载电源控制单元（J519）的负荷管理的目的是怎样的？
5. 自动行车灯控制黄昏功能是怎样的？
6. 防盗锁止系统IV的功能包括哪些？
7. 奥迪A6轿车MOST总线系统通电工作模式的前提条件包括哪些？

第八章

丰田车系多路通信系统

第一节　丰田车系多路通信系统概述

如图 8-1 所示，丰田车系采用了一种丰田自己研发的车载网络系统，称为多路通信系统（Multiplex Communication System），其缩写为 MPX（图 8-2），即把许多不同的 ECU 连接到单一通信线路（总线）上，并且数据（信息）通过总线在 ECU 之间相互传输的系统。

早期 MPX 采用的通信协议有：CAN、AVC – LAN（音频/视频通信局域网）和 BEAN（车身电气区域网络），新的 MPX 则采用 CAN、LIN 和 AVC – LAN，即用 LIN 取代了 BEAN。

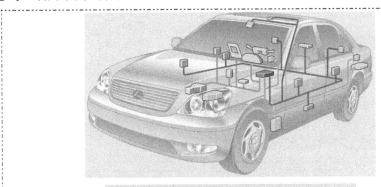

图 8-1　丰田车系采用的多路通信系统（MPX）

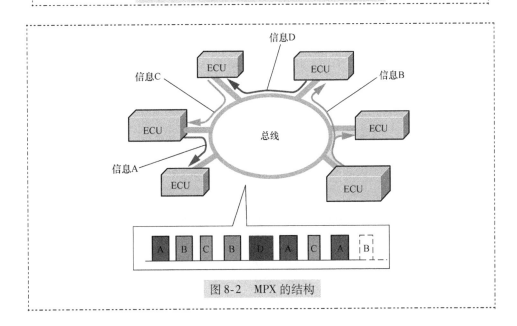

图 8-2　MPX 的结构

如图 8-3 所示，与传统的并行通信相比，MPX 有以下的优点：利用串行通信传递信号以减少线束的数量；通过数据共享，达到减少部件的目的，如开关、感应器和执行器等。

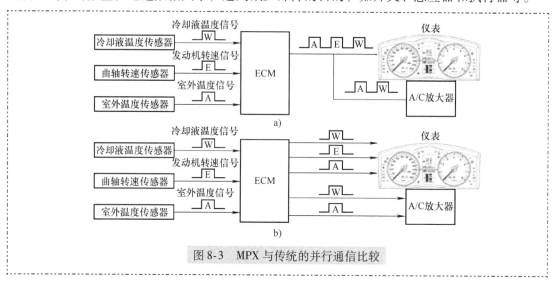

图 8-3 MPX 与传统的并行通信比较

一、MPX 的基本工作原理

如图 8-4 所示，传统的两个 ECU 之间的通信是每个数据通过各自的专用线路传递，MPX 采用两种方式进行数据传输：一种是时分多址，ECU 用不同的时间在一条通信线路上传递每个数据以防止数据干扰，可以实现定期传递和实时传递；另一种是频分多址，ECU 用不同的频率在一条通信线路上传递每个数据以防止数据干扰。

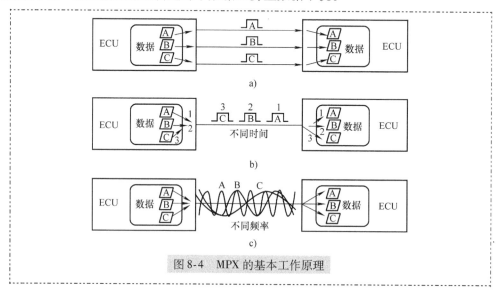

图 8-4 MPX 的基本工作原理

如图 8-5 所示，MPX 的拓扑结构分三种类型：总线型、环形和星形。总线型的所有 ECU 都与一条共用的通信线路相连，适用于 BEAN 和 CAN；环形即 ECU 之间连接成环形，适用于 BEAN；星形的每个 ECU 直接与负责中央控制的主 ECU 相连，适用于 LIN 和

AVC – LAN。

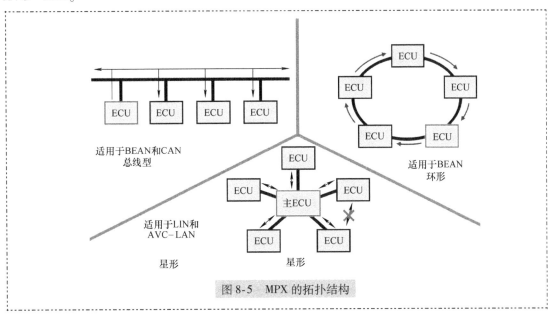

图 8-5 MPX 的拓扑结构

二、BEAN 总线系统

1. BEAN 总线

丰田车系的多路通信系统 MPX 采用了车身电子区域网（Body Electronics AreaNetwork），其英文缩写为 BEAN。BEAN 是一个多路转换通信协议，该协议用于控制电气或电子设备的控制单元（ECU）之间的数据传输。

如图 8-6 所示，BEAN 总线采用菊花链改善开路的可靠性。在常规总线通信的基础上，将总线形成环形。当总线一处断路时，各节点之间仍然实现通信，对车辆的使用毫无影响，这时也无法检测到总线的故障码，只有在两处以上断路时才会影响车辆正常工作，才能检测到故障码。总线故障发生时，就其本身而言故障只有两种可能——断路或短路，当总线短路

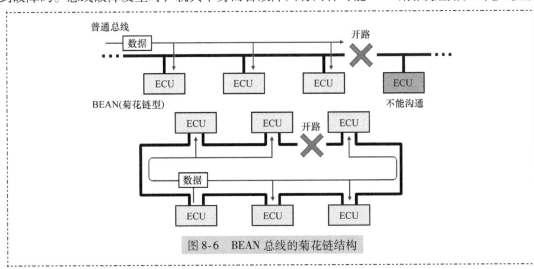

图 8-6 BEAN 总线的菊花链结构

(与地短路或电源电压短路)时,总线失效保护,各节点之间都无法通信。

2. BEAN 总线的主要特点

(1) 采用多路转换主系统(CSMA/CD)　链路到通信线路上的所有模块都有等同权传输(请求)它们自己的信息。与此比较,在 LIN 网中,主控制单元控制所有的从控制单元,且从控制单元仅应答来自主控制单元的请求。

(2) 可在广播通信与点到点通信之间进行转换　广播通信是指传输到所有节点的信息;点到点的通信是指传输到指定节点的信息。

(3) 采用非破坏性判优方法　一个以上节点开始请求时,该系统按照预定顺序(判优)确定哪一个节点具有最高优先权,并防止数据由于冲突而被破坏。

(4) 在接收节点上检测错误并把 ERROR(错误)信息发送到发送节点　在检测和通知一个错误(通常没有完成通信)时,传输端上的节点就自动地再发送该信息。

(5) 可变报文长度　可以在 MPX 电路中改变一条报文的长度。

(6) 传输速率　传输速率为 10kbit/s。

3. BEAN 总线数据传输方式

在 BEAN 总线中,采用了下面三种类型的数据传输方式。

(1) 定期传输　定期传输又称周期传输,定期性地向多个 ECU 传输更新的数据。如图 8-7 所示,冷却液温度传感器不间断地向发动机 ECU 传输冷却液温度信息,发动机 ECU 定期性地向仪表 ECU 传输更新的数据。

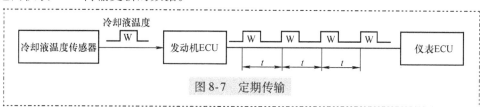

图 8-7　定期传输

(2) 实时传输　实时传输又称事件传输,由开关操纵传输事件。当相应的开关工作时把数据传输到多个 ECU,如图 8-8 所示,电动车窗主开关工作时将数据传输给主车身 ECU。

(3) 组合式传输(周期和事件传输)　如果在定期传输的时候操作开关,那么定期传输的数据中会包含开关的信号。开关接通时,周期传输的定时器就复位,如图 8-9 所示。

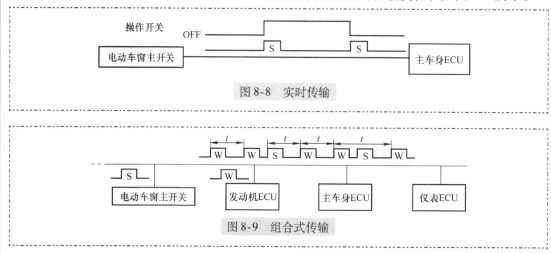

图 8-8　实时传输

图 8-9　组合式传输

BEAN 总线的数据传输方法有单向传输和双向传输两种。如图 8-10 所示，单向传输主要用在车门系统，例如当电动车窗主开关工作时，开关信号（如打开车窗）就会单向传输给主车身 ECU，而主车身 ECU 没有信息传输给电动车窗主开关；而发动机 ECU 与空调 ECU 实现信息互相传输，即双向传输，例如发动机 ECU 把冷却液温度、室外温度等信息传输给空调 ECU，而空调 ECU 把压缩机开启的信息发给发动机 ECU。

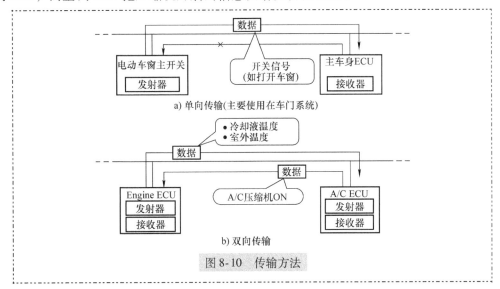

图 8-10 传输方法

4. BEAN 总线的数据帧结构

BEAN 总线的数据帧结构如图 8-11 所示，组成见表 8-1。

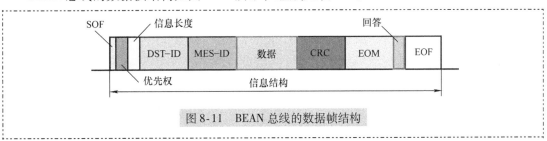

图 8-11 BEAN 总线的数据帧结构

表 8-1 BEAN 总线的数据帧的组成

帧	特征	位数
SOF	结构开始	1
优先权	优先权的设置	4
信息长度	此信息的长度	4
DST－ID	目的地 ID：提供接收 ECU 的地址	8
MES－ID	信息 ID：提供数据的种类	8
数据	可变的结构（min. 1 byte to max. 11 byte）	8~88
CRC	Cyclic Redundancy 检查：提供一个错误检测的代码	8
EOM	数据结束	8
回答	回答发送的数据是否错误	2
EOF	结构结束	6

5. BEAN 总线故障诊断与排除

对 BEAN 总线进行故障诊断的要点有：

（1）检查定制数据　检查当前的设置，因为有部分的功能可能会改变或取消。

（2）检查故障码（DTC）的信息　可以通过使用专用诊断仪 IT-Ⅱ 读取故障码，检查通信系统是否存在故障。

（3）检查 ECU 的数据　使用专用诊断仪 IT-Ⅱ，在 ECU 数据列表中检查开关或传感器的状态，在主动测试中检查执行器的状态，从而分析判断是否存在故障。

BEAN 总线的主要故障类型有：

（1）通信线路开路　如图 8-12 所示，由组合仪表 ECU、自动前照灯 ECU、空调 ECU 和网关 ECU 组成的 BEAN 网络出现断路故障，使用专用诊断仪读取故障码为 DTC B1271（组合仪表 ECU 通信中断）。

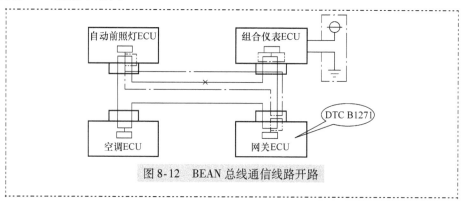

图 8-12　BEAN 总线通信线路开路

由于 BEAN 总线是以菊花链形式连接的，如果在线路中有一处断路，通信还能继续并且没有故障，DTC 会显示正常。如果一个 ECU 断开了，那么网关 ECU 会探测到通信中断并且输出 DTC。因此分析可能的故障原因有：插头断开；组合仪表 ECU 电源或接地接触不良；线路开路；ECU 之间的内部沟通出现问题；组合仪表 ECU 有故障。

（2）通信线路故障　如图 8-13 所示，以组合仪表 ECU、自动前照灯 ECU、空调 ECU 和网关 ECU 组成的 BEAN 网络出现对地短路故障，使用专用诊断仪读取故障码为 DTC B1200、B1205、B1262、B1267、B1271（组合仪表 ECU、自动前照灯 ECU、空调 ECU 和网关 ECU 通信中断）。当通信线路短路时，内部总线对于 B 端子是 12V 的电压，对地是 0V，所以无法与所有的 ECU 进行通信，也不能单凭故障码找出具体短路的位置。

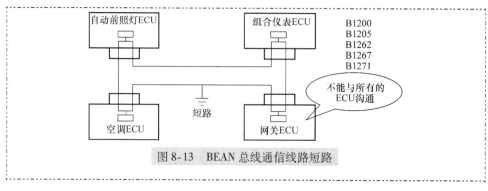

图 8-13　BEAN 总线通信线路短路

此时的检查方法是轮流地断开每个 ECU 的插头，使每个部件从通信线路分离出来，再检查是否还存在 DTC，如图 8-14 所示。

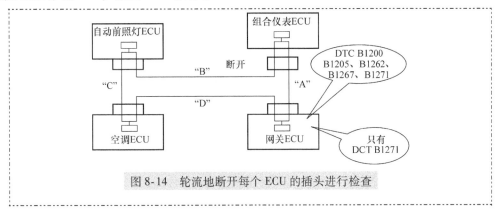

图 8-14　轮流地断开每个 ECU 的插头进行检查

如果没有发现 DTC，则用专用诊断仪 IT-Ⅱ（图 8-15）检查每个系统，在数据列表中检查开关及传感器的信号是否有异常，ECU 输入电路是否存在故障（图 8-16）；在主动测试中检查执行器是否有故障，ECU 输出电路是否存在故障（图 8-17）。

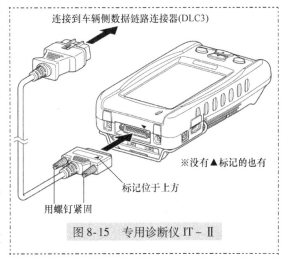

图 8-15　专用诊断仪 IT-Ⅱ

三、CAN 通信系统

CAN（ISO 11898）通信系统采用一对通信导线（双绞线）传输多条信息或数据，这些数据信息通过通信电路已经转变为数字信号。同连接输入设备（传感器、开关等）、控制单元、输出设备（电动机等）的系统相比，该网络使用了较少的线束数量，电子控制系统也变得更简捷。

在 CAN 通信系统中，其电路如图 8-18 所示，两个通信导线（总线），高 CAN 和低 CAN，形成了一对导线。总线的水平由分差电压决定。系统将该电压转变为符合专用通信协议的数字信号，并以 500kbit/s 的速度传输出去。总线水平为显性或隐性。理论上 CAN 通信系统将显性水平定为"0"，而隐性水平为"1"。

1. CAN 通信网络

CAN 通信网络拓扑结构如图 8-19 所示。多个 ECU 连接到通信线路上，总线主线路安装了终端电阻（120Ω），可以由连接到网络的回线来决定差分电压，CAN 控制部件的安装位置如图 8-20 所示。

2. CAN 通信协议（通信规则）

CAN 通信系统是时间分割多路双向通信系统，可使网络内的所有电脑（ECU）和传感器利用交错时间和一对通信线路（总线）来传输数据。因此，ECU 和传感器根据普通的通信协议进行操作，保证了平稳可靠的通信。CAN 通信采用 CSMA/CD 载波监听多路访问/冲突防止）通信协议，该协议使所有的 ECU 和传感器在有权开始传输数据的同时，共享一对通信线路。

图 8-16　数据列表检查

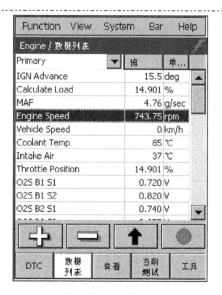

图 8-17　主动测试检查

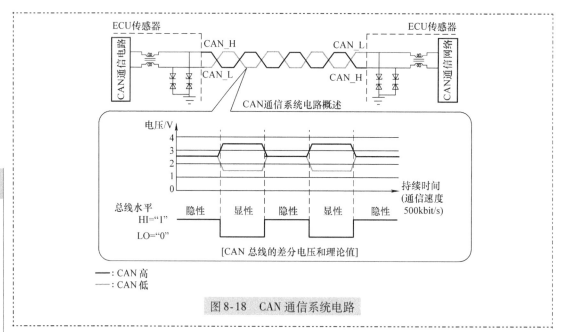

图 8-18　CAN 通信系统电路

当 CAN 总线上没有其他数据时，每一个 ECU 或传感器开始传输数据，数据帧的结构如图 8-21 所示。如果两个或者更多的 ECU 或传感器同时开始传输数据，则该系统根据相应的传输数据上的 ID 信息决定传输的先后顺序。CAN 通信系统使用的数据段构成单独帧，每一个帧包含以下内容：ID、DLC、DATA、CRC 和 ACK。

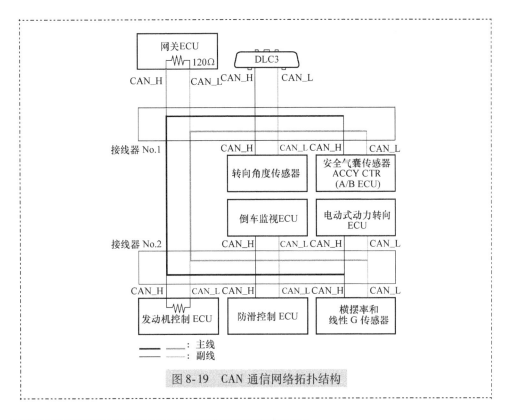

图 8-19 CAN 通信网络拓扑结构

四、AVC-LAN 音响视听局域网络

1. AVC-LAN 总线概述

AVC-LAN（Audio Visual Communication-Local Area Network，音响视听局域网络），主要用于音频和视频设备中的通信网络，传输音响视听控制信号的传输。

丰田车系的多路通信系统 MPX 采用了音频可视局域网络（Audio Visual Commuulcation-Local Area Network，AVC-LAN）。AVC-LAN 是由包括丰田公司在内的 6 家公司共同开发的，如图 8-22 所示，以前只能在同一制造商生产的设备之间应用，现在则可以将不同厂商制造的部件进行连接。该系统用于音视频系统、导航系统等的通信。它的传输速率为 17kbit/s，比 BEAN 总线的传输速率稍快，但仍远低于 CAN 总线。

以雷克萨斯 LS430 为例，其 AVC-LAN 的结构如图 8-23 所示。AVC-LAN 的数据线与 CAN 总线类似，采用了同轴电缆双绞线（图 8-24）两根数据线分别施加正（+）和负（-）电压就可驱动通信发送信号（图 8-25），通过向 AVC-LAN 总线内的每个模块都有一个传输标准，目的是为了彼此识别。

2. AVC-LAN 总线的故障诊断与排除

对 AVC-LAN 总线进行故障诊断的要点有：

（1）确认 BEAN 总线正常　对于带有 AVC-LAN 和 BEAN 的通信类型，在确认 BEAN 没有故障的情况下才能对 AVC-LAN 进行故障排除。

（2）故障类型　主要有传输故障和设备故障两种，设备故障应参照修理手册维修。

（3）对故障码（DTC）的故障诊断　读取故障码关于车辆状态的信息，以帮助分析诊断。

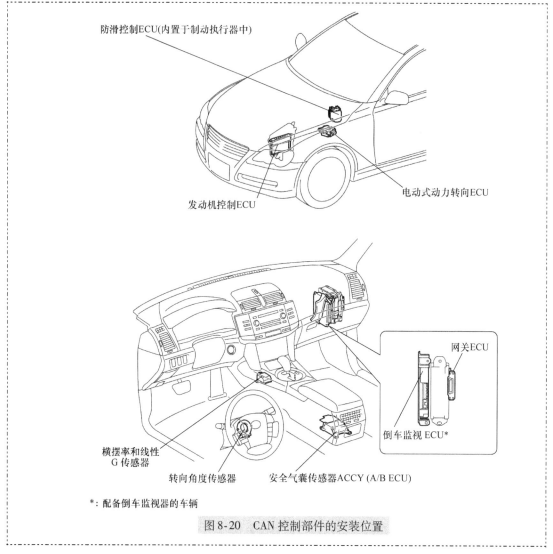

图 8-20 CAN 控制部件的安装位置

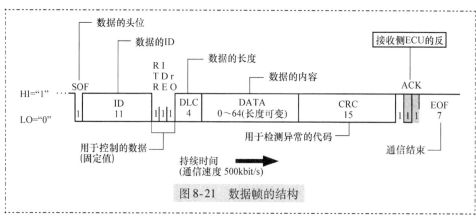

图 8-21 数据帧的结构

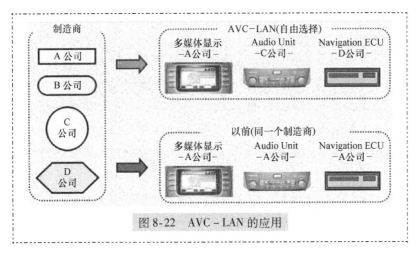

图 8-22 AVC-LAN 的应用

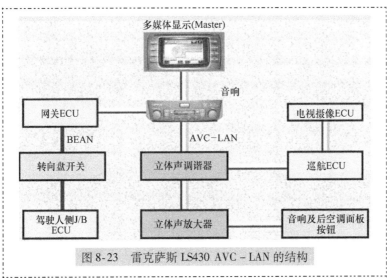

图 8-23 雷克萨斯 LS430 AVC-LAN 的结构

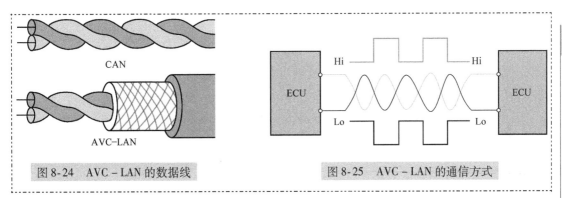

图 8-24 AVC-LAN 的数据线　　　　图 8-25 AVC-LAN 的通信方式

对于带多媒体显示的类型，在车速为 0km/h 时（停车状态），打开点火开关至 ACC 或 IG 位置，进入 AVC-LAN 总线诊断模式，有两种方式：

1）方式一：按下"INFO"或"OPTION"按钮的同时，交替地将前照灯控制开关从"OFF"转到"TAIL"三次，如图 8-26 所示。

2）方式二：在显示调整屏幕上交替按左侧屏幕的上端和下端三次，如图 8-27 所示。

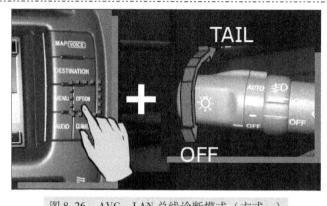

图 8-26　AVC – LAN 总线诊断模式（方式一）

图 8-27　AVC – LAN 总线诊断模式（方式二）

如图 8-28 所示，进入 AVC – LAN 总线诊断模式后，先进入系统检查，显示屏会显示设备故障，但不能检查通信故障。检查结果见表 8-2。注意：在维修通信故障之前应先修复设备的故障。

接下来进入 LAN 监视器（LAN Mon）进行检查，结果见表 8-3。如进入"CHECK"或"OLD"按钮查看，可得到详细的故障码（DTC）信息，以导航设备的"CHECK"为例，如图 8-29 所示，其显示的故障码（DTC）详细信息清单的含义见图 8-29 中表格。

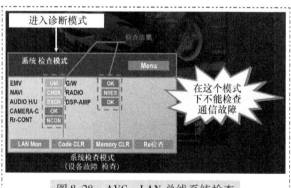

图 8-28　AVC – LAN 总线系统检查

表 8-2　AVC – LAN 总线系统检查结果

检查结果	描述	操作
OK	没有 DTC	—
EXCH	设备输出一种"更换"型式的 DTC	在检查模式屏幕上查看 DTC
CHEK	设备输出一种"检查"型式的 DTC	
Old	设备输出一种"旧的"型式的 DTC	
NCON	设备以前存在，但不以诊断模式输出	1. 检查设备的电源线 2. 检查设备的 AVC – LAN
NRES	设备输出为诊断模式，但没有任何 DTC 信息	

表 8-3　AVC – LAN 总线 LAN 监视器检查结果

检查结果	描述	操作
NOErr	没有通信 DTC	—
CHEK	设备输出通信 DTC（D0 ~ FE）	在检查模式屏幕上查看 DTC
Old	设备输出一种"旧的"型式的 DTC	
NCON	设备以前存在，但不以诊断模式输出	1. 检查设备的电源线 2. 检查设备的 AVC – LAN
NRES	设备输出为诊断模式，但没有任何 DTC 信息	

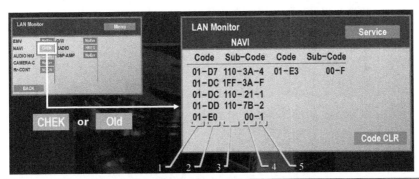

序号	项目	描述
1	节	目标逻辑地址（01 = 通信控制）
2	DTC	DTC
3	Sub – Code（设备地址）	物理地址与 DTC 一齐储存（如果没有地址，没有任何显示）
4	连接检查号码	连接检查号码与 DTC 一齐储存
5	DTC 出现次数	相同 DTC 被记录的次数

图 8-29　故障码（DTC）详细信息清单

对于不带多媒体显示的类型，在车速为0km/h时（停车状态），关闭音响，打开点火开关至ACC或IG位置，按住"1"和"6"按钮不放，同时按"DISC"按钮三次，进入AVC-LAN总线诊断模式（图8-30）。如图8-31所示，进行系统检查，检查结果所示的各代码含义与表8-3类似。

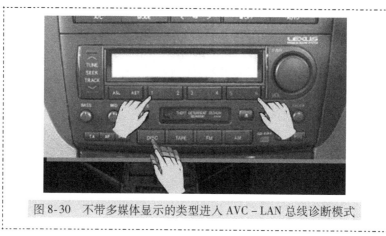

图8-30 不带多媒体显示的类型进入AVC-LAN总线诊断模式

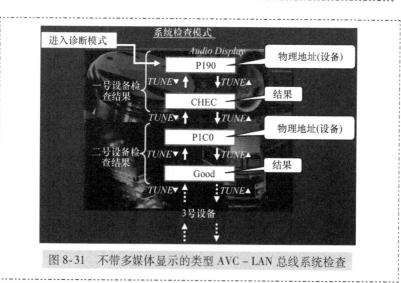

图8-31 不带多媒体显示的类型AVC-LAN总线系统检查

五、CAN、BEAN和AVC-LAN的差别及网关

1. CAN、BEAN和AVC-LAN的差别

CAN（Controller Area Network，控制器局域网络）指符合ISO标准的串行数据通信网络。BEAN（Body Electronic Aiea Network，车身电子局域网络）是丰田公司拥有专利的双向通信网络。AVC-LAN（Audio Visual Communication-Local Area Network，音响视听局域网络）主要用于音频和视频设备中的通信网络。

（1）通信线不同　BEAN通信一般采用单线传输，CAN和AVC-LAN通信采用双线传输，如图8-32所示。

（2）通信协议不同　如果各个电控单元所采用的数据传输速度、传输线和信号不确定，将无法完成通信，所以要有明确的通信协议。

（3）传输速率不同　CAN 的传输速率比 BEAN 和 AVC – LAN 要快，若底盘系统采用 BEAN 或 AVC – LAN，并以较低的速率进行传输，底盘控制系统的工作会被延迟。出于此原因，底盘系统采用 CAN 传输，以达到在加快传输速率的同时，确保高质量的数据传输。CAN、BEAN 与 AVC – LAN 对比见表 8-4。

2. 网关

CAN、BEAN、AVC – LAN 通信协议不同，为了实现数据交换采用了网关，网关内置 CPU 从各总线接收数据，然后按照各通信协议把该数据变换后通过不同的总线发送出去。网关根据车辆的功能预先确定需要处理的数据。网关的内部结构如图 8-33 所示。

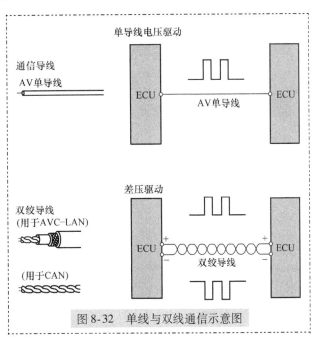

图 8-32　单线与双线通信示意图

表 8-4　CAN、BEAN 与 AVC – LAN 对比表

系统	底盘电控系统	车身电控系统控制	
协议	CAN（ISO 标准）	BEAN（丰田标准）	AVC – LAN（丰田标准）
通信速率	500kbit/s（最大 1Mbit/s）	最大 10kbit/s	最大 17.8kbit/s
通信线	双绞线	AV 单线	双绞线
驱动形式	差分电压驱动	单线电压驱动	差分电压驱动
数据长度/字节	1~8（可变）	1~11（可变）	0~32（可变）

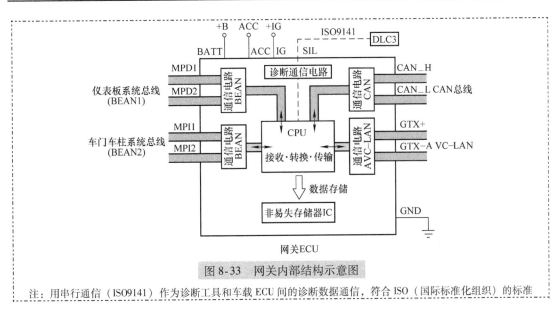

图 8-33　网关内部结构示意图

注：用串行通信（ISO9141）作为诊断工具和车载 ECU 间的诊断数据通信，符合 ISO（国际标准化组织）的标准

第二节　丰田车系多路通信系统故障诊断

一、故障诊断流程

丰田车系多路传输系统的故障诊断流程如图 8-34 所示。

二、DLC3 诊断连接器

将诊断工具连接到车辆上的连接器（DLC3）上，可以经由网关 ECU 和各种多路通信线路接入到各 ECU。由此，可以输出故障诊断代码，进行数据监控（ECU 数据的确认等）、主动测试（随意操作执行器），自定义功能的设置（通过改变控制程序的设置）等。DLC3 安装位置如图 8-35 所示。诊断连接器各端子排列如图 8-36 所示。

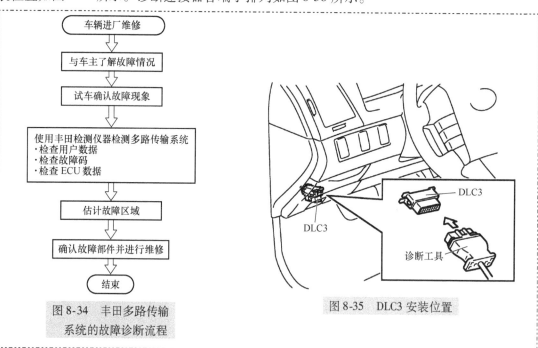

图 8-34　丰田多路传输系统的故障诊断流程

图 8-35　DLC3 安装位置

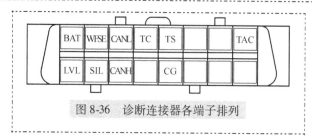

图 8-36　诊断连接器各端子排列

三、故障码的读取

1. 通过人工跨接读取故障码

1）使用短路跨接线 SST（图 8-37），跨接 DLC3 诊断连接器的 TC 和 CG 端子，如图8-38

所示。

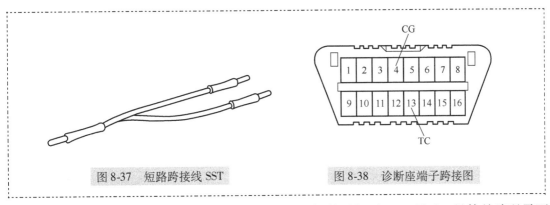

图 8-37 短路跨接线 SST   图 8-38 诊断座端子跨接图

2）通过开门警告灯闪烁读取故障码。警告灯闪烁情况如图 8-39 所示。具体故障码需要查询维修资料，有些车型不能使用人工诊断读取，需要使用诊断仪器操作。

2. 通过诊断仪器读取故障码

丰田车型的故障码诊断可能通过人工诊断读取，也可以通过仪器诊断。下面主要介绍仪器诊断的操作方法。

1）连接智能检测仪，如图 8-40 所示。

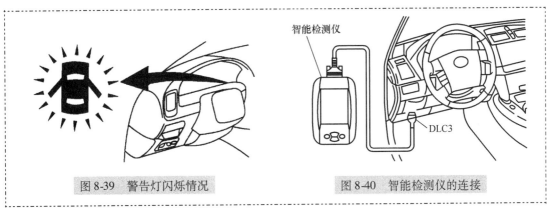

图 8-39 警告灯闪烁情况   图 8-40 智能检测仪的连接

2）进入诊断模式。
3）进入 OBD/M-OBD 菜单，选择网关。
4）检查故障码。故障码说明见表 8-5。注意：只有在网关 ECU 正常的情况下，才能完成系统故障码的读取。

表 8-5 故障码说明

故障码	说明	故障码	说明
B1211	门控 ECU 没有连接，通信中断	B1214	通信线路故障
B1261	发动机 ECU 没有连接，通信中断	B1215	通信线路故障

四、使用仪器对各系统设定

通过把诊断工具连接到 DLC3 上，可根据车主习惯，改写内置在各 ECU 的可读写存储器的设定值来调节各种功能。可以改变的 ECU 设定值见表 8-6。

表 8-6 可以改变的 ECU 设定值

控制 ECU	设 定 内 容	设定值（第一项为初始值）
空调 ECU	取消 FOOT/DEF 模式	可联动，无联动
	设定空调操作开关的蜂鸣器声音	有此功能，无此功能
	设定进气口自动模式，车内温度的初始化设定	有此功能，无此功能
	设定压缩机的自动模式，压缩机自动联动	可联动，无联动
	设定压缩机、进气口 DEF 联动控制	可联动，无联动
	设定压缩机外部可变容量控制，压缩机变容控制	有此功能，无此功能
	调整车外温度显示值 TC	0，+1，+2，+3，-1，-2，-3
	调节预设温度变化值 TC	0，+1，+2，-1，-2
	设定冷气出风口模式（自动模式、面部模式、脚部出风口设定）	有此功能，无此功能
	DEF 风量增大控制	有此功能，无此功能
	正负离子发生器取消自动	自动，取消自动（手动）
仪表 ECU	调整钥匙提醒蜂鸣器音量	大，中/小
	调整钥匙提醒蜂鸣器鸣响周期/s	0.6，0.9，1.2
驾驶人侧接线盒 ECU	设定无线反馈功能（危急警告灯）	有此功能，无此功能
	设定行李箱开启器，通过发射器操作	有此功能，无此功能
	设定无线遥控主要功能	有此功能，无此功能
	设定蜂鸣器功能	有此功能，无此功能
	设定车门微开警告功能	有此警告，无此警告
	设定开锁时车内照明灯亮起的控制	亮，不亮
	设定进车照明系统控制	有此功能，无此功能
	调整进车照明系统的亮起时间/s	15，7.5，30
	点火钥匙转到 IG OFF 时设定车内照明灯亮起的控制，车顶灯亮起的时间	有此功能，无此功能
	设定车顶大型照明灯亮起的控制	有此功能，无此功能
	休息时设定车顶大型照明灯亮起（照明度）的控制	0~100%
	照明控制传感器感应度的调整（%）	0，-10，-20，+20，+40
	选择尾灯亮起的延迟时间	标准，长
	显示屏调光的敏感度的调整	0，-2，-1，+1，+2
	显示屏调光标准的敏感度（调光取消）的调整	0，-2，-1，+1，+2
MPX 总开关	设定车门钥匙联动的电动车窗上升功能	有此功能，无此功能
	设定车门钥匙联动的电动车窗下降功能	有此功能，无此功能
	设定发射器联动的电动车窗上升功能	有此功能，无此功能
	设定传递器联动的电动车窗下降功能	有此功能，无此功能
	设定智能钥匙联动的电动车窗上升功能	有此功能，无此功能
	设定防夹保护门限值切换功能	90N，100N，120N

(续)

控制 ECU	设 定 内 容	设定值（第一项为初始值）
滑动天窗 ECU	设定车门钥匙联动滑动天窗开启功能	有此功能，无此功能
	设定车门钥匙联动滑动天窗关闭功能	有此功能，无此功能
	设定发射器联动滑动天窗开启功能	有此功能，无此功能
	设定发射器联动滑动天窗关闭功能	有此功能，无此功能
	选择车门钥匙联动滑动天窗的操作，车门钥匙联动操作方向	滑动，倾斜
	选择发射器联动滑动天窗的操作，无线遥控器联动操作方向	滑动，倾斜
认证 ECU	防盗调整点火操作条件（钥匙检测范围）	前后座椅，前排座椅
	设定行李箱开启器的功能	有此功能，无此功能
	设定电动车窗上升功能	有此功能，无此功能
	设定将钥匙忘记在后备厢内的警告功能	有此功能，无此功能
	调整车外请求信号的定期发送间隔/s	0.3，0.15，0.45，0.6
	调整驻车待机状态的待机时间/s	2.5，0.5，1.5，5.0
	设定并调整点火开关忘记关闭的警告时间/s	2，1，0
	设定钥匙电池余量的警告	有此功能，无此功能
	设定点火操作时，在钥匙区域外的警告	有此功能，无此功能
	钥匙拔出警告的无线蜂鸣器鸣响次数的调整以及设定，蜂鸣器鸣响的次数	3，5，7，0
	设定在 P 位时驾驶人将钥匙带出车外的警告	有此功能，无此功能
	设定不在 P 位时驾驶人将钥匙带出车外的警告	有此功能，无此功能
	设定车上其他乘员将钥匙带出车外的警告	有此功能，无此功能
	设定将钥匙忘记在车内的警告功能，设定钥匙提醒蜂鸣器提醒的次数	2，1，0

五、通信线路诊断思路

1. 通过 DLC3 进行诊断

如果 CAN 通信系统通信中断，并且输出多个故障码，可以通过将检测仪器连接到 DLC3 来读取系统故障码。DLC3 端子中设有 CAN_H 和 CAN_L 端子，用来诊断 CAN 系统。通过测量通信线路端子之间的电阻可以确定通信线路是否短路或断路。通过测量 CAN_H 或 CAN_L 端子和 BAT 或 CG 之间的电阻，可以确定通信线路与电源和地之间是否有短路。诊断座端子排列如图 8-41 所示。根据所测电阻值可判断通信线路是否有故障。通信线路间电阻规范及通信线路与电源间电阻规范分别见表 8-7 和表 8-8。

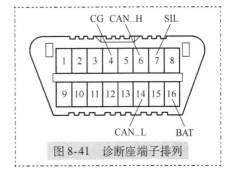

图 8-41 诊断座端子排列

表 8-7 通信线路间电阻规范

CAN-H 和 CAN-L 之间电阻值	通信线路情况	CAN-H 和 CAN-L 之间电阻值	通信线路情况
54～67Ω	正常	小于 54Ω	通信线路有短路
大于 67Ω	通信线路有开路		

表 8-8 通信线路与电源间电阻规范

检查端子	电阻值	数据分析
CAN_H 与 BAT	≥1kΩ 或以上	如无故障码则通信线路正常
	<1kΩ	通信线路与电源、地之间有短路情况发生
CAN_L 与 BAT	≥1kΩ 或以上	如无故障码则通信线路正常
	<1kΩ	通信线路与电源、地之间有短路情况发生
CAN_H 与 CG	≥1kΩ 或以上	如无故障码则通信线路正常
	<1kΩ	通信线路与电源、地之间有短路情况发生
CAN_L 与 CG	≥1kΩ 或以上	如无故障码则通信线路正常
	<1kΩ	通信线路与电源、地之间有短路情况发生

如图 8-42 所示，当 CAN 通信线路中间断路时，不允许使用普通导线跨接，否则会失去双绞线的传输特点，传输数据会出现故障。多路传输通信线是一个链环结构，如果当其中的一个点出现断路，如图 8-43 所示，通信可以变更路径，并且无故障码显示。如果线路中出现两个断路点，如图 8-44 所示，就会发生通信故障，并会显示"ECU 没有连接，通信中断"。

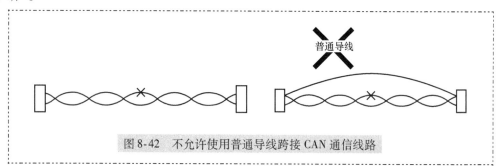

图 8-42 不允许使用普通导线跨接 CAN 通信线路

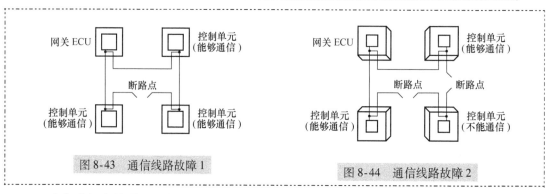

图 8-43 通信线路故障 1　　　　图 8-44 通信线路故障 2

2. 对发动机电控单元进行诊断

当发生通信故障时，为确定是网关 ECU 与诊断仪器之间通信故障还是网关 ECU 故障，可以通过对发动机电控单元进行诊断来判断，如图 8-45 所示。

3. 短路故障的查找

当通信线路发生短路时，如果线路与电源之间短路，则整个通信线路都是 12V；如果线路与地之间发生短路，则整个通信线路都是 0V。因此，为了找到短路点，必须要一个接一个地把电控单元的插头拔掉，这是找到故障点最有效、最简单的方法。以图 8-46 所示的电路为例，短路故障的诊断程序如下：

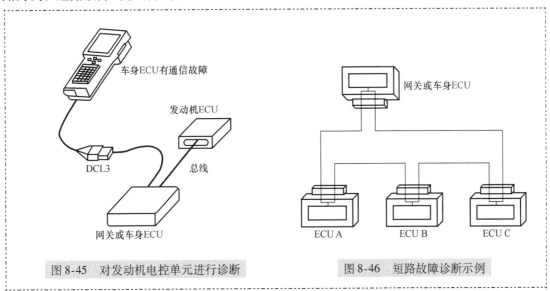

图 8-45　对发动机电控单元进行诊断　　　图 8-46　短路故障诊断示例

1) 拔下 ECU A 的插头并检查系统故障码。
2) 拔下 ECU B 的插头并检查系统故障码。
3) 连接 ECU A 的插头并检查系统故障码。
4) 拔下 ECU C 的插头并检查系统故障码。
5) 连接 ECU B 的插头并检查系统故障码。
6) 检查每个线束的电源与接地点。

复习思考题

一、填空题

1. BEAN 是一个_____协议，该协议用于_____。
2. BEAN 总线的数据传输方法有_____和_____两种。
3. CAN 通信系统是_____，可使网络内的所有 ECU 和传感器利用交错时间和一对通信线路（总线）来传输数据。
4. AVC – LAN 主要用于_____，传输音响视听控制信号的传输。

二、判断题

1. 当 BEAN 总线一处断路时，各节点之间仍然实现通信，对车辆的使用毫无影响，这时也无法检测到总线的故障码，只有在两处以上断路时才会影响车辆正常工作，才能检测到故障码。　　　　　　　　　　　　　　　　　　　　　　　　　　　　　　（　　）
2. 当 CAN 通信线路中间断路时，允许使用普通导线跨接。　　　　　　　（　　）

3. 当通信线路发生短路时，如果线路与电源之间短路，则整个通信线路都是0V。
(   )

4. 如果线路与搭铁之间发生短路，则整个通信线路都是12V。 (   )

三、问答题

1. 与传统的并行通信相比，MPX有哪些优点？
2. MPX采用哪些方式进行数据传输？
3. MPX的拓扑结构分哪些类型？
4. BEAN总线中采用哪些类型的数据传输方式？
5. BEAN总线的数据传输方法是怎样的？
6. CAN、BEAN和AVC–LAN之间有哪些差别？
7. 怎样通过诊断仪器读取故障码？

第九章

通用车系车载网络系统

第一节 概　　述

由于车载控制单元的数量和各控制单元之间的数据交换量在不断增加，因此很多车辆在控制模块之间采用了总线通信。总线是一条物理线路，为两个或多个控制模块之间提供通信路径。目前通用公司车载网络系统采用的总线包括 UART、Class 2 和 GM LAN 三种形式。

一、J1850 通信协议标准概述

J1850 是英特尔公司推出的一款车载网络协议标准，由美国汽车工程师协会（SAE）车辆信息多路传输和数据通信网络标准委员会于 1988 年审议通过，1994 年 2 月 1 月正式颁布，之后普及运用于美国各大汽车厂商的汽车中，如福特（Ford）、通用（GM）、克莱斯勒（Chrysler）等。就车载网络系统的总线分类而言，J1850 属于 B 级总线，速率在 20 ~ 125kbit/s 之间，主要用途为车用信息中心、仪表显示、故障检测诊断等。由于 J1850 的实际运用混乱，因此逐渐被淘汰，取代 J1850 的是低速版的 CAN 总线。

虽然美国汽车厂商多实行 J1850 标准，但各厂的实际做法各有不同，福特采用的是 SCP 协议，以脉宽调制（PWM）方式，运用两条线路以差动方式进行传输，最高速率为 41.6kbit/s。通用和克莱斯勒采用的是 Class2 协议，以可变脉宽（VPW）方式传送信息，此方式仅使用一条线路就可传输，最高速率为 10.4kbit/s。

J1850 是一个异步、无主、地位同等的协议，它为所有的节点提供同等的网络入口。J1850 的一个重要特性，就是正在传输数据的节点向整个网络"广播"它的信息。也就是说，不仅任何其他节点都可以接收到这条信息，而且其自身也可得到该信息的反馈。

在 J1850 总线上，信息以数字信号形式传输，数字信号的显性位优先级高于隐性位优先级。当总线被高优先级的信息占用时，低优先级的信息被停止发送，只有当总线空闲时被停止发送的信息才能被再次发送，这是为了避免总线上信息冲突而导致信息的丢失。在判断是否应该接收总线所传输的信息时，J1850 协议采用全帧比较的方式，即从帧起始位开始逐位进行比较，直到帧结束为止。此方式不会破坏帧结构和内容，这种非破坏式冲突解决的方法也是该协议的核心。

J1850 的传输信号中，高位电压在 4.25 ~ 20V 间，而低位电压则低于 3.5V。但这里的一个高位电压（或低位电压）并不代表输出一个比特的信息，而是一个比特符号，一个比特符号可以携带一个比特或更多的信息。此外，每个比特符号的传递有其时间限制，对单线方式传输来说，一个比特符号的传递时间为 64μs 或 128μs。

J1850 总线一般会连接一个较小的下拉式电阻，当总线被驱动时则会将线路电压拉至高

位，拉至高位的同时也等于取得总线的主导权、使用权。在传输距离上，VPW 型的 J1850 最远传输距离约为 35m，最多能在一个 J1850 总线内设置 32 个节点。J1850 的故障诊断使用 OBD Ⅱ（on – Board Diagnostics Ⅱ）的连接器。

二、UART 串行通信系统

1. 串行数据

当通过串行数据总成从一个控制模块向另一控制模块发送信息时，所发送的信息即称为串行数据。从电子信号角度说，串行数据就是一系列由高到低迅速变化的电压脉冲串。一个电压脉冲串表示一条信息。

2. UART 串行通信网络

UART 是异步收发串行通信系统，它采用单线制线路，传输速率 8192bit/s。UART 串行通信网络中有 1 个控制串行数据总线通信的主控模块，在大多数情况下，车身控制模块就是 UART 总线的主控模块。UART 通信采用 5V 单线数据线，其系统电压为 5V。可见，UART 是通过正逻辑运算相同的脉宽进行数据通信的。UART 串行通信波形如图 9-1 所示。

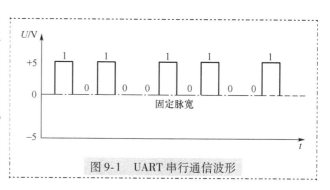

图 9-1　UART 串行通信波形

图 9-2 为别克荣御的 UART 总线，主控模块为 A15 车身控制模块。主 UART 串行数据总线与 X40 诊断连接器第 9 脚连接，用于故障诊断；第二 UART 串行数据总线与 A14 空调控制模块、P3 组合仪表、A133 音响模块、A158 通信控制调用收发器模块、A21 驾驶人座椅位置调整记忆模块相连进行通信，第三 UART 串行数据总线与安全气囊传感和诊断模块相连，实现各种功能，如解锁照明、车门自动锁定系统、车灯自动关闭功能、车灯自动接通功能、蓄电池节电模式、安全气囊展开、车辆熄火、车辆安全系统、顶灯和门控灯控制功能、仪表变光控制功能、间歇刮水器控制功能、电动车窗系统、电动天线控制系统、后车灯灯泡故障指示功能等。

三、Class 2 串行通信网络

Class 2 串行数据总线是通用的第 2 代串行数据传输总线，它也采用单线制线路，传输速率 10.4kbit/s。Class 2 串行数据线电压为 0V，传递数据电压为 7V，系统传送数据采用的是可变脉宽，每一位信息都可能有 2 种长度，即长或短。当点火开关拨至 RUN 位置时，Class 2 串行数据网络上的模块每 2s 会发送一个 SOH 信息来确保模块工作正常，当一个模块停止传递信息时，例如一个模块失去电源和搭铁，就不能发送 SOH 信息，那么在 Class 2 串行数据网络上等着接受 SOH 信息的其他模块就会感知并设置与模块（不能传递信息的模块）失去通信的故障码（DTC），对于不能传递信息的模块来说，DTC 是唯一的，例如，当 BCM 的 SOH 信息消失了，其他的几个模块会设置 DTC U1064，注意的是当存在失去通信的 DTC 时并不是代表产生 DTC 的模块有问题。Class 2 串行通信波形如图 9-3 所示。UART 和 Class 2

串行数据通信的特点对比见表9-1。

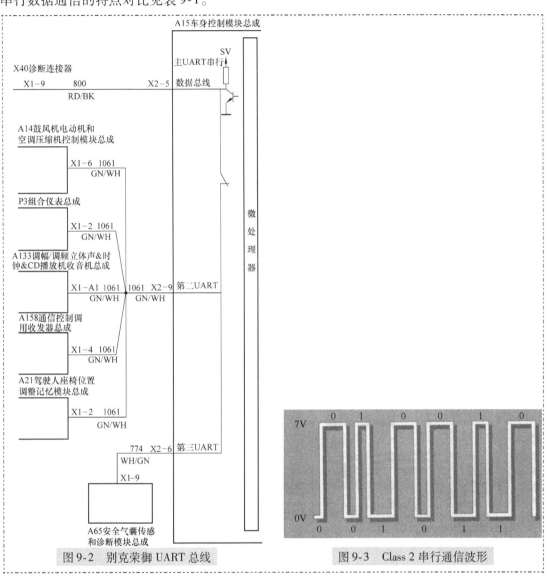

图9-2 别克荣御 UART 总线

图9-3 Class 2 串行通信波形

表9-1 UART 和 Class 2 串行数据通信的特点对比

项目	UART	Class 2
电压/V	5	7
通信方式	低电压通信	高电压通信
传输速率/(bit/s)	8192	10400
脉宽	固定脉宽	可变脉宽
数据传递方式	连续方式	以数据包形式传输，多个模块可同时输送

四、GM LAN 串行通信网络

GM LAN（General Motors Local Area Network）是通用公司开发的车载网络通信标准，应用于通用公司内部的各种车型上。GM LAN 从一开始开发就由低速、中速，高速三种总线构成，这些总线都基于 CAN 通信协议、采用同样的数据通信策略。

GM LAN 和 UART 的主要区别在于，UART 依靠总线主控模块控制信息收发，而 GM LAN 的信息收发由各控制模块管理。GM LAN 在物理层/协议上采用三种不同的通信速率，针对高速通信，采用 500kbit/s 的双线 CAN 总线；针对中速通信，采用 95kbit/s 的双线 CAN 总线；针对低速通信，采用 20~40kbit/s 的单线 CAN 总线。

该总线采用终端电阻作为线路终结器，位于总线线路末端的两个控制模块内。这些终端电阻的作用是：防止当数据传输到 GM LAN 总线线路末端时出现反射回送。GM LAN 是一种基于控制器区域网通信协议的通信，动力系统接口模块总线终端电阻为 120Ω，发动机控制模块总线终端电阻也为 120Ω，GM LAN 总线是一个双线线路。

GM LAN 总线采用的是高速差分模式进行通信，通信速率是 500kbit/s。GM LAN 串行通信波形如图 9-4 所示，它可以通过 2 个逻辑层面即隐性（未驱动）和显性（驱动）显示。

（1）隐性（逻辑1） 总线处于空闲状态，CAN-High 和 CAN-Low 电压相同，均为 2.5V，不存在差分电压。

（2）显性（逻辑2） 总线处于被驱动状态，CAN-High 电压为 3.6V，CAN-Low 电压为 1.4V，存在 2.2V 差分电压。

GM LAN 通信协议与 UART 通信协议不兼容，由网关来协调两个网络间的通信。别克荣御的网关是动力系统接口模块（PIM），如图 9-5 所示。在串行数据通信系统中集成了动力系统接口模块（PIM），使通信网络 UART 和 GM LAN 之间可以实现双向通信。

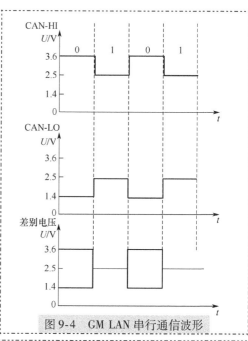

图 9-4 GM LAN 串行通信波形

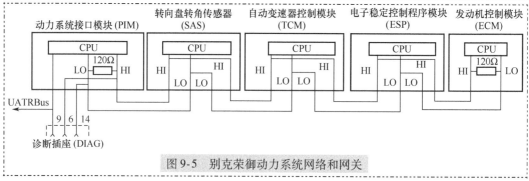

图 9-5 别克荣御动力系统网络和网关

第二节 别克荣御轿车车载网络系统

一、串行数据总线的布局

别克荣御轿车中各种电子控制模块之间通过串行数据总线通信，发动机控制模块

(ECM)、变速器控制模块（TCM）和防抱死制动系统-牵引力控制系统（ABS-TCS），利用 GM LAN 通信协议在串行数据总线上进行通信，而车身控制模块（BCM）则利用通用异步收发（UART）通信协议与组合仪表、音响主机（AHU）和乘员保护系统传感器及诊断模块（SDM）进行通信。

动力系统接口模块 PIM（网关）集成在串行数据网络中，相当于一个"翻译"装置，可使 GM LAN 串行数据总线上的控制模块与 UART 串行数据总线上的控制模块进行通信。图 9-6 所示为串行数据总线的布局，图中所示的串行数据部件根据车辆选装件情况而有所不同。

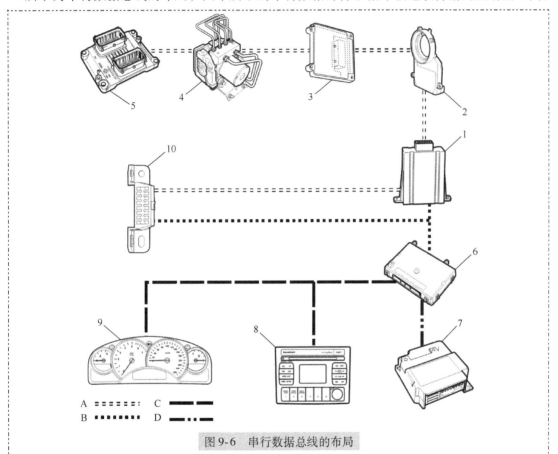

图 9-6 串行数据总线的布局

1—动力系统接口模块（网关）PIM 2—转向盘转角传感器 3—变速器控制模块（TCM）
4—防抱死制动系统-牵引力控制系统（ABS-TCS）电子控制单元（ECU） 5—发动机控制模块（ECM）
6—车身控制模块（BCM） 7—乘员保护系统传感和诊断模块（SDM） 8—音响主机（AHU）
9—组合仪表 10—数据链路连接器 A—GM LAN 串行数据电路 B—主 UART 串行数据电路 C—辅 UART 串行数据电路 D—第三 UART 串行数据电路

二、元件的位置及功能

别克荣御轿车串行数据总线的控制单元的位置如图 9-7 和图 9-8 所示。

1. 动力系统接口模块（PIM）

动力系统接口模块（PIM）位于驾驶人侧仪表板外托架上，其外形如图 9-9 所示，必须降下仪表板下装饰板总成才能接触到。动力系统接口模块执行如下功能：

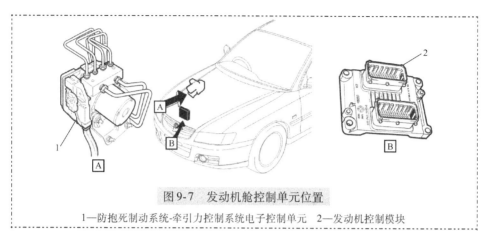

图9-7 发动机舱控制单元位置

1—防抱死制动系统-牵引力控制系统电子控制单元 2—发动机控制模块

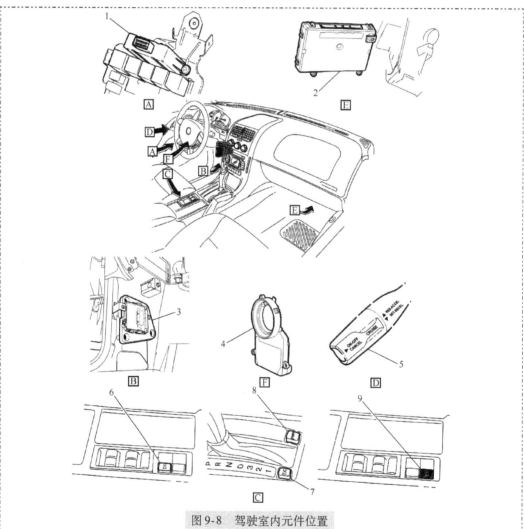

图9-8 驾驶室内元件位置

1—动力系统接口模块（PIM） 2—车身控制模块（BCM） 3—变速器控制模块（TCM） 4—转向盘转角传感器 5—巡航控制开关总成 6—动力模式开关 7—牵引力控制开关 8—电子稳定程序（ESP）开关 9—经济模式控制开关

1）动力系统接口模块（PIM）相当于 GM LAN 通信协议与 UART 协议之间的通信网关。由于 GM LAN 通信协议与 UART 通信协议不兼容，串行数据通信系统中集成了动力系统接口模块（PIM），以便使通信网络的 UART 端和 GM LAN 端的控制模块之间实现双向通信。

2）动力系统接口模块（PIM）将来自巡航控制开关和牵引力控制开关的模拟信号转换为数字串行数据。

3）在发动机控制模块验证动力系统接口模块之前，动力系统接口模块负责验证车身控制模块（BCM）。如有任何验证过程未通过，车辆将不能起动。

2. 发动机控制模块

发动机控制模块位于发动机总成右前端，其外形如图 9-10 所示。发动机控制模块通过串行数据网络，直接与变速器控制模块（TCM）、防抱死制动系统-牵引力控制系统（ABS-TCS）电子控制单元（ECU）和动力系统接口模块（PIM）进行通信。发动机控制模块还通过动力系统接口模块与车身控制模块（BCM）和组合仪表进行通信。发动机控制模块也是车辆安全保护系统不可分割的部分。

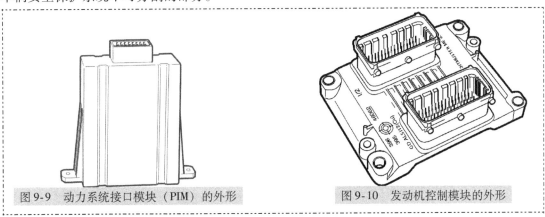

图 9-9　动力系统接口模块（PIM）的外形　　　图 9-10　发动机控制模块的外形

3. 防抱死制动系统-牵引力控制系统（ABS-TCS）电子控制单元

防抱死制动系统-牵引力控制系统（ABS-TCS）电子控制单元位于发动机舱内，右前轮罩内衬板旁边，其外形如图 9-11 所示。防抱死制动系统-牵引力控制系统（ABS-TCS）的主要作用是，有效控制车辆的制动和牵引力控制操作。为有效执行这一任务，防抱死制动系统-牵引力控制系统（ABS-TCS）的电子控制单元将与其他车辆系统（如发动机管理系统和自动变速器系统）进行通信。其中信息的交换是通过串行数据网络连接各种系统控制模块来实现的。

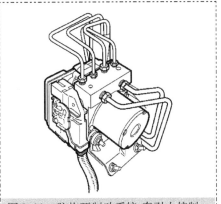

图 9-11　防抱死制动系统-牵引力控制系统（ABS-TCS）电子控制单元的外形

4. 车身控制模块

车身控制模块（BCM）水平安装在仪表板舱后面，其外形如图 9-12 所示。车身控制模块控制各种车辆电气系统，是串行数据通信网络不可分割的部分。车身控制模块利用通用异步收发（UART）串行数据协议与其他车辆模块进行通信。车身控制模块通过主串行数据电路与动力系统接口模块和数据链路连接器进行连接。车身控制模块通过该电路与发动机控制模块

（ECM）、变速器控制模块（TCM）以及防抱死制动系统-牵引力控制系统（ABS-TCS）电子控制单元进行通信。

5. 变速器控制模块

变速器控制模块（TCM）位于左侧铰接立柱装饰件上，其外形如图 9-13 所示。变速器控制模块（TCM）的主要作用是，根据当前车辆行驶和操作条件有效控制变速器换档点。为有效执行这一任务，变速器控制模块需要来自其他车辆系统的信息，如发动机管理系统和自动变速器系统。其中信息的交换是通过串行数据网络连接各种系统控制模块来实现的。

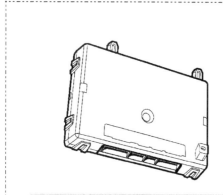
图 9-12　车身控制模块（BCM）的外形

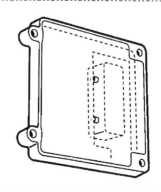
图 9-13　变速器控制模块（TCM）的外形

6. 转向盘转角传感器

转向盘转角传感器连接在乘员保护系统螺旋电缆总成的转接板上，其外形如图 9-14 所示。防抱死制动系统-牵引力控制系统/电子稳定程序（ABS-TCS/ESP）电子控制单元使用转向盘转角传感器确定转向盘锁定角度和方向。转向盘转角传感器在 GM LAN 串行数据总线上输出该数据。

7. 动力系统接口模块直接输入开关

下列开关直接连接至动力系统接口模块。这些开关使用动力系统接口模块将它们的输入信号转换为串行数据，然后再供各种车辆控制模块使用，用以执行各种功能。

（1）主动选档开关　主动选档开关位于地板控制台后部，其位置如图 9-15 所示。主动选档开关是一个瞬时接触型开关，用以启用或禁用主动选档功能。主动选档开关直接输入至动力系统接口模块。当按下开关时，动力系统接口模块通过串行数据总线向自动变速器控制模块发送一条信息。

（2）巡航控制开关　巡航控制开关位于转向柱右侧，其外形如图 9-16 所示。该开关由三个瞬时接触型开关组成，用于控制如下功能：

① 巡航控制按钮开关（ON-OFF）。

② 巡航控制恢复-加速（RES-ACCEL）。

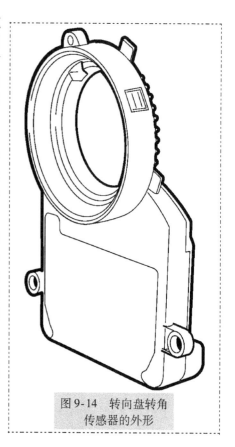
图 9-14　转向盘转角传感器的外形

③ 巡航控制设定-减速（SET-DECEL）。

三个巡航控制开关直接输入至动力系统接口模块。当按下这些开关中的任何一个时，动力系统接口模块就会通过串行数据总线向发动机控制模块发送一条信息。

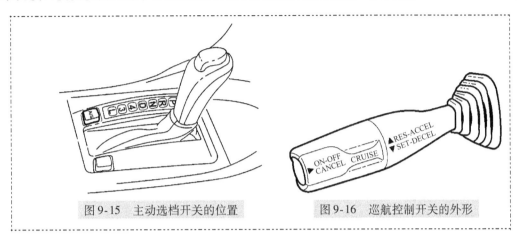

图9-15　主动选档开关的位置　　　图9-16　巡航控制开关的外形

（3）电子稳定程序开关　电子稳定程序（ESP）开关位于地板控制台后部，其位置如图9-17所示。电子稳定程序（ESP）开关是一个瞬时接触型开关，用以启用或禁用电子稳定程序（ESP）。电子稳定程序开关直接输入至动力系统接口模块。当按下电子稳定程序开关时，动力系统接口模块将通过串行数据总线向防抱死制动系统-牵引力控制系统/电子稳定程序（ABS-TCS/ESP）电子控制单元发送一条信息。

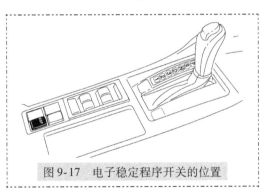

图9-17　电子稳定程序开关的位置

（4）动力模式开关　动力模式开关位于地板控制台后部，其位置如图9-18所示。动力模式开关是一个瞬时接触开关，用于改变换档点。动力开关直接输入至动力系统接口模块。当按下开关时，动力系统接口模块将通过串行数据总线向变速器控制模块（TCM）发送一条信息。

（5）牵引力控制系统开关　牵引力控制系统（TCS）开关位于地板控制台后部，其位置如图9-19所示。牵引力控制系统开关是一个瞬时接触型开关，用以启用或禁用牵引力控制系统。牵引力控制系统开关直接输入至动力系统接口模块。当按下牵引力控制系统开关时，动力系统接口模块将通过串行数据总线上防抱死制动系统-牵引力控制系统（ABS-TCS）电子控制单元发送一条信息。

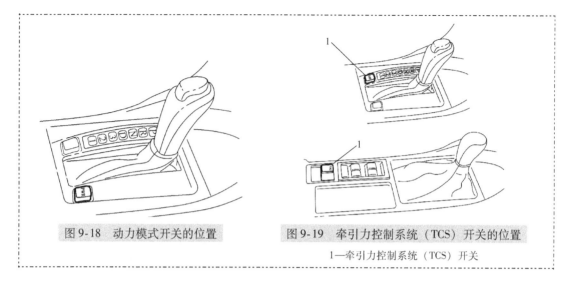

图9-18 动力模式开关的位置　　图9-19 牵引力控制系统（TCS）开关的位置
1—牵引力控制系统（TCS）开关

三、别克荣御轿车局域网电路

别克荣御 GM LAN 双线路传输示意图如图 9-20 所示，参与 LAN 通信的控制模块有 5 个，分别是动力系统接口模块（PIM）、转向盘转角传感器（SAS）、自动变速器控制模块（TCM）、电子稳定控制程序模块（ESP）和发动机控制模块（ECM）。在 LAN 串行通信网络线路末端的 2 个控制模块内各有 1 个 120Ω 的电阻，以防止当数据传输到 LAN 总线线路末端时出现反射回送。为了便于表示，将 2 个电阻画在了控制模块外部。LAN 串行通信网络是双导线系统，一个是褐色/黑色导线（CAN-HI），另一个是褐色导线（CAN-LO）。2 条导线铰接在一起，以防止产生对车辆其他控制装置造成的电磁干扰，这些铰接的导线将不会因线路内电压快速变化而产生磁场。任何模块输出的数据均发送至总线，与总线相连接的所有 LAN 控制模块对所接收到的数据进行评估，以确定是否对其进行处理并采取行动，或者忽略。

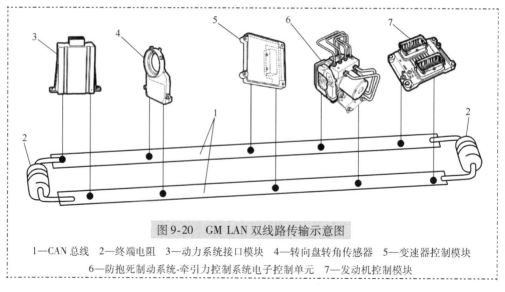

图9-20 GM LAN 双线路传输示意图
1—CAN 总线　2—终端电阻　3—动力系统接口模块　4—转向盘转角传感器　5—变速器控制模块
6—防抱死制动系统-牵引力控制系统电子控制单元　7—发动机控制模块

别克荣御轿车局域网电路如图 9-21 所示。下面根据该电路进行通信网络分析。

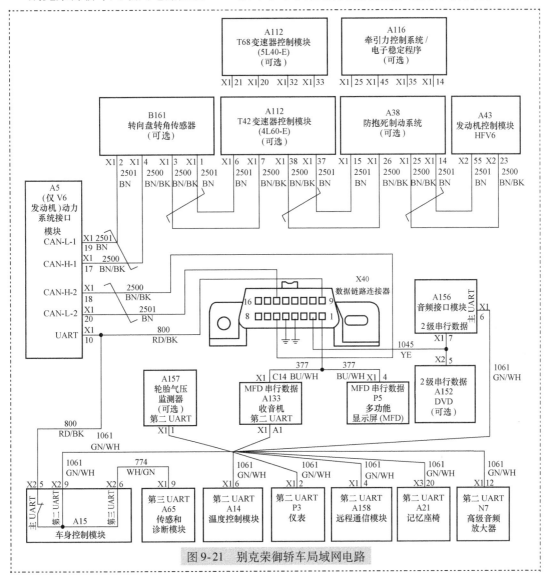

图 9-21 别克荣御轿车局域网电路

1）第一 UART 串行数据电路 800（红/黑），从车身控制模块（A15）连接到诊断插座 X40 的端子 9 和动力系统接口模块（A5）的端子 X1-10。

2）第二 UART 串行数据电路 1061（绿/白），从车身控制模块（A15）连接到以下模块：温度控制模块（A14）、组合仪表（P3）、收音机（A133）、高级音频放大器（N7）、轮胎气压监测器（A157）、音频接口模块（A15d）、记忆座椅（A21）等。

3）第三 UART 串行数据电路 774（白/绿），从车身控制模块（A15）连接到传感和诊断模块（A65）。

其中，第二和第三 UART 串行数据电路，都是通过串行数据总线隔离器连接到主串行数据线路上的。音频接口模块（A156）与 DVD 间是通过 Class 2 串行数据通信的，并连接到诊断插座 X40 的端子 2 脚。

收音机（A133）和多功能显示屏（P5）是通过第三 UART 串行数据通信的，并连接到诊断插座的 1 脚。

4）采用 GM LAN 通信的控制模块有 5 个，分别为发动机控制模块（A43）、变速器控制模块（A112）、防抱死制动系统控制模块（A38）、牵引力控制系统电子稳定程序模块（A116）、转向盘转角传感器（B116）、动力系统接口模块（A5）。

5）电路 2501（棕/黑）是 CAN-High 线，接诊断插座 X40 的端子 61。电路 2501（棕）是 CAN-Low 线，接诊断插座 X40 的端子 14 脚。

6）A156 音频接口模块与 A152 DVD 之间采用 Class 2 串行数据总线连接，同时将 Class 2 通过电路 1045 连接到 X40 诊断接口，可直接进行自诊断。

另外，图 9-21 中还有一个没画出的线路，即温度控制模块（A14）与多功能显示屏（P5）间的通信，采用的是 GM LAN 通信，电路如图 9-22 所示。

采用车载网络通信系统可以将各操作开关的信号传递给相近的控制模块，再由此模块通过网络传递到需要此控制信号的模块，有以下控制信号传递到动力系统接口模块：巡航控制开关、牵引力控制开关、电子稳定程序控制开关、自动变速器模式开关及主动选档开关等。这些控制信号在 PIM 内转换为串行数据在网络上传送。另外，在发动机控制模块（ECM）验证动力系统接口模块（PIM）之前，动力系统接口模块负责验证车身控制模块（BCM），以确定起动钥匙是否合法。如有任何验证过程未通过，车辆将不能起动。

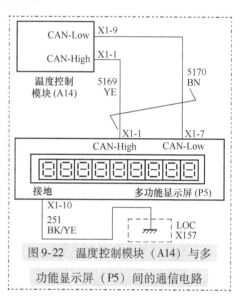

图 9-22 温度控制模块（A14）与多功能显示屏（P5）间的通信电路

由以上介绍可知，如果用万用表检测车载网络通信线路，只能检查通信线路是否对电源/地短路或断路，无法用测量电压的方法判断其工作是否正常。如果怀疑车载网络通信线路故障，可用示波器通过测量线路上的波形来大致判断通信系统工作是否正常。另外，对于别克荣御轿车 GM LAN 车载网络通信系统，因在网络两个终端模块（即动力系统接口模块 PIM 和发动机终端 ECM）中分别接有 2 个 120Ω 的终端电阻，因此在断电状态，用万用表欧姆档测量诊断插座的端子 6 和 14 之间时，应有 60Ω 的阻值。

四、故障诊断方法

1. 系统自检测与自诊断

V6 发动机还需要一个动力系统接口模块来作为硬件和串行数据通信接口。动力系统接口模块相当于一个透明双向译码装置，允许数据在采用 GM LAN 协议的模块和采用 UART 协议的模块之间流动，当需要在发动机和变速器模块之间通信时，发动机控制模块有时会设置一个变速器控制模块也能检测到的故障码。因此，为确保诊断程序快速有效，在车辆内电气系统诊断过程中采取一种"递进"式诊断法非常重要。

车身控制模块作为"总线主控"，定期检测串行数据总线上的以下每个装置（包括车身控制模块自身），并请求状态数据：V6 发动机控制模块（ECM）和变速器控制模块

（TCM），音频接口模块（AIM），防抱死制动系统-牵引力控制系统（ABS-TCS）模块，电子稳定程序（ESP）和转向盘转角传感器（SAS），组合仪表（INS），乘员温度控制系统（OCC）模块，音响系统主机（AHU），附加保护系统（SRS）传感和诊断模块（SDM），TECH2 故障诊断仪。

车身控制模块每隔 300ms 检测每个装置一次，以获取状态报告，但发动机控制模块、变速器控制模块和音响系统主机是每隔 150ms 就被检测一次。虽然还有其他模块和装置被连至串行数据总线，但它们仅监测总线上是否有影响其功能性的相关数据。这些模块和装置有：音频接口模块（AIM），数字视频光盘播放机（DVD）高级音频放大器（PSA），座椅和后视镜位置记忆模块（MSM），多功能显示屏（MFD）（经由音响系统主机），轮胎气压监测器（TPMS）。

2. 递进诊断法

车辆技术日益复杂，采用的通信系统不断增加，要避免错误诊断，防止将原本完好的部件进行不必要的更换，必须在诊断过程中按规定方式采取以下"三步式"诊断法。

1）步骤1，车辆的诊断系统检查。所有车辆诊断程序都是按逻辑顺序编排的，首先是车辆的诊断系统检查。开始诊断前，务必首先参考车辆的诊断系统检查，它将指导用户完成诊断任何车辆电气故障所需的逻辑步骤。在逐步执行车辆的诊断系统检查时，用户会被引导至其他特定系统或诊断系统检查（例如自动变速器、车身控制模块等）。点击所给出的超链接，就可以继续所需的系统检查。

2）步骤2，特定系统的诊断系统检查。通过逐步执行特定系统的诊断系统检查，用户会被引导至故障码表或维修手册内的其他章节，以帮助排除与车辆有关的故障。此时，可能要参照每个系统都包括的"症状"部分或间歇性电路故障。在完成各个系统的诊断系统检查后，假如发现存储了当前故障码，用户将被引导使用故障码表。

3）步骤3，使用故障码表。所有故障码表的编制都基于一个前提，即车辆组装时功能正常，没有多个故障，且故障当前存在。理解并正确地使用故障码表可以减少诊断时间和/或避免误诊。在任何给定的电子系统中，有些故障会触发多个部件的故障码，即使故障仅存在于一个部件中。如果存储有多个故障码，技术人员必须查看并记录所有已存入的故障码。然后，根据查看存入的故障码之间的关系，以确定故障源。对于会触发其他故障码的故障，务必从故障码表开始诊断。下述故障可能触发多个故障码：

① 系统电压过低会引起系统管理操作错误或者部件故障。
② 系统电压过高会损坏系统控制模块和/或其他敏感的电子部件。
③ 系统控制模块只读存储器（ROM）或随机存取存储器（RAM）中的故障。
④ 系统控制模块内部电路或编程故障。
⑤ 传感器或部件线束连接器接触不良。

系统共用电路中的电气故障（例如 GM LAN 电路中的开路故障），可能会触发连接至此故障电路的部件或者传感器的故障码。测试相应的传感器或部件的电气电路，以便隔离故障。如果被设置了多个故障码的故障原因不明显，则应从编号最小的故障码开始，逐个进行诊断。

3. 多故障码的诊断

在执行故障码检查并发现多个故障码时，必须从最可能触发其他故障码的那个故障码开始诊断。下文列举了一个会触发其他车辆系统故障码的故障码例子。

如果防抱死制动系统－牵引力控制系统电子控制单元和发动机控制模块之间的 CAN_H 电路存在开路，则会设置 DTC U2105（与发动机控制模块失去通信）故障码。这一故障还可能导致其他控制模块设置以下故障码：

1）组合仪表设置 DTC 11（没有来自发动机控制模块的串行数据）。
2）防抱死制动系统－牵引力控制系统设置 DTC U2105。
3）变速器控制模块设置 DTC U2105。
4）车身控制模块设置 DTC7（没有来自发动机控制模块的串行数据）。

常见的串行数据传输故障码见表 9-2。

表 9-2 常见的串行数据传输故障码

故障码	故障码说明	故障模块
U1064	串行数据通信错误	轮胎气压监测电子控制单元
U1128	无音频接口模块串行数据	数字化视频光盘播放机
U1300	Class 2 串行数据电路电压过低	数字化视频光盘播放机
U1301	Class 2 串行数据电路电压过高	数字化视频光盘播放机
U1304	与 UART 系统失去通信	动力系统接口模块
U2100	与 CAN 总线（高速）无通信	动力系统接口模块
U2105	CAN 总线不能与发动机控制模块通信	动力系统接口模块
U2106	CAN 总线不能与变速器控制模块通信	动力系统接口模块
U2108	CAN 总线不能与 ABS-TCS 电子控制单元通信	动力系统接口模块
U0001	控制器局域网总线通信	动力系统接口模块
U0100	发动机控制模块与变速器控制模块之间的 GM LAN 总线错误	动力系统接口模块
U0101	控制器局域网与变速器控制模块之间失去通信	动力系统接口模块
U0121	控制器局域网动力系统接口模块超时	动力系统接口模块
U0155	控制器局域网动力系统接口模块超时	动力系统接口模块
U0402	来自变速器控制模块的信号无效	动力系统接口模块
U0415	来自牵引力控制系统的控制器局域网信号无效	动力系统接口模块
U0423	控制器局域网接口网关、来自动力系统接口模块的信号无效	动力系统接口模块

4. 故障自诊断

（1）故障码 DTC U1304 的故障诊断　故障码 DTC U1304 的含义为与 UART 系统失去通信的诊断，该故障码诊断步骤见表 9-3。动力系统接口模块监视 UART 串行数据总线的通信量，如果动力系统接口模块检测到 UART 串行数据总线上没有任何通信量，则出现 DTC U1304。出现故障码的条件是：动力系统接口模块超过 10s，未在 UART 串行数据电路 800 上检测到任何串行数据通信。

表 9-3 故障码 DTC U1304 诊断步骤

步骤	操　作	是	否
1	是否执行了"主诊断表"	至步骤 2	

(续)

步骤	操 作	是	否
2	1. 关闭点火开关10s 2. 在设置 DTC U1304 的条件下操作车辆 3. 使用 Tech 2，选择故障码显示功能 DTC U1304 是否未通过本次点火循环的测试	至步骤3	
3	用 Tech 2 查看车身控制模块识别信息 Tech 2 是否显示车身控制模块识别信息	至步骤4	
4	用 Tech 2 查看车身控制模块的正常模式数据 Tech 2 是否显示正常模式数据	至步骤5	
5	检查动力系统接口模块线束连接器是否接触不良 是否发现故障并加以排除	至步骤7	至步骤6
6	更换动力系统接口模块（PIM） 修理是否完成	至步骤7	
7	1. 使用 Tech 2，清除故障码 2. 关闭点火开关30s 3. 起动发动机 4. 在运行故障码的条件下操作车辆 DTC U1304 是否未通过本次点火循环的测试	至步骤2	至步骤8
8	用 Tech 2 选择故障码显示功能 Tech 2 是否显示任何故障码	至相应的故障诊断码表	系统正常

注：1. 在完成所有诊断和修理后，清除故障码并检系统工作是否正确。
2. "主诊断表"：确认系统可以正常连接 Tech2，使用 Tech2 查看并记录动力系统接口模块是否出现故障码 U1064、U2100、U2105、U2106、U2108、B1009、B1013、B1014、B1000、B1019、B3057、B3924、P0633、P1611 或 P1678，若无以上故障码，说明 LAN 串行数据通信电路完好。

（2）故障码 DTC U2100 的故障诊断 故障码 DTC U2100 的含义为不能与 CAN 总线（高速）通信。变速器控制模块（TCM）、防抱死制动系统-牵引力控制系统（ABS-TCS）电子控制单元（ECU）和发动机控制模块（ECM）利用 GM LAN 串行数据协议发送和接收数据，而车身控制模块（BCM）及其他车辆控制模块则采用通用异步收发（UART）串行数据协议进行通信。

由于 GM LAN 和 UART 协议不兼容，因此在串行数据通信系统中采用了动力系统接口模块（PIM），以便在两种不同的协议之间实现通信。动力系统接口模块检测 GM LAN 电路 2501（CAN-LO 线路）和 2500（CAN-HI 线路）上是否存在对地短路或对电压短路故障。如果出现任何这些条件，将设置 DTC U2100。

该故障码出现时，组合仪表多功能显示屏将显示下列信息：检查动力传动系统，尽快维修车辆，燃油表故障，以及防抱死制动系统故障。出现这些故障时，可依据表9-4中的步骤进行诊断。

表 9-4 故障码 DTC U2100 诊断步骤

步骤	操 作	是	否
1	是否执行了"主诊断表"	至步骤 2	—
2	1. 关闭点火开关 10s 2. 在设置 DTC U2100 的条件下操作车辆 3. 使用 Tech 2,选择故障码显示功能 DTC U2100 是否未通过本次点火循环的测试	至步骤 3	—
3	1. 从发动机制动控制模块上断开连接器 A43-X2 2. 关闭点火开关 10s 3. 在设置 DTC U2100 的条件下操作车辆 4. 用 Tech 2 选择故障码显示功能并检查 DTC U2100 是否未通过本次点火循环的测试 重要注意事项:当发动机控制模块(ECM)连接器断开且点火开关接通时,可能会设置其他故障码。在本故障码表中,应忽略此种情况下设置的故障诊断码	对于带手动变速器和常规制动器的车辆,至步骤 7。对于所有其他车辆,至步骤 6	至步骤 4
4	检查发动机控制模块线束连接器端子是否短路或接触不良 判断是否发现故障并加以排除	至步骤 13	至步骤 5
5	更换发动机控制模块 判断修理是否完成	至步骤 13	—
6	1. 如果在步骤 3 中 DTC U2100 未通过,则断开下一个距离动力系统接口模块最远的 GM LAN 部件连接器。用 Tech 2 检查 DTC U2100 是否未通过测试 重要注意事项:车辆上安装的 GM LAN 部件数目根据车辆配置而有所不同 2. 重复本程序,直到距离动力系统接口模块最近的部件连接器断开或 DTC U2100 未通过测试 3. DTC U2100 是否未通过本次点火循环的测试	至步骤 7	至步骤 11
7	测试距离动力系统接口模块最近的 GM LAN 部件与动力系统接口模块之间的串行数据电路 2500 和 2501 是否对电压短路、对地短路或自身短路 是否发现故障并加以排除	至步骤 13	至步骤 8
8	测试动力系统接口模块和数据链路连接器之间的串行数据电路 2500 和 2501 是否对电压短路、对地短路或自身短路 是否发现故障并加以排除	至步骤 13	至步骤 9
9	检查动力系统接口模块线束连接器是否接触不良 是否发现故障并加以排除	至步骤 13	至步骤 10
10	更换动力系统接口模块(PIM)	至步骤 13	—
11	测试步骤 3 或步骤 6 中断开后导致 DTC U2100 未通过的那个连接器与下一个距离动力系统接口模块最远的连接器之间的串行数据电路 2500 和 2501 是否对电压短路、对地短路或自身短路。是否发现故障并加以排除	至步骤 13	至步骤 12

(续)

步骤	操 作	是	否
12	更换导致 DTC U2100 未通过的 GM LAN 部件	至步骤 13	—
13	1. 使用 Tech 2，清除故障码 2. 关闭点火开关 30s 3. 起动发动机 4. 在运行故障码的条件下操作车辆 5. DTC U2100 是否未通过本次点火循环的测试	至步骤 2	至步骤 14
14	使用 Tech 2，选择故障码显示功能 Tech 2 是否显示任何故障码	至相应的故障诊断码表	系统正常

五、车身控制模块故障自诊断

1. 车身控制模块控制电器功能

1）气囊展开车辆熄火功能。一旦气囊展开，车辆将在停止后解锁车门并点亮顶灯 10s。此时，发动机和燃油泵被关闭。

2）解锁照明。当在黑暗环境下用遥控钥匙解锁车门时，前照灯将点亮 30s。

3）车门自动锁定系统。当变速杆移出驻车位置时，所有车门自动锁定。可从组合仪表菜单中选择。

4）车灯自动关闭功能。当驻车灯、前照灯或车灯自动接通时，点火钥匙转到关闭位置后，所选的车灯将在用户可调的时间段内保持点亮，然后再自动熄灭。可调节延时时间。

5）车灯自动接通功能。取决于日照传感器及刮水器。日照传感器根据光照情况自动决定何时点亮或关闭前照灯，而刮水器开关位置可强制车灯更早点亮。

6）蓄电池节电模式。当车辆进入节电模式后，蓄电池电流将减少至 30mA 以下。激活此模式的时间被设定在遥控锁定车门（用钥匙通过驾驶人车门锁定车辆）后的 10s 或点火开关关闭后的 1h。

7）中央锁定系统——遥控车辆安全系统。若已编程设置了 1 级解锁（仅驾驶人车门）模式，则按住钥匙上的锁定按钮不放就可同时锁定/解锁驾驶人和乘客车门，在所需时间内再次按下按钮就会激活各车门锁。可选择遥控门锁系统是仅控制驾驶人车门还是控制驾驶人和乘客车门。

8）顶灯和门控灯控制系统。点火钥匙拧到关闭位置以及驾驶人车门打开和关闭都会触发顶灯关闭计时功能。入车延时照明、中央锁定车门和点火开关关闭后门控灯点亮。

9）侵入警告系统。当钥匙从点火开关中拔出时，将禁用发动机，使车辆锁止。

10）仪表变光控制系统。按住变光开关可改变仪表照明强度。

11）间歇刮水器控制系统。当车速提高时，刮水器刮水间断时间将缩短。

12）电动车窗系统。当电动车窗开关被按住 0.4s 以上时，将执行驾驶人和乘客车窗快速下降功能。点火开关关闭后，车窗会在短时间内保持可操作状态。

13）电动天线控制系统。当车身控制模块接收到收音机请求信号时，车身控制模块将控制收音机天线的高度和驱动器方向。高度可设置并保存在优先设置的钥匙1和钥匙2上（带高度调节和高度记忆功能）。

14）优先设置钥匙可自动应用两个人的个人车辆设置。将钥匙1或钥匙2插入点火开关就会选择用户在所列系统中作的设置。设置内容一般包括温度控制、音响系统、超速警报、变速器动力经济模式、仪表变光器等级、前照灯关闭延时。

15）后车灯灯泡故障指示。该信息在多功能显示屏上显示。检查尾灯和制动灯熔断器以及灯泡是否有故障。车身控制模块控制电路如图9-23～图9-32所示。

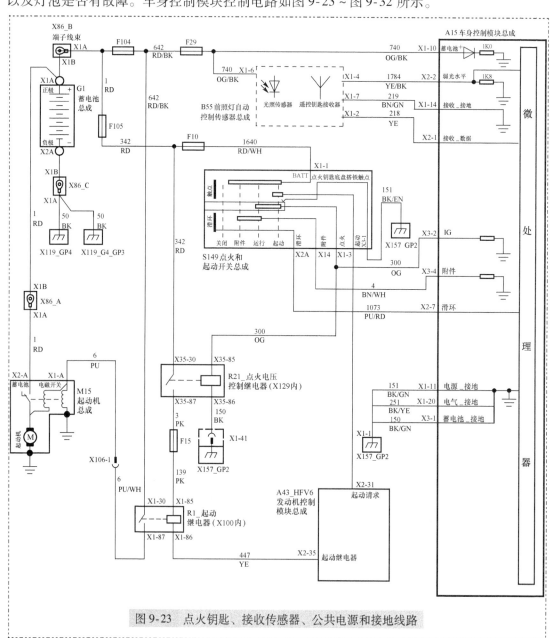

图9-23 点火钥匙、接收传感器、公共电源和接地线路

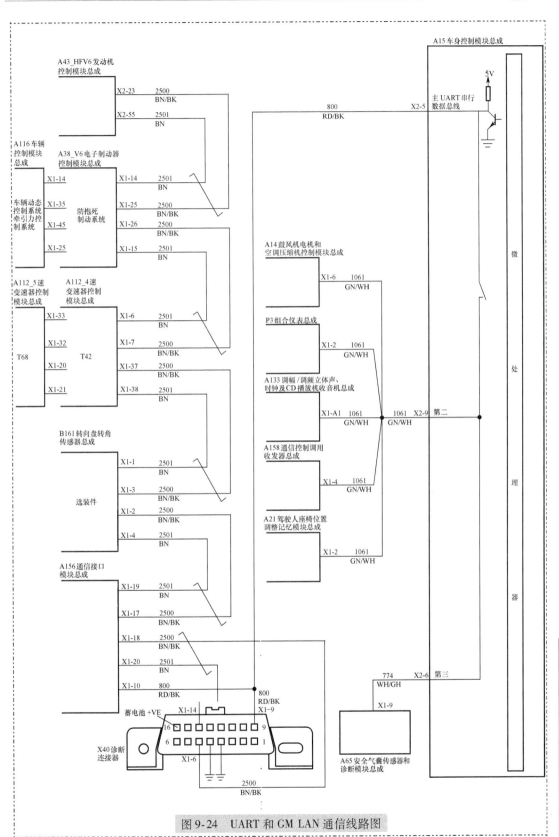

图 9-24 UART 和 GM LAN 通信线路图

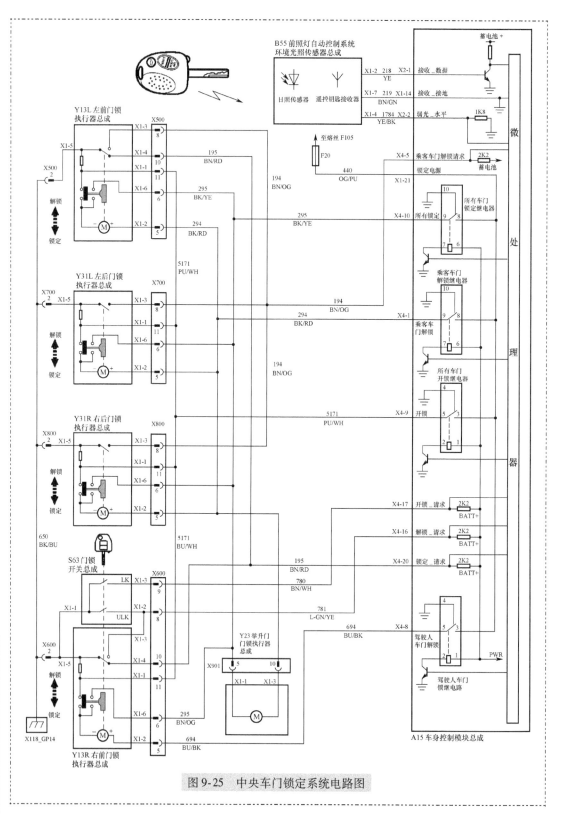

图9-25 中央车门锁定系统电路图

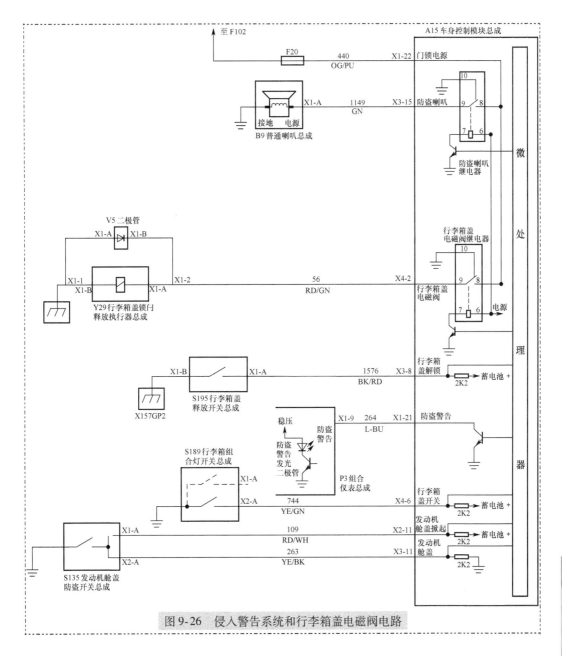

图9-26 侵入警告系统和行李箱盖电磁阀电路

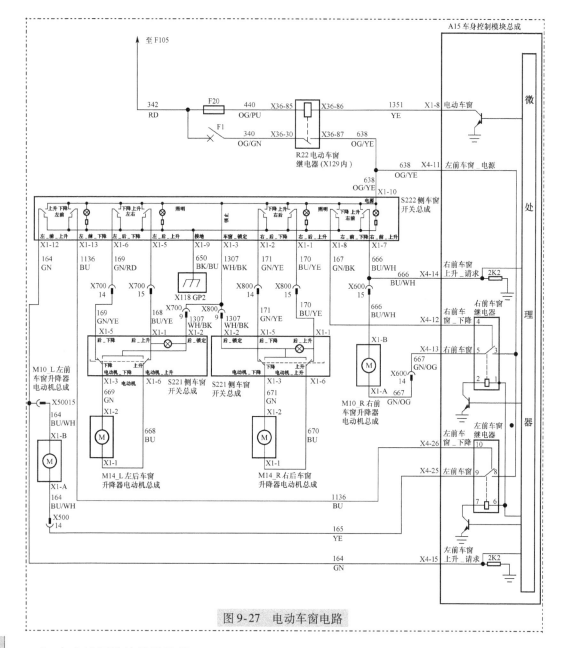

图 9-27 电动车窗电路

2. 车身控制模块故障诊断

车身控制模块通过第二串行数据总线（电路 1061）将数据发送到组合仪表，组合仪表电路如图 9-33 ~ 图 9-35 所示。如果车身控制模块没有查询到来自仪表信号超过 10s，则将出现故障码 DTC 13，见表 9-5。

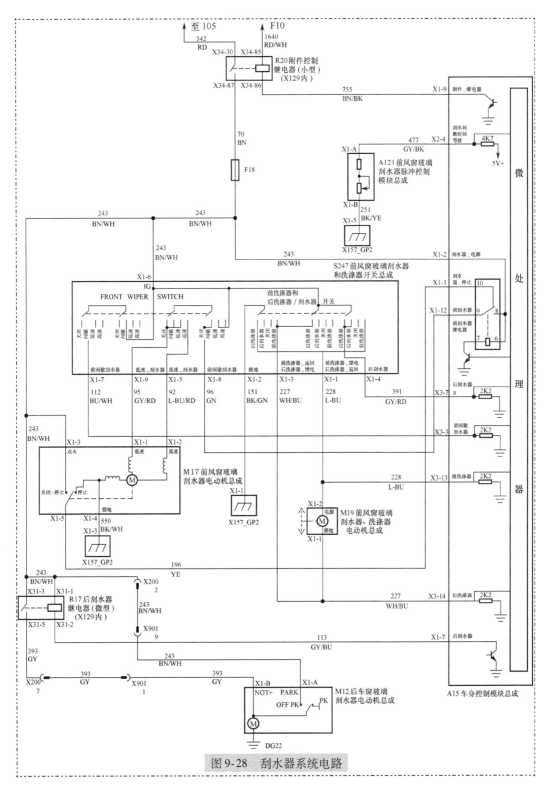

图9-28 刮水器系统电路

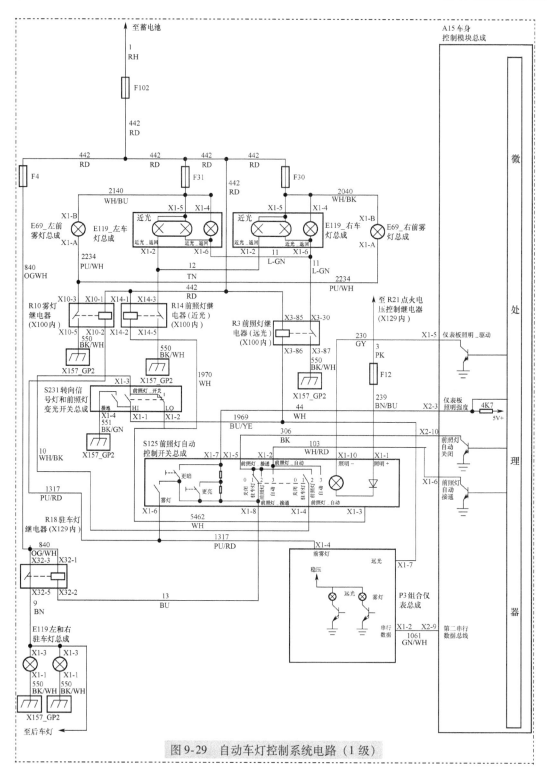

图 9-29 自动车灯控制系统电路（1级）

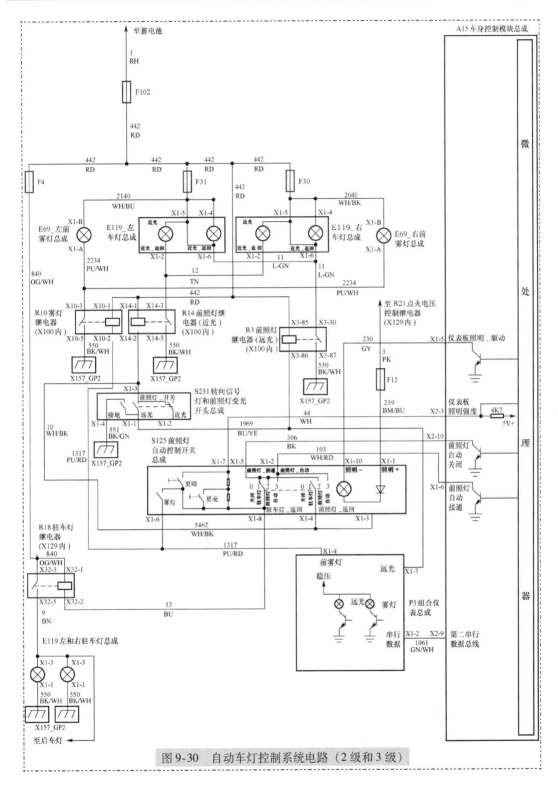

图9-30 自动车灯控制系统电路（2级和3级）

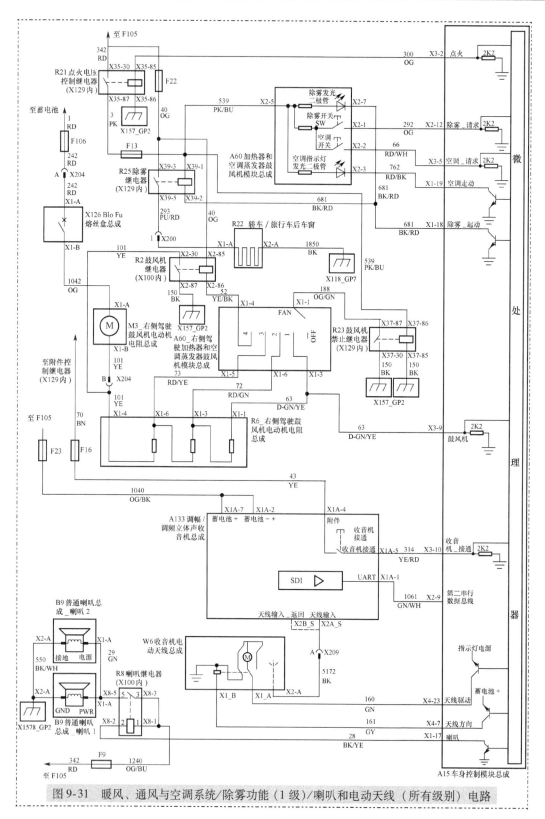

图 9-31 暖风、通风与空调系统/除雾功能（1级）/喇叭和电动天线（所有级别）电路

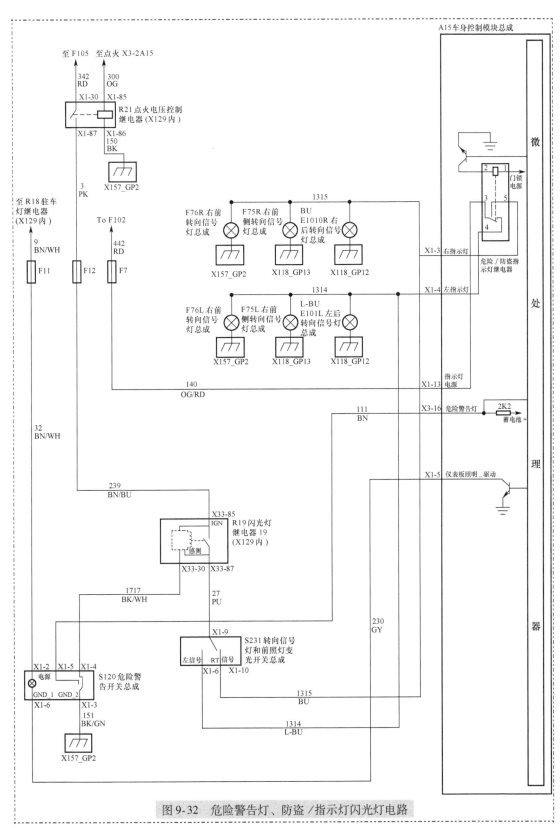

图9-32 危险警告灯、防盗/指示灯闪光灯电路

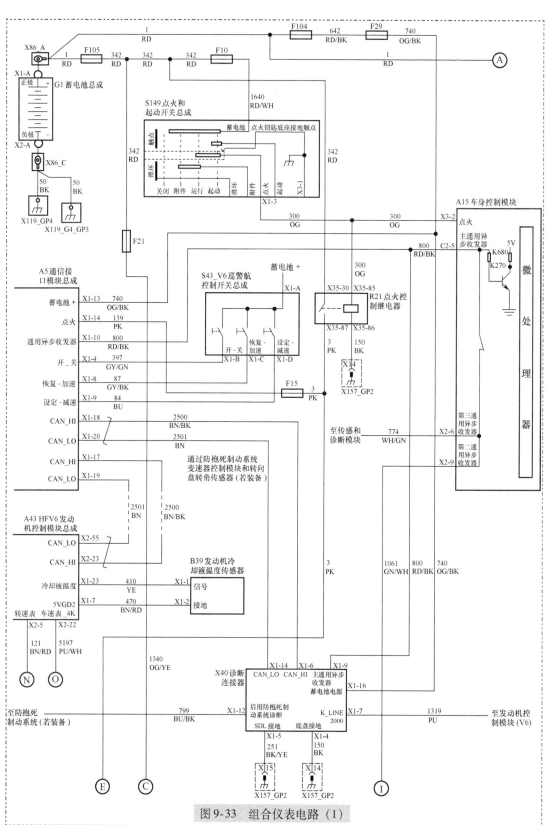

图9-33 组合仪表电路（1）

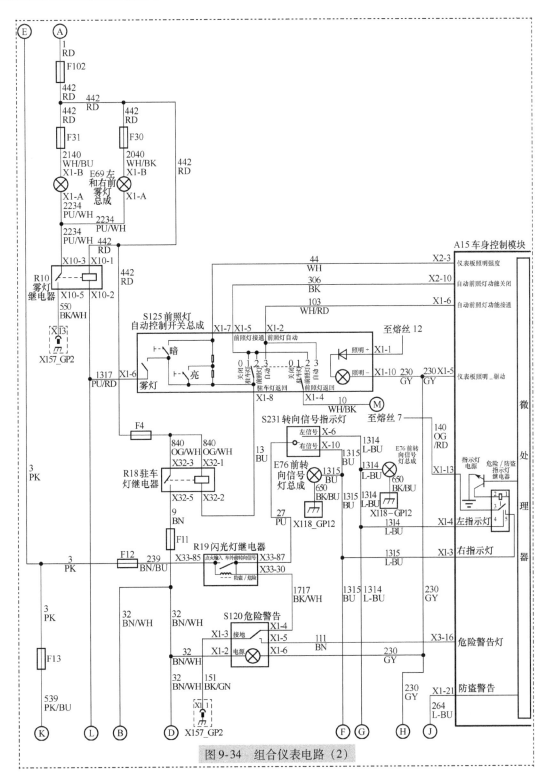

图 9-34 组合仪表电路（2）

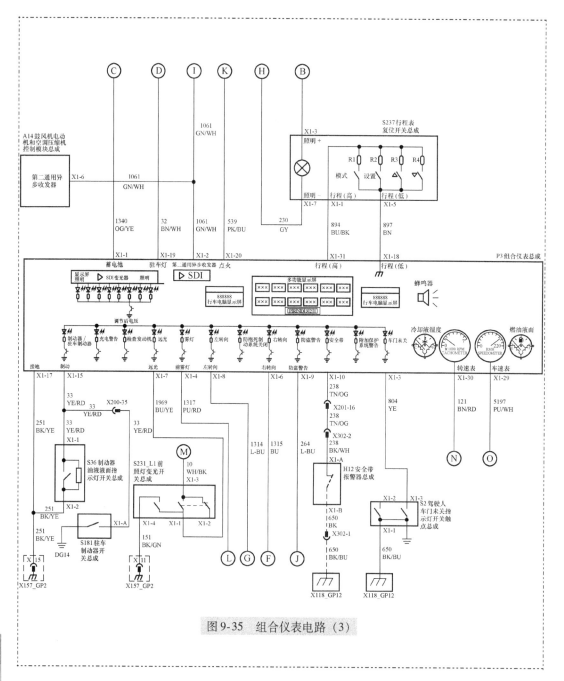

图9-35 组合仪表电路（3）

表9-5 故障码DTC 13的诊断步骤

步骤	操 作	是	否
1	是否执行了"诊断电路检查"	至步骤2	至"诊断电路检查"

(续)

步骤	操 作	是	否
2	1. 将 Tech 2 连接到数据链路连接器上 2. 在 Tech 2 上选择："Diagnostics（诊断）"/"Model Year（车型年）"/"Vehicle Model（车辆型号）"/"Body（车身）"/"Body control module（车身控制模块）"/"Diagnostic Trouble Codes（故障码）" Tech 2 能否和车身控制模块（BCM）通信 重要注意事项：如果车身控制模块（BCM）的旁边显示"No Data（无数据）"，则 Tech 2 和车身控制模块（BCM）之间没有通信。如果显示"No DTC（无故障诊断码）"或"DTC Set（故障码已设置）"，则 Tech 2 和车身控制模块（BCM）之间有通信	至步骤3	作进一步诊断
3	在步骤2中，Tech 2 是否可以同安装在车辆上的除仪表外的所有其他控制模块（防抱死制动系统或防抱死制动系统/电子牵引力控制、乘员温度控制、附加保护系统、收音机）通信 重要注意事项：如果控制模块旁显示"No Data（没有数据）"，则 Tech 2 和该控制模块之间没有通信	至步骤6	至步骤4
4	使用设置成测量电阻的万用表，从背后探测车身控制模块（BCM）连接器端子 X2 的针脚5（电路800）和 X2 的针脚9（电路1061） 指示值是否小于 10Ω	至步骤5	更换车身控制模块
5	检查车身控制模块（BCM）和单个控制模块之间的电路1061是否存在开路、对地短路或对电压短路故障 检查电路1061是否正常 重要注意事项：断开电路1061中的每个控制模块（一次一个），以隔离电路中的故障或识别导致故障的控制模块	参见有故障的控制模块的相应诊断程序	维修有故障的电路1061
6	1. 拆卸组合仪表 2. 接近车身控制模块 3. 断开车身控制模块（BCM）A15 的连接器 X2 4. 使用设置成测量电阻的万用表，在车身控制模块（BCM）连接器端子 X2 的针脚9和组合仪表 P3 连接器 X1 的针脚2之间检查电路1061是否导通	至步骤7	维修有故障的电路1061
7	通过测量电路251上仪表连接器端子 X1-17（电路251）和接地点 X157-GP2 之间的电压降，检查仪表接地电路的完整性 保持点火开关接通，电压值是否小于规定值（0.15V）	至步骤8	必要时，维修接地电路

(续)

步骤	操 作	是	否
8	在 Tech 2 上，从车身菜单上选择："Body Control Module（车身控制模块）"/"Diagnostic Trouble Codes（故障码）"/在 Tech 2 上"Clear DTC Information（清除故障码信息）" 是否清除了故障码	DTC 13 是间歇性的。检查车身控制模块和组合仪表之间的电路 1061 中是否存在间歇性故障	检查组合仪表和车身控制模块连接器端子的保持力。如果正常，更换组合仪表

注：1. 当完成所有诊断和维修时，清除所有故障码并检验操作是否正常。
2. 故障诊断时，总是从诊断电路检查开始诊断。此项检查是一个预备程序，以确保组合仪表通电、串行数据线路通信，帮助识别问题或故障，并引导读者至相应的诊断表。将 Tech 2 连接到数据链路连接器上并接通点火开关，则 Tech 2 应显示串行数据通信。如果 Tech 2 不显示串行数据，则串行数据电路可能开路或短路。舒适系统和其他几个控制模块被连接在串行数据线路上。这些控制模块是动力系统控制模块、动力系统接口模块、车身控制模块、防抱死制动系统或防抱死制动系统-牵引力控制系统、乘员温度控制（OCC）和附加保护系统（SRS）。舒适系统或任何一个控制模块都可能引起串行数据线路发生故障。此故障可能导致 Tech 2 不能显示串行数据。

第三节 通用其他车型车载网络系统

一、新君威车载网络系统

2009 年款别克新君威车载网络系统包含高速 GM LAN 串行数据总线、中速 GM LAN 串行数据总线、低速 GM LAN 串行数据总线和多个 LIN 本地局域网总线，车身控制模块 BCM 作为网关。其车载网络系统拓扑结构图如图 9-36 所示。

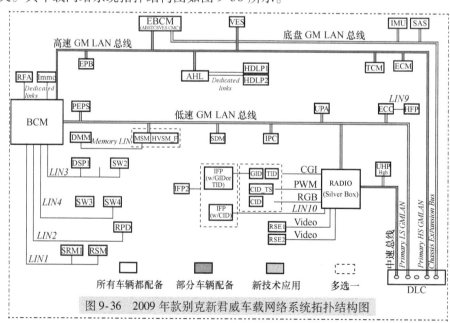

图 9-36　2009 年款别克新君威车载网络系统拓扑结构图

1. 高速 GM LAN 总线

高速 GM LAN 总线采用高速 CAN-BUS 通信协议,传输位速率最高为 500kbit/s,双绞线传输链路不具备单线传输功能,传输链路终端为两个 120Ω 的电阻,信号传输采用差分电压传输方式。

在 2009 年款别克新君威轿车上应用了两条高速 GM LAN 总线,分别为动力系统高速 GM LAN 总线(High-Speed GM LAN)和底盘系统高速 GM LAN 总线(Chassis-Expansion GM LAN)。动力系统高速 GM LAN 总线连接发动机控制模块(ECM)、变速器控制模块(TCM)和电子制动控制模块(EBCM)。底盘系统高速 GM LAN 总线连接电子制动控制模块(EBCM)、车身控制模块(BCM)、燃油泵控制模块、动力转向模块、前照灯控制模块、驻车制动控制模块、悬架控制模块。高速 GM LAN 总线结构如图 9-37~图 9-39 所示。

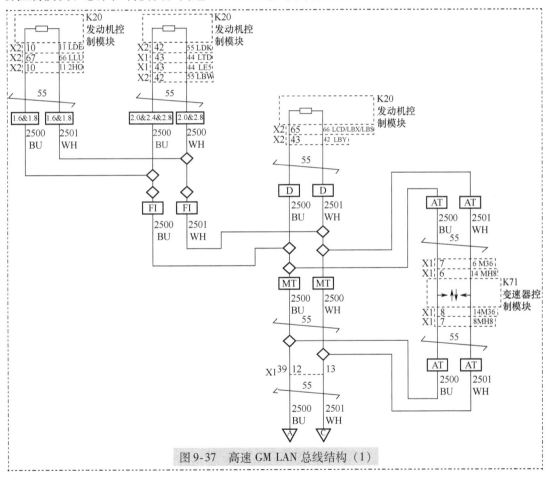

图 9-37 高速 GM LAN 总线结构(1)

2. 中速 GM LAN

中速 GM LAN 总线(Mid-Speed GM LAN)采用中速 CAN-BUS 通信协议,传输位速率最高为 125kbit/s,双绞线传输链路,传输链路终端在每个节点内部都有一个 120Ω 的电阻,信号传输采用差分电压传输方式。主要连接车载电话控制模块、收音机、数字收音机控制模块等信息娱乐系统。中速 GM LAN 总线结构如图 9-40 所示。

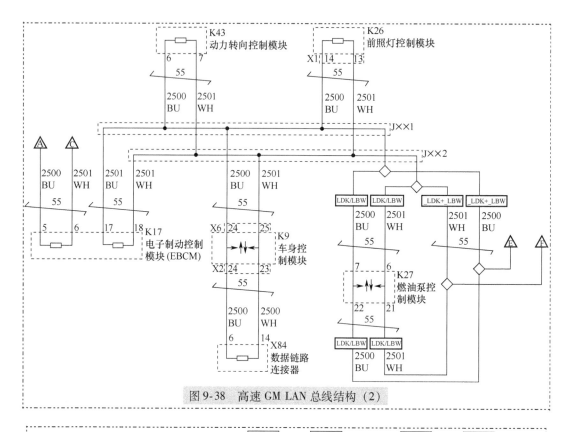

图9-38 高速GM LAN总线结构（2）

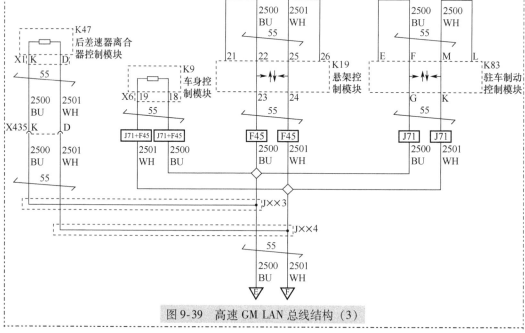

图9-39 高速GM LAN总线结构（3）

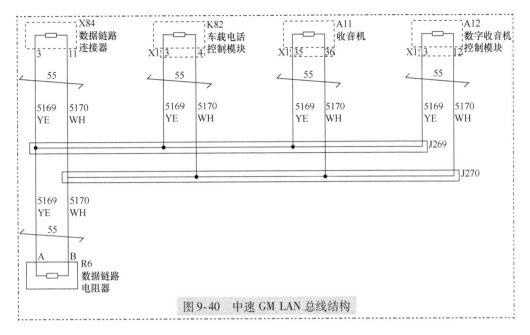

图 9-40 中速 GM LAN 总线结构

3. 低速 GM LAN

低速 GM LAN（Low-Speed GM LAN）采用低速 LSCAN，传输位速率最高为 33.3kbit/s，单线传输链路，信号电压为 0~4V，当总线切断后在各控制模块有 3.9~9.09kΩ 的阻值。应用在车身和舒适系统中控制照明、自动式电动车窗、刮水器等。低速 GM LAN 总线结构如图 9-41 所示。

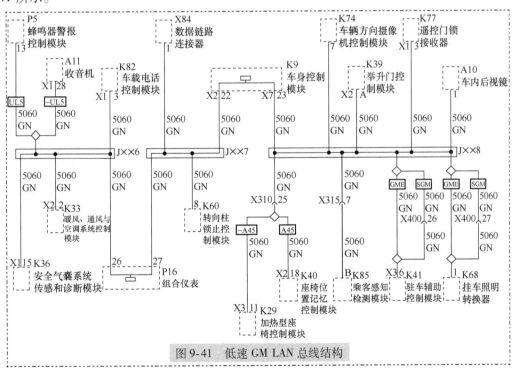

图 9-41 低速 GM LAN 总线结构

4. 本地局域网（LIN）

LIN 是一种单线 13.5V、传输位速率为 2.4~19.6kbit/s、单主多从结构、遵循 MASTER-SLAVE 协议的通信协议。在 2009 年款别克新君威轿车上应用了多条 LIN 总线用来控制各个执行部件或信号传输，在诊断时只能从主节点上读取各项所需数据。本地局域网如图 9-42~图 9-45 所示。

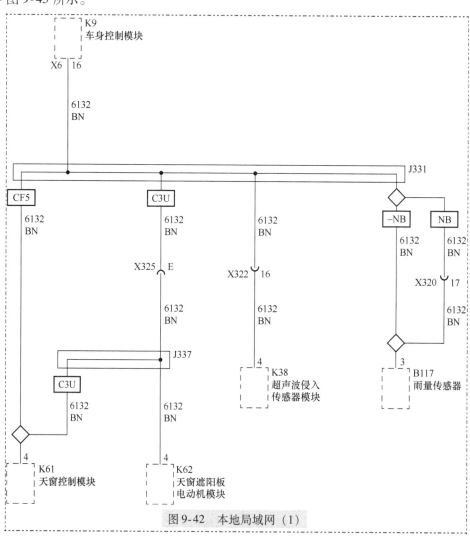

图 9-42 本地局域网（1）

5. 数据链路连接器 DLC

数据链路连接器 DLC 是标准的 16 脚连接器，连接器的设计和安装位置符合行业标准。数据链路连接器 DLC 针脚见表 9-6。数据链路连接器有助于技师在诊断过程中接收串行数据。此连接器允许技术人员使用故障诊断仪，以监测各种串行数据参数，并显示故障码信息。数据链路连接器位于驾驶室内、仪表板下面。

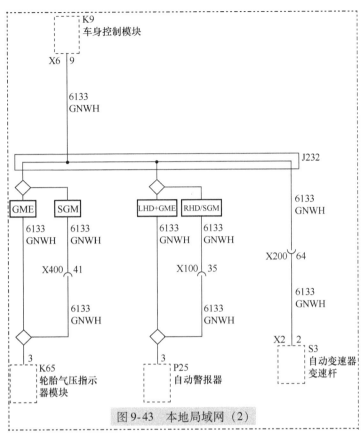

图 9-43 本地局域网（2）

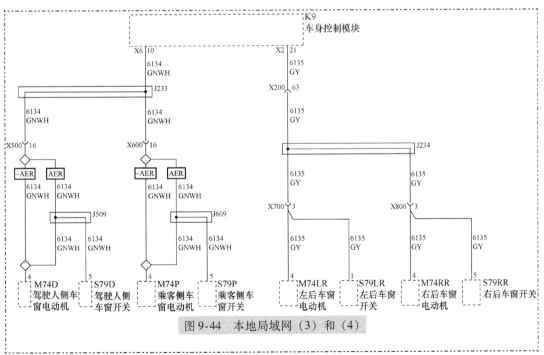

图 9-44 本地局域网（3）和（4）

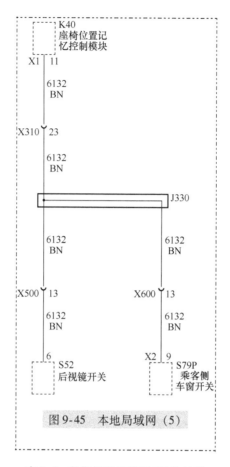

图9-45 本地局域网（5）

表9-6 数据链路连接器 DLC 针脚

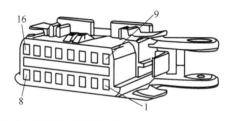

针脚	功能	针脚	功能
1	低速单线 CAN 总线	10	LIN3
2	LIN2	11	中速 CAN-L
3	中速 CAN-H	12	底盘 CAN-H
4	接地	13	底盘 CAN-L
5	信号接地	14	高速 CAN-L
6	高速 CAN-H	15	LIN4
9	LIN1	16	供电电源

二、别克林荫大道轿车车载网络系统

2007年款别克林荫大道轿车车载网络由高速GM LAN总线和低速GM LAN总线组成。

1. 高速GM LAN总线

高速GM LAN串行数据总线连接车身控制模块、发动机控制模块、变速器控制模块（TCM）、转向盘转角传感器（SAS）、电子制动控制模块、自动前照灯调平模块（AHLL）和电子制动模块（EPB），允许各模块之间进行通信实现信息共享。高速GM LAN拓扑结构如图9-46所示。

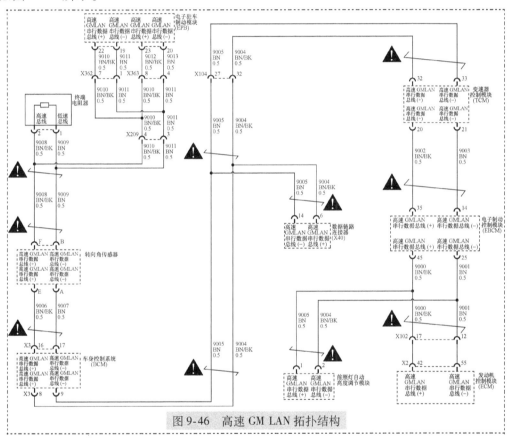

图9-46 高速GM LAN拓扑结构

高速GM LAN串行数据总线通过双绞线传送，允许速度最高500kbit/s。双绞线终端为2只120Ω的电阻，一端在发动机控制模块（ECM）内，另一端在电子制动控制模块（EBCM）内，或者在悬架控制模块（如果已安装）内。高速GM LAN是差分总线。高速GM LAN串行数据总线（+）和高速GM LAN串行数据总线（-）从静止或闲置电平驱动到相反的极限。大约为2.5V的闲置电平被认为是隐性传输数据并解释是逻辑1。将线路驱动至极限时，高速GM LAN串行数据总线（+）将升高1V而高速GM LAN串行数据总线（-）将降低1V。如果通信信号丢失，程序将针对各控制模块设置失去通信故障码。

2. 低速GM LAN总线

低速GM LAN串行数据总线通过单线传送到相应的控制模块。在正常操作条件下，总线的速度是 33.33kbit/s。这个通信协议产生一个简单的脉冲序列并通过 GM LAN 低速串行数据总线发送。当一个模块将总线拉高到 5V，就在总线上产生了一个逻辑 0。当总线被拉低到 0V，则被转换成逻辑 1。要唤醒连接到 GM LAN 低速串行数据总线上的控制模块，高电平唤醒脉冲通过总线发送，脉冲的电压为 +10V。GM LAN 低速总线上的模块使用接头组件或者分离模块组的星形连接器连接到总线上。低速 GM LAN 拓扑结构如图 9-47 所示。

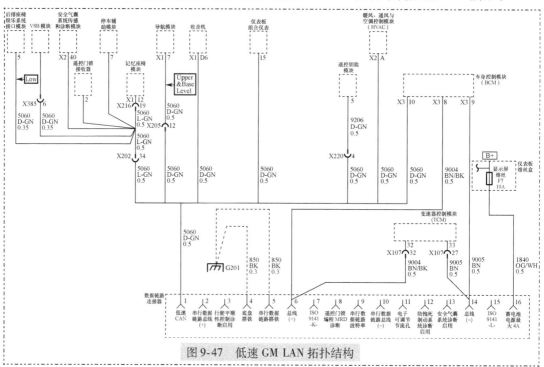

图 9-47 低速 GM LAN 拓扑结构

低速 GM LAN 串行数据总线连接以下模块，各模块实现数据共享：

◆ 车身控制模块（BCM）；
◆ 仪表板组合仪表（IPC）；
◆ 安全气囊系统传感和诊断模块（SDM）；
◆ 防盗系统模块（TDM）；
◆ 信息单元-收音机主机头（IRC）；
◆ 暖风、通风和空调（HVAC）控制模块；
◆ 遥控门锁接收器控制模块-遥控功能执行器（RFA）；
◆ 后排座椅娱乐系统（RSE）控制模块；
◆ 导航接口模块（NIM）；
◆ 座椅接口模块（SIM）；
◆ 物体检测模块-超声波倒车辅助系统（UPA）。

车身控制模块通过线路连接到 GM LAN 高速串行数据总线和 GM LAN 低速串行数据总线，作为它们之间的网关。如果车身控制模块无法通信，车辆将不能起动，因为没有车身控制模块提供网关功能，发动机控制模块（ECM）和防盗系统模块（TDM）不能通信。

3. 数据链路连接器 DLC（诊断座）

数据链路连接器（DLC）是一个标准化的 16 脚连接器。数据链路连接器低速串行数据电路直接连接到仪表板接头组件，然后再连接到所有其他的接头组件或模块。连接器的设计和位置符合行业宽度标准要求。数据链路连接器（DLC）各端子见表 9-7。

表 9-7　数据链路连接器（DLC）各端子

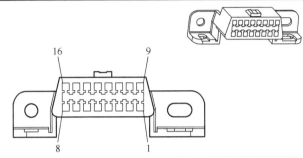

针脚	导线颜色	线路号码	功能
1	D-GN（深绿色）	5060	低速 GM LAN 串行数据
3	D-GN（深绿色）	5060	诊断功能启用信号
4	BK（黑色）	850	接地
5	BK（黑色）	850	接地
6	BN/BK（棕色/黑色）	9004	高速 GM LAN 串行数据总线（+）
14	BN（棕色）	9005	高速 GM LAN 串行数据总线（-）
16	OG/WH（橙色/白色）	1840	蓄电池正极电压

复习思考题

一、填空题

1. 目前通用公司车载网络系统采用的总线包括＿＿＿、＿＿＿和＿＿＿三种形式。
2. J1850 属于＿＿＿＿＿＿＿级总线，速率在＿＿＿＿kbit/s 之间，主要用途为＿＿＿＿＿、＿＿＿＿、＿＿＿＿＿＿等。
3. 当总线被高优先级的信息占用时，低优先级的信息被＿＿＿＿，只有当总线空闲时被停止发送的信息才能被＿＿＿＿＿，这是为了＿＿＿＿＿＿＿＿＿＿＿。
4. UART 是＿＿＿＿通信系统，它采用＿＿＿线制线路，传输速率＿＿＿bit/s。
5. UART 通信采用＿＿＿＿＿＿，其系统电压为 5V。可见，UART 是通过＿＿＿＿＿＿＿＿＿＿进行数据通信。
6. Class 2 串行数据总线是通用的＿＿＿＿＿＿，它也采用＿＿＿线路，传输速率＿＿＿kbt/s。
7. GM LAN 是通用公司开发的车载网络通信标准，应用于通用公司内部的各种车型上。GM LAN 从一开始开发就由＿＿＿、＿＿＿、＿＿＿三种总线构成。
8. GM LAN 总线采用的是＿＿＿＿＿进行通信，通信速率是＿＿＿kbit/s。
9. 高速 GM LAN 总线采用高速＿＿＿＿通信协议，传输位速率最高为＿＿kbit/s。

10. 中速 GM LAN 总线采用中速 CAN-BUS 通信协议，传输位速率最高为____ kbit/s。

11. 低速 GM LAN 采用低速 LSCAN，传输位速率最高为____ kbit/s，单线传输链路，信号电压为_____V，当总线切断后在各控制模块有_____kΩ 的阻值。

12. LIN 是一种单线_____V、传输位速率为_____ kbit/s、单主多从结构、遵循 MASTERSLAVE 协议的通信协议。

二、判断题

1. J1850 是一个异步、无主、地位同等的协议，它为所有的节点提供同等的网络入口。（　　）

2. 在 J1850 总线上，信息以数字信号形式传输，数字信号的隐性位优先级高于显性位优先级。（　　）

三、问答题

1. GM LAN 和 UART 的主要区别有哪些？
2. 数据链路连接器 DLC（诊断座）的情况是怎样的？

第十章

汽车车载网络系统检修

第一节 车载网络系统常用检测仪器

一、万用表

1. 万用表的基本功能

万用表是万用电表的简称,是一种最常用的电工测量仪表,它功能多、使用简单、携带方便,因此在汽车电器、电控系统的故障诊断、维修和调试中得到了广泛使用。

通常万用表可用来测直流电压、直流电流、交流电压和电阻。有的万用表还可用来测量交流电流、电感、电容、音频电压、晶体管放大倍数等参数,它由表头、测量电路、测量项目和量程选择开关三大部分组成。在电工测量中常用的万用表按工作原理的不同,可分为指针式和数字式两种。

2. 数字式多功能汽车万用表

目前,在汽车维修领域,多使用数字式多功能汽车万用表(图10-1)。该万用表除具有一般万用表的通断性、电压、电流、电阻测试功能之外,还具有信号频率测量、发动机转速测量、脉宽测量、温度测量、占空比测量等汽车电路检测的实用功能,是汽车电工必备的得力工具。

3. 万用表的使用

使用万用表进行电路检测时,必须遵循以下基本原则:

1)检测电压时必须并联万用表。
2)检测电流时必须串联万用表。
3)检测电阻、二极管时必须在断路状态下进行,不得带电测试。
4)测试时应根据测试项目及数据大小选择适当的档位、量程及表笔插孔。

二、示波器

1. 示波器的基本功能

示波器(Oscilloscope)是一种用途十分广泛的

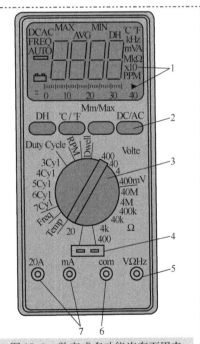

图 10-1 数字式多功能汽车万用表

1—4位数字及模拟量显示器 2—功能按钮 3—测试项目(功能)及量程选择开关 4—测量温度插孔 5—测量电压、电阻、频率、闭合角、频宽比(占空比)及转速公用插孔 6—公共接地插孔 7—测量电流插孔

电子测量仪器。它能把人的肉眼看不见的电信号变换成看得见的图像，便于人们研究各种电现象的变化过程。

利用示波器能观察各种不同信号幅度随时间变化的波形曲线，还可以用它测试各种不同的电量，如电压、电流、频率、相位差、幅值等。与汽车万用表相比，示波器具有更加精确及描述细致的优点。汽车万用表通常只能用一两个电参数来反映电信号的特征，而示波器则用电压随时间变化的图像来反映一个电信号，它显示的电信号比汽车万用表更准确、更形象。汽车示波器不仅可以快速捕捉电信号，还可以记录信号波形，显示电信号的动态波形，便于一边观察一边分析。

无论是高速信号（如喷油器、间歇性故障信号）还是低速信号（如节气门位置变化及氧传感器信号），用汽车示波器都可得到真实的波形曲线，犹如医生给患者做心电图一样。

2. 多通道通用示波器

在汽车网络系统的故障诊断、检测中，可以采用多通道通用示波器（图10-2）对总线波形进行分析，也可以使用具有示波器功能的汽车专用检测仪（图10-3）对总线波形进行分析。

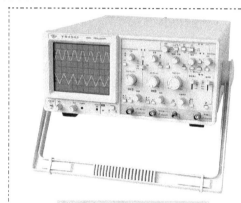
图10-2 多通道通用示波器

图10-3 汽车专用检测仪

三、汽车检测仪

汽车检测仪是现代汽车故障诊断、检测和维修必不可少的设备。汽车检测仪一般都具有读取故障码、清除故障码、动态数据分析和执行元件测试等功能。此外，还具有支持特定车系/车型的专业功能，如提供系统基本调整、自适应匹配（含防盗控制单元及钥匙匹配）、编码、单独通道数据、登录系统、传送汽车底盘号码等专业功能。

1. 大众汽车集团专用汽车检测仪

VAS 505X（图10-4）是大众、奥迪车系的专用汽车检测仪，是一种集车辆诊断、检测、信息系统于一体的综合式检测仪，在大众、奥迪车系电路检测，特别是汽车网络系统的故障诊断、检测和波形分析中发挥着不可替代的作用。

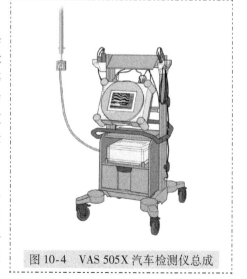
图10-4 VAS 505X 汽车检测仪总成

VAS 505X 实际上是一个检测仪系列,按照其推出时间和功能上的差异,可以分为 VAS 5051 汽车检测仪(图 10-5)、VAS 5051B 汽车检测仪(图 10-6)、VAS 5052 汽车检测仪(图 10-7)和 VAS 5053 汽车检测仪(图 10-8)4 种,可用于大众系列、奥迪系列所有车型的诊断与检测。目前,采用 VAS 5053/20 或 VAS 5054A 无线诊断头,可以实现检测仪器与诊断汽车之间的无线连接,如图 10-9 所示。

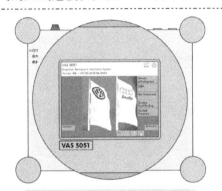

图 10-5 VAS 5051 汽车检测仪

图 10-6 VAS 5051B 汽车检测仪

图 10-7 VAS 5052 汽车检测仪

图 10-8 VAS 5053 汽车检测仪

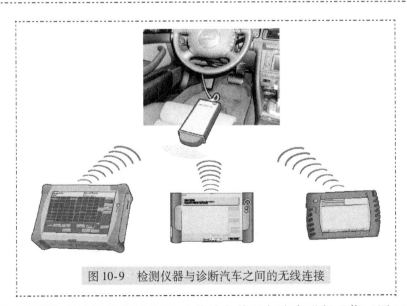

图 10-9 检测仪器与诊断汽车之间的无线连接

VAS 505X 系列汽车检测仪通过 CAN 总线诊断接口与汽车进行通信(图 10-10),实现汽车故障的诊断、检测和维修指导。

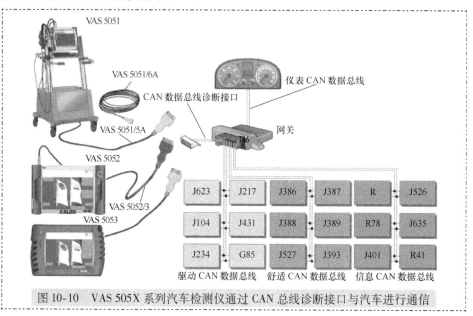

图 10-10　VAS 505X 系列汽车检测仪通过 CAN 总线诊断接口与汽车进行通信

加装专用的以太网网卡（图 10-11）和相应软件之后，VAS 5051 还可以与国际互联网连接，实现远程遥控诊断（Tele-Diagnose）。

远程遥控诊断（图 10-12）是相对于传统的技术支持体系而言的。在传统的技术支持体系中，汽车维修服务站在遇到疑难杂症时，只能通过电话或传真与汽车制造商的售后技术服务支持人员进行交流和探讨。通过远程遥控诊断，能够让技术支持人员（可能远在欧洲）与汽车维修服务站的车间技工（可能在亚洲）同时观察 VAS 5051 显示屏上

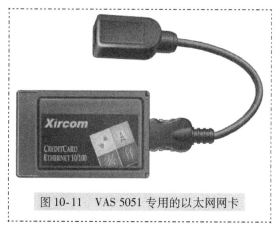

图 10-11　VAS 5051 专用的以太网网卡

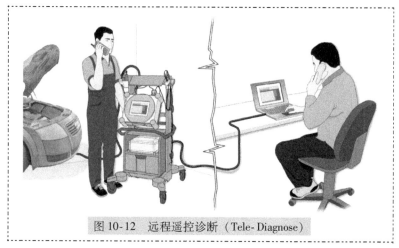

图 10-12　远程遥控诊断（Tele-Diagnose）

的显示信息，并进行相应操作，实现"远程专家会诊"。

2. 其他公司专用汽车检测仪

其他公司的原厂汽车检测仪是汽车制造公司为自己生产的汽车而专门设计制造的，一般只在特约维修站（4S店）配备，如丰田车系用智能检测仪 IT-Ⅱ（intelligent tester-Ⅱ）（图10-13），日产车系用 CONSULT-Ⅱ（图 10-14），本田车系用 MTS3100，宝马车系用检测仪 GT1（图 10-15），奔驰车系用检测仪 STAR2000（图 10-16）等。

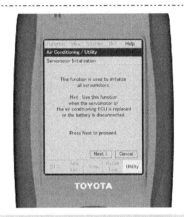

图 10-13　丰田车系用智能检测仪 IT-Ⅱ

图 10-14　日产车系用 CONSULT-Ⅱ 检测仪

图 10-15　宝马车系用检测仪 GT1

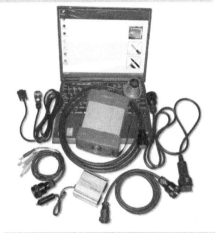

图 10-16　奔驰车系用检测仪 STAR2000

第二节　检测仪的使用与波形分析

一、VAS 5051 检测仪的使用

1. 系统启动

启动 VAS 5051 检测仪，通过单击启动屏幕中的"车辆自诊断"按钮，进入"测量和信息系统"界面（图10-17）。然后连接测量导线，进入数字存储式示波器（digital storage oscilloscope，DSO）界面。

进入 DSO 界面（图 10-18）后，就可以进行参数设置、波形测量和读取测量结果了。在 DSO 屏幕上可以同时显示 3 个测量曲线。为了能更好地对不同测量曲线加以区别，其按键标识、参数和所显示的测量曲线均以不同颜色标出：

通道 A——黄色；通道 B——绿色；预置测量——蓝色。

在 DSO 屏幕上可以进行下列设置：

1）通过按钮 "Kanal A（通道 A）" 和 "Kanal B（通道 B）"，选择测量通道。

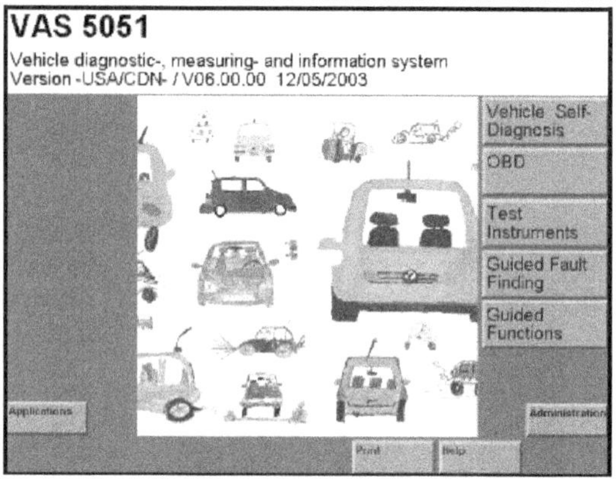

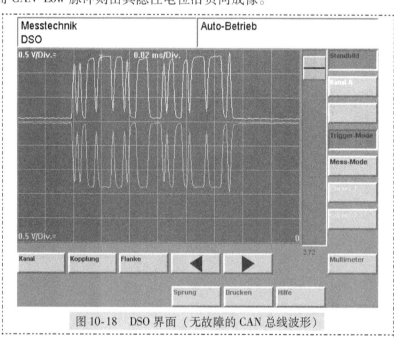

图 10-17 VAS 5051 检测仪的 "测量和信息系统" 界面

2）通过按钮 "Mess - Mode（测量模式）" 选择测量模式。

3）通过箭头设置时间范围。在无故障的 CAN 总线波形（图 10-18）中可以看到，CAN-High（黄色）和 CAN-Low（绿色）的脉冲始终沿着相反的方向变化。在分析 CAN-High 和 CAN-Low 波形时，应首先查找其隐性电位。在没有信息传输时，CAN-High 和 CAN-Low 脉冲都停留在隐性电位。当 CAN 总线上有信息传输时，CAN-High 脉冲由其隐性电位沿正向成像，而 CAN-Low 脉冲则由其隐性电位沿负向成像。

图 10-18 DSO 界面（无故障的 CAN 总线波形）

在进行电压波形分析时要注意，示波器显示的电压波形可能与其实际值存在一定的误差（误差值最大不超过 ±10%）。

2. 适配器的使用

就车检测总线系统时，一定要使用适配器。适配器 VAG1598/30（图 10-19）适用于检测驱动

（动力）CAN 总线波形，适配器 VAG1598/11（图 10-20）适用于检测舒适和信息 CAN 总线波形。

图 10-19 适配器 VAG1598/30

图 10-20 适配器 VAG1598/11

3. 双通道检测驱动（动力）CAN 总线

1）双通道工作模式下 DSO 的连线如图 10-21 所示，两根 CAN 总线导线中的每一根导线都通过一个通道进行测量。通过对 DSO 实测电压波形进行分析，可以很容易地发现故障。测量时，将通道 A 的红色测量导线连接 CAN-High 导线，黑色测量导线接地（搭铁）；通道 B 的红色测量导线连接 CAN-Low 导线，黑色测量导线接地（搭铁）。

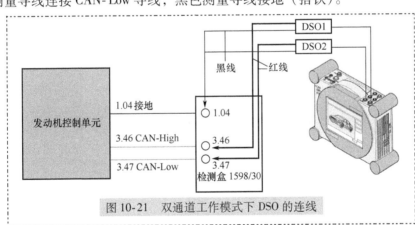

图 10-21 双通道工作模式下 DSO 的连线

2）DSO 的设置。双通道检测 CAN 总线电压波形时，DSO 的设置如图 10-22 所示。

① 用通道 A 测量 CAN-High 信号。

② 用通道 B 测量 CAN-Low 信号。

③ 将通道 A 和通道 B 的零线坐标置于等高。在图 10-22 中，黄色（软件中）的 CAN-High 信号零标记已被绿色的 CAN-Low 信号零标记遮盖，即 CAN-High 信号和 CAN-Low 信号的零点已经重合。经验证明，在同一零坐标线下对电压值进行分析更为简洁方便。

④ 通道 B 的电压轴精度的设定。一般将通道 B 的电压轴精度设定为每个单格 0.5V，即 0.5V/Div。此时，分析 CAN 总线的电压波形比较清晰、直观。

⑤ 通道 A 的电压轴精度的设定。一般将通道 A 的电压轴精度设定为每个单格 0.5V，即 0.5V/Div。此时，分析 CAN 总线的电压波形比较清晰、直观。

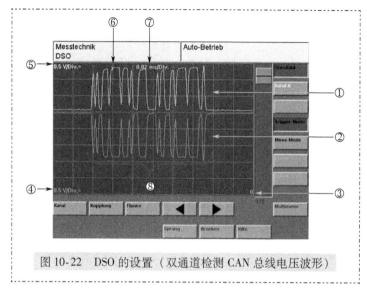

图 10-22　DSO 的设置（双通道检测 CAN 总线电压波形）

⑥ 触发点的设定。触发点应位于被测信号的幅值范围内。CAN-High 信号的触发点宜设定在 2.5～3.5V 之间，CAN-Low 信号的触发点宜设定在 1.5～2.5V 之间。

⑦ 时间轴精度的设定。时间轴精度应尽可能选择得高一些，以利于发现电压波形短暂、细微的变化，一般将时间轴精度设定为每个单格 0.02ms，即 0.02ms/Div。

⑧ 具体的电压波形。图 10-22 中的曲线 8 即为一条 CAN 总线信息的具体的电压波形。

3）电压值的应用。在 CAN-BUS 的信息传送被通过两个逻辑状态 0（显性）和 1（隐性）来实现。每一个逻辑状态都对应于相应的电压值，如图 10-23 所示。控制单元应用其电压差值获得数据。

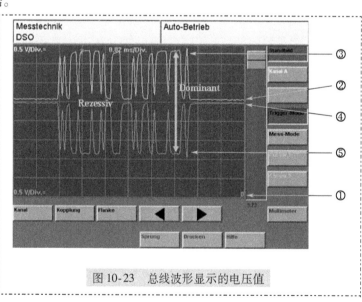

图 10-23　总线波形显示的电压值

① 通道 A 和通道 B 的零线。通道 B 的绿色零标记遮盖了通道 A 的黄色零标记。
② CAN-High 信号的隐性电压大约为 2.6V（逻辑值 1）。
③ CAN-High 信号的显性电压大约为 3.5V（逻辑值 0）。
④ CAN-Low 信号的隐性电压大约为 2.4V（逻辑值 1）。

⑤ CAN-Low 信号的显性电压大约为 1.2V（逻辑值 0）。

总线系统利用两条导线的电压差确认数据。当 CAN-High 信号的电压值上升时，相应的 CAN-Low 信号的电压值下降。CAN 总线只有两种工作状态：在隐性电位时，两个电压值很接近；在显性电位时，两个电压差值约为 2.5V。双通道测量工作模式下 CAN-High 信号和 CAN-Low 信号的实测电压值见表 10-1。需要注意的是，在表 10-1 中，括号内的数据为理论电压值，括号前边的数据为实测电压值。同时，实测电压值会有大约 100mV 的微小波动。

表 10-1 双通道测量工作模式下 CAN-High 信号和 CAN-Low 信号的实测电压值

电　　压	电压（CAN-High 对地）	电压（CAN-Low 对地）	电　压　差
显性电压/V	3.8（3.5）	1.2（1.5）	2.6（2.5）
隐性电压/V	2.6（2.5）	2.4（2.5）	0.2（0）

4. 单通道检测驱动（动力）CAN 总线

可直接利用 DSO 的单通道对 CAN 总线的电压波形进行检测，但采用双通道检测更易于对故障波形进行诊断和分析。

（1）DSO 单通道工作模式下的线路连接　利用 DSO 的单通道对 CAN 总线的电压波形进行检测时，将 DSO 的红色测量导线连接 CAN-High 导线，黑色测量导线连接 CAN-Low 导线，如图 10-24 所示。

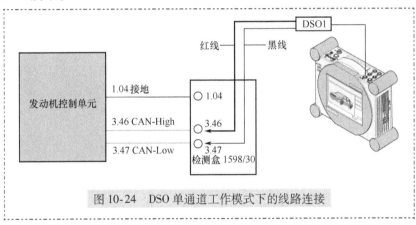

图 10-24　DSO 单通道工作模式下的线路连接

当两个 CAN 信号用一个 DSO 通道进行检测时，DSO 屏幕上显示的是 CAN-High 信号和 CAN-Low 信号的电压差。这种检测方式在故障查询方面不如双通道的检测方式方便。例如，在 CAN 总线导线短路的故障状态下，利用单通道检测模式分析是不可行的。在双通道检测模式下，CAN 总线的每一条导线都有电压信号，这更有利于判定故障。单通道检测模式主要用于快速查看 CAN 总线是否处于激活状态。

（2）DSO 的设置和波形分析　在单通道检测模式下，DSO 的设置和电压分析如图 10-25 所示。

① 电压轴精度的设定。一般将电压轴精度设定为每个单格 0.5V，即 0.5V/Div。此时，分析 CAN 总线的电压波形比较清晰、直观。

② 时间轴精度的设定。时间轴精度一般设定为每个单格 0.01ms，即 0.01ms/Div。

③ 零线位置。在单通道工作模式下进行检测，零线位置可设定在隐性电位（逻辑值 1）上。

④ 显性电压电位（逻辑值 0）。单通道检测工作模式下 CAN-High 信号和 CAN-Low 信号

的实测电压值见表 10-2。

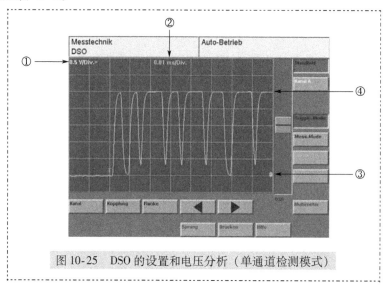

图 10-25 DSO 的设置和电压分析（单通道检测模式）

表 10-2 单通道检测工作模式下 CAN-High 信号和 CAN-Low 信号的实测电压值

电　压	电压差（CAN-High – CAN-Low）
显性电压约为 2.5V	3.8V（CAN-High） – 1.2V（CAN-Low） = 2.6V
隐性电压约为 0V	2.6V（CAN-High） – 2.4V（CAN-Low） = 0.2V

说明：DSO 不允许更小的时间单位。电压值显示在电压电位图形上，有时候也达到零线位置。这不是故障，在电压值达到零线电压之前，下一个测量值已经通过 DSO 进行显示。这里需要注意，由于没有设定时间单位值，可能 CAN-BUS 的故障没有包含在 DSO 显示中。电压可能在 100mV 左右波动。

5. 在双通道模式下检测舒适 CAN 总线和信息 CAN 总线

（1）在双通道工作模式下检测时 DSO 的连接　舒适 CAN 总线和信息 CAN 总线的数据传递电压和速率相同，而且可以单线工作。在双通道工作模式下检测舒适 CAN 总线和信息 CAN 总线时 DSO 的连接如图 10-26 所示。

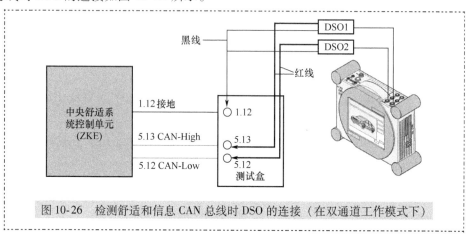

图 10-26 检测舒适和信息 CAN 总线时 DSO 的连接（在双通道工作模式下）

两条 CAN-BUS 总线的每一条线都通过一个通道进行测量。通过 DSO 图形的分析可以很容易地发现故障。由于需要单一的电压测量值，舒适 CAN 总线和信息 CAN 总线采用双通道测量是必要的。舒适 CAN 总线和信息 CAN 总线采用该形式的连接可以简单地判定"单线工作"故障。

（2）DSO 的设置 在双通道工作模式下检测舒适和信息 CAN 总线时 DSO 的设置如图 10-27 所示。

① 通道 A 和通道 B 的零坐标线等高。通道 A 的零标记被通道 B 所掩盖。在读取数值时，可以将两个零线彼此分开。

② 通道 A 显示 CAN-High 信号。

③ 通道 A 的电压轴精度的设定。一般将通道 A 的电压轴精度设定为每个单格 2V，即 2V/Div。此时，分析 CAN 总线的电压波形比较清晰、直观。

④ 通道 B 显示 CAN-Low 信号。

⑤ 通道 B 的电压轴精度的设定。通道 B 的电压轴精度的设定应与通道 A 一致，以便于进行比较分析。

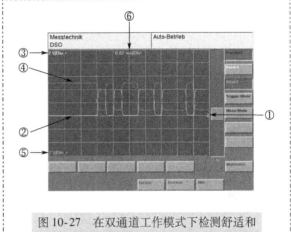

图 10-27 在双通道工作模式下检测舒适和信息 CAN 总线时 DSO 的设置

⑥ 时间轴精度的设定。时间轴精度一般设定为每个单格 0.02ms，即 0.02ms/Div。舒适 CAN 总线和信息 CAN 总线的比特周期较长（10μs）。

在舒适和信息 CAN 总线中，CAN-Low 信号的隐性电平高于 CAN-High 信号的隐性电平，而 CAN-High 信号的显性电平高于 CAN-Low 信号的显性电平。为便于分析，建议将两条零线分开（图 10-28）。

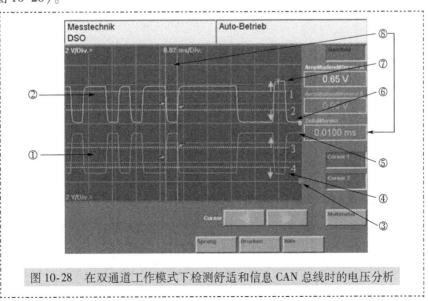

图 10-28 在双通道工作模式下检测舒适和信息 CAN 总线时的电压分析

（3）电压分析 在双通道工作模式下检测舒适和信息 CAN 总线时的电压波形分析如

图 10-28 所示。

① 通道 B 的显示区域（CAN-Low 信号的波形）。

② 通道 A 的显示区域（CAN-High 信号的波形）。

③ 通道 B 的零线。

④ CAN-Low 信号的显性电压向下没有达到零线坐标。

⑤ CAN-Low 信号的隐性电压。在总线不工作的状态下，5V 的隐性电压切换到 0V。

⑥ 通道 A 的零线坐标和 CAN-High 信号的隐性电压。

⑦ CAN-High 信号的显性电压。

⑧ 一个比特的显示（10μs 比特时间）。

在舒适和信息 CAN 总线中，其信号电压必须达到规定区域，才能正确传输信息。在 DSO 屏幕上用蓝线给出了电压阈值（如 CAN-High 信号的显性电压至少要达到 3.6V 以上），如果未达到要求，控制单元将不能准确地判定信号电压是逻辑值 0 还是逻辑值 1，这将导致出现故障存储或者总线转入单线工作状态。在双通道工作模式下检测舒适和信息 CAN 总线时的电压计算见表 10-3。

表 10-3　在双通道工作模式下检测舒适和信息 CAN 总线时的电压计算

电　　压	电压（CAN-High 对地）	电压（CAN-Low 对地）	电　压　差
显性电压/V	4（>3.6 虚线 1）	1（<1.4 虚线 4）	3
隐性电压/V	0（<1.4 虚线 2）	5（>3.6 虚线 3）	-5

说明：电压电位必须达到最小的规定区域，在 DSO 屏幕上用蓝线给出界限值。例如：CAN-High 的显性电压电位至少达到 3.6V。如果未达到区域要求范围，控制单元将不能准确地判定电压电位是逻辑值 0 或者 1。这将导致出现故障存储或者单线工作状态。

6. 在单通道模式下检测舒适 CAN 总线

舒适 CAN 总线的电压可以用 DSO 直接检测。进行总线诊断时，采用双通道模式进行电压检测更为适合，在单通道模式下检测舒适 CAN 总线主要用于快速判断总线是否处于激活状态。

（1）单通道模式检测时 DSO 的连接　在单通道模式下检测舒适 CAN 总线时 DSO 的连接如图 10-29 所示。

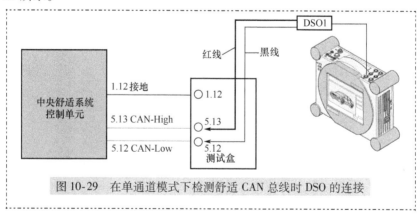

图 10-29　在单通道模式下检测舒适 CAN 总线时 DSO 的连接

当用单通道的 DSO 对两个 CAN 信号进行检测时，DSO 屏幕上显示的是两个 CAN 信号的电压差值，即 CAN-High 信号与 CAN-Low 信号的电压差值。该检测模式不如双通道检测模式便于故障查询。在隐性电压电位传送状态下，计算负的电压差值用于电压分析。在短路故障情况下以单通道模式进行检测是不可行的。在双线工作模式下 CAN-Bus 的每一条线路都有电压电位显示，这更有利于判定故障。

（2）DSO 的设定和电压分析　在单通道模式下检测舒适 CAN 总线时 DSO 的设定和电压分析如图 10-30 所示。

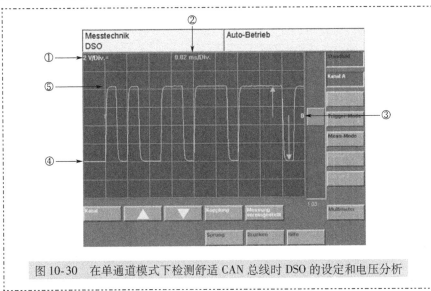

图 10-30　在单通道模式下检测舒适 CAN 总线时 DSO 的设定和电压分析

① 通道 A 电压轴精度的设定。一般将通道 A 的电压轴精度设定为每个单格 2V，即 2V/Div。此时，分析 CAN 总线的电压波形比较清晰、直观。

② 通道 A 时间轴精度的设定。通道 A 的时间轴精度一般设定为每个单格 0.02ms，即 0.02ms/Div。

③ 通道 A 的零线。显性电压高于零线，隐性电压低于零线。

④ 隐性电压。对电压差进行检测时，信号的隐性电压值为 −5V [0V（CAN-High） −5V（CAN-Low）= −5V]。

⑤ 显性电压。对电压差进行检测时，信号的显性电压值为 3V [4V（CAN-High） −1V（CAN-Low）= 3V]。

在单通道模式下检测舒适 CAN 总线时，信号的隐性电压和显性电压的计算见表 10-4。

表 10-4　隐性电压和显性电压的计算（在单通道模式下检测舒适 CAN 总线）

电　　压	电压差（CAN-High 相对 CAN-Low）
显性电压	4V（CAN-High） −1V（CAN-Low）= 3V
隐性电压	0V（CAN-High） −5V（CAN-Low）= −5V

不难看出，在单通道模式下检测时，显性电压位于正电压区，隐性电压位于负电压区，这有利于 CAN 总线故障的分析和判断。双通道模式检测也应用于舒适 CAN 总线和信息 CAN 总线的单线工作状态。

二、驱动 CAN 总线故障类型及检测分析

驱动 CAN 总线系统中可以使用 DSO 测量的故障类型有以下 7 种：①CAN-High 与 CAN-

Low 短路；② CAN-High 对正极短路；③ CAN-High 对地短路；④ CAN-Low 对地短路；⑤CAN-Low对正极短路；⑥CAN-High 断路；⑦ CAN-Low 断路。

当故障存储记录中出现"驱动 CAN 总线故障"时，使用 DSO 进行故障波形分析，可以很方便地确定故障点的位置以及引发故障的原因。在驱动 CAN 总线故障波形分析中，一般习惯于用通道 A 测量 CAN-High 导线的电压（黄色波形），用通道 B 测量 CAN-Low 导线的电压（绿色波形）。

1. CAN-High 导线与 CAN-Low 导线短路

CAN-High 导线与 CAN-Low 导线短路的故障波形如图 10-31 所示。CAN-High 导线与 CAN-Low 导线的波形一致，其电压置于隐性电压值（约为 2.5V）。控制单元内部短路或 CAN-High 导线和 CAN-Low 导线连接在一起都可能导致这种短路故障。可以通过插拔驱动 CAN 总线上的控制单元，对故障点进行判断。

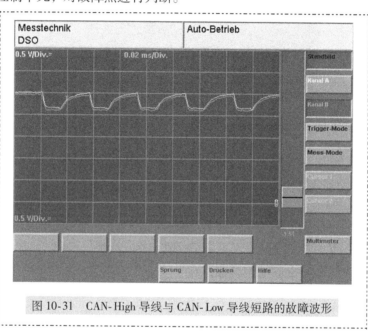

图 10-31 CAN-High 导线与 CAN-Low 导线短路的故障波形

如果是线束短路引起的故障，需要将 CAN 线组（CAN-High 导线和 CAN-Low 导线）从总线节点处依次拔除，同时注意 DSO 的波形变化。当故障线组被拔下后，DSO 的波形应恢复正常。

2. CAN-High 导线对正极短路

CAN-High 导线对正极短路的故障波形如图 10-32 所示。

CAN-High 导线的电压被置于 12V，CAN-Low 导线的隐性电压被置于 12V 左右。这是由于在控制单元收发器内的 CAN-High 导线和电源正极（12V 常电源）连接引起的。可以通过插拔驱动 CAN 总线上的控制单元，对故障点进行判断。

如果是线束短路引起的故障，需要将 CAN 线组（CAN-High 导线和 CAN-Low 导线）从总线节点处依次拔除，同时注意 DSO 的波形变化。当故障线组被拔下后，DSO 的波形应恢复正常。

3. CAN-High 导线对地短路

CAN-High 导线对地短路的故障波形如图 10-33 所示。CAN-High 导线的电压位于 0V，

CAN-Low 导线的电压也位于 0V，但在 CAN-Low 导线上还能够看到一小部分电压变化。

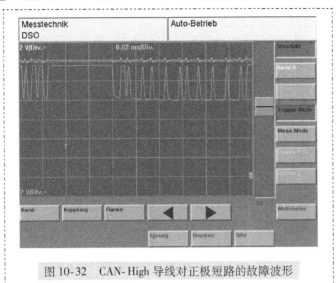

图 10-32　CAN-High 导线对正极短路的故障波形

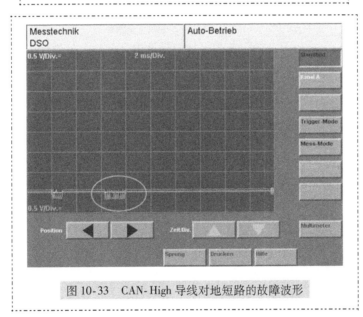

图 10-33　CAN-High 导线对地短路的故障波形

可以通过插拔驱动 CAN 总线上的控制单元，对故障点进行判断。如果是线束短路引起的故障，需要将 CAN 线组（CAN-High 导线和 CAN-Low 导线）从总线节点处依次拔除，同时注意 DSO 的波形变化。当故障线组被拔下后，DSO 的波形应恢复正常。

4. CAN-Low 导线对地短路

CAN-Low 导线对地短路的故障波形如图 10-34 所示。CAN-Low 导线的电压大约为 0V，CAN-High 导线的隐性电压也被降至 0V。可以通过插拔驱动 CAN 总线上的控制单元，对故障点进行判断。如果是线束短路引起的故障，需要将 CAN 线组（CAN-High 导线和 CAN-Low 导线）从总线节点处依次拔除，同时注意 DSO 的波形变化。当故障线组被拔下后，DSO 的波形应恢复正常。

5. CAN-High 导线和 CAN-Low 导线均对正极短路

CAN-High 导线和 CAN-Low 导线均对正极短路的故障波形如图 10-35 所示。

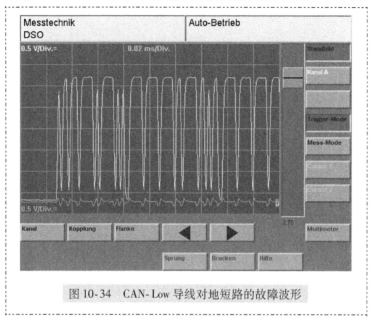

图 10-34　CAN-Low 导线对地短路的故障波形

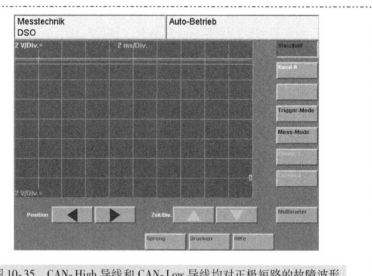

图 10-35　CAN-High 导线和 CAN-Low 导线均对正极短路的故障波形

CAN-High 和 CAN-Low 两条导线的电压都约为 12V。可以通过插拔驱动 CAN 总线上的控制单元，对故障点进行判断。如果是线束短路引起的故障，需要将 CAN 线组（CAN-High 导线和 CAN-Low 导线）从总线节点处依次拔除，同时注意 DSO 的波形变化。当故障线组被拔下后，DSO 的波形应恢复正常。

6. CAN-High 导线断路

CAN-High 导线断路的故障波形如图 10-36 所示。CAN-High 波形变化范围很大且杂乱无章（可能有其他控制单元的信号窜入）。发生 CAN-High 导线断路故障时，驱动 CAN 总线无法正常工作。可以通过插拔驱动 CAN 总线上的控制单元，对故障点进行判断。如果是线束断路引起的故障，需要将 CAN 线组（CAN-High 导线和 CAN-Low 导线）从总线节点处依次拔除，同时注意 DSO 的波形变化。当故障线组被拔下后，DSO 的波形应恢复正常。

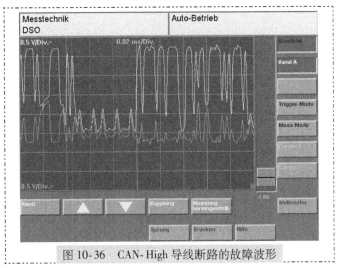

图 10-36　CAN-High 导线断路的故障波形

7. CAN-Low 导线断路

CAN-Low 导线断路的示意图如图 10-37 所示，其故障波形如图 10-38 所示。

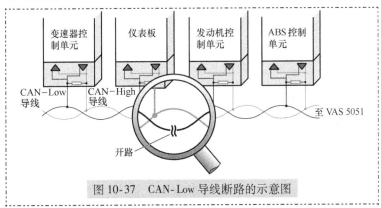

图 10-37　CAN-Low 导线断路的示意图

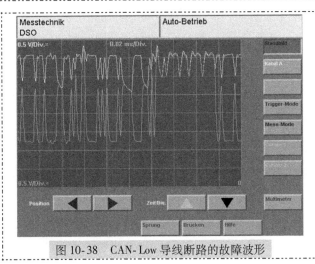

图 10-38　CAN-Low 导线断路的故障波形

CAN-Low 波形变化范围很大且杂乱无章（可能有其他控制单元的信号窜入）。发生 CAN-Low 导线断路故障时，驱动 CAN 总线无法正常工作。可以通过插拔驱动 CAN 总线上的控制单元，对故障点进行判断。如果是线束断路引起的故障，需要将 CAN 线组（CAN-High 导线和 CAN-High 导线）从总线节点处依次拔除，同时注意 DSO 的波形变化。当故障线组被拔下后，DSO 的波形应恢复正常。

三、舒适 CAN 和信息 CAN 总线故障类型及检测分析

当故障存储记录中出现"舒适 CAN 总线故障"时，使用 DSO 进行故障波形分析，可以很方便地确定故障点的位置以及引发故障的原因。在舒适 CAN 和信息 CAN 总线故障波形分析中，一般习惯于用通道 A 测量 CAN-High 电压（黄色波形），用通道 B 测量 CAN-Low 电压（绿色波形）。

1. CAN-High 导线与 CAN-Low 导线之间短路

CAN-High 导线与 CAN-Low 导线之间短路的示意图如图 10-39 所示，故障波形如图 10-40 和图 10-41 所示。

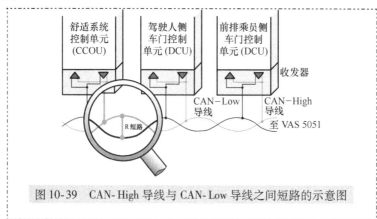

图 10-39 CAN-High 导线与 CAN-Low 导线之间短路的示意图

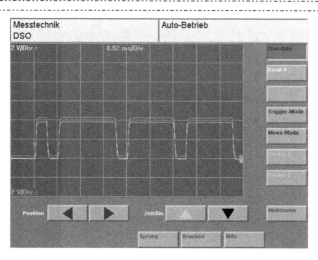

图 10-40 CAN-High 导线与 CAN-Low 导线之间短路的故障波形（零线坐标重叠）

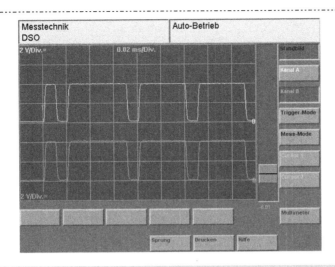

图 10-41 CAN-High 导线与 CAN-Low 导线之间短路的故障波形（零线坐标分开）

由故障波形可以看出，CAN-High 导线与 CAN-Low 导线的电压波形完全相同。CAN-High 导线与 CAN-Low 导线之间短路影响所有舒适 CAN 或信息 CAN 的工作，舒适 CAN 或信息 CAN 因而转为单线工作。此时，通信过程中，只有一条线路的电压起作用，控制单元利用该电压对地值确定传输的数据内容。

在图 10-40 所示的故障波形中，通道 A 和通道 B 的零线坐标是几乎重叠在一起的。通过设置，可以将两个通道的零线坐标分开（图 10-41）。将零线坐标分开后，可以更加清楚地观察 CAN-High 导线与 CAN-Low 导线的波形变化。

2. CAN-High 导线对地短路

CAN-High 导线对地短路的示意图如图 10-42 所示，其故障波形如图 10-43 所示。由故障波形可以看出，CAN-High 导线的电压置于 0V，CAN-Low 导线的电压正常。在该故障情况下，所有舒适 CAN 或信息 CAN 都转为单线工作。

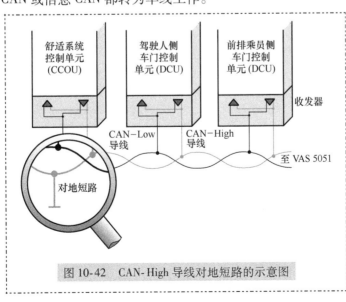

图 10-42 CAN-High 导线对地短路的示意图

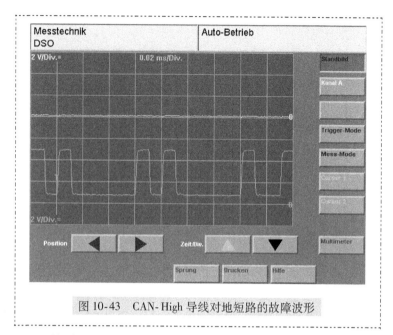

图 10-43　CAN-High 导线对地短路的故障波形

3. CAN-High 导线对正极短路

CAN-High 导线对正极短路的故障波形如图 10-44 所示。

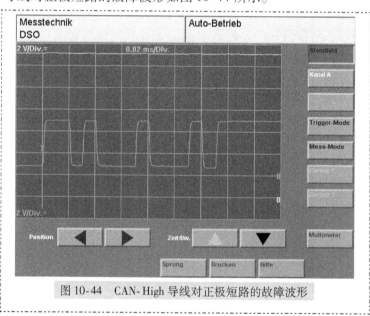

图 10-44　CAN-High 导线对正极短路的故障波形

CAN-High 导线的电压约为 12V 或为蓄电池电压。CAN-Low 导线的电压正常。在该故障情况下，所有舒适 CAN 或信息 CAN 都转为单线工作。

4. CAN-Low 导线对地短路

CAN-Low 导线对地短路的故障波形如图 10-45 所示。CAN-Low 导线的电压置于 0V，CAN-High 导线的电压正常。在该故障情况下，所有舒适 CAN 或信息 CAN 都转为单线工作。

5. CAN-Low 导线对正极短路

CAN-Low 导线对正极短路的示意图如图 10-46 所示，其故障波形如图 10-47 所示。

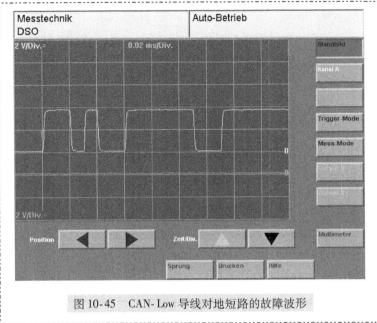

图 10-45　CAN-Low 导线对地短路的故障波形

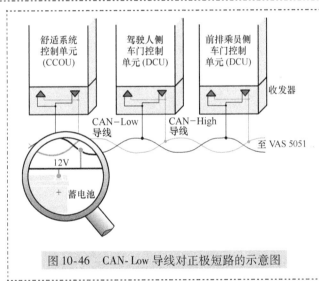

图 10-46　CAN-Low 导线对正极短路的示意图

CAN-Low 导线的电压约为 12V 或为蓄电池电压，CAN-High 导线的电压正常。在该故障情况下，所有舒适 CAN 或信息 CAN 都转为单线工作。

6. CAN-Low 导线断路

CAN-Low 导线断路的示意图如图 10-48 所示，其故障波形如图 10-49 和图 10-50 所示。

在图 10-49 中，CAN-High 导线电压正常。在 CAN-Low 导线上为 5V 的隐性电压和一个位长的 1V 显性电压。当信息内容被正确接收后，控制单元会发送这个显性电压作为应答。图 10-49 显示的是由多个控制单元组成的系统。图中"A"部分是某控制单元发送的信息，接收控制单元在"B"时刻接收到正确的信息内容后，就用一个显性电压给予应答。因为在"B"时刻有多个控制单元同时收到正确的信息，这些控制单元又都同时发送一个显性电压作为应答，因此，该位的电压要大一些。

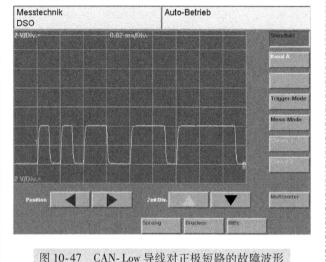

图 10-47　CAN-Low 导线对正极短路的故障波形

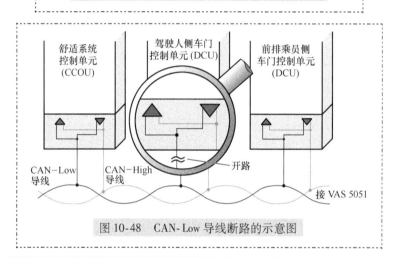

图 10-48　CAN-Low 导线断路的示意图

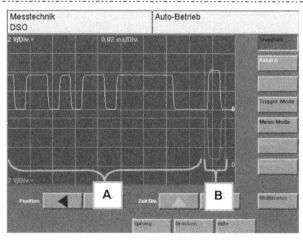

图 10-49　CAN-Low 导线断路的故障波形（0.02ms/Div）

图 10-50 和图 10-49 显示的是同一个故障波形，只不过对时间轴的单格时间值做了调整。图 10-50 的时间轴是 0.5ms/Div，而图 10-49 的时间轴是 0.02ms/Div。

由图 10-50 可见，信息"1"仅在 CAN-High 导线上发送，但在 CAN-Low 导线上的"A"处也能得到确认收到的应答。同样，信息 2 仅在 CAN-High 导线上发送，但在 CAN-Low 导线上的"B"处也能得到确认收到的应答；信息 4 仅在 CAN-High 导线上发送，但在 CAN-Low 导线上的"D"处也能得到确认收到的应答。以上波形说明，控制单元 A、B、D 处于单线工作状态。

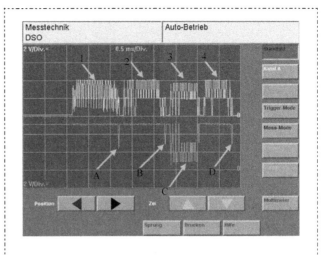

图 10-50　CAN-Low 导线断路的故障波形（0.5ms/Div）

而信息 3 则在 CAN-High 和 CAN-Low 两条导线上发送，说明控制单元 C 处于双线工作状态。

如图 10-51 所示，控制单元 1 发送一条信息，因为线路断路，所以其他的控制单元仅能够单线接收。通过对控制单元 4 连接测量，DSO 显示控制单元 1 的发送为单线工作。2~6 控制单元对接收给予确认答复，在 DSO 的两个通道上都有显示（如图 10-50 中的 A、B、D）。这说明这些控制单元之间没有线路断路的情况。例如，控制单元 2 发送一个信息，所有控制单元接收该信息，该信息被双线工作传送（如图 10-50 中的 DSO 信息 3 和位置 C），控制单元 1 为单线接收。

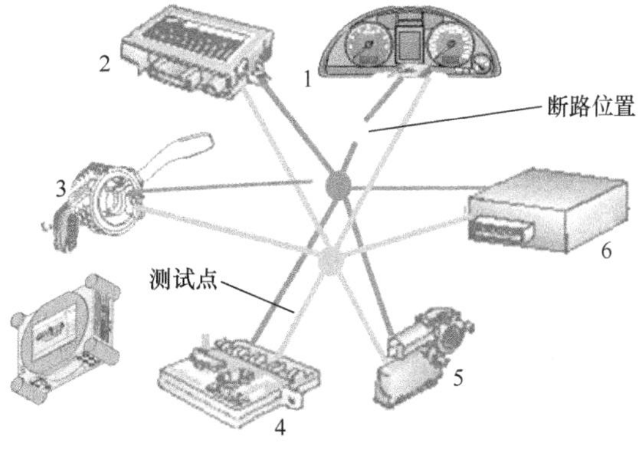

图 10-51　舒适 CAN 和信息 CAN 总线部分控制单元的连接

7. CAN-High 导线断路

CAN-High 导线断路的故障波形如图 10-52 所示。CAN-High 导线断路时，CAN-Low 导线波形正常，CAN-High 导线电压长时间保持在零电位，但偶有变化。其分析过程可参考 CAN-Low 导线断路故障，在此不再赘述。

前面介绍的短路都是没有接触电阻情况下的直接短路。在实际工作中会经常出现由于线束绝缘包皮破损导致的短路。破损的线束靠近金属车身（搭铁或称接地）或者正极，经常还带有潮气，这就会使该处产生接触电阻。下面分析有接触电阻情况下的短路（有接触电阻情况下的短路俗称虚接或虚短路）故障。

8. CAN-High 导线对正极通过接触电阻短路

CAN-High 导线对正极通过接触电阻短路的故障波形如图 10-53 所示。CAN-High 导线的隐性电压拉向正极方向。CAN-High 导线隐性电压约为 1.5V，正常时应大约为 0V。该 1.5V 电压是由于接触电阻引起的。接触电阻阻值越小则隐性电压越大。在没有接触电阻的情况下，该电压值应该是蓄电池电压，即电源正极电压。

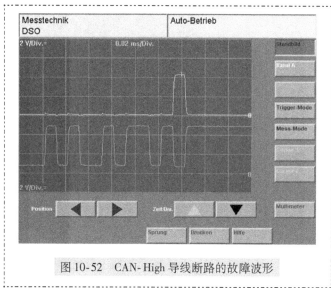

图 10-52　CAN-High 导线断路的故障波形

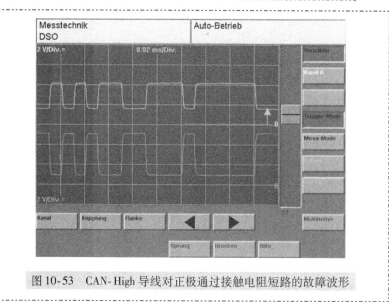

图 10-53　CAN-High 导线对正极通过接触电阻短路的故障波形

9. CAN-High 导线通过接触电阻对地短路

CAN-High 导线通过接触电阻对地短路的故障波形如图 10-54 所示。CAN-High 导线的显性电压移向接地方向。CAN-High 导线的显性电压大约为 1V，正常的显性电压约为 4V。该 1V 电压就是受接触电阻的影响所致，接触电阻阻值越小，则显性电压越低。在没有接触电阻的情况下短路，该电压应为 0V。

10. CAN-Low 导线对正极通过接触电阻短路

CAN-Low 导线对正极通过接触电阻短路的故障波形如图 10-55 所示。CAN-Low 导线的隐性电压拉向正极方向。CAN-Low 导线的隐性电压约为 13V，正常值应约为 5V。该 13V 电压就是受接触电阻的影响所致。接触电阻的阻值越小，则隐性电压越高。在没有接触电阻的情况下，该电压值应为蓄电池电压。

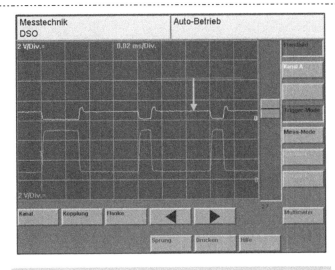

图 10-54　CAN-High 导线通过接触电阻对地短路的故障波形

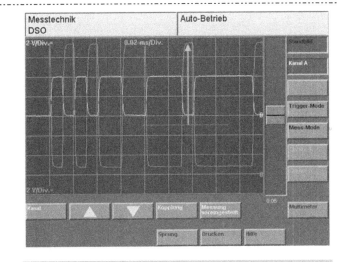

图 10-55　CAN-Low 导线对正极通过接触电阻短路的故障波形

11. CAN-Low 导线通过接触电阻对地短路

CAN-Low 导线通过接触电阻对地短路的故障波形如图 10-56 所示。

CAN-Low 导线的隐性电压拉向 0V 方向。CAN-Low 导线隐性电压约为 3V，正常值应约为 5V。该 3V 电压就是受接触电阻的影响所致。接触电阻的阻值越小，则隐性电压越低。在没有接触电阻的情况下，该电压值应为 0V。

12. CAN-High 导线与 CAN-Low 导线之间通过接触电阻短路

CAN-High 导线与 CAN-Low 导线之间通过接触电阻短路的故障波形如图 10-57 所示。CAN-High 导线与 CAN-Low 导线之间通过接触电阻短路时，CAN-High 导线与 CAN-Low 导线的显性电压均正常，但 CAN-High 导线与 CAN-Low 导线的隐性电压相互靠近。CAN-High 导线的隐性电压大约为1V，正常值应为0V；CAN-Low 导线的隐性电压大约为4V，正常值应为5V。

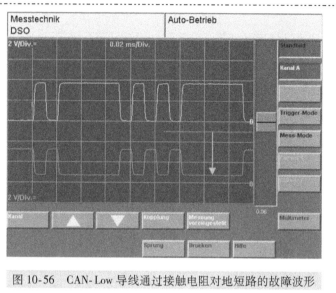

图 10-56　CAN-Low 导线通过接触电阻对地短路的故障波形

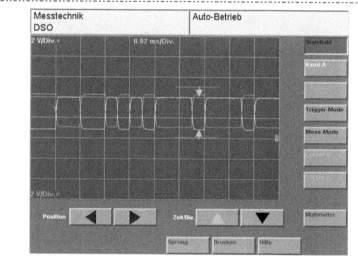

图 10-57　CAN-High 导线与 CAN-Low 导线之间通过接触电阻短路的故障波形

13. CAN-High 导线与 CAN-Low 导线装混

CAN-High 导线与 CAN-Low 导线装混的示意图如图 10-58 所示，其故障波形如图 10-59 所示。

发生 CAN-High 导线与 CAN-Low 导线装混故障时，CAN 总线的隐性电压会有一个偏移（在图 10-59 的左边缘）。在隐性状态，某控制单元的导线装混会导致 CAN-High 导线上的电压升高和 CAN-Low 导线上的电压下降。

CAN 导线装混总是出现在最后一个能正常工作的控制单元和第一个不能正常工作的控制单元之间。导线装混的故障大多出现在修理 CAN 总线线束之后，应重点检查这些地方。

可根据导线的颜色来进行目视检查。在进行故障排查前应断开蓄电池，因为在测量时，舒适/信息 CAN 总线可能会处于工作状态，这将导致测量结果失准。断开蓄电池后，就可以用欧姆表来测量装混的 CAN 导线了。

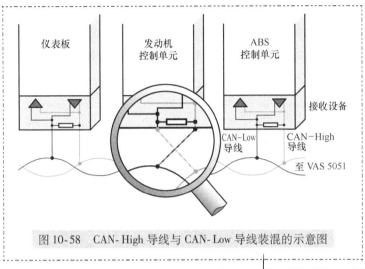

图 10-58 CAN-High 导线与 CAN-Low 导线装混的示意图

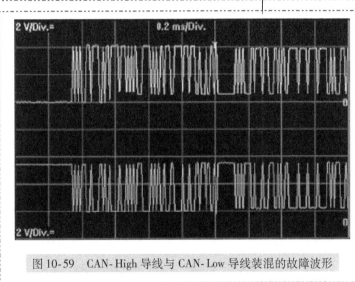

图 10-59 CAN-High 导线与 CAN-Low 导线装混的故障波形

在本例故障中，驾驶人侧车门控制单元上的 CAN-Low 导线的相应针脚（Pin 脚）与舒适系统控制单元上的 CAN-High 导线之间肯定存在电气连接，舒适系统控制单元上的 CAN-Low 导线与驾驶人侧车门控制单元上的 CAN-High 导线之间肯定也存在电气连接。如果插头装混了，其他控制单元上也会出现这一故障。不管是哪种情况，最好先检查无法正常工作的控制单元的线束插头。

第三节 CAN 总线的故障诊断

一、读取测量数据块

使用 DSO 检测 CAN 数据总线系统非常直观，但 DSO 不能显示总线的信息内容和处于通信状态下的所有控制单元，这时就需要使用 VAS 5051 读取测量数据块。如奥迪 A4 的数据总线诊断接口的地址码为 19，进入数据总线诊断接口后，再进入读取数据块功能，输入相应的组号即可读取对应测量数据块中的信息。

使用 VAS 5051 读取测量数据块，从测量数据块中可以读到控制单元相互之间的 CAN 通信状态、CAN 工作状态类型（"单线"或者"双线"）和从另一个控制单元的 CAN 输入信号等。

1. 读取测量数据块中的 CAN 通信状态

使用 VAS 5051 读取测量数据块，进入数据总线诊断接口后，再进入读取数据块功能，输入组号 125，可以看到图 10-60 所示的界面。1 表示正被执行自诊断的控制单元从指定的控制单元接收数据信息。图中 1 表示电器网络控制单元在读取测量数据块 125 中数据，该数据为电器网络控制单元接收从转向柱模块和中央舒适电器系统的数据信息。0 表示正被执行自诊断的控制单元没有从指定的控制单元接收数据信息。图中 0 表示电器网络控制单元没有从组合仪表和拖车连接系统获得数据信息，可能是电器网络控制单元与组合仪表之间的连线断路或者没有安装该控制单元导致的。

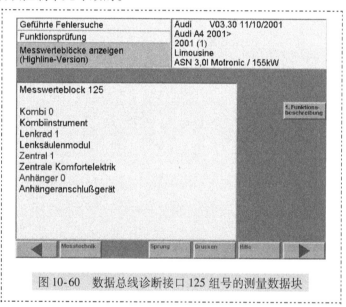

图 10-60　数据总线诊断接口 125 组号的测量数据块

2. 读取测量数据块的工作状态

可以使用 VAS 5051 读取测量数据块的工作状态，从而确定 CAN 总线系统是处于"单线"还是"双线"工作状态。奥迪车系只有 CAN 舒适/信息总线有单线工作能力，CAN 驱动总线没有单线工作能力。当 CAN 舒适/信息总线"单线工作"时，CAN 的通信传递仅能通过一条 CAN 总线的电压电位传送数据值。

在"单线工作"的显示区存在三种显示状态：①常显示"双线工作"（系统正常）；②常显示"单线工作"；③"单线工作"与"双线工作"显示交替变换。

对于奥迪车系而言，在 CAN 总线所有系统置于单线工作情况下，显示始终为"单线"；在 CAN 总线局部系统置于单线工作情况下，显示为"单线"和"双线"交替变化。

短路和断路的两种故障形式可以通过常显示和交替变化显示来确定。如果 CAN 总线显示始终为"单线"，则可能是由于 CAN-High 线与 CAN-Low 线之间短路、CAN-High 线对正极短路、CAN-High 线对地短路、CAN-Low 线对正极短路或 CAN-Low 线对地短路。如果 CAN 总线通过连接电阻后对地或正极短路，需要根据电阻值的大小确定是否有"单线"显示。如果 CAN 总线显示为"单线"和"双线"交替变化，则可能是由于连接到控制单元的 CAN-High 线断路或 CAN-Low 线断路。

使用 VAS 5051 读取测量数据块确定 CAN 总线系统的工作状态后，如果总线系统处于"单线"或者"单线"和"双线"交替变化，还需要用 DSO 进一步确定故障位置。

使用 VAS 5051 读取测量数据块，进入数据总线诊断接口后，再进入读取数据块功能，输入组号 131，可以看到图 10-61 所示的界面，图中椭圆部分表示 CAN 舒适总线处于单线工作模式；输入组号 141，可以看到图 10-62 所示的界面，图中椭圆部分表示 CAN 信息总线处于单线工作模式。

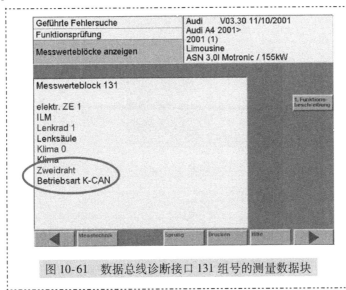

图 10-61　数据总线诊断接口 131 组号的测量数据块

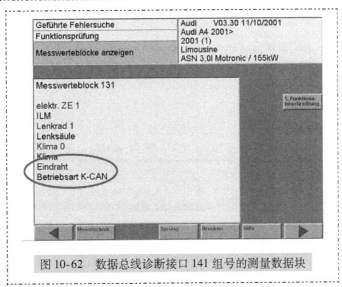

图 10-62　数据总线诊断接口 141 组号的测量数据块

3. 读取测量数据块通过 CAN 总线的输入信号

可以使用 VAS 5051 读取测量数据块通过 CAN 总线的输入信号。例如，开关设置从一个控制单元经 CAN 数据总线系统发送，该信息被相应利用该信息的控制单元通过读取测量数据块所访问。使用 VAS 5051 读取测量数据块，进入数据总线诊断接口后，进入读取数据块功能，输入组号 007，可以看到图 10-63 所示的界面。

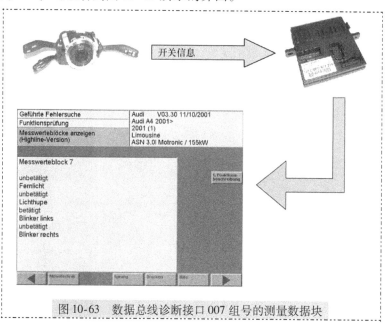

图 10-63　数据总线诊断接口 007 组号的测量数据块

图 10-63 中读取测量数据块显示的是电器网络控制单元从另一个控制单元所获得的接收信息。在分配功能下，例如闪光，控制单元从其他控制单元获取该信息，并利用该信息执行一个局域的控制单元功能。信息正确的接收可以从测量数据块中读取。读取测量数据块的优点是，所有来自开关的信息输入都可以显示。

二、CAN 总线系统故障存储

由于车辆的机械振动，必须考虑可能出现的绝缘故障、电缆断路及插头触点故障。当 CAN 数据总线系统检测到错误信息时，系统会记录可能的故障存储，故障信息将通过数据流或故障码的形式出现。

驱动总线出现功能故障时，发动机没有反应，系统将中断发动机控制单元同组合仪表之间的通信联系，取消防盗止动器的访问，同时组合仪表自诊断故障存储记录为驱动总线故障（Datenbus Antrieb defekt）。CAN 驱动总线系统故障存储记录见表 10-5。

表 10-5　CAN 驱动总线系统故障存储记录

故　障　源	故　障　类　型	可能故障原因
CAN 驱动数据总线	没有通信	◆控制单元不能够接收数据 ◆CAN-Bus 断路 ◆在 CAN 驱动总线上安装错误或者有故障的控制单元 ◆一个控制单元出现 Time-out（功能信息故障时间 >500ms） ◆控制单元的软件状态不匹配
CAN 驱动数据总线	失效	◆在故障存储记录中，当一个控制单元出现连续两次总线关闭状态时（这就是说既不发送 CAN 信息又不接收 CAN 信息） ◆控制单元故障

(续)

故障源	故障类型	可能故障原因
CAN驱动数据总线	硬件故障（该故障仅存在于发动机控制单元和变速器控制单元）	◆在故障存储记录中，当一个控制单元出现连续两次总线关闭状态时（这就是说既不发送CAN信息又不接收CAN信息）控制单元故障 ◆错误控制单元 ◆发动机和变速器之间的线路断路或者短路 ◆CAN总线短路
CAN驱动数据总线	缺少来自×××控制单元的（例如组合仪表）信息	◆CAN总线断路或者短路 ◆在拔下变速器控制单元插头的情况下打开点火开关 ◆控制单元错误或者有故障
CAN驱动数据总线	不可靠信号	◆仅接收到一个控制单元信息内容的一部分。CAN线断路或者短路 ◆控制单元错误或者有故障 ◆一条信息出现Time-out
CAN驱动数据总线	软件状态监控	◆控制单元故障 ◆CAN总线断路 ◆在拔下变速器控制单元插头的情况下打开点火开关
集团性舒适数据总线	读取故障存储	在总线上至少有一个控制单元有一个故障记录
总线显示（提示：CAN信息总线）	读取故障存储	在总线上至少有一个控制单元有一个故障记录
CAN驱动数据总线	读取来自×××控制单元的故障存储（例如空调）	在该控制单元上有故障

CAN舒适/信息总线系统具有单线工作功能，当出现功能故障时，系统会自动进行单线工作，同时组合仪表自诊断故障存储纪录为舒适/信息总线故障（Datenbus Komfort defekt 或 Datenbus Infotainment defekt）。CAN舒适/信息总线系统故障存储记录见表10-6。

表10-6 CAN舒适/信息总线系统故障存储记录

故障源	故障类型	可能故障原因
集团性舒适总线或者总线显示（说明：CAN信息）	故障	在故障存储记录中，当一个控制单元出现连续两次总线关闭状态时（这就是说既不发送CAN信息又不接收CAN信息）
集团性舒适总线或者总线显示	没有通信（或者没有信号）	◆没有接收信号记录持续2s ◆执行一项功能所需的从另一个控制单元获得的信息超过2s未接收到 ◆只接收到所需信息的一部分内容，这个故障类型为"不可靠信号" ◆一个信息出现Time-out
集团性舒适总线或者总线显示	单线工作	◆CAN总线单线工作超过2s ◆CAN线断路 ◆CAN线短路
集团性舒适总线或者总线显示（说明：带有KWP 2000才具备该功能）	电路电器故障	◆CAN总线单线工作超过2s ◆整体单线工作（断路） ◆该故障称为"断路" ◆所有控制单元都处于单线工作状态

(续)

故障源	故障类型	可能故障原因
集团性舒适总线或者总线显示（说明：带有 KWP 2000 才具备该功能）	断路	◆单线断路状态（没有短路） ◆CAN 线断路 ◆一个控制单元处于单线工作状态
控制单元×××，例如：电器网络控制单元	没有通信	◆执行一项功能所需的从另一个控制单元获得的信息超过 2s 未接收到 ◆该控制单元出现 Time-out
集团性舒适总线或者总线显示	没有通信	◆至少 2s 没有接收信号 ◆一个控制单元没有接收到另一个控制单元的网络管理信息，则出现该故障类型
控制单元×××，例如：电器网络控制单元	读取故障存储	◆CAN 信息的发送控制单元，信息内容标明为故障信息，并有故障存储记录。每一个利用该信息的接收控制单元因此进入应急工作状态，在发送控制单元有警告提示 ◆在控制单元内的故障存储
驱动总线	读取故障存储	在 CAN 驱动总线上的一个控制单元有故障记录

第四节 静态电流的检测与线束维修

一、休眠模式及静态电流的检测

1. CAN 总线的休眠模式

为降低车辆不运行时的电能消耗，舒适 CAN 和信息 CAN 总线具有休眠模式。当关闭点火开关，车辆落锁 35s 后或不锁车但没任何操作 10min 后，CAN 总线将进入休眠模式。处于休眠模式时，CAN-High 导线的电压为 0V，CAN-Low 导线的电压为蓄电池电压。

CAN 总线处于休眠模式时，其静态电流（亦称暗电流、休眠电流）为 6~8mA，而处于非休眠模式（激活状态）时，其静态电流约为 700mA。当满足休眠条件时，CAN 总线内部的所有控制单元将同步进入休眠模式；当出现唤醒条件（如驾驶人打开车门）时，CAN 总线内部的所有控制单元将被同步唤醒，一起进入工作（运行）状态。如果系统电路或控制单元有故障，会导致 CAN 总线无法进入休眠模式。此时，其静态电流约为 700mA。若故障长时间存在，将使蓄电池亏电。这一故障俗称汽车"漏电"或"跑电"。

2. 静态电流的检测

当出现"漏电"故障，蓄电池亏电时，应首先判断"漏电"是由一般性的电器故障引起的还是由 CAN 总线的休眠/唤醒功能出现问题引起的。可先采用依次拔除电路熔断器的方法加以判别。如果将某个电路的熔断器拔除后，故障消失，则说明"漏电"是由一般性的电器故障引起的。顺着这条被拔除熔断器的电路逐段检查线束，顺藤摸瓜，就可以找到故障点，并加以排除。如果"漏电"不是由一般的电器故障引起的，那就要怀疑是不是 CAN 总线无法进入休眠模式了。此时，可利用 VAS 5051 检测仪对总线波形和静态电流进行检测。

连接好 VAS 5051 检测仪，将发动机熄火，关闭所有用电设备，用遥控器锁好车门。等待 10min 后，开始利用 VAS 5051 检测仪检测静态电流和总线波形。总线处于激活状态时，其静态电流和总线波形如图 10-64 和图 10-65 所示。总线处于非激活状态时，其静态电流和总线波形如图 10-66 和图 10-67 所示。

如果经过检测，可以断定"漏电"是总线系统无法进入休眠模式引起的，则可利用 VAS 5051 检测仪的故障引导功能作进一步的诊断和检查。长期的维修实践经验表明，车门的门锁开关往往是引发这一故障的常见原因，应予以高度重视。

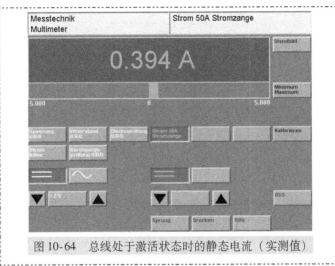

图 10-64　总线处于激活状态时的静态电流（实测值）

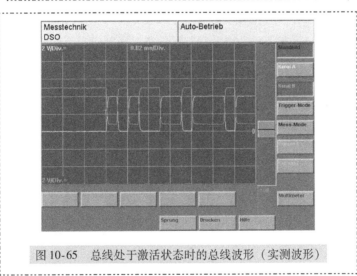

图 10-65　总线处于激活状态时的总线波形（实测波形）

二、CAN 总线终端电阻的检测

1. 终端电阻的作用

高频信号传输时，信号波长相对传输导线较短，信号在传输导线终端会形成反射波，干扰原来的信号，所以需要在传输导线的末端加装终端电阻，使信号到达传输导线末端后不再反射。终端电阻一般装在系统（如驱动 CAN 总线）的两个控制单元内。如果终端电阻出现故障，则因为总线线路上出现反射信号的干扰，可能导致 CAN 总线无法正常工作。可用 DSO 对 CAN 总线信号进行检测，如果实测 CAN 总线信号波形与标准信号波形不符，则可能

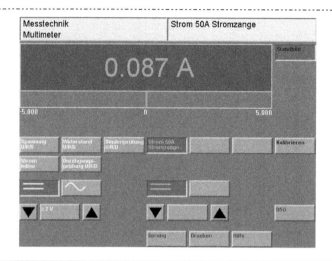

图 10-66 总线处于非激活状态时的静态电流（实测值，并不是标准值）

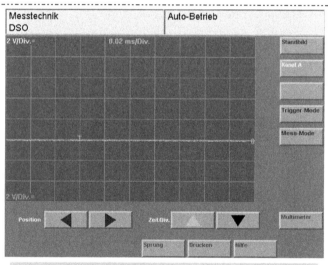

图 10-67 总线处于非激活状态时的总线波形（实测波形）

为终端电阻损坏。

装在驱动 CAN 总线上的终端电阻可以用万用表进行测量，但是装在舒适 CAN 总线和信息 CAN 总线上的终端电阻不能用万用表测量。

2. 终端电阻检测

为了测量两个终端电阻总的阻值，可调用 VAS 5051 检测仪的万用表功能，按图 10-68 所示来进行检测。

3. 终端电阻的测量步骤

1）将蓄电池正、负极接线柱上的导线（电缆）拆下。

2）等待大约 5min，直到所有的电容器都充分放电。

3）连接 VAS 5051 检测仪，调用万用表功能，连接测量导线，测量终端电阻的总阻值并做好记录。

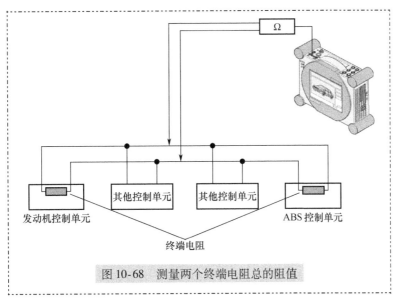

图 10-68 测量两个终端电阻总的阻值

4)将一个带有终端电阻控制单元(如发动机控制单元)的线束插头拔下来,观察终端电阻的总阻值是否发生变化。

5)将第一个控制单元(带有终端电阻,如发动机控制单元)的线束插头连接好,再将第二个控制单元(带有终端电阻,如 ABS 控制单元)的线束插头拔下来,观察终端电阻的总阻值是否发生变化。

6)分析测量结果。

4. 测量结果的分析

(1)驱动 CAN 总线的总阻值 下面以奥迪 A2 1.4 车型为例,分析其驱动 CAN 总线的总阻值。带有终端电阻的两个控制单元是由 CAN 导线连接相通的,两个终端电阻在总线上处于并联连接状态。测量的结果是每一个终端电阻的阻值大约为 120Ω,总的阻值约为 60Ω(实际测量值如图 10-69 所示)。通过该测量数据可以得出判断,驱动 CAN 总线的终端电阻是正常的。

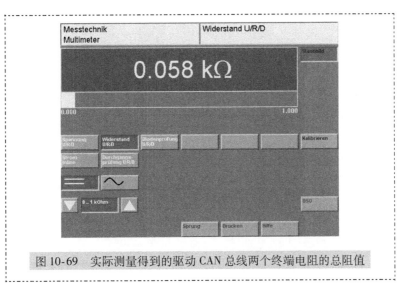

图 10-69 实际测量得到的驱动 CAN 总线两个终端电阻的总阻值

需要注意的是，单个终端电阻的阻值不一定是120Ω左右，其具体数值依总线结构的不同而异。

（2）驱动CAN总线的单个阻值　下面以奥迪A2 1.4车型为例，分析其驱动CAN总线的单个阻值。在总的阻值测量后，将一个带有终端电阻的控制单元的线束插头拔下，再进行测量，此时，屏幕上显示的阻值应该发生变化（这是测量一个控制单元的终端电阻阻值，实际测量得到的驱动CAN总线的单个终端电阻阻值如图10-70所示）。

如果将一个带有终端电阻的控制单元的线束插头拔下后，测量得到的阻值没有发生变化，则说明系统中存在问题。可能是被拔除的控制单元的终端电阻损坏，或者是CAN总线出现断路。如果在拔除控制单元后显示的阻值变为无穷大，那么，或者是未被拔除的控制单元的终端电阻损坏，或者是到该控制单元的CAN总线导线出现断路故障。

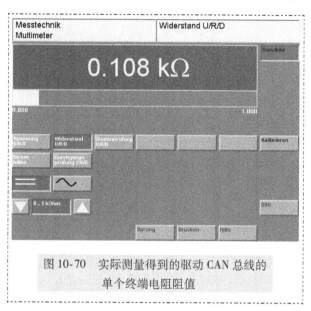

图10-70　实际测量得到的驱动CAN总线的单个终端电阻阻值

三、CAN总线线束维修

CAN总线的线束出现问题时，可以进行正常维修（如更换或将断开的导线恢复连接）。由于CAN总线使用的是双绞线，且双绞线的缠绕方式对CAN总线的抗干扰能力影响甚大，因此，在维修CAN总线的线束时，应特别注意以下几点。

1. 不要拆开总线接点

线束制造商在生产线束时，CAN总线的总线接点（即导线的接合点，见图10-71）是使用专用设备进行压接的，连接非常可靠，可有效防止杂波的侵入。在维修CAN总线的线束时，不要拆开总线接点，以免引入杂波，造成干扰。线束扎带对于线路的反射很重要，因此不能够拆开。线束扎带也不作为备件单独提供。

CAN总线接点的位置依车型不同而略有差异。奥迪汽车的驱动CAN总线接点位于左侧A柱的线束内（图10-72），而其舒适CAN和信息CAN的总线接点则位于右侧A板仪表板右侧线束内（图10-73）。

图10-71　CAN总线的总线接点（即导线的接合点）

2. 维修接点不宜离总线接点过近

为确保CAN导线不被外界的杂波侵入，维修接点不宜离总线接点过近，两者至少要保证有100mm的距离，如图10-74所示。

3. 导线的绞合

为确保维修质量，大众汽车集团备有专用的 CAN 总线维修导线（图 10-75），备件号码为 000 979 987，绝缘皮颜色为绿/黄和白/黄，长度为 10m，线径为 0.35mm²。同时，维修 CAN 总线必须使用专用工具 VAS 1978（图 10-76）。应尽量使用专用的 CAN 总线维修导线，如果实在买不到专用导线，也可以用普通的多芯汽车电线代替。但需注意，在维修接点处，没有严格绞合的导线长度不允许超过 50mm（标准的缠绕长度为 20mm），两个维修接点之间的距离至少要大于 100mm（图 10-75）。以上这些要求，都是出于防干扰的考虑。

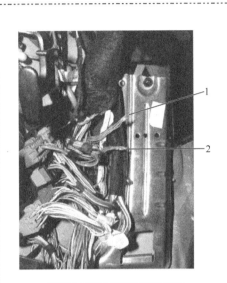

图 10-72 奥迪汽车驱动 CAN 总线接点

1—驱动 CAN-High 导线（橙/黑）
2—驱动 CAN-Low 导线（橙/棕）

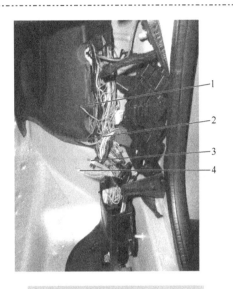

图 10-73 奥迪汽车舒适 CAN 和信息 CAN 的总线接点

1—信息 CAN-Low 导线（橙/棕） 2—信息 CAN-High 导线（橙/紫） 3—舒适 CAN-High 导线（橙/绿） 4—舒适 CAN-Low 导线（橙/棕）

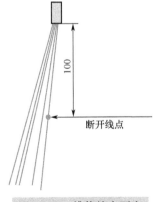

图 10-74 维修接点不宜离总线接点过近

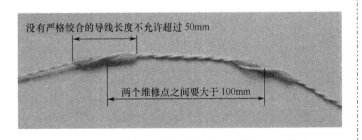

图 10-75 CAN 总线的专用维修导线及相关要求

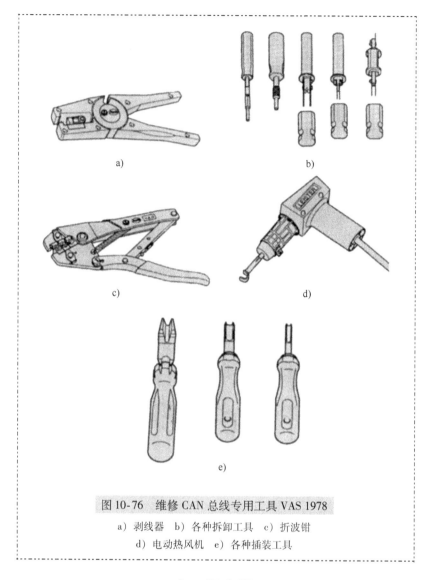

图 10-76 维修 CAN 总线专用工具 VAS 1978
a) 剥线器 b) 各种拆卸工具 c) 折波钳
d) 电动热风机 e) 各种插装工具

复习思考题

一、填空题

1. 对于奥迪车系而言，在 CAN 总线＿＿＿＿置于单线工作情况下，显示始终为"＿＿＿＿"；在 CAN 总线＿＿＿置于单线工作情况下，显示为"＿"和"＿＿"交替变化。

2. 短路和断路的两种故障形式可以通过＿＿和＿＿＿＿显示来确定。

3. 由于车辆的机械振动，必须考虑到可能出现的＿＿＿＿、＿＿＿＿及＿＿＿＿故障。

4. 为降低车辆不运行时的电能消耗，＿＿＿＿＿和＿＿＿＿＿具有休眠模式。

5. 处于休眠模式时，CAN – High 导线的电压为＿＿＿＿＿＿V，CAN – Low 导线的电压为＿＿＿＿＿＿。

6. CAN 总线处于休眠模式时，其静态电流（亦称暗电流、休眠电流）为＿＿＿＿mA，而处于非休眠模式（激活状态）时，其静态电流约为＿＿＿＿＿mA。

二、判断题

1. 在单通道模式下检测时,显性电压位于正电压区,隐性电压位于负电压区。( )
2. 当满足休眠条件时,CAN总线内部的所有控制单元将同步进入休眠模式;当出现唤醒条件(如驾驶人打开车门)时,CAN总线内部的所有控制单元将被同步唤醒,一起进入工作(运行)状态。( )
3. 如果系统电路或控制单元有故障,会导致CAN总线无法进入休眠模式。( )
4. CAN总线上单个终端电阻的阻值一定是120Ω左右。( )

三、问答题

1. 使用多功能汽车万用表进行汽车电路检测时要遵循哪些基本原则?
2. 示波器的基本功能有哪些?
3. 汽车检测仪的功能有哪些?
4. 远程遥控诊断是怎么回事?
5. 驱动CAN总线系统中可以使用DSO测量的故障类型有哪些?
6. 在"单线工作"的显示区存在哪些显示状态?
7. CAN总线终端电阻的作用是怎样的?
8. 终端电阻的测量步骤是怎样的?
9. 在维修CAN总线的线束时,应特别注意哪些?

第十一章

车 联 网

人们期望建立车联网+智能汽车+智能公路的交通模式，达到对汽车最安全、最节能、最环保、最方便、最优化和最高效率的控制与使用，使"零交通事故"和"零事故死亡"的目标成为可能，这就是车联网的目的，这是一个不断发展和渐进的过程。

汽车是一个快速的交通工具，车联网的主要方式是电磁感应、无线电通信和光学摄像等非接触式感知方式。

第一节 互联网+与物联网

一、互联网+

车联网是物联网技术在智能交通系统中的应用，而物联网又是互联网的延伸和发展。

通俗来说，"互联网+"就是"互联网+各个传统行业"，但这并不是简单的相加，而是利用信息通信技术以及互联网平台，让互联网与传统行业进行深度融合，充分发挥互联网在生产要素配置中的联系、优化和集成作用，提升实体经济的创新力和生产力，创造新的发展生态。

二、物联网

顾名思义，物联网就是物物相连的互联网。这有两层意思：其一，物联网的核心和基础仍然是互联网，是在互联网基础上的延伸和扩展的网络；其二，其用户端延伸和扩展到了任何物品与物品之间，进行信息交换和通信，也就是物物相息。物联网通过智能感知、识别技术与普适计算等通信感知技术，广泛应用于网络的融合中。物联网是互联网的应用拓展，与其说物联网是网络，不如说物联网是业务和应用。因此，应用创新是物联网发展的核心，以用户体验为核心的创新2.0是物联网发展的灵魂。

在物联网应用中有三项关键技术。

1）传感器技术。这也是计算机应用中的关键技术。大家都知道，到目前为止绝大部分计算机处理的都是数字信号。自从有计算机以来就需要传感器把模拟信号转换成数字信号计算机才能处理。

2）RFID标签。它也是一种传感器技术，RFID技术是融合了无线射频技术和嵌入式技术为一体的综合技术，RFID在自动识别、物品物流管理有着广阔的应用前景。

3）嵌入式系统技术。它是综合了计算机软硬件、传感器技术、集成电路技术、电子应用技术为一体的复杂技术。经过几十年的演变，以嵌入式系统为特征的智能终端产品随处可见：小到人们身边的MP3，大到航天航空的卫星系统。嵌入式系统正在改变着人们的生活，推动着工业生产以及国防工业的发展。如果把物联网用人体做一个简单比喻，传感器相当于人的眼睛、鼻子、皮肤等感官，网络就是神经系统用来传递信息，嵌入式系统则是人的大脑，在接收到信息后要进行分类处理。

物联网主要解决物品到物品（thing to thing，T2T），人到物品（human to thing，H2T），人到人（human to human，H2H）之间的互联。

与传统互联网不同，H2T 是指人利用通用装置（如智能手机）可以很方便地（如扫描条形码，或扫描二维码，或通过移动通信网络）与物品相连接，得到物品的信息和状态；并能对智能物品（如智能洗衣机）进行控制。

图 11-1 是人在野外用智能手机控制家用电器的示意图，也是物联网 H2T，即人与物品互联的示意图。控制路径：野外智能手机→3G/4G 无线电通信→移动通信互联网→计算机互联网→家内路由器→WiFi 无线电通信→智能洗衣机或智能空调。

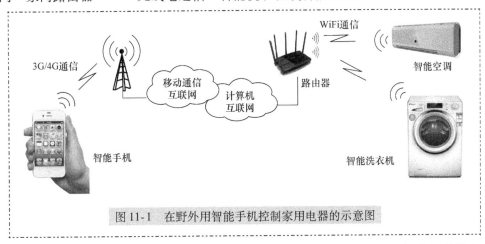

图 11-1 在野外用智能手机控制家用电器的示意图

H2H 中的 H（human）指的是通过通用装置而非个人计算机（PC）实现互联的人。

物联网大量的应用包括智能农业、智能电网、智能交通、智能物流、智能医疗、智能家居、智能物业管理等很多领域。在个人与物联网的连接上，智能手机集成的条形码、二维码、NFC、RFID 等识别技术，可以很方便地识别和获取所需要的商品信息，并可用于付费、乘车、认证门禁通行和购票门禁通行等。

在公共设施中，可以把物联网的传感器嵌入和装备到电网、铁路、桥梁、隧道、公路、建筑、供水系统、大坝、油气管道等各种物体中，实现人类社会与物理系统的整合，人类可以更加精细和动态的方式管理生产和生活，达到"智慧"状态，提高资源利用率和生产力水平，改善人与自然间的关系。

物联网技术在国防、军事设施、武器系统、单兵装备和后勤保障上应用很广。通过物联网，可以构建无处不在的网络，实现任何时间、任何地点，互联任何物品的连接需求。

第二节 车 联 网

车联网概念引申自物联网（Internet of Things），根据行业背景不同，对车联网的定义也不尽相同。传统的车联网定义是指装载在车辆上的电子标签通过无线射频等识别技术，实现在信息网络平台上对所有车辆的属性信息和静、动态信息进行提取和有效利用，并根据不同的功能需求对所有车辆的运行状态进行有效监管并提供综合服务的系统。

全球导航卫星系统 GNSS 应用的普及，尤其是我国的北斗卫星导航系统 BDS 的应用，使车联网上了一个新的台阶，可以对车辆进行导航、定位和跟踪管理。

一、车联网的概念

车联网的定义很多，综合现实和预测未来的发展应该有以下含义。

车联网是以车内网（车载网）、车际网、车载移动互联网、车载全球卫星导航系统、车载无线识别技术、道路无线通信网等技术为基础。在车与车、车与路、车与行人、车与交通管理部门、车与服务信息建立无线通信和信息交换，以实现智能交通管理控制、车辆智能化控制和智能化动态信息服务的一体化网络。车联网是物联网在智能交通领域的应用和延伸。

上述理念解释如下。

车际网：车与车不依赖车辆以外的无线通信网络，可以和前后左右一定范围内的车辆自动建立无线电通信联系，并可联网实时随动控制，达到鱼群效应。

车载移动互联网：车辆集成有 3G/4G/5G 移动通信模块。

车载无线识别技术：可以和道路识别点、交管移动识别点（车）建立相互识别关系。

道路无线通信网：在道路上间隔一定的距离设置的道路无线通信点，可以自动向行驶车辆发出交通安全无线信号，包括该路段的警告，限速和其他控制信号。道路无线通信点可以用无线和有线结合、移动通信网络和专网结合、无人区和卫星通信结合的方式，连接成网。

车与行人：未来的行人，随身携带的智能手机上集成有交通安全识别模块，儿童和老人可以携带交通安全识别 IC 卡，在一定距离内可以自动向行驶车辆发出 RFID 识别警告信息。

二、车联网与物联网的关系

与物联网相比，车联网有一些自己的特点：

1) 车联网当中的网络结点以车辆为主，这就决定了车联网的高动态特性。与一般的物联网相比，车联网当中的汽车节点移动速度更快、拓扑变化更频繁、路径的寿命更短。

2) 与一般的物联网相比，车联网中车辆结点间的通信受到的干扰因素更多，包括路边的建筑物、天气状况、道路交通状况、车辆的相对行驶速度等。

3) 车辆作为移动的网络结点，具有稳定的电源供电和装备空间。

4) 车联网对网络的安全性、可靠性以及稳定性要求更高。

三、车联网的体系结构

当前的车联网还没有一种广泛认同的网络体系结构，可以简单地将车联网分为感知层、网络层和应用层。

1. 感知层

车联网感知层也称为传感器层，可分为车载传感器、道路和空中传感器。

1) 车载传感器。如车辆速度和车辆状况等传感器，车辆电子车牌，可以主动或被动发出相关信息。

2) 道路和空中传感器。GNSS 定位和测速、雷达测速、RFID 识别、摄像头、道路含磁标线等。

2. 网络层

网络层的主要功能是实现车与移动通信网络＋互联网的接入、车际网的连接，实现数据分析处理和远距离大范围传输；同时，网络层也可以实现对车联网络内结点的远程监控和管理功能。汽车在道路上行驶，连接网络主要依靠移动通信网络和互联网的 GNSS 结点。

3. 应用层

应用层可以进一步划分为两个子层，下子层是应用程序层，主要功能是进行数据处理，车联网的各种具体的服务也在这一子层进行定义与实现；上子层是人机交互界面，定义与用户交互的方式和内容。应用层使用的设备主要是一些提供网络服务的服务器和用户使用的车载计算机等。

第三节　车联网感知技术

这里所说的车联网感知技术是指车辆整体感知技术。车辆首先要被感知，获取其车牌、位置和行驶等信息，才能联网应用和管理。

对车辆整体感知可分为三类。

第一类是外部设备不需车辆附设应答装置，就可以对车辆整体感知，如目前常用的视频图像识别和测速、多普勒雷达测速、多普勒超声测速、红外线与激光测距和测速等。

第二类是外部设备需要车辆附设应答装置，如车辆附设电子车牌（电子标签），地面阅读器发射阅读信号电磁波，行驶车辆接受信号后发射车牌信息和反射电磁波，地面阅读器获取车牌信息，并根据反射电磁波的多普勒效应计算出车辆速度。电子车牌是车联网的关键技术之一，应用前景看好，目前在个别地区试用，还有待于推广。

第三类是车辆配备（制造时配备或出厂后加装）有车联网网关，车辆行驶时自动向智能公路地面接收器发射车牌和车速等信息。这是车联网的发展方向，还有待于在法律层面上达成共识和立法。

一、电子车牌

电子车牌（Electronic Vehicle Identification，EVI）是基于物联网无源射频识别（RFID）技术的细分、延伸及提高的一种应用。它的基本技术措施是：利用 RFID 高精度识别、高准确度采集、高灵敏度的技术特点，在机动车辆上装有一枚电子车牌标签，将该 RFID 电子车牌作为车辆信息的载体，并由在通过装有经授权的射频识别读写器的路段时，对机动车电子车牌上的数据进行采集或写入，达到各类综合交通管理的目的。这项全新技术可突破原有交通信息采集技术的瓶颈，实现车辆交通信息的分类采集、精确采集，抓住交通控制系统信息源准确的关键。

1. 电子车牌技术

电子车牌是基于 920～925MHz 无源射频识别（RFID）技术的延伸与提高，而 RFID 则是现代物联网（Internet Of Things，IOT）概念的最基础的组成部分。

一般意义上的车用 RFID 产品，能够称作为"车载电子标签"的，却不能称的上"电子车牌"技术。因为车辆是一个高速移动的物体，它需要的 RFID 设备具有相当高的技术指标，至少要具备如下 6 条：

1）读写器与标签需要保证达到超远的读写距离及最大的检测范围。
2）读写器电路设计优化，读取速度极快，才能保证能检测到高速度的运动车辆。
3）标签灵敏度非常高，并且拥有可擦写超大内存，才能保证读写信息获得最高实用性和准确率。
4）整套设备需具有超高速移动状态中可读可写功能。
5）整套设备需要有传输加密及数据保护的功能。
6）可靠的使用寿命，并确保无法伪造。

同时满足以上条件的才能称为电子车牌。在当今 RFID 技术快速发展的时代，通过许多科学家的努力，有的电子车牌产品企业已经解决了上述实际问题，使其产品完全达到了应用的条件。

2. 电子车牌技术在国内智能交通领域的应用

当前，国内已有部分城市在机动车尾气排放、控制环保管理、路桥收费管理、城市车辆稽查的智能化管理方面取得了一些应用，在提高道路车辆通行效率、减少车辆违法及违规现象、治理机动车尾气排放等方面取得了一些的社会和经济效益。

然而，随着物联网 RFID 技术的发展，国人也都意识到电子车牌已成为智能交通领域的重要性，正逐步与传统智能交通技术融合，并实现了一些应用。其中包括：无人全自动智慧停车场管理、车辆智慧交通管理、车辆调度管理、港口码头车辆管理、车辆智能称重管理、智能公交管理、非法车辆稽查管理、海关车辆通关管理、机动车尾气排放控制管理等。但这些应用都是小范围的，孤立的，或者是一些新技术的尝试。其实，随着芯片技术及工艺的发展，灵敏度不断提高，使得粘贴在车内前风窗玻璃上的标签作为 RFID 电子车牌可靠信息源成为可能，并且与之相适配的 RFID 识读器内核技术的不断升级，整个 RFID 前端信息采集系统性能大幅提高。使对电子车牌的读写成为可能，使得无源电子车牌技术在城市内交通监管、高速公路车辆通行管理成为现实，这也同时降低了电子车牌与 RFID 系统成本。

经过实际测试得知，电子车牌产品在反复试验和多次应用的基础上，安装非常方便，价格非常低廉，可以在一个城市、一个区域、甚至一个车辆种类中逐步实施，并和常规车牌并用，根据条件再通过逐步加装读写天线基站点的方法实施，这是一个杜绝重复投资的好措施。

当前国内市场的专业电子车牌产品提供商，正积极参与全国市场的发展与标准的制定，如本能科技有限公司的产品，就是同类产品性能的佼佼者，并获得了市场一致的美誉度。

3. 无线电射频识别（RFID）技术

（1）自动识别（ID）技术　无线电射频识别（RFID, Radio Frequency Identification）技术是自动识别（ID）技术的一种。ID 是英语 Identity（身份）和 Identification（鉴定）综合意思的缩写，也是现代自动识别技术的代号。

在自动识别技术（ID）应用中，被识别物品要先标记身份标识号码，身份标识号码也称为物品的序列号或账号，是某个体系中相对唯一的编码，不同物品体系有不同的编码标准和识别标准。自动识别技术（ID）包括常见条形码和二维码，如图 11-2 所示。

图 11-2 条形码和二维码

国际条形码组织 EAN 采用 13 位条形码，各会员国商品代码有区别，690、691 和 692 分别是我国商品条形码的前三位；图书作为特殊的商品也采用了 EAN13 位条形码，我国出版社出版的图书上的条码为 9787 开头。

图 11-2a 为我国商品条形码。图 11-2b 为我国图书条形码（本书第二版条形码）。图 11-2c 为二维码，二维码的信息量比条形码大很多，除了用于代表商品身份，还可以代表网络地址，用于网络链接。

物品上的条形码或二维码一般都是专用打印机打出的小纸条粘贴上的，或喷涂在物品表面，成本极低。物品上的条形码或二维码的阅读都是光学阅读，可以用手持激光扫描阅读器阅读，也可以用智能手机拍照扫描阅读。

条形码和二维码阅读时要有照明光线；阅读时，中间不能有遮挡物；也不能较远距离阅读；也不能多物品在极短时间内同时阅读；条形码和二维码是一次性的，不能更改；这就限制了条形码和二维码的应用范围。

无线电射频识别（RFID）技术克服了条形码和二维码的上述缺点。

（2）无线电射频识别（RFID）技术的特点　无线电射频识别（RFID）技术，简称射频识别或 RFID，是一种无线电通信技术。RFID 技术起源于英国，应用于第二次世界大战中辨别敌我飞机身份，20 世纪 60 年代开始商用应用，现在作为构建物联网和车联网的关键技术受到人们的关注。

RFID 用的是特殊"条形码"，简称电子标签，电子标签是一个极微型化的无线电收发装置，内存有物品的身份信息。电子标签一般做成卡片状，也可以集成在物品上的其他电子装置中。电子标签粘贴或安装在物品上。RFID 具有以下特点。

1）无需识别系统与物品之间建立机械接触。
2）无需识别系统与物品之间建立光学接触。
3）无需光线照明。
4）可以远距离识别。
5）可以对电子标签内已输入的数据进行修改。
6）能够在较大范围内对大量物品进行批量识别。
7）可以识别移动物品，如生产流水线上的物品，行驶中的汽车。
8）不怕油渍、灰尘等恶劣环境。
9）电子标签重新编码后可以重复使用在其他物品上。

10）可以对通信信息加密。

（3）RFID 组成　应答器：由天线、耦合元件及芯片组成。一般将应答器镶嵌在标签之中，或将应答器做成标签，这种标签也称为电子标签。电子标签固定在物品内、或固定在物品表面。应答器或电子标签里含有这一物品的唯一电子编码和相关数据，作为被标识目标的信息。

阅读器：由天线，耦合元件，芯片组成，是读取地址标签信息的设备，可设计为手持式或固定式。

应用软件系统：是应用层软件，主要是把收集的数据进一步处理，并为人们所使用。

（4）RFID 的应用领域　交通运输、物流管理、邮政管理、军事物流、航空行李管理、生产自动化和管理、车辆防盗和起动系统、重要废弃物管理、物品防伪、商品电子管理、会议管理、身份识别、门禁识别、金融和各类支付卡、动物识别与管理等。

（5）RFID 工作原理　RFID 工作原理框图如图 11-3 所示。阅读器由电源、时钟、读写模块、射频模块和天线组成。时钟形成射频载波信号，要发射的读写信号对射频载波信号进行调制，放大后由天线辐射出去。

应答器由天线、射频模块、控制模块和存储器组成。有源应答器带电源，无源应答器没有电源。图 11-3 中的应答器为无源应答器，其电能来源天线感应射频信号的电能，经整流、滤波、稳压（图中未显示）后供应答器使用。

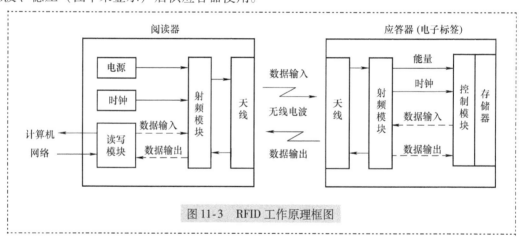

图 11-3　RFID 工作原理框图

应答器收到阅读器发射的射频信号以后，调取存储器里的电子编码和相关数据信息，经调制、放大后发射出去。阅读器收到应答器发回来的电子编码和相关数据信息后，如果是手持式阅读器，可以直接显示；非手持式阅读器，信号传入计算机显示。

（6）微距离工作方式　RFID 微距离一般指几厘米以内，也可达几十厘米。RFID 微距离天线的基本原理是互感耦合，其天线就是互感线圈。典型的、也是应用最广的一种微距离 RFID 就是 IC 卡。

IC 卡类的应答器就是采用互感线圈。图 11-4 是 IC 卡类的应答器天线示意图。IC 卡（Integrated circuit card，集成电路卡，也称智能卡、微电路卡、或微芯片卡）是将一个由微电子芯片组成的应答器嵌入符合一定标准的卡基中，做成卡片形式。卡中的天线是互感线圈，有的是用很细的漆包线绕成，有的是制成印制电路的形式，很薄。图 11-4 所示是非接触式双线圈 IC 卡和读写器的互感示意图，下面以图 11-4 为例讲解非接触式 IC 卡的工作原理。

IC 卡插入读写器中，卡中互感线圈处于读写器线圈的磁路中，从而构成一个带空气间隙的射频变压器。读写器线圈是原线圈，卡中应答器互感线圈是副线圈。

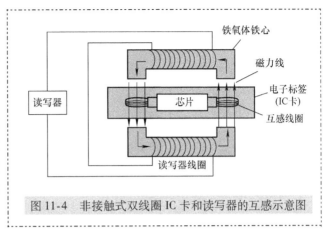

图 11-4 非接触式双线圈 IC 卡和读写器的互感示意图

读写器发出的射频信号电流在读写器线圈中产生交变磁力线，磁力线穿过卡中互感线圈中产生感应电动势，这个感应电动势分为两部分被利用，一部分经整流、滤波、稳压后作为卡中芯片的工作电源，另一部分作为控制信号。

读写器发出射频信号后，转为接受状态。IC 卡中的应答器收到控制信号以后，调取存储器里的电子编码和相关数据信息，经调制、放大后输送给互感线圈，互感给读写器线圈，产生的电磁感应信号传输给射频模块的接受部分，解调后传输给读写模块，读写模块译出 IC 卡的电子编号和信息，在显示器上显示。从以上可知，IC 卡与读写器（或阅读器）的距离要求很近，距离远了，互感电动势低，不能提供足够的电能。图 11-5 所示是非接触式单线圈 IC 卡和读写器互感示意图，也是现在常用的一种 IC 卡。图 11-6 所示是非接触式单线圈 IC 卡的实物结构图。

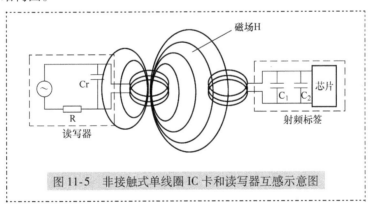

图 11-5 非接触式单线圈 IC 卡和读写器互感示意图

第二代身份证也是一种非接触式 IC 卡，图 11-7 所示是第二代身份证手持式阅读器。

图 11-8a 是一加油卡，是接触式 IC 卡，接触式 IC 卡表面有若干个接触电极（金属箔），插入接触式 IC 卡的阅读器后，阅读器内部电极与 IC 卡表面的接触电极接触，电路沟通。沟通的电路有电源电路、控制信号电路和数据信号电路。因此，接触式 IC 卡插入阅读器有方向性。图 11-8b 是一高速公路充值卡，是非接触式 IC 卡。

除了接触式和非接触式 IC 卡，还有一种双界面卡，同时具备接触式与非接触式通信功能。IC 卡具有多种芯片、多种通信标准和多种加密方式。

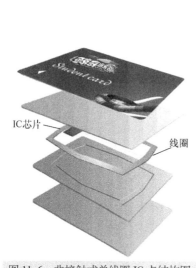

图 11-6 非接触式单线圈 IC 卡结构图

图 11-7 第二代身份证手持式阅读器

图 11-8 接触式 IC 卡和非接触式 IC 卡

a) 接触式 IC 卡　b) 非接触式 IC 卡

IC 卡由于便于携带、安全程度高、标准化程度高和制作成本低等优点，在身份认证、银行、金融支付、移动通信、公共交通、车场管理等领域应用很广，例如第二代身份证，银行卡，手机 SIM 卡，公共交通的公交卡、地铁卡，用于收取停车费的停车卡，小区、酒店、影剧院、展览中心的门禁和安全管理系统等都是 IC 卡。

目前，还有一种由 RFID 演变的微距离识别技术 NFC（Near Field Communication，近场通信），这是一种轻松、安全、迅速的无线电连接通信技术，其传输范围比 RFID 小，有加密模块和相应加密软件，保密性能好，可以合成在智能手机内，主要用于门禁、公交、手机支付等领域。

4. 电子车牌 RFID 技术

电子车牌是汽车电子标识的俗称，我国已在有关省市试行了电子车牌。2014 年 10 月国家标准化委员发布《汽车电子标识通用技术条件》（征求意见稿），意见稿对汽车电子标识定义为：嵌有超高频无线射频识别芯片并存储汽车身份数据的电子信息识别载体。汽车电子标识正反面的图案如图11-9所示，大小厚薄和身份证差不多，粘贴在汽车前风窗玻璃内中间的上方。

电子车牌也是一种电子标签，采用RFID识别技术。我国电子车牌（意见稿）采用无源工作方式，通过无线电信号感应方式供电。

图11-9 汽车电子标识正反面的图案

a) 汽车电子标识正面的图案　b) 汽车电子标识反面的图案

电子车牌的阅读器有三种安装方式。第一种是架设在城市主要干道、路口、收费站、停车场出入口、运输作业区出入口、工作单位大门、社区大门的固定安装方式。第二种是安装在执法车上的移动稽查方式。第三种是执法人员随身携带手持式阅读器的稽查方式。图11-10是在道路监控点固定安装的阅读器对贴有电子车牌的汽车进行RFID识别，这是一种对远距离、高速移动物品的RFID识别系统，也是车联网的关键技术之一。

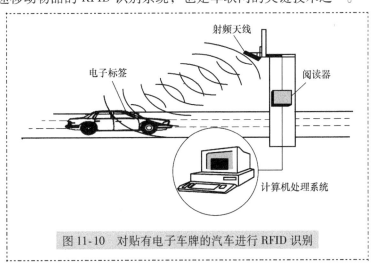

图11-10 对贴有电子车牌的汽车进行RFID识别

图11-11是执勤警察用手持电子车牌阅读器对行驶车辆的电子车牌进行识别。

未来，交通安全管理部门将以电子车牌RFID识别和视频监控为核心建立车联网，用以监控道路车流量，监控盗抢车辆、走私车辆、假套牌车辆、报废上路车辆、拖欠税费车辆、拖欠交通罚款车辆、违法逃逸等车辆。电子车牌同时还可以用于运输记量、道路收费管理、停车场收费管理、区域车辆进出管理，例如小区停车、重要机构的车辆进出管理等。

图 11-11　用手持电子车牌阅读器对行驶车辆的电子车牌进行识别

二、车联网的发展现状

车联网是物联网技术的典型应用和当前汽车与交通技术发展的重要方向之一，对于解决汽车社会问题，支撑汽车产业升级转型具有重要意义。

2016 年 4 月 10 日，2016 中国车联网应用产业大会在杭州举行，本次大会以"车联网应用与发展"为主题，旨在深入探讨车联网产业化技术应用如何提升社会总体效益，关注车联网产业大生态圈的共建、共享、共创、共赢。

2016 年 4 月 16 日，国内首个长距离行驶无人驾驶汽车顺利抵达终点。从重庆到北京行程总长 2000km，为期 4 天的测试完满结束。在测试过程中，长城无人驾驶汽车可以实现多次超车变道、减速、掉头等动作，完成高速公路、隧道等道路场景的变换。最高时速可达 120km/h。

汽车制造商丰田将增强现实（AR）技术运用到车载系统中。如 AR 风窗玻璃，在汽车前方搭载一块增强现实的抬头显示器，显示器通过反射原理将仪表盘数据和汽车当下的速度、转向角度显示在风窗玻璃上，同时丰田还利用两个摄像头来获取其他更多信息，可用前置摄像头确定车道，用内置摄像头跟踪驾驶人的视野，汽车速度越快驾驶人看到的视野也会更加宽广，以此来显示当前的实时路况，防止汽车行驶偏离车道，发生危险。

三、车联网的应用前景

1. 智能化的生活感受

车载社交网络是目前车联网发展的一个重要方向。车辆搭载娱乐信息显示屏使车主可以很好地与汽车进行互动。屏幕可以显示 GPS 导航路线，进行影音播放，显示车辆安全监测数据等。网络的应用使车辆连接到网络后可以获取实时新闻、实时交通、天气报告。将驾驶人从紧张、疲劳、乏味中解放出来，使驾驶过程变得轻松。

将手机与车辆相连，通过一款 App 可以远程控制车锁，调整车内空调。当车主忘记上锁时会进行智能提示，因此车主再也不会因忘记锁门而烦恼。手机移动互联车联网的基本架构如图 11-12 所示。

2. 道路安全的重要保障

车联网的一个重要应用是碰撞回避，防撞技术包括碰撞警告和驾驶援助，通过附近车辆检测、道路检测和车辆紧急制动手段，消除由于人为错误（分心、注意力不集中、高速行驶等）造成的事故，大量减少碰撞的可能性，可以使安全事故率减少 20% 左右，交通事故死亡人数下降 30%～70%，大大降低了车祸发生的概率。当有意外车祸发生时，可以通过特定按钮及时发出求救信号，利用全球卫星定位技术查找到车辆的确切位置，给救援工作节省时间，还能将车主的财产损失降到最低，同时将事故信息发送给周围车辆，方便周围车辆及时做出避让措施，防止更大范围的事故发生。

3. 防止交通堵塞

交通监控和管理必不可少，最大限度地提高道路通行能力，避免交通拥堵尤为重要。在交叉路口车辆的通行率很低，车联网可以通过智能调节红绿灯来缓和这一现状，使驾驶人在交叉路口尽可能顺畅行驶，提高车辆的吞吐量并减少旅行时间。除此之外，还可以根据当前的路况、天气状况与以往采集到的道路车流量情况，来预计未来一段时间内的道路拥堵情况，选择一条最便捷、省时的行走道路，优化驾驶人的行驶路线，避免所有车辆聚集在一处造成拥堵。智能交通应用的基本框架如图 11-13 所示。

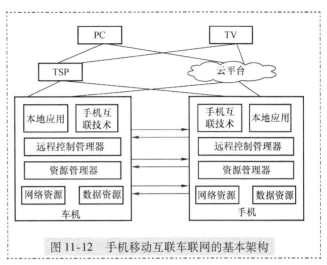

图 11-12　手机移动互联车联网的基本架构

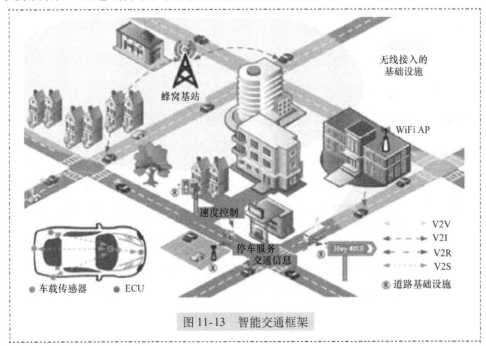

图 11-13　智能交通框架

4. 节能减排，促进可持续发展

通过车联网，利用车辆与路边基础设施之间采集到的信息，来建议车主及时响应，同时对车辆进行一系列辅助控制，减少不必要的操作。据调查，对当前交通缺乏预期和低效的减速导致的燃油浪费占 22%，而合理的驾驶可使汽车的油耗降低 15%。

5. 辅助交通管理

辅助交通管理主要是服务于交通部门的智能化管理，实现逃逸车辆、超速驾驶、酒后驾驶车辆的实时追踪，远程指挥、调度车辆，路桥电子不停车收费等。

四、车联网发展趋势

随着智能交通的发展，中国作为全球最大的汽车市场，车联网市场容量巨大，但目前的国内车联网，尤其是前装市场才刚起步，企业刚开始建设车联网相关的服务，国内的车联网用户不多，但随着市场的推广和用户认知度的提高，在未来几年，车联网会发生爆炸式增长，且用户量会保持激增状态。

在不久的将来，对事故多发地段、弯道危险路段的警告，可能不仅仅出现在路边的警告牌上，汽车就像一个熟悉路况的"老司机"，对雾霾暴雨、大雪结冰等不利环境和恶劣天气，都能实时自动调整并提醒危险；它甚至熟悉你的身体，知道你的驾驶习惯，为你调整好适当的座位、温度、视线等驾驶环境。

智能交通体系建设是智慧城市建设的重要分支，而车联网体系建设是智能交通、智能终端、城市交通管理和服务平台，以及4G或下一代无线通信技术深度应用融合发展的必然结果，掌握国内外发展趋势以及发展的驱动力，有助于推动智慧城市交通体系的深入开展。

车联网体系建设也与安防领域的RFID识别技术、视频监控、视频分析等技术密不可分，相关的安防企业也在其中大有可为。

五、车联网面临的挑战

1. 无人驾驶汽车技术不被用户接受

密歇根大学交通运输研究所对无人自动驾驶汽车的公众态度进行了一项调查，调查结果显示，普通的消费者更倾向于自己掌控汽车而非计算机，在505位调查对象中，大部分喜欢有人驾驶汽车，并且不太相信自动驾驶技术，同时也对自动驾驶技术表示担忧。其中有43.8%的受访者表示对无人驾驶技术并不信任，40.6%的受访者表示部分信任，只有大概15.6%的受访者完全接受并相信无人驾驶技术。

对乘坐无人驾驶汽车的感受调查结果显示，有35.6%的受访者表示"非常担心"，53.5%的受访者表示"有些担心"，只有10.9%的受访者表示"完全不会担心"，此外，有96.2%的受访者表示希望可以自己去掌控汽车的加速踏板、制动踏板和转向盘等一些关键操作。

2. 技术上没有统一标准

互联网的节点是PC机，操作系统有Windows、MacOS、Linux，移动终端的节点是智能手机，操作系统是Android、iOS，各个节点可以互相连通，交换数据。

车联网的网络与移动互联网相同，但缺少业界的统一标准，各个厂商使用的处理器不同，操作系统不同，传感器不同，导致车辆之间无法很好地通信。且软硬件没有一致的标准，厂商各自为战，最终导致的后果是难以通用，一款软件或者设备只能适用于一种车型。

作为一个产业链，应该在各种汽车上形成统一，各企业都应该使用一套标准，接受的指令也都大致相似。

唯有标准化才可以做大做强。没有标准化最多算作局域网，无法形成真正意义上的互联网。

3. 技术瓶颈难以攻破

要开发一套完整、高效的车载系统，技术难度非常大，其复杂程度远超于手机系统的开发。就交互方式而言，虽然现在已经有很多高配汽车安装了智能车载系统，但更多的用户在车内仍然选择使用手机，他们一致的反馈是车载系统难用，而手机操作方便、好用。

车载系统的硬件装置与手机也大不相同。车载系统选择硬件设备时需要考虑更多的因素。高低温的耐受能力、启动时间、抗振能力、信号接收能力等，车载系统还需要和汽车本身相匹配，接入 CAN 总线、电源等，必须成为汽车整体的一部分。

4. 安全问题难以保障

当汽车接入网络之后，问题随之而来。美国的两位网络安全专家做了一项关于"黑入"汽车的实验，这两位网络安全专家通过笔记本电脑在家中就能控制汽车的刮水器、行驶速度、内置空调和电台等一些设备，甚至还可以将车开进沟里。

黑客一旦将带有病毒的软件或程序植入车中，那么我们的安全似乎就更难以保障，黑客可以窃取车主的通话信息，可以了解车主每天的行车路线，偷走车主的爱车，远程控制汽车，甚至造成惨烈车祸。遥控钥匙、蓝牙连接、卫星电台、远程信息处理部件等都可能成为黑客攻击车辆的突破口，因此可能会陷入"越高配越危险"的怪圈。

车联网的安全实际上就是移动终端的安全、互联网的安全，如今移动终端的安全和互联网的安全都难以保障，因此很多人会认为车联网的安全更加遥遥无期。

5. 传感器的合理应用

传感器是车联网技术中的核心部件，是进行数据采集、信号量转换的装置。汽车自动化程度越高，对传感器的依赖程度也就越大，目前在汽车的起动器、发动机、底盘、变速器等系统中都装有传感器。在汽车上各个角落都可能搭载传感器，以使汽车变得更加灵活，大大提高驾驶的准确性和安全性。然而并非传感器数目越大，汽车就越智能，使用具有何种功能的传感器，如何合理利用、布置传感器，让其发挥更大的作用是目前的创新与开发方向。

第四节　智能公路和智能汽车

一、智能公路

1995 年，在法国巴黎举行了首届"国际智能公路大会"和"智能公路展览会"。有关国家正在投入巨资进行研究开发。

一般认为智能公路指建有道路状况传感系统、道路特殊标识系统、道路无线电通信和监控系统、光学监控系统等的基础设施，能对行驶车辆实时发布相关的路况信息、自动检测行驶车辆的安全状况，为交通运输提供更为安全、经济、舒适、快捷的基础服务，以达到减少交通挤塞和事故的目的。现将智能公路的有关技术简介如下。

1. 道路状况传感系统

道路状况传感器铺设在路面上，与路面水平或低于路面，可以传感路面的温度、结冰、积水等信息，通过道路无线电通信网向即将到来的汽车发布路况信息。

2. 道路特殊标识系统

道路特殊标识系统不同于一般的道路标识牌和道路标线，例如：

（1）无线电标识牌　无线电标识牌是一个近距离无线电发射装置，由太阳能和蓄电池供电，可以设置在普通道路标识牌上或在附近单独设立。无线电标识牌储存有该路段信息，可以自动向行驶的智能汽车或无人驾驶汽车发布该路段的标识信息和指路信息。

（2）磁性标线　用含磁性的材料（如薄磁体）铺设在路面下，形成磁性标线，智能汽车和无人驾驶汽车装有磁性感应器，可以诱导智能汽车或无人驾驶汽车沿磁性标线行驶。

（3）夜光公路　夜光公路是用半导体光电和电光复合转换材料铺设在路面表面，形成路面标线，白天将太阳能转换为电能储存，夜晚用储存的电能发光。

（4）温度反应动态漆　这种油漆在结冰的气温下转变为特殊颜色，提醒驾车人注意避让。

3. 车辆监控系统

传统的光学监控与电子车牌 RFID 识别配合，监控道路车流量，监控盗抢车辆、走私车辆、假套牌车辆、报废上路车辆、拖欠税费车辆、拖欠交通罚款车辆、违法逃逸等车辆。

智能公路的建设与车联网的关系密切，智能公路信息通过车联网和互联网，将区域、全国和跨国的公路信息进行收集和传递，可以实现对车流在时间和空间上的引导、分流，避免公路堵塞，减少因此而引起的经济损失和废气污染，保证公路交通畅通无阻。

二、智能汽车

智能汽车是一个不断渐进的汽车综合新技术。智能汽车的对传统汽车基本要求是所有人工操作的控制，都要增设有或改为电动或电液动力，由车载网络协同控制。例如，转向系统改为电动转向，用手转动转向盘，不再是机械传动，而是转动转向盘下的转角传感器，转角传感器将转角和变化率信号传给车载网络，车载网络控制电动转向。自动变速器操纵杆改为全电子开关，可以是操纵杆模式，也可以是旋钮模式、琴键开关模式、触摸键模式和拨杆模式。像电动转向一样，行车制动和驻车制动都改为电动或电液控制。

当汽车上的所有人工动力操作改为电动或电液动力操作以后，由车载网络和车联网协同控制的智能汽车才有可能实现。也就是说，当所有的控制都可以电控化以后，硬件条件具备了，剩下的就是软件问题，也就是智能化的程度问题，这就决定感知和决策。所以，智能汽车是一个集道路感知、综合决策、多种辅助驾驶功能的一种综合新技术汽车：智能汽车集中运用了现代传感器技术、计算机控制和网络技术、人工智能等技术，是同时代的高新技术的综合体。

智能汽车的研究和制造是一个渐进和不断提高的过程。目前对智能车辆的研究主要致力于提高汽车的安全性、舒适性，以及提供优良的人车交互界面。近年来，智能车辆已经成为世界车辆工程领域研究的热点和汽车工业增长的新动力，很多发达国家都将其纳入到智能交通系统当中。

三、无人驾驶汽车

目前,多国都在研究无人驾驶汽车,无人驾驶汽车除了要达到一般智能汽车的硬件要求外,还需要装备的技术设备有:全球卫星导航系统 GNSS、高分辨率电子地图、激光扫描测距仪、无线电雷达、超声雷达、双镜头摄像机和车载计算机等。

无人驾驶汽车出发前,乘坐人确定好目的地,车载计算机根据电子地图规划好行车路线,全球卫星导航系统 GNSS 确定当前位置,由于卫星定位的精度有限,因此还需要激光扫描测距仪对汽车的前方地形进行扫描测距,绘出三维地形图与电子地图比较,测出当前行驶速度和转向角度。

对于平坦的道路,可以用双镜头摄像机对前方道路的标线、行人、车辆和障碍物进行图像识别,确定行驶速度、转向或制动。无线电雷达可以用于远距离车辆和障碍物测距,超声雷达用于近距离障碍物测距。

无人驾驶汽车极大地促进了汽车爱好者和发烧友的发明欲望,他们甚至比汽车制造商的积极性还要高。有多种无人驾驶汽车都是发明者用普通汽车改装的,这些发明者或发明公司,往往不是汽车生产商,这也促进了汽车生产商对无人驾驶汽车的重视,一些汽车生产商也开发出无人驾驶概念汽车或实验车。

图 11-14 所示为我国自主研制的无人驾驶汽车,是由国防科技大学用红旗 HQ3 轿车改装的,2011 年 7 月 14 日首次完成了从长沙到武汉 286km 的高速全程无人驾驶实验,创造了中国自主研制的无人驾驶汽车在复杂交通状况下自主驾驶的新纪录,标志着中国无人驾驶汽车在复杂环境识别、智能行为决策和控制等方面实现了新的技术突破,达到世界先进水平。

图 11-14 我国自主研制的无人驾驶汽车红旗 HQ3

复习思考题

一、填空题

1. 汽车是一个快速的交通工具,车联网的主要方式是_____、_____和_____等非接触式感知方式。
2. 物联网被认为是继____、_____之后的世界信息产业的第三次浪潮。
3. 物联网就是_____。
4. RFID 技术是融合了_____和_____为一体的综合技术,RFID 在_____、_____有着广阔的应用前景。
5. 车联网是以_____、车际网、_____、车载全球卫星导航系统、_____、道路无线通信网等技术为基础。

二、名词解释

1. 互联网+

2. 物联网

3. 车联网

4. 车联网感知技术

三、问答题

1. 物联网包括的含义是怎样的?

2. 车联网的体系结构是怎样的?

3. 车辆整体感知分为哪几类?

参 考 文 献

［1］刘春晖，刘宝君. 汽车车载网络技术详解［M］. 2版. 北京：机械工业出版社，2015.
［2］凌永成. 车载网络技术［M］. 北京：机械工业出版社，2013.
［3］黄建文. 汽车车载网络系统检修一体化项目教程［M］. 上海：上海交通大学出版社，2012.
［4］刘鸿健. 汽车单片机及车载网络技术［M］. 2版. 北京：化学工业出版社，2016.
［5］吴海东. 汽车车载网络控制技术［M］. 北京：机械工业出版社，2016.
［6］张军，董长兴. 汽车总线系统检修［M］. 北京：北京理工大学出版社，2010.
［7］李勇. 汽车单片机与车载网络技术［M］. 北京：电子工业出版社，2011.
［8］闫炳强，黄伟青. 汽车车载网络技术与检修［M］. 北京：北京大学出版社，2013.
［9］骆孟波. 汽车总线控制技术与检修［M］. 北京：化学工业出版社，2011.
［10］廖向阳. 车载网络系统检修［M］. 2版. 北京：人民交通出版社，2014.
［11］李雷. 汽车车载网络系统检修［M］. 2版. 北京：人民邮电出版社，2016.
［12］吴文琳. 汽车车载网络系统检修与实例精粹［M］. 北京：化学工业出版社，2016.
［13］齐建民，李军. 汽车车载网络技术［M］. 北京：中国铁道出版社，2013.
［14］尹力卉，李兆生. 汽车总线系统原理与检修［M］. 北京：机械工业出版社，2017.
［15］郑易. 汽车车载网络维修必会技能200问［M］. 北京：机械工业出版社，2015.
［16］李昌凤. 汽车车载网络系统维修快速入门30天［M］. 北京：机械工业出版社，2016.
［17］肖广兵. 车载网络技术［M］. 北京：电子工业出版社，2016.
［18］景忠玉. 汽车网络系统故障诊断与检修［M］. 北京：清华大学出版社，2015.
［19］吉利，马明芳. 车载网络系统诊断维修［M］. 北京：机械工业出版社，2017.
［20］钱强. 汽车网络结构与检修［M］. 北京：清华大学出版社，2015.

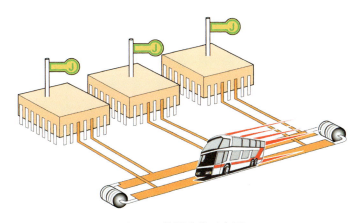

图 1-8　数据总线示意图

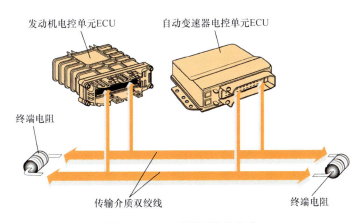

图 2-2　CAN 总线系统的组成

图 2-47　把检测盒连接到总线检测插座上

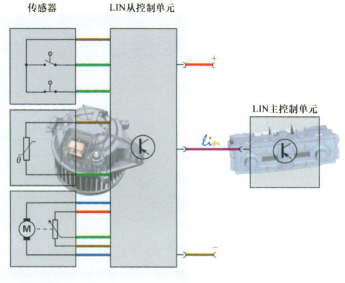

图 3-8　LIN 总线信息的单线传输

图 3-47　BSD 总线的电源管理

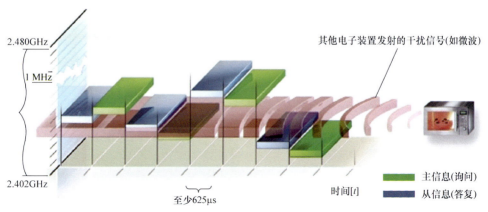

*传送能力：79个通道/1MHz

图 3-62　蓝牙技术的工作带宽及信道划分

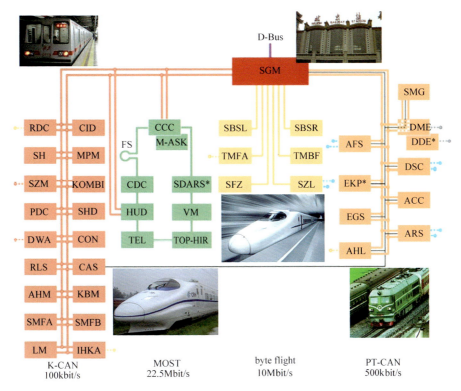

图 4-3 不同传输速率的数据总线通过网关得以协同工作

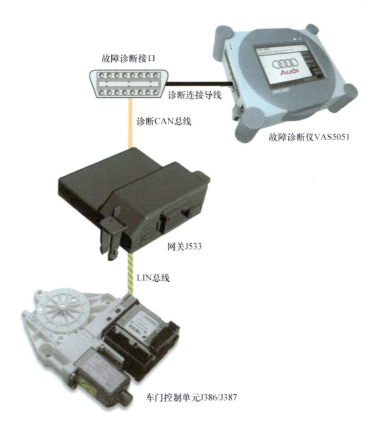

图 4-21 汽车故障诊断仪与故障诊断接口的连接

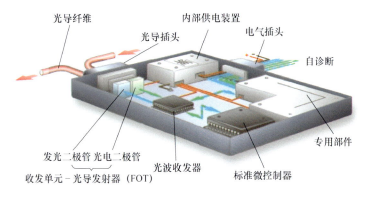

图 5-3 光学传输控制单元

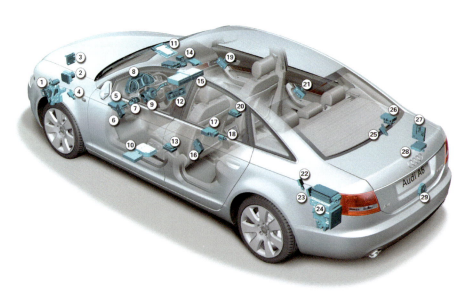

图 7-1 奥迪 A6 轿车车载网络主要电控单元和传感器分布

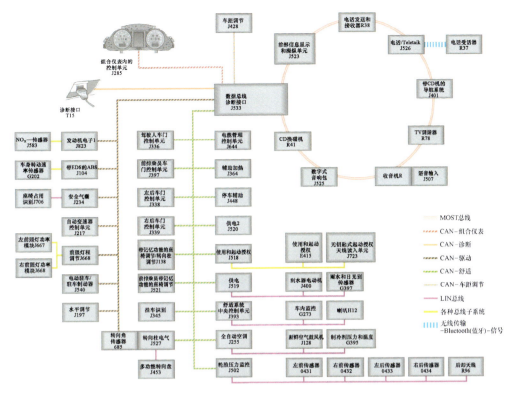

图 7-2 奥迪 A6 轿车车载网络总线系统拓扑图

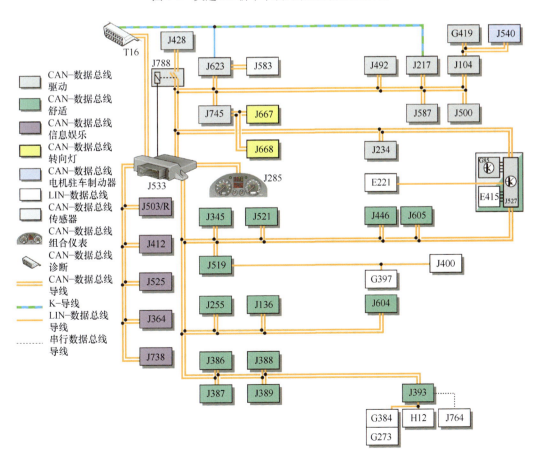

图 7-27 迈腾轿车总线系统拓扑图

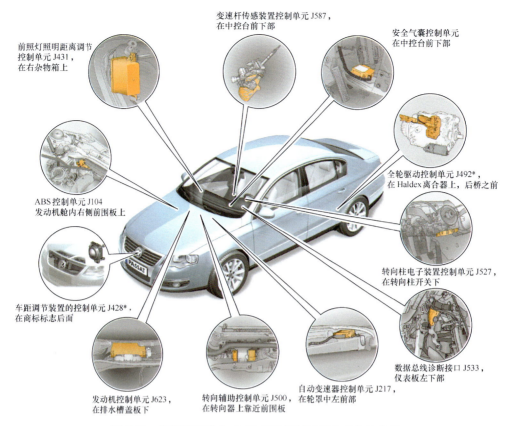

图 7-29 迈腾轿车动力 CAN 系统控制单元在车上的位置

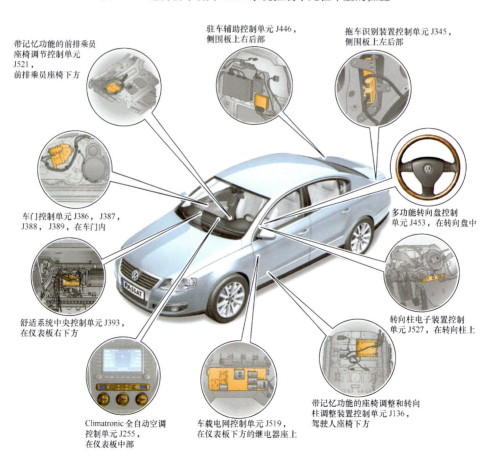

图 7-31 迈腾轿车舒适系统控制单元在车上的位置

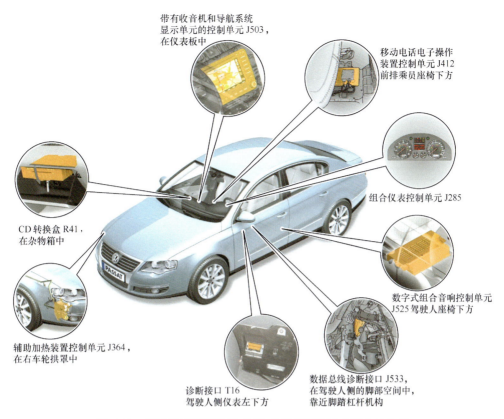

图 7-33　迈腾轿车信息娱乐 CAN 总线控制单元在车上的位置

图 7-43　高速公路功能控制示意图

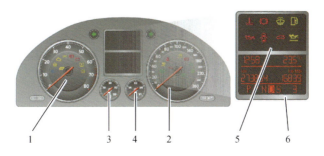

图 7-46　组合仪表 Y24 Lowline 型显示单元的显示区域

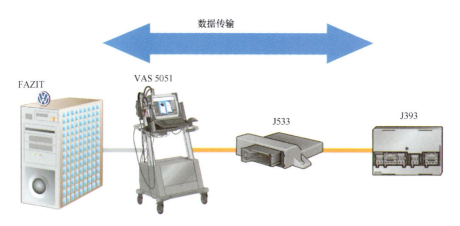

图 7-49　数据传输过程

图 10-9　检测仪器与诊断汽车之间的无线连接

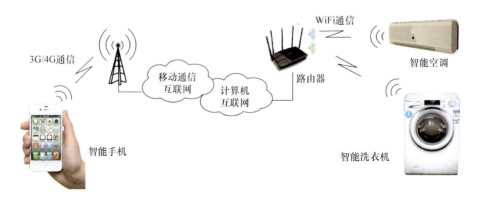

图 11-1　在野外用智能手机控制家用电器的示意图